丘国新、陈少夫、侯建雄合影于中山大学中文堂

机关工作人员必备工具

机关公文写作

JIGUAN GONGWEN XIEZUO

丘国新　侯建雄　陈少夫 ◎ 编著

中山大学出版社
·广州·

版权所有　翻印必究

图书在版编目（CIP）数据

机关公文写作/丘国新，侯建雄，陈少夫编著．—广州：中山大学出版社，2016.7
ISBN 978-7-306-05751-8

Ⅰ.①机…　Ⅱ.①丘…②侯…③陈…　Ⅲ.国家行政机关—公文—写作—高等学校—教材　Ⅳ.①H152.3

中国版本图书馆 CIP 数据核字（2016）第 160684 号

出 版 人：王天琪
策划编辑：刘丽丽
责任编辑：刘丽丽
封面设计：曾　斌
责任校对：赵　婷
责任技编：何雅涛
出版发行：中山大学出版社
电　　话：编辑部 (020) 84111996，84113349
　　　　　发行部 (020) 84111998，84111981，84111160
地　　址：广州市新港西路 135 号
邮　　编：510275　　传真：(020) 84036565
网　　址：http://www.zsup.com.cn　E-mail：zdcbs@mail.sysu.edu.cn
印 刷 者：广东虎彩云印刷有限公司
规　　格：787mm×1092mm　1/16　21.25 印张　490 千字
版次印次：2016 年 7 月第 1 版　2021 年 12 月第 3 次印刷
定　　价：39.00 元

本书如有印装质量问题影响阅读，请与出版社发行部联系调换

编者说明

现代国家机关公文，由党政机关公文、人大机关公文、军队机关公文、人民法院机关公文、人民检察院机关公文等国家机关公文所组成，是国家政权机关治国理政的重要工具。

国家机关公文，是国家机关之间为处理公务而使用，除党政机关公文可以由人民团体、企事业单位参照执行使用之外，其他国家机关公文只是在其本系统内部使用，较少在社会上露面，所以很多人都不大了解。有不少人认为，党政机关公文就是整个国家机关的公文，因而误称党政机关公文为"通用公文"，也误称检察院的专业业务文书公诉书、抗诉书等为检察机关公文，亦误称人民法院的专业业务文书判决书、诉状等为人民法院机关公文。这都是由于少见而产生的误解。

本书试图将各国家机关体系的机关公文全部显示，称为"国家机关公文"，将国家机关体系的各机关公文，分别称为党政机关公文、人大机关公文、军队机关公文、人民法院机关公文、人民检察院机关公文。这样，可以让大家了解国家机关公文的全貌。

国家机关公文，由各个系统的中央国家机关依法而制定的公文法规进行规范。国家宪法赋予了国家机关不同的执政职能，因此，各国家机关所使用的公文会有所不同，所使用的其他公务文书亦有不同。

党政机关日常需要处理党政事务，使用机关公文量大，加上人民团体、企事业单位也都在参照执行使用党政机关公文，因此，在社会上使用的人多、了解的人多，影响自然就大。而军队机关公文、法院机关公文、检察院机关公文则在其系统内使用，所以社会上的一般人便不太了解。但是，法院机关和检察院机关在审理诉讼案件时，两院严明执法所使用的专业业务文书——司法文书作为书面依据和凭证，代表国家意志，适用法律，惩罚罪犯，保护公民，调整国家、集体（团体）、个人之间的法律关系，保障社会秩序，对社会产生巨大影响。于是，有的人便将司法文书误认为司法机关公文了。

"专业业务文书"和"公文"是两个不同的概念。"专业业务文书"是各个专业业务部门专门使用的业务文书，它的体式由社会约定俗成或由该专业法定，如合同法、招投标法、审计法等，是公务文书的一种。机关公文是中央国家机关用公文法规规范的公务文书，也是公务文书中的一种，但是，机关公文和专业业务文书是相并列的两种公务文书，不能误以为同一种文书。

公务文书，是所有为处理公务而形成的为公之文的文书的统称。包含五个类型，一是机关专门用于对外机关处理公务的文书，即机关公文；二是机关专门用于对内处理公务的文书，即机关事务文书；三是机关各部门开展各自业务工作的专业业务文书；四是机关用于规范全员的法纪规范性文书；五是机关日常使用的应用文。司法文书，是司法

机关公文写作

部门专门用于专业业务的文书。所谓司法公文之说是误称。因为司法部门各机关分属于党政机关、检察机关、人民法院机关三个不同系统，而这三个机关所使用的机关公文，却是各自的隶属系统的机关公文。因此，不可能存在司法公文。但是，却有司法文书，是司法部门为处理司法专业业务的文书。

为了正确分清各种基础概念，避免张冠李戴的现象，本书以整个国家机关公文为体系，分别介绍各个系统的国家机关公文。例文统一放在附录二，与正文对读，正文中不再另作说明。

本书分七编进行介绍，内容如下：

第一编　机关公文总论
　　　　第一章　国家机关
　　　　第二章　公务文书
　　　　第三章　国家机关公文
　　　　第四章　公文的文种
　　　　第五章　公文格式
　　　　第六章　公文的形成、行文规则与写作要求
第二编　机关公文个论（一）党政机关公文的撰写
第三编　机关公文个论（二）人大机关公文的撰写
第四编　机关公文个论（三）人民法院机关公文的撰写
第五编　机关公文个论（四）检察院机关公文的撰写
第六编　机关公文个论（五）军队机关公文的撰写
第七编　机关公文个论（六）人民团体企事业单位公文的撰写

我们考虑首先将第一编和第二编合编为第一册；待反馈信息和征集意见后拟编写第二册：机关公文个论（二）人大机关公文的撰写；余下的编为第三册。

本书在收集资料过程中，得到陈绍儒、吴行赐、莫晓春、罗幸球、彭绮文、黎静、杨文龙、潘新潮、蔡家华、林良锋、郭跃文、余立钢、陈常岷、李兴文、刘巧、尹远兴、潘雁、曾尚忠、高涌涛诸位师长、校友真诚的帮助，提供了权威准确的资料。

我们还参阅和引用了有关的著作和报刊资料。

在此，我们谨表感谢。

为使本本书精益求精，不断充实提高，欢迎读者、教者、同行行家来函建立直接联系。联系方式是：

　　丘国新　电子邮箱：hssQGX@mail.sysu.edu.cn
　　侯建雄　电子邮箱：jamesonhou@163.net
　　陈少夫　电子邮箱：chenshaofu2@163.com

编著者
2016年3月29日
于中山大学中文堂813室

目 录

第一编　机关公文总论

第一章　国家机关 (2)
第一节　国家机关和其他机关、单位 (2)
一、执政党和参政党 (2)
二、国家机关 (2)
三、政协机关 (2)
四、人民团体 (3)
五、社会团体 (3)
六、企事业单位 (3)
第二节　我国的政党制度和国家政治制度 (3)
一、政党制度 (4)
二、国家政治制度 (4)
三、党的领导 (4)
四、党的组织结构 (5)
第三节　国家的各种机关 (6)
一、中央国家机关 (7)
二、地方国家机关 (10)
三、政府机构（工作部门） (13)
第四节　党的路线方针政策与国家法律法规规章 (16)
一、党的路线、方针、政策 (16)
二、国家法律、法规、规章 (17)
三、处理公务、办理公文的生命线 (17)
四、推荐必读党纪国法文件 (18)
第五节　组织关系和行文关系 (18)
一、各种机构间的组织关系 (18)
二、公文的行文关系 (19)
【思考与练习】 (20)

第二章　公务文书 (24)
第一节　什么是公务文书 (24)
一、公务文书的形成 (24)

二、公务文书形成的规律 …………………………………………………… (24)
　　三、约定俗成的过程 ………………………………………………………… (24)
　第二节　公务文书的类型 ……………………………………………………… (25)
　　一、机关公文 ………………………………………………………………… (25)
　　二、事务文书 ………………………………………………………………… (26)
　　三、专业业务文书 …………………………………………………………… (27)
　　四、法纪规范性文书 ………………………………………………………… (28)
　　五、日常应用文 ……………………………………………………………… (29)
　第三节　公务文书的特性 ……………………………………………………… (30)
　　一、在内容上具有沟通关系、办理实事的实用性 ………………………… (30)
　　二、在写作上具有惯用的格式性 …………………………………………… (30)
　　三、在使用上具有严肃的法纪性 …………………………………………… (31)
　　四、在语言运用上使用事务语体的特殊性 ………………………………… (31)
　第四节　公务文书的写作要求 ………………………………………………… (31)
　　一、观点正确、鲜明 ………………………………………………………… (32)
　　二、材料真实、得当 ………………………………………………………… (32)
　　三、格式规范，结构合理 …………………………………………………… (32)
　　四、语言要明确、平实、简约、得体 ……………………………………… (33)
　【思考与练习】 ………………………………………………………………… (36)

第三章　国家机关公文 …………………………………………………………… (37)
　第一节　国家机关公文的概念 ………………………………………………… (37)
　　一、公文是中央国家机关用公文法规进行规范的公务文书 ……………… (37)
　　二、公文是具有特定效力和规范体式的公务文书 ………………………… (38)
　　三、公文是国家机关公文的简称 …………………………………………… (39)
　　四、公文的分类 ……………………………………………………………… (40)
　第二节　文书、文件、公文辨析 ……………………………………………… (40)
　　一、文书 ……………………………………………………………………… (40)
　　二、文件 ……………………………………………………………………… (41)
　　三、公文 ……………………………………………………………………… (42)
　第三节　公文的文体特点 ……………………………………………………… (42)
　　一、公文的三大特征 ………………………………………………………… (42)
　　二、公文同其他公务文书的四个不同点 …………………………………… (44)
　第四节　公文的作用 …………………………………………………………… (45)
　　一、法规约束作用 …………………………………………………………… (45)
　　二、知照联系作用 …………………………………………………………… (46)
　　三、凭证依据作用 …………………………………………………………… (46)
　　四、宣传教育作用 …………………………………………………………… (46)
　【思考与练习】 ………………………………………………………………… (46)

第四章　公文的文种 (50)
第一节　什么是公文文种 (50)
一、公文文种的概念 (50)
二、国家机关公文文种 (50)
三、公文文种所包含的内容 (51)
第二节　正确认识公文文种 (52)
一、依条文释义弄懂文种概念 (52)
二、各类机关公文文种简介 (53)
第三节　党政机关公文文种 (58)
一、决议 (58)
二、决定 (60)
三、命令（令） (63)
四、公报 (65)
五、公告 (66)
六、通告 (67)
七、意见 (69)
八、通知 (71)
九、通报 (73)
十、报告 (75)
十一、请示 (76)
十二、批复 (78)
十三、议案 (79)
十四、函 (82)
十五、纪要 (83)
【思考与练习】 (84)

第五章　公文格式 (87)
第一节　什么是公文格式 (87)
一、公文格式的概念 (87)
二、公文格式的组成内容 (87)
第二节　公文格式的类型 (88)
一、公文的一般格式 (88)
二、公文的特定格式 (96)
【思考与练习】 (98)

第六章　公文的形成、行文规则与写作要求 (101)
第一节　公文的形成 (101)
一、形成公文的首要条件 (101)
二、必须符合法定的起草、审核、签发等程序 (101)
三、拟稿注意事项 (102)

第二节 公文的行文规则 …………………………………………………… (104)
第三节 公文的写作要求 …………………………………………………… (105)
 一、明确行文目的 ………………………………………………………… (105)
 二、要符合法律、法规和规章的规定 …………………………………… (106)
 三、要正确选用文种 ……………………………………………………… (106)
 四、选用合体的公文格式 ………………………………………………… (106)
 五、认真起草 ……………………………………………………………… (106)
【思考与练习】 ……………………………………………………………… (107)

第二编 机关公文个论 （一）党政机关公文的撰写

第一章 决议 决定 命令（令） ……………………………………… (110)
第一节 决议的写法 ………………………………………………………… (110)
 一、温故知新 ……………………………………………………………… (110)
 二、例文学习 ……………………………………………………………… (110)
 三、决议的用法 …………………………………………………………… (110)
 四、决议的写作要求 ……………………………………………………… (111)
 五、决议的结构与写法 …………………………………………………… (111)
【思考与练习】 ……………………………………………………………… (112)
第二节 决定的写法 ………………………………………………………… (113)
 一、温故知新 ……………………………………………………………… (113)
 二、例文学习 ……………………………………………………………… (113)
 三、决定的用法 …………………………………………………………… (113)
 四、决定的写作要求 ……………………………………………………… (114)
 五、决定的结构与写法 …………………………………………………… (115)
【思考与练习】 ……………………………………………………………… (115)
第三节 命令（令）的写法 ………………………………………………… (116)
 一、温故知新 ……………………………………………………………… (116)
 二、例文学习 ……………………………………………………………… (117)
 三、命令（令）的用法 …………………………………………………… (117)
 四、命令（令）的写作要求 ……………………………………………… (117)
 五、命令（令）的结构与写法 …………………………………………… (118)
【思考与练习】 ……………………………………………………………… (119)

第二章 公报 公告 通告 ……………………………………………… (121)
第一节 公报的写法 ………………………………………………………… (121)
 一、温故知新 ……………………………………………………………… (121)
 二、例文学习 ……………………………………………………………… (121)
 三、公报的用法 …………………………………………………………… (121)

四、公报的写作要求 …………………………………………… (121)
　　五、公报的结构与写法 ………………………………………… (122)
  【思考与练习】 …………………………………………………… (123)
  第二节　公告的写法 ……………………………………………… (123)
　　一、温故知新 …………………………………………………… (123)
　　二、例文学习 …………………………………………………… (123)
　　三、公告的用法 ………………………………………………… (123)
　　四、公告的写作要求 …………………………………………… (124)
　　五、公告的结构与写法 ………………………………………… (124)
  【思考与练习】 …………………………………………………… (125)
  第三节　通告的写法 ……………………………………………… (127)
　　一、温故知新 …………………………………………………… (127)
　　二、例文学习 …………………………………………………… (128)
　　三、通告的用法 ………………………………………………… (128)
　　四、通告的写作要求 …………………………………………… (128)
　　五、通告的结构与写法 ………………………………………… (129)
  【思考与练习】 …………………………………………………… (130)

第三章　意见　通知　通报 ………………………………………… (131)
  第一节　意见的写法 ……………………………………………… (131)
　　一、温故知新 …………………………………………………… (131)
　　二、例文学习 …………………………………………………… (131)
　　三、意见的用法 ………………………………………………… (131)
　　四、意见的写作要求 …………………………………………… (132)
　　五、意见的结构与写法 ………………………………………… (132)
  【思考与练习】 …………………………………………………… (133)
  第二节　通知的写法 ……………………………………………… (134)
　　一、温故知新 …………………………………………………… (134)
　　二、例文学习 …………………………………………………… (134)
　　三、通知的用法 ………………………………………………… (135)
　　四、通知的写作要求 …………………………………………… (136)
　　五、通知的结构与写法 ………………………………………… (136)
  【思考与练习】 …………………………………………………… (140)
  第三节　通报的写法 ……………………………………………… (144)
　　一、温故知新 …………………………………………………… (144)
　　二、例文学习 …………………………………………………… (144)
　　三、通报的用法 ………………………………………………… (144)
　　四、通报的写作要求 …………………………………………… (145)
　　五、通报的结构与写法 ………………………………………… (145)

【思考与练习】 …………………………………………………………… (146)
第四章 报告 请示 批复 ………………………………………… (148)
第一节 报告的写法 ……………………………………………… (148)
一、温故知新 …………………………………………………… (148)
二、例文学习 …………………………………………………… (148)
三、报告的用法 ………………………………………………… (148)
四、报告的写作要求 …………………………………………… (148)
五、报告的结构与写法 ………………………………………… (149)
【思考与练习】 …………………………………………………………… (150)
第二节 请示的写法 ……………………………………………… (151)
一、温故知新 …………………………………………………… (151)
二、例文学习 …………………………………………………… (152)
三、请示的用法 ………………………………………………… (152)
四、请示的写作要求 …………………………………………… (152)
五、请示的结构与写法 ………………………………………… (153)
【思考与练习】 …………………………………………………………… (154)
第三节 批复的写法 ……………………………………………… (158)
一、温故知新 …………………………………………………… (158)
二、例文学习 …………………………………………………… (158)
三、批复的用法 ………………………………………………… (158)
四、批复的写作要求 …………………………………………… (159)
五、批复的结构与写法 ………………………………………… (159)
【思考与练习】 …………………………………………………………… (160)
第五章 议案 函 纪要 ………………………………………… (162)
第一节 议案的写法 ……………………………………………… (162)
一、温故知新 …………………………………………………… (162)
二、例文学习 …………………………………………………… (162)
三、议案的用法 ………………………………………………… (162)
四、议案写作要求 ……………………………………………… (163)
五、议案的结构与写法 ………………………………………… (163)
【思考与练习】 …………………………………………………………… (165)
第二节 函的写法 ………………………………………………… (166)
一、温故知新 …………………………………………………… (166)
二、例文学习 …………………………………………………… (167)
三、函的用法 …………………………………………………… (167)
四、函的写作要求 ……………………………………………… (167)
五、函的结构与写法 …………………………………………… (167)
【思考与练习】 …………………………………………………………… (168)

第三节　纪要的写法 …………………………………………………（171）
    一、温故知新 …………………………………………………………（171）
    二、例文学习 …………………………………………………………（171）
    三、纪要的用法 ………………………………………………………（171）
    四、纪要的写作要求 …………………………………………………（172）
    五、纪要的结构与写法 ………………………………………………（172）
  【思考与练习】 …………………………………………………………（174）

附录
  附录一　公文的格式 ……………………………………………………（176）
  附录二　公文例文和导读 ………………………………………………（191）
  附录三　关于任免类公文 ………………………………………………（272）
  附录四　思考与练习参考答案 …………………………………………（280）
  附录五　系列性组合题 …………………………………………………（324）

第一编　机关公文总论

公文，是国家机关公文的简称。国家机关公文是国家机关治国理政所使用的重要工具。

要熟练掌握国家机关公文的写作，就必须首先了解国家机关，因为国家机关是治国安邦的机构，国家机关公文的运行轨迹就是围绕着各个国家机关（也包括其他法定机关或社会组织）之间运行，为治理好国家的政治、经济、文化、军事等一切公务服务。

机关公文，是公务文书中的一种，是中央国家机关用公文法规进行规范的公文文书。

在各级各类国家机关工作的人员，包括在人民团体、企事业单位的工作人员，无论职务高低，都必须了解国家机关、了解国家机关的职能和运作制度、了解各种类型的公务文书、了解各类型的机关公文，才能从机关工作的角度去审视机关工作，才能熟练驾驭机关的各种公务文书。

本编是总论，分六章分别介绍如下内容：

第一章　国家机关
第二章　公务文书
第三章　国家机关公文
第四章　公文的文种
第五章　公文格式
第六章　公文的形成、行文规则与写作要求

第一章　国家机关

机关，《辞海》的释义是"办事单位或机构。如，学术研究机关、国家行政机关"。

国家机关是指从事国家管理和行使国家权力的机关，包括权力机关、国家元首、行政机关、审判机关、检察机关和军事机关。

我国的国家机关，有执政党机关、权力机关、国家元首、行政机关、人民法院机关、人民检察院机关、解放军机关。国家机关，实质上指的就是这些机关，亦称政权机关。

在我国，中国共产党是执政党。在我们的国家宪法里已明文记载了党领导全国各族人民建国治国的事实，党的领导地位已经确认，因此，中国共产党机关是国家机关，而且是领导机关。

第一节　国家机关和其他机关、单位

在我们的国家里，分别设立了许多的机构，这些不同名称的机构各有不同的职能，其法律地位也不同，因此，我们要正确分辨，不能混为一谈。

一、执政党和参政党

执政党就是执掌国家政权的政党。在我国，中国共产党是执政党。我们的国家宪法明文记载了"共产党领导、多党派合作，共产党执政、多党派参政"的国家体制。共产党机关是领导机关。

参政党就是在国家政权里从事参政议政、实行民主监督的各民主党派。民主党派有八个：中国国民党革命委员会、中国民主同盟、中国民主建国会、中国民主促进会、中国农工民主党、中国致公党、九三学社、台湾民主自治同盟。

二、国家机关

国家机关是依据宪法的规定、由各级人民代表大会在党的领导下依法选举所组成。所以，我们称之为"法定的机关"，分中央国家机关和地方国家机关。

三、政协机关

政协机关是参政议政机关。中国人民政治协商会议（简称"人民政协"）是中国人民爱国统一战线的组织，是中国共产党领导的多党合作和政治协商的重要机构，是中国政治生活中发扬社会主义民主的一种重要形式。中国人民政治协商会议，是中国各族人民经过长期的革命斗争，在新中国成立前夕，由中国共产党和各民主党派、无党派民主人士、各人民团体、各界爱国人士共同创立的。它根据中国共产党同各民主党派和无党派民主人士"长期共存、互相监督、肝胆相照、荣辱与共"的方针，对国家大政方针和群众生活的重要问题进行政治协商，并通过建议和批评发挥参政议政、民主监督的作用。这有利于坚持和改善中国共产党的领导，又有利于更广泛地联系和团结各阶层群众。

四、人民团体

我国的人民团体是指参加中国人民政治协商会议的人民团体，包括中华全国总工会、中国共产主义青年团、中华全国妇女联合会、中国科学技术协会、中华全国归国华侨联合会、中华全国台湾同胞联谊会、中华全国青年联合会、中华全国工商业联合会。

五、社会团体

我国的社会团体一般是指经国务院批准可以免予登记的社会团体，如中国文学艺术界联合会、中国作家协会、中华全国新闻工作者协会、中国人民对外友好协会、中国人民外交学会、中国国际贸易促进会、中国残疾人联合会、宋庆龄基金会、中国法学会、中国红十字总会、中国职工思想政治工作研究会、欧美同学会、黄埔军校同学会、中华职业教育社等。

除了国务院批准可以免予登记的社团之外，其他全国性社团和省级及其以下地方性社团都应该按照《社会团体登记管理条例》的规定履行登记手续。

六、企事业单位

企事业单位是指企业和事业两种不同的单位。

企业单位一般是自负盈亏的生产性单位。所谓"自负盈亏"意即：自己承担亏损与盈利的后果，有一定的自主权。企业单位分为国企和私企。国企就是属国家所有的企业单位。私企就是属个人所有的企业单位。

事业单位一般是国家设置的带有一定公益性质的机构，但不属于政府机构，其职工与公务员是不同的。一般情况下国家会对这些事业单位予以财政补助。分为全额拨款事业单位，如学校等；差额拨款事业单位，如医院等。还有一种是自主事业单位，是国家不拨款的事业单位。

第二节 我国的政党制度和国家政治制度

我国的国家政权，是在由中国共产党领导的多党合作制度、政治协商制度和人民代表大会制度基础上建立起来的。这是政权的基础，我们要处理党政工作的公务和公文处理工作，就必须充分认识到政权基础与公务文书的密切关系。这是我们工作的出发点和归宿。

一、政党制度

我国实行的政党制度，是中国共产党领导的多党合作制度和政治协商制度，简称中国多党合作制度。

中国多党合作制度，既不同于西方国家的两党或多党竞争制，也有别于有的国家实行的一党制。中国多党合作制度，是在中国长期的革命、建设、改革实践中形成和发展起来，是适合中国国情的一项基本政治制度。

《中华人民共和国宪法》明确规定：中国共产党领导的多党合作和政治协商制度将长期存在和发展。在中国，中国共产党和各民主党派都必须以宪法为根本活动准则，维护宪法尊严，保证宪法实施。

中国多党合作制度中包括中国共产党和八个民主党派。中国人民政治协商会议是中国共产党领导的多党合作和政治协商的重要机构。

在中国多党合作制度中，中国共产党与各民主党派"长期共存、互相监督、肝胆相照、荣辱与共"，共同致力于建设中国特色社会主义，形成了"共产党领导、多党派合作，共产党执政、多党派参政"的基本特征。

二、国家政治制度

国家的政治制度就是国家的政治体制和国家实施的行为规范，是指取得政权的统治阶级为实现政治领导和政治统治而制定和实行的治理国家的方针、原则、方式、方法的总称。

依照宪法的规定，我国实行的国家政治制度是人民代表大会制度。人民代表大会制度，是以民主集中制为原则，由人民选举代表组成各级人民代表大会，并以人民代表大会为基础，建立全部国家机构，行使国家权力，实现人民当家做主的制度。人民代表大会制度集中体现了国家政权的根本性质，也体现了国家发展的根本任务和国家活动的根本原则。

一切国家行政机关、审判机关、检察机关都由人民代表大会产生，国家各方面制度都由人民代表大会制度派出和延伸，国家各项事业发展和各项工作开展都依照人民代表大会制定的法律法规进行。

三、党的领导

在我国，共产党是执政党，是领导我国社会主义革命和建设事业的核心力量。党所处的政治地位决定了在中国做任何事情，如果没有中国共产党的领导，都将一事无成，社会主义民主与法制建设也是如此。

中国共产党的领导地位，是在党领导中国人民进行革命、建设和改革的长期实践中形成的。没有中国共产党就没有新中国，就没有中国特色社会主义，这是中国人民从中国近现代历史发展和当今社会现实发展中得出的基本结论。

坚持党的领导，就是坚持按党的路线、方针、政策办事。主要是通过政治、思想、组织等三种形式：政治领导是指国家机关要执行党的路线、方针和政策。思想领导是指应当遵循宪法的基本原则，以经济建设为中心，坚持社会主义道路，坚持人民民主专政，坚持中国共产党的领导，坚持马克思列宁主义、毛泽东思想、邓小平理论，坚持改革开放。组织领导就是国家机关的主要干部要由党组织推荐、各级国家机关都设置党委或者党组，以确保党对国家机关的绝对领导。

坚持党的领导，不是党组织代替行政组织行使政令，包揽政务，以党代政，党政不分，而是坚持政治原则、政治方向、重大决策的领导，并保证国家行政机关独立负责地进行行政管理与指挥。

党的领导主要体现在管干部、管思想、管纪律、管决策等重大方面。从中央到地方，每一"块块"、每一"条条"，都必须置于党的领导之下。每一"块块"的人大及一府（人民政府）两院（人民法院、人民检察院）、解放军机关（中央军委、省军区、市军分区、县人武部）等，都必须在党委（党中央、省委、市委、县委）的领导下各司其职。这些机关，都分别设党组，对本机关进行领导，对党委进行报告、请示，接受党委领导和指挥。在"条"方面，有的设有对应口子，相关对应的机关可以直接联系。

对国家行政机关干部的任命方式是：党委提名（交人大），人大决定（人大对干部进行述职评议考核鉴定后通过会议决定），政府任命。

对两院领导的正职任命方式是：党委提名（交人大），人大决定（人大对干部进行述职评议考核鉴定后通过会议决定），副职则由党委组织部任命。

各个机关的党员领导干部，都要接受党委组织部的管理。组织部属于党委下设机构，人事局属于政府组成部门，按照我国党管干部的原则，我国的领导干部都由组织部管理；人事局按照党委安排，受组织部委托负责管理科员以下级别公务员招考、工资福利审批、人才引进和交流等工作，一般情况下，人事局局长由同级组织部副部长兼任。

四、党的组织结构

中国共产党的组织结构，其组成体系分三个部分：党的中央组织、党的地方组织和党的基层组织。

（一）党的中央组织

根据党章规定，党的中央组织主要包括：党的全国代表大会和它产生的中央委员会、中央纪律检查委员会；由中央委员会全体会议选举产生的中央政治局、中央政治局常务委员会；由中央委员会决定的中央军事委员会，以及由中央政治局常务委员会提名、中央委员会全体会议通过的中央书记处。

党的全国代表大会，是党内最高权力机关。全国代表大会选举产生中央委员会、中央纪律检查委员会。

在全国代表大会闭会期间，中央委员会代行全国代表大会的职权。中央委员会其实是党的领导核心，中央委员会有权指派特使代表中国共产党，其本身也可以对外代表中国共产党。但是，中央全会一般每年召开一次。

中央委员会全体会议会选举产生中央政治局、中央军事委员会。中央政治局领导党的常务工作。中央委员会还选举产生中央政治局常务委员会，中央政治局常务委员会是相对于中央政治局更加精干的领导中心。

经中央政治局提名，中央全会通过产生中央书记处。中央书记处是中央政治局及其常务委员会的办事机构，其工作由总书记来进行主持。中央书记处代理中央政治局处理常规工作，领导下面一批机构，如中央宣传部、中央组织部、中央统战部等工作部门。

（二）党的地方组织

根据党章规定，党的地方组织设省、自治区、直辖市、设区的市、自治州、县（旗）、自治县、不设区的市和市辖区委员会。

党的省、自治区、直辖市的代表大会，设区的市和自治州的代表大会，县（旗）、自治县、不设区的市和市辖区的代表大会，每五年举行一次。

党的地方各级委员会在代表大会闭会期间，执行上级党组织的指示和同级党代表大会的决议，领导本地方的工作，定期向上级党的委员会报告工作。

党的地方各级委员会全体会议，选举常务委员会和书记、副书记，并报上级党的委员会批准。党的地方各级委员会的常务委员会，在委员会全体会议闭会期间，行使委员会职权；在下届代表大会开会期间，继续主持日常工作，直到新的常务委员会产生为止。党的地方各级委员会的常务委员会定期向委员会全体会议报告工作，接受监督。

（三）党的基层组织

党章规定，企业、农村、机关、学校、科研院所、街道社区、社会组织、人民解放军连队和其他基层单位，凡是有正式党员三人以上的，都应当成立党的基层组织。党的基层组织根据工作需要和党员人数，经上级党组织批准，分别设立党的基层委员会、总支部委员会、支部委员会。不同基层党组织在基层单位职能有所不同：

（1）街道、乡、镇党的基层委员会和村、社区党组织领导本地区的工作，支持和保证行政组织、经济组织和群众自治组织充分行使职权。

（2）国有企业和集体企业中党的基层组织发挥政治核心作用，围绕企业生产经营开展工作；非公有制经济组织中的党的基层组织，贯彻党的方针政策，引导和监督企业遵守国家的法律法规，领导工会、共青团等群众组织，团结凝聚职工群众，维护各方的合法权益，促进企业健康发展。

（3）实行行政领导人负责制的事业单位中党的基层组织发挥政治核心作用；各级党和国家机关中党的基层组织，协助行政负责人完成任务，改进工作，对包括行政负责人在内的每个党员进行监督，不领导本单位的业务工作。

第三节　国家的各种机关

我国的国家机关，是依据《中华人民共和国宪法》的规定所组成的。所以，我们称之为"法定的机关"，分中央国家机关和地方国家机关。

中央国家机关包括：全国人民代表大会及其常务委员会、国家主席、国务院、中央军事委员会、最高人民法院、最高人民检察院；地方国家机关包括地方各级人民代表大会及其常务委员会、地方各级人民政府、地方各级人民法院和人民检察院、民族自治地方的自治机关和特别行政区的国家机关。

从中央到地方，分中央、省（区）、地市、县市、乡镇五个层级（五个层次的"块块"），每个层次都设置党委、人大、政府、法院、检察院、解放军、政协七个系统。党委是领导机关；人大是权力机关也是立法机关，也是对"一府两院"的监督机关；政府是执行机关、行政机关；检察院是检察机关、公诉机关，也是审判机关的监督机关；人民法院是审判机关；解放军是军事机关；政协机关是参政议政机关。党、政、军、检上下级呈垂直领导关系，人大和法院、政协上下级呈垂直监督与业务指导关系。如图1-1所示：

（一）党中央──→省委──→地市委──→县市委──→乡镇党委
（二）全国人大→省人大→地市人大→县市人大→乡镇人大
（三）国务院──→省政府→地市政府→县市政府→乡镇政府
（四）最高法院→省高院→地市中院→县市法院
（五）最高检院→省高院→地市中院→县市检院
（六）中央军委→省军区→地军分区→县市人武部
（七）全国政协→省政协→地方政协→县市政协

图1-1 国家机关五个层级（"块块"）

党和国家机关的关系。各个国家机关（包括政协）分别设立党组，党组在该机关是领导机构，党组成员是该机关的主要领导，设党组书记、副书记、党组成员。整个机关在党组领导下依宪法规定各司其职。该党组受同级党委直接领导，党组书记一般会在党委兼任一定职务，利于工作开展。要求坚持报告请示制度。

人大与其他国家机关（"一府两院"）的关系。依据宪法规定，人大是权力机关、立法机关，也是"一府两院"的监督机关。"一府两院"必须向同级人大常委负责并报告工作。人大机关通过对任免干部的决定权、重大事项决定权等达到对"一府两院"的监督。"一府两院"与人大的关系是同级监督与被监督的关系，是法律规定的关系。

一、中央国家机关

（一）全国人民代表大会及其常务委员会

我国一切权力属于人民，人民通过逐级选举，自下而上选出自己的乡、县、市、省、全国的人民代表，组成自下而上的乡、县、市、省地方各级人民代表大会，最后由全国人民代表大会组成最高国家权力机关，行使国家权力。

全国人民代表大会是我国最高国家权力机关，又是行使国家立法权的机关。全国人民代表大会行使修改宪法、监督宪法的实施、制定和修改基本法律、组织其他中央国家机关、决定重大国家事项、罢免其他中央国家机关组成人员等职权以及应当由最高国家权力机关行使的其他职权。

全国人民代表大会闭会期间，由全国人大常委会行使国家权力。全国人大常委会是全国人大闭会期间行使国家权力的机关，是经常性的最高国家权力机关，也是行使国家立法权的机关。全国人大常委会对全国人大负责并报告工作。

（二）中华人民共和国主席

国家主席是我国国家机构的重要组成部分，是一个相对独立的国家机关，同全国人大常委会结合行使国家元首职权。中华人民共和国主席对外代表国家。中华人民共和国主席、副主席由全国人民代表大会选举产生。根据宪法规定，我国国家主席的职权主要有：根据全国人大及其常委会的决定，公布法律；任免国务院总理、副总理、国务委员、各部部长、各委员会主任、审计长、秘书长；授予国家勋章和荣誉称号；发布特赦令、戒严令，宣布战争状态，发布动员令；代表国家接受外国使节；根据全国人大常委会决定，派遣和召回驻外全权代表；批准和废除同外国缔结的条约和重要协定。

（三）国务院

国务院，即中央人民政府，是最高国家权力机关的执行机关，是最高国家行政机关。

国务院由全国人民代表大会产生，对全国人大及其常委会负责并报告工作，受它监督。因此，相对于最高国家权力机关来说，国务院处于从属地位。它统一领导地方各级人民政府的工作，统一领导和管理国务院各部、各委员会的工作。

根据宪法的规定，国务院职权主要有：①根据宪法和法律，规定行政措施，制定行政法规，发布决定、命令；②提出议案；③组织领导全国性行政工作；④领导和管理各部门、各行业的行政工作；⑤保护正当和合法权益；⑥监督有关行政机关的工作；⑦全国人民代表大会及其常务委员会授予的其他职权。

国务院所属的部委及其他机构包括：第一，国务院办公厅，是国务院依法设立的协助国务院领导处理国务院日常工作的行政机构。国务院办公厅由秘书长领导，并设副秘书长若干人，协助秘书长工作。国务院秘书长受总理领导。第二，国务院组成部门，是依法分别履行国务院基本的行政管理职能的行政机构，包括各部、委、审计署和中国人民银行。第三，国务院直属机构，是主管国务院某项专门业务、具有独立的行政管理职能的行政机构。第四，国务院办事机构，是由国务院组成部门管理、主管特定业务的、行使行政管理职能的机构。第五，国务院议事协调机构，是承担跨国务院行政机构重要业务工作的组织协调任务的行政机构。

（四）最高人民法院

根据我国宪法和法院组织法的规定，人民法院是国家的审判机关。人民法院通过审判活动参与国家权力的行使。审判权是指法院依法审理和裁决刑事、民事案件和其他案件的权力，这是国家权力的重要组成部分，具有强制性。人民法院独立行使审判权，任何公民无权拒绝人民法院依法进行的审判，却有权拒绝人民法院以外的机关、团体或个人的非法审判。

最高人民法院是最高审判机关，依法行使国家最高审判权，同时监督地方各级人民法院和专门法院的审判工作。它由最高国家权力机关产生，对它负责并报告工作，受它监督。最高人民法院院长由全国人民代表大会选举和罢免；其他组成人员由全国人大常委会任免。上级人民法院监督下级人民法院的工作。

最高人民法院由院长一人，副院长、庭长、副庭长、审判员若干人组成；内部设置立案、民事、刑事、行政等审判庭。

我国的各级人民法院基本上是以国家行政区为基础设置的，其系统是：最高人民法院、地方各级人民法院、专门人民法院。地方各级人民法院包括高级人民法院、中级人民法院和基层人民法院。专门人民法院包括军事法院、铁路运输法院、海事法院、森林法院等。

最高人民法院审理的案件包括：法律规定由它管辖和它认为应由自己审理的第一案件；对高级人民法院、专门人民法院判决和裁定的上诉和抗诉案件；最高人民检察院按审判监督程序提出的抗诉案件。

（五）最高人民检察院

人民检察院是国家的法律监督机关。法律监督是国家维护宪法和法律统一实施的一种权力。在我国，人民检察院通过行使检察权，对各级国家机关以及国家机关工作人员、公民是否遵守宪法和法律实行监督，以保障宪法和法律的统一实施。我国宪法和人民检察院组织法规定，各级人民检察院由检察长一人、副检察长和检察员若干人组成。最高人民检察院检察长由全国人民代表大会选举和罢免。最高人民检察院副检察长、检察委员会委员和检察员由检察长提请全国人大常委会任免。地方各级人民检察院检察长由同级人民代表大会任免，并须报上一级人民检察院提请该级人大常委会批准。地方各级人民检察院的其他组成人员，由检察长提请本级人大常委会任免。各级人民检察院的任期每届均为五年。最高人民检察院检察长连续任职不得超过两届。

人民检察院的组织系统为：最高人民检察院、地方各级人民检察院和专门人民检察院。地方各级人民检察院包括：省、自治区、直辖市人民检察院；省、自治区、直辖市人民检察分院；自治州和省辖市人民检察院；县、市、自治县和市辖区人民检察院。省一级人民检察院和县一级人民检察院根据工作需要，提请本级人大常委会批准，可以在工矿区、农垦区、林区等区域设置人民检察院，作为派出机构。

最高人民检察院领导地方各级人民检察院和专门人民检察院的工作，上级人民检察院领导下级检察院的工作。这种检察机关系统中的领导关系具体表现为：①全国和省、自治区、直辖市人民检察院检察长有权向本级人民代表大会常务委员会提请批准任免和建议撤换下级人民检察院检察长。②下级人民检察院在办理重大案件中，如遇到自己不能解决的情况和困难时，上级人民检察院应及时给予支持和指示，必要时可派人协助工作，也可以把案件上调自己办理。

（六）中央军事委员会

中央军事委员会领导全国武装力量，是全国武装力量的最高领导机关。中央军事委员会由主席一人、副主席和委员若干人组成。中央军事委员会实行主席负责制，中央军事委员会对全国人民代表大会及其常委会负责。中央军事委员会每届任期同全国人民代表大会每届任期相同。

根据国防法的规定，中央军事委员会的职权是：统一指挥全国武装力量；决定军事战略和武装力量的作战方针；领导和管理军队建设，制定规划、计划并组织实施；向全国人民代表大会或全国人民代表大会常务委员会提出议案；根据宪法和法律，制定军事法规，发布决定和命令；决定军队的体制和编制，规定总部以及军区、军兵种和其他军区级单位的任务和职责；依法任免、培训、考核和奖惩武装力量成员；批准武装力量的武器装备体制和武器装备发展规划、计划，协同国务院管理和领导国防科研生产；会同国务院管理国防经费和国防资产；法律规定的其他职权。

二、地方国家机关

（一）地方各级人民代表大会及其常委会

地方各级人民代表大会是指省、自治区、直辖市、自治州、市、县、市辖区、乡、民族乡、镇的人民代表大会，它们是本行政区域内的国家权力机关。在本行政区域内，同级人民政府、人民法院和人民检察院都由其产生，对它负责，受它监督，它们同全国人民代表大会一起构成我国国家权力机关体系。

地方各级人民代表大会由人民选举的代表组成。乡、民族乡、镇、不设区的市、市辖区的人民代表大会的代表由选民直接选举产生；省、自治区、直辖市、自治州、设区的市的人民代表大会的代表由下级人民代表大会选举产生。

地方各级人民代表大会每届任期五年。地方各级人民代表大会的主要职权：在本行政区域内，保证宪法、法律、行政法规和上级决议的遵守和执行；选举罢免本级地方国家机关组成人员或领导人员；决定重大的地方性国家事务；监督其他地方国家机关的工作；保护各种权利。

此外，省、自治区、直辖市的人民代表大会，省、自治区人民政府所在地的市和经国务院批准的较大的市的人民代表大会，在不同宪法、法律、行政法规和本省、自治区的地方性法规相抵触的前提下，可以制定地方性法规。

县级以上的地方各级人民代表大会设立常务委员会。县级以上的地方各级人民代表大会常务委员会是本级人民代表大会的常设机关，是在本级人民代表大会闭会期间经常行使地方国家权力的机关，对本级人民代表大会负责并报告工作。

（二）地方行政长官

地方各级人民政府，分别设省长、市长、县长、镇长。他们是地方行政长官，分别由省、市、县、镇人民代表大会依法选举产生，接受同级人大监督，向人大报告工作，依法行使由宪法规定的各自的职权。

（三）地方各级人民政府

地方各级分别设省（自治区、直辖市）、地（州）市、县（市）、乡（镇）人民政府，是地方各级国家权力机关的执行机关，是地方各级国家行政机关。地方各级人民政府由同级国家权力机关产生，对它负责并报告工作，受它监督。同时地方各级人民政府还要服从上一级人民政府领导，对其负责并报告工作，全国地方各级人民政府都必须接受国务院统一领导。地方各级人民政府实行行政首长负责制。

地方各级人民政府的主要职权：执行本级地方国家权力机关的决议和上级国家行政机关的决定和命令；领导和管理本行政区域的经济、教育、科学、文化、卫生、体育事业、环境和资源保护、城乡建设事业和财政、民政、公安、民族事务、司法行政、监察、计划生育等行政工作；保护各种合法权利。县级以上地方各级人民政府还有权发布决定和命令，规定行政措施，领导所属各工作部门和下级人民政府的工作，并有权改变或撤销所属各工作部门的不适当的命令、指示和下级人民政府不适当的决定和命令等。此外，省、自治区、直辖市的人民政府和省、自治区人民政府所在地的市和经国务院批准的较大的市的人民政府，还可以制定地方政府规章。

民族自治地方有自治区、自治州、自治县。民族自治地方的自治机关是自治区、自治州、自治县的人民代表大会和人民政府。

特别行政区。我国《宪法》第 31 条规定："国家在必要时得设立特别行政区。在特别行政区内实行的制度按照具体情况由全国人民代表大会以法律规定。"特别行政区是指在我国版图内，根据宪法和法律以及"一国两制"特殊制度的规定所设立的具有特殊法律地位，实行特别的政治、经济制度的行政区域。全国人大已依据宪法分别制定了《中华人民共和国香港特别行政区基本法》和《中华人民共和国澳门特别行政区基本法》。

根据港澳基本法，特别行政区的自治权主要有：立法权、独立的司法权和终审权、行政管理权、自行处理有关对外事务的权力。中央保留对特别行政区行使的主要权力有：①中央人民政府负责管理特别行政区的外交事务；②中央人民政府负责管理特别行政区的防务；③中央人民政府任命特别行政区行政长官和其他主要官员；④全国人大常委会有权决定特别行政区进入紧急状态；⑤全国人大常委会对特别行政区基本法有解释权；⑥全国人大对特别行政区基本法享有修改权。

（四）地方各级人民法院

地方各级人民法院分为高级人民法院（省）、中级人民法院（地市）和基层人民法院（县）。专门人民法院除军事法院外，还包括铁路运输法院、海事法院、森林法院和其他专门法院。最高人民法院是最高审判机关，它监督地方各级人民法院和专门人民法院的审判工作；上级人民法院监督下级人民法院的审判工作。各级人民法院院长由同级人民代表大会选举产生。

省、自治区、直辖市设高级人民法院，审理的案件包括：法律规定由它管辖的第一审案件；下级人民法院移送审判的第一审案件；对下级人民法院判决和裁定的上诉案件和抗诉案件；人民检察院按审判监督程序提出的抗诉案件。

省、自治区按地区设中级人民法院，在直辖市设中级人民法院；在省辖市、自治区辖市、自治州设中级人民法院。其审理的案件包括：法律规定由它管辖的第一审案件；基层人民法院移送的第一审案件；对基层人民法院判决和裁定的上诉案件；人民检察院按审判监督程序提出的抗诉案件。

基层人民法院是指县、自治县、不设区的市、市辖区的人民法院，审理民事、刑事和行政等第一审案件。基层人民法院可以设若干派出法庭。

我国实行的审级制度是四级两审终审制，即凡案件经两级人民法院审理即告终结的制度。对地方各级人民法院所作的第一审判决和裁定，如果当事人或他们的代理人不服，可以按法定程序向上一级人民法院上诉；如果人民检察院认为确有错误，应依法向上一级人民法院抗诉；上一级人民法院作出的判决和裁定，是终审的、发生法律效力的判决和裁定，当事人不得再上诉；最高人民法院作为第一审法院，审判的一切案件都是终审判决。

人民法院在开展审判工作中，必须遵守以下主要原则：公民在适用法律上一律平等的原则；人民法院依法独立行使审判权，不受行政机关、社会团体和个人的干涉；公开审判原则；被告人有权获得辩护的原则；等等。

（五）地方各级人民检察院

地方各级人民检察院包括：省、自治区、直辖市人民检察院；省、自治区、直辖市人民检察分院；自治州和省辖市人民检察院；县、市、自治县和市辖区人民检察院。省一级人民检察院和县一级人民检察院根据工作需要，提请本级人大常委会批准，可以在工矿区、农垦区、林区等区域设置人民检察院，作为派出机构。

人民检察院实行双重从属制。最高人民检察院对全国人大及其常委会负责，并领导地方各级人民检察院和专门人民检察院的工作；地方各级人民检察院对产生它的国家权力机关和上一级人民检察院负责，并接受上一级人民检察院领导。最高人民检察院检察长由全国人大选举。地方各级人民检察院检察长由同级人民代表大会选举，并须报上级人民检察院检察长提请同级人大常委会批准。

人民检察院有如下职权：①法纪监督。法纪监督的主要内容有对背叛国家、分裂国家以及严重破坏国家法律、政策、法令、政令统一实施的重大犯罪案件行使检察权。对贪污、贿赂犯罪、国家工作人员的渎职犯罪、国家机关工作人员利用职权实施的非法拘禁、刑讯逼供、报复陷害、非法搜查等案件进行立案侦查。对直接受理的案件决定是否逮捕、起诉。②侦查监督。包括对公安机关侦查的案件进行审查，决定是否逮捕、起诉或不起诉；对公安机关的侦查活动是否合法实行监督。③公诉和审判监督。指人民检察院对刑事案件提起公诉；支持公诉；对人民法院的审判活动是否合法进行监督；如认为人民法院的判决裁定确有错误，可以依法提出抗诉。④对刑事案件判决、裁定的执行和监狱等活动是否合法进行监督。

人民法院、人民检察院和公安机关办理刑事案件，应当分工负责，互相配合，互相制约，以保证准确有效地执行法律。

（六）军区

在各级地方行政区域设立相应的组织指挥机构，分别负责辖区内的军事工作，按组织序列主要有战区（亦称东部战区、南部战区、西部战区、北部战区、中部战区）、省军区、军分区、归地方建制的人民武装部及在首都和各要地设置的卫戍区、警备区、要塞区、守备区等。

各省设省军区；省属各地区（专区、地级市）设军分区；各县设人民武装部；乡镇设武装部。专管军队工作，接受同级地方党委领导，接受同级地方人大监督。

三、政府机构（工作部门）

（一）中央人民政府（国务院）工作部门

国务院依据宪法和国务院组织法组成国务院和国务院各工作部门。

1. 国务院组成机构

这是国务院机构的主体部分。它们负责领导和管理政府某一方面的行政事务，并相对独立行使某一方面的国家行政权力，工作中的方针政策、计划和重大行政措施，应向国务院请示、报告，由国务院决定；根据法律和国务院的决定，在本机构权限内发布命令、指示和规章。各组成机构的名称都冠以"中华人民共和国"字样，它们的设立、撤销、合并，须经总理提出，由全国人大或全国人大常委会决定。人大第十二届第一次会议决定将国务院机构调整为25个部委。

2. 国务院直属机构

这是国务院根据工作需要设立、由国务院直接领导的职能机构。它们负责领导和管理某一方面的行政事务，其业务具有独立性和专门性，工作量较小或比较单一，在一定范围内也可以发文件；它们的设立、撤销、合并，由国务院常务会议决定；各直属机构的名称为"直属局"，凡涉外的机构，都冠以"中华人民共和国"字样，其机构的行政级别一般为副部级（国家税务总局、中国民用航空局已升为正部级）。目前国务院直属机构共有13个。

3. 国务院办事机构

这是国务院根据工作需要设立，协助总理办理专门事项，其工作直接向国务院总理负责的机构。它们只是就某一方面的事务负责调研、政策分析、提供建议、组织协调有关工作，以及承办上级交办的有关事宜，没有独立的行政管理权，也不能独立发布文件，为国务院起草文件、命令、指示，其机构的行政级别未作统一规定，一般为直属局级，也有的属正部级。

目前国务院办事机构有五个：国务院外事办公室、国务院侨务办公室、国务院港澳办公室、国务院特区办公室、国务院研究室。

4. 国务院行政序列外机构

①国务院非常设机构。指常设机构之外，多担负跨地区或跨部门的综合性、协调性工作的机构，须经国务院常务会议讨论决定，一般由国务院各有关常设部门的领导同志组成，如国家禁毒委员会、国务院转业干部安置工作小组等。②国务院直属事业单位。指不直接担负政府行政管理职能，但所从事的是精神生产或物质生产的基础工作，与国务院的工作有着直接关联的单位。例如，新华通讯社、中国科学院、中国社会科学院、中国工程学院、国家行政学院、国务院发展研究中心、中国纺织总会、中国轻工总会、中国专利局、国家气象局、中国证券监管会。这些部门依法定职责行使职权。

（二）地方各级人民政府工作部门

地方各级人民政府依据宪法和地方政府组织法组成各级人民政府和工作部门。

1. 省级政府机构

省（自治区、直辖市）级与部级（即国务院各部、委的行政级别）是平行的。省、自治区、直辖市一级政府是地方最高一级行政单位。与中央人民政府相比，省级政府的机构相对少一些，无国防、外交行政机构，有些国务院设立的职能部门在省级政府所辖行政区域内也设立，但由国务院主管职能部门垂直管理与领导，不列入地方省级政府的行政序列。例如民航局、铁路局、邮电管理局等。

根据经济发展水平、人口和面积等实情将省级政府区分为两类，省级政府机构与国务院机构相联系分为三种类型：

一是与国务院的部门对应必设机构，称为"委""厅"（直辖市的部门称"委""局"），一般定为正厅级。主要有办公厅、计委、经贸委、教委、科委、公安厅、民政厅、司法厅、财政厅、人事厅、劳动厅（或劳动人事厅）、建设厅、交通厅、农业厅、贸易厅、文化厅、卫生厅、计生委、体改委、民族宗教委等，这类机构的职能综合性强，较为稳定。还有与国务院的直属机构相对应的必设机构，如省政府的统计局、工商行政管理局、国家税务局、地方税务局等，称为局，定为副厅级。

二是与国务院的部门双重领导的必设机构，属省级政府序列，但是业务领导以国务院主管部门为主，如国家安全局、审计局等。

三是与国务院的部门非对口设置或者因地制宜设置的机构，即行使专门管理职能、负责政府专项事务的机构。如粮食厅、林业厅、水利厅、外贸委、乡镇企业厅、冶金厅、煤炭厅、机械委等，都要从本地区的实际情况和行政管理事务比重的大小出发，自主决定是否设置，对于各自治区、直辖市政府的机构，应根据自己的特点和工作需要精心设置。省级部门的机构设置，须经国务院批准。

2. 地（州）市级政府机构

一是按原来的派出机构方式，称地区，其行政机关称行政公署，是司厅级，是省政府的派出机构。不属一级政府，不是由本级人民代表大会产生并对它负责，受它监督，而是由省级政府派出，对它负责，受它监督。

其机构设置，根据经济发展、人口和面积等分为必设和因地制宜设置两种。机构一般称"委""局",为处级。如自治州政府必设机构有办公室、计划与经济局、教育局(或教育与科学技术局)、民族宗教局、公安局、民政局、财政局、农业局、卫生局、计划生育局、审计局、统计局、工商行政管理局。

另一种情况是不设地区、行署,成立地市级人民政府,五套班子齐全。机构称"委""局",为处级。设办公室、计委、经委、建委、商委、计生办、侨务办、人事局、劳动局、教育局、财政局、税务局、公安局、民政局、农业局、卫生局、审计局、统计局、工商行政管理局等。

3. 县级政府机构

县级与处级(国务院部委中司局下设的处、省级政府厅局内设的处)是平行的。县级政府的机构设置,根据经济发展、人口和面积等因素分别不同设置,其数量和职能也各不相同。机构称"局",为科级。如办公室、计委、经委、建委、计生办、侨务办、农业局、教育局、公安局、民政局、人事局、劳动局、审计局、统计局等。

4. 乡镇级基层政府机构

乡镇级与科级是平行的,乡镇政府机构的设置,根据经济发展、人口和面积等因素分别设置,有的下设办公室、如计生办、经济办、农业办、民政办、国土所、司法所、水利所等,因地制宜。

以上是从中央到地方各级国家机构及其工作部门的设置情况。

从中央到地方,从横向角度,由党委、国家权力机关即人民代表大会及其常务委员会、国家主席、国家权力机关的执行机关即行政机关、国家军事领导机关、审判机关和检察机关组成为一个"块",则中央辖全国为"一大块"。然后分地方各级国家机关为"分块":全国分省、自治区、直辖市、特别行政区这一级为"省一级的块",省之下又分地区、自治州或地级市为"地市一块",各个地区、州、地级市又分出"县级块",县下又分若干乡镇为"乡镇小小块"。这些"块",我们俗称为"块块"。

在每一个"块块"里,分别设置有党委、人大、政府、人民法院、人民检察院、解放军、政协七个系统,从中央到地方各层级,呈条状下辖各级,为第一个"条";国务院各部门,从中央到地方各层级的人民政府对应地设置各个部门,呈第二个条状,称为"第二个条",同第一个条合称为"条条"。各个层级则称为"块块",又称为"条条块块"。因此便形成了横向国家机关勾连、纵向各级、部门相承的"块条关系"。

理清这种"块条"关系十分重要。纵向,认清自己从属的系统;横向,得知自己所处的层次。只有首先认清了自己所处的"块条"关系,才能弄懂自己所处的组织关系和行文关系。

为了使初学者能更清晰、形象地看出国家机关的隶属关系、平级关系、不相隶属关系的各种状况,有利于认识、理解并掌握法律法规和规章的法定权威,有利于正确掌握和处理公文的行文关系,有利于正确坚持报告请示制度,本书将上述"块块条条"关系归纳成表1-1,以供参考。

表 1-1 国家机关及其所形成的块条关系

| 中央机关 | 党中央委员会 | 全国人大 | 国务院 | | | | | | | | | | | 中央军委 | 最高人民检察院 | 最高人民法院 | 全国政协 |
			办公厅	外交部	国防部	国家计委	国家经贸委	教育部	科技部	国防科工委	国家民委	公安部	安全部	监察部	民政部				
省级机关	中共省委员会	省人大	省府办			省计委	省经贸委	省教育厅	省科委	省国防工办	省民委	省公安厅	省安全厅	省监察厅	省民政厅	省军区	省高等检察院	省高等人民法院	省政协
地市级机关	中共地市委	地市人大	市府办			地市计委	地市经贸委	地市教育局	地市科技局			地市公安局		地市监察局	地市民政局	市军分区	市中级检察院	市中级人民法院	地市政协
县级机关	中共县委	县人大	县府办			县计委	县经贸委	县教育局	县科技局			县公安局			县民政局	县武装部	县检察院	县人民法院	县政协
乡镇级机关	中共镇乡党委	乡镇人大	镇府办									乡镇派出所			乡镇民政办				

注：国务院工作部门和省、地、县对口成条的机关大部分未列上，请依此法将下面的部门对照补上，可以清楚我国各机关的块条关系状态，容易弄清楚公文往来和办理公私事务的途径。

国务院工作组成部门 25 个，直属机构 17 个，直属事业单位 12 个，办事机构 7 个，部委管理的国家局 13 个。25 个部门即：外交部、国防部、国家发展和改革委员会、教育部、科学技术部、工业和信息化部、国家民族事务委员会、公安部、国家安全部、监察部、民政部、司法部、财政部、人力资源和社会保障部、国土资源部、环境保护部、住房和城乡建设部、交通运输部、水利部、农业部、商务部、文化部、国家卫生和计划生育委员会、中国人民银行、审计署。其他国家机关也设有工作部门，分别称"部、委、办、局""厅、局、处、室""科、室"。

第四节　党的路线方针政策与国家法律法规规章

一、党的路线、方针、政策

中国共产党是执政党，党的路线、方针、政策，是党治理国家的总方略。由党的全国代表大会在党章里确定。

党的每一届全国代表大会，都会根据发展变化的形势，重新修改党的章程。章程一经大会表决通过，便成为全党的坚强意志。全党各组织和全体共产党员必须在自己的岗位带动全国人民在各级组织的领导下坚定不移地去努力实践党的决策。

党的第十八次全国代表大会确立了党的路线、方针、政策：领导和团结全国各族人民，以经济建设为中心，坚持四项基本原则（即坚持社会主义道路、坚持人民民主专政、坚持共产党的领导、坚持马克思列宁主义毛泽东思想），坚持改革开放，自力更生，艰苦创业，为把我国建设成为富强、民主、文明、和谐的社会主义现代化强国而奋斗。

二、国家法律、法规、规章

法律、法规、规章，是全国人大及其常委会、国务院及其部门、各省及较大市人大及其常委会、省及较大市人民政府为有效执行党的路线、方针、政策而制定的措施。

法律是社会规则的一种，通常指由全国人大及其常委会制定公布并由国家强制力（即军队、警察、法庭、监狱等）保证实施的，以规定当事人权利和义务为内容的，具有普遍约束力的社会规范。

法规和规章属法律范畴。国务院可依据国家宪法、《立法法》、《行政法规制定程序条例》制定行政法规；省、自治区、直辖市、省会市、经国务院批准的较大市的人大及其常委会，可以依据法律法规制定地方性法规，报省、自治区的人大及其常委会批准后施行。国务院各部门可依据《规章制定程序条例》制定部门规章；省、自治区、直辖市、省会市、经国务院批准的较大市的人民政府可以根据法律、行政法规和本省、自治区、直辖市的地方法规制定地方政府规章。

三、处理公务、办理公文的生命线

党的路线、方针、政策和国家宪法、法律、法规、规章，构成党纪国法，是我们"依法治国、依法行政"的依据，是我们处理公务、撰写公文、办理公文的生命线。

党纪与国法的区别主要在于：党纪调整的是党内生活、党内关系以及党的领导和执政行为，国法调整的是社会关系和社会秩序；党规规范的是党组织的工作、活动和党员行为，国法规范的是国家机关以及公民、法人和其他组织行为；党规以党的纪律作为强制手段，国法由国家强制力保证实施。

党的路线、方针、政策和国家的法律、法规、规章，两者是高密度结合的，国家机关就像一部大机器，各个部件构联运作，各有作用、各司其职。机器依靠燃油或电力来启动、维持正常运转；而国家机关，则必须依照党的路线、方针、政策和国家宪法、法律、法规、规章来启动和维护其正常运转。

我们必须通过认真的学习，深刻体会到党的路线、方针、政策与人大和政府制定的法律、法规、规章的关系。即党的路线、方针、政策是决策，法律、法规、规章，是人大和政府制定的执行路线、方针、政策的有效措施。把执行党的路线、方针和政策，同严格执行国家的法律、法规、规章高度地统一起来。

四、推荐必读党纪国法文件

（1）《中华人民共和国宪法》。
（2）《中国共产党章程》。
（3）《中华人民共和国立法法》。
（4）《中华人民共和国全国人民代表大会和地方各级人民代表大会选举法》。
（5）《中华人民共和国全国人民代表大会组织法》。
（6）《中华人民共和国地方各级人民代表大会和地方各级人民政府组织法》。
（7）《中华人民共和国全国人民代表大会和地方各级人民代表大会代表法》。
（8）《中华人民共和国国务院组织法》。
（9）《中华人民共和国人民法院组织法》。
（10）《中华人民共和国人民检察院组织法》。
（11）《行政法规制定程序条例》（2001年11月16日321号国务院令公布）。
（12）《规章制定程序条例》（2001年11月16日322号国务院令公布）。
（13）《党政领导干部选拔任用工作条例》。
（14）《各省行政机关规范性文件管理规定》。

第五节 组织关系和行文关系

由于国家机关的"块块条条"的形成，各级国家机关便产生了错综复杂的各种组织关系和公文往来的行文关系。这两种关系，对我们处理公务、处理公文工作至关重要。我们办理公务、办理机关公文工作，正确抓住了这两种关系，也就是抓准了办事渠道，便能"瓜熟蒂落、水到渠成"。因此，这两种关系事关重大，必要深入了解、真正把握。所谓组织关系，是指国家机关之间的纵向和横向构成的组织关系；所谓行文关系，是指国家机关之间公文往来的关系。

一、各种机构间的组织关系

我国各种机构与机构之间。归纳起来，有五种关系：一是政党之间的关系，即执政党与参政党的关系；二是执政党与国家权力机关之间的关系；三是国家权力机关与行政机关、"两院机关"之间的关系；四是执政党与解放军机关之间的关系；五是人民政协机关与党政机关、权力机关之间的关系。

这些机构间的关系均由《中华人民共和国宪法》给予了规定。由于产生了这些关系，在国家的治理中便产生了许多错综复杂的行文关系。

在应用文写作中，能否正确认识和处理行文关系，对于遵循行文规则，正确处理行文机关与受文机关之间的关系，能否有条不紊地顺利贯彻落实决策事项、政策措施、工作部署、指导原则等，均具有非常重要的意义。

二、公文的行文关系

所谓行文关系，实质上是指行文机关与受文机关之间的组织关系，因其关系的不同而使用的往来文件亦有不同的要求。因此，我们必须弄清这种关系，并依照不同关系的要求去行文。即根据国家领导管理体制、行文机关与受文机关之间是否具有隶属关系以及行文机关的职权范围确定。

我国党政机关和其他机关、人民团体、企业事业单位之间的行文关系主要有以下几种：隶属关系、业务指导关系、不相隶属关系；平级关系、平行关系，还有法律关系、监督与被监督的关系、协作关系、联合关系等等。

（一）隶属关系

隶属关系是指区域或机构的从属关系，亦即管辖与被管辖的关系。在公文的行文关系上，一般是对自己所属的直接上级或对自己所辖的直接下级行文。

按照我国现行的政治体制、行政管理体制和组织制度，凡有隶属关系的上下级机关之间工作上的相互关系是领导与被领导的关系。例如，党委与其所属的工作部门、上级党委与下级党委，政府与其组成部门和直属机构、上级政府与下级政府等。上级机关可直接向下级机关发布指示性、指挥性、指令性公文，下级机关也可向上级机关报告情况、请示工作等。上级机关发现下级机关或所属职能部门所发公文有不妥时，有权纠正或者撤销。

（二）业务指导关系

业务指导关系是指同一组织系统中上级机关的部门与下级机关相应部门之间的关系。这种没有隶属关系但有指导关系的机关、单位、部门之间的公文往来关系，包括纯粹业务指导、垂直管理业务指导、半垂直管理业务指导、系统内业务指导等形成的公文往来关系。例如，上级机关的部门与下级机关的相关部门之间的公文往来，同级机关部门之间在各自职权范围内进行业务指导时的公文往来，等等。这种关系与领导与被领导关系比较，行文方式相同，但所用文种不尽相同，二者有本质的区别。

具有指导关系的上级机关向下级机关、上级机关的部门向下级机关的相关部门进行业务指导、答复问题、部署工作等，必须受职权范围的约束。党政机关的部门可以向上级机关相关的部门请示问题或者联系相关工作；重大事项，须经本级党委、政府同意或者授权后，才能向上级主管部门请示、报告。

（三）不相隶属关系

不相隶属关系是指在组织系统和业务系统方面都没有关联的机关单位。这种关系的行文，不能用报告、请示，也不能用通知、批复而应当用函或意见。

（四）平级关系

平级关系是指同辖机关的各个职能部门之间的关系。平级机关之间可以函的形式联系、沟通、协作。平级机关之间、不相隶属机关之间，均可建立协作关系。

（五）平行关系

平行关系也指平级机关关系和不相隶属机关之间的平级机关的关系。

（六）法律关系

法律关系是指依照法律选举产生的人民代表大会及其常务委员会与人民政府、人民法院、人民检察院之间的公文往来关系，这不是领导与被领导的关系而是监督与被监督的关系。

法律规定了人民代表大会及其常务委员会的权力和义务，同时，也规定了人民政府、人民法院、人民检察院的权力和义务。人民政府领导班子成员和人民法院院长、人民检察院检察长都由同级人民代表大会选举产生，并对它负责，受它监督，向它报告工作。各级人民政府、人民法院、人民检察院向同级人大常委会报送"议案"和其他公文，是向国家权力机关和地方权力机关履行法律规定职责的行为。人民代表大会与它选举产生的人民政府、人民法院、人民检察院之间的公文往来关系，又叫权力机关委托负责和向权力机关负责的关系。

（七）监督关系

是指监督机关或有监督职能的其他机关与被监督机关、单位之间的公文往来关系。按照我国现行的政治体制和管理体制，具有监督职能的机关与被监督机关、单位之间的公文往来，包括法律监督、党内监督、权力监督、行政监督、民主监督、企业监督、国有资产监督、舆论监督、中介机构监督工作中的公文往来。这种监督关系的公文往来主要任务是：监督政策、法律、法规和有关规定的执行，监督公权力使用与国有资产运作，通报情况，提出对违纪违法违规行为的处理建议和递交法律文书，等等。具有监督职能的机关与被监督的机关、单位、部门之间，应互相尊重，认真履行各自的职责与义务。在行文关系处理和文种的使用上严格按照行文规则办理。

【思考与练习】

一、概念题

执政党机关　行政机关　人民法院机关、人民检察院机关、解放军机关　政党制度　政治制度　人民代表大会制度　民主集中制　坚持党的领导　块块条条　法律　法规　规章　组织关系　行文关系　平级关系　平行关系　法律关系　监督与被监督的关系　协作关系　联合关系

社会主义法治理念——指符合社会主义制度的依法治国的一系列理论和概念。

强制力——用法律手段强制执行。

国家的政治制度——国家所采用的政治制度。我国的政治制度是由宪法规定的人民代表大会制度。

隶属——指同一个组织系统的领导与从属的关系。
隶属关系——具有领导与被领导的关系。
不相隶属关系——没有隶属关系。
行政领导关系——指在行政组织系统具有领导与被领导的关系，实则具有隶属关系。
业务指导关系——指在业务工作（部门工作或系统工作）上的上级部门与下级部门的关系。
国家机关——宪法规定的治理国家的机构。
权力机关——代表国家行使权力的机关，包括行使立法权、监督权、任免权、决定权。指人大及其常委会。
一府两院——人民政府、人民法院、人民检察院。
审判机关——法院、法庭。
司法机关——泛指公、检、法和司法各机关（包括监狱）。
司法监督机关——检察院。
立法机关——人大及其常委会。
党的领导——包括政治思想、政治路线、方针政策各方面的领导和组织领导。
党管干部——是指党组织对本"块"内各机关组成人员（领导干部）的管理（考核、任免提名）。

二、阅读题

从现在开始，必须阅读宪法、相关法律、相关法规和相关规章以及大量的公文例文。不要受授课进度影响，只要有机会便读。阅读，必有所得，可以说，多读则利，不读要亏。本书列出的阅读文献目录仅供参考，还可阅读更多。

三、简答题

1. 请你说出我国的国家机关、其他机关和单位有哪些。
2. 请你根据我国党和国家机关所形成的块条关系情况，梳理自己的思想认识并且成为自己的意念。
   （1）依据宪法的规定，我国的国家机关有哪几个"条"、有哪几个层级（"块块"）？党和国家机关从中央到地方垂直领导或指导的"条"有哪些？它们之间的关系是怎样的？党组织是怎样进行全面领导的？
   （2）从中央到地方，各级人大、各级人民政府、各级人民检察院、各级人民法院、各级军事机关以及政协机关和人民团体均设党组，这个党组起着怎样的作用？
   （3）你怎样理解人大与政府的关系，怎样理解人大与"两院"的关系，怎样理解政府与"两院"的关系？
   （4）人大机关与同级党委的关系是怎样的？你怎样理解"党委提名，人大决定，政府任免"？
   （5）政协是怎样的机构？它在国家机构中起着怎样的作用？
   （6）中央军委归谁领导与指挥？
3. 我国实行的政党制度是怎样的制度？

4. 我国实行的国家政治制度是怎样的制度？

5. 为什么要坚持党的领导，怎样坚持党的领导？

6. 党的路线方针政策与国家法律法规规章是怎样的关系？我们处理公务、撰写公文，为什么要把这两者看成生命线？

7. 什么是行文关系？我国党政机关和其他机关、人民团体、企业事业单位之间的行文关系主要有哪些？

四、认识题

由于国家机关的"块块条条"的形成，各级国家机关便产生了错综复杂的各种组织关系和公文往来的行文关系。这两种关系，对我们处理公务、处理公文工作至关重要。

1. 请你说说什么是组织关系、什么是行文关系。

2. 由于块块条条，各个机关之间便产生行政领导关系、业务指导关系、平行关系、隶属关系、不相隶属关系等错综复杂的情况，请你依据块条关系，理顺对这些关系的认识。

行政领导关系是：

业务指导关系是：

平行关系是：

隶属关系是：

不相隶属关系是：

五、讨论题

下面是从某写作杂志上转引过来的一份公文的修改稿。修改者认为，修改成这样就可以行文了。请认真阅读全文，依据本书所介绍在"用"方面的基础知识进行分析判断，回答后面的问题。

关于请求拨款修建村级公路的函

市交通局：

为了方便群众生活，改变农村交通的落后面貌，我村委会拟修建从××（村名1）到××墟的村级公路。

××（村名1）到××墟路段处于我村委会管辖的××（村名1），××（村名2）和××（村名3）之间，这三个自然村同属革命老区村庄。该路段大部分是当地有关村民自发修建的泥路，坡度大、路面差，给村民的生产和生活带来诸多不便。尤其在雨天，学生上学时，因路滑跌伤的事时有发生，严重影响了他们的学业。由于路况较差，仅今年5月份在此路段发生的货车侧翻事故就有多起，直接造成经济损失10多万元。

当前，全党全民坚持科学发展观，建设社会主义新农村正在深入开展。为了发展生产，彻底改变农村交通落后面貌，村民一致提出修建水泥路面硬底化的要求。但这三个村大多数村民都是在家务农，经济收入较低，村民虽自筹了×万元，但与修路所需相差甚远。

经核查此路全长×公里，要建成宽×米、厚×米的水泥路，至少还要资金××万元。为此，特请求贵局拨款××万元，以解决修路的资金问题。

妥否，请函复。

附：×××村委会村级公路工程预算表

××市××镇×××村委会（印）

二○○九年七月十五日

问题：

1. ××村委会与××市交通局，其组织关系是什么？

2. 一个村委会要修一条村级公路，便可径直向市交通局行文请求拨款，这样是否符合组织原则？该村委应向谁行文才符合组织原则？为什么？

第二章 公务文书

第一节 什么是公务文书

　　公务文书就是组成国家块条关系的各类各级国家机关,在依法治国、依法行政处理公务的过程中所形成的文字材料。

　　由执政党机关、权力机关、行政机关、检察机关、审判机关、解放军机关、政协机关这七个系统组成国家机关,从中央到地方呈条状垂直领导(第一种条状);从中央到地方,分成中央、省、地市、县市、乡镇五个层级(俗称为"块块");行政机关的职能部门,从中央到地方亦呈条状对口设置,亦称为"条"(第二种条状,俗称"条条")。形成"条""块"结合、"块""条"相承的组织管理体系。这些众多的机关在处理各种公务的过程中所形成的文书都是公务文书。人民团体、企事业单位在处理公务中所形成的文书也是公务文书。

一、公务文书的形成

　　公务文书姓公,与私务文书相对。公务文书是在公务活动中形成的,没有公务活动,便没有公务文书;当需要应用公务文书之时,必然有了公务活动。在处理公务的活动中,必然会形成许多起着不同作用的各式公务文书。比如,要将一件公务活动记录下来,相关的人物,事情发生的时间、地点、缘由,和它的发生、发展、变化、结果等,这样就会有不同的记载、记录、勘查、核实、分析,就会形成各种不同用途的公务文书。用途不同,文体就会不同,文书种类也便不同;发生的事情多了,文书的种类也便多种多样了。

二、公务文书形成的规律

　　公务文书,形成于机关、用于机关,为机关服务,记录着机关的工作,也记载了整个公务活动。机关有什么工作,就会形成什么样的公务文书;机关工作有什么类型,也就会形成什么类型的公务文书。这是公务文书形成的不以人们意志为转移的规律。

三、约定俗成的过程

　　一切文书均由实践中产生,为实用而形成,由不规范至规范,由不完善至完善,约定俗成,并在实践中不断完善。但是,作为用之于公事的公务文书,则必须经机关的相关部门确认、同意才能通行、推广。

　　比如,招标与投标,这在从前的民间曾是流行的,后来一度废止。到 20 世纪 80 年代，由于要搞活经济，又重新启用了这一方式。初期，招标和投标的活动是使用启事这种应用文体在报上公布的，后来经济发展得很快，业务量大增，招标、投标活动频繁。随着活动的增多，领域越来越广，参加的人多起来、繁杂起来。为了公正、公平、规范，防止暗箱操作和其他弊端，便由民间的约定俗成转变成为国家用法律进行规范的文书，由全国人大制定的《中华人民共和国招标与投标法》对招投标活动进行规范，招投标必须使用公告公布，对触犯招投标法的人员进行司法追究。

也许有人会问："难道企事业单位就不能形成公务文书吗？"诚然，企事业单位需要应用各种公务文书，也许在实践中亦会形成新的文书，比如企业的广告、合同、协议书、意向书等，但是，这些文书的形成到社会的确认、通行、有效，却离不开机关。人民团体、企事业单位有隶属的主管部门，这个"部门"就是机关，其文书的应用，必须有主管部门的确认、批准才能正式通行、应用。因此说，公务文书形成于机关。

又比如，条据、书信、表册、账本等，有的可能会由企事业单位首先使用，但是，约定俗成的过程，就是由群众的运用到有关部门确认的过程，如果不经过有关部门确认、批准，便不能通行，只有经有关部门确认、批准后才能正式应用、通行。比如，书信的封面应该怎样书写？原先是约定俗成的，后来事物发展了、变化了，便由邮政部定出了规范，必须按规范书写，不然便会无法投递。

随着社会的进步和发展，各类、各级机关增多，群众团体、企事业单位也越来越多。它们在依法处理公务的过程中，同样在使用各类型的公务文书，因此，公务文书得到了社会的认同，不同机构普遍地使用公务文书。党政机关、人民团体、企事业单位，在依法处理公务过程中所形成的文字材料都是公务文书。

第二节 公务文书的类型

国家机关是依宪法赋予的职能，由各级人民代表大会选举产生而组建的，其他法定机关也是依法律法规或领导机关批准组建的。这些机关就是法定机关，法定的机关被赋予了职能，便必须履行，因而，也就形成了它的各项职责；为了履行职责，它就必须对外处理公务，对内处理机关事务，其职能部门就需要开展专业业务工作，机关也就需要规范其辖内的全员而开展立法建章立制的工作，机关还有日常其他事务性的工作等。因此，便形成了各式各样的、起着各种不同作用的公务文书。依据机关履行职能开展工作的类型，公务文书有如下五种类型。

一、机关公文

机关对外处理公务，是宪法赋予机关职能的使命。例如，对自己的上级机关，或汇报工作、反映情况，或提出请示或请求，或就某重大问题提出自己的见解和处理办法；或者是对自己的下级机关部署、批转、转发、传达；或者是向横向不相隶属机关沟通联系，开展友好合作；等等。这些机关与机关之间的行文，必须准确、及时、规范、安全，因此，便由各系统的中央国家机关制定出公文法规或规范对本系统的公文处理工作进行规范。

规范十分重要。如果没有规范，各机关、各单位的公文处理工作便会产生乱象。试想，如果急办的公文隐没在众多的文牍之中，没有突出的标记，要寻找出来办理，是何等的耗费时间，岂不延误时机？

为了能够让公文办理准确、高效、安全，各系统中央机关以立法立规的方式形成公文法规进行规范。依照各系统公文法规或规范的规定，各级各类机关凡对外处理公务工作的行文，必须使用本系统公文法规或规范所规定的机关公文，包括公文文种、公文的格式、公文的行文规则、公文的制发程序等一系列的规定。

为了将对外公务处理工作的文书与对内处理公务的文书、业务工作的文书、其他的应用文书相区别，各中央国家机关特别制定了包括公文文种、公文格式、行文规则、公文拟制、公文管理等方面的公文处理工作规范，并将这种对外处理公务的文书称为机关公文。

凡机关对外处理公务，必须使用机关公文，而且必须遵守该系统的公文法规或规范。使用本系统公文法规进行规范的公务文书就是公文，没有用本系统公文法规进行规范的公务文书便不能称之为公文①，而应称为其他的公务文书。

机关公文这个大类共有党政机关公文、人大机关公文、人民法院机关公文、人民检察院机关公文、解放军机关公文五个系列，共有70个公文文种、6个公文格式、18个公文要素，形成国家机关公文系列，是公务文书的一大分支。

各个国家机关凡对外处理公务，必须使用本系统的机关公文。其他机关和企事业单位，参照《党政机关公文处理工作条例》执行。凡使用中央国家机关公文法规进行规范的公务文书，都可以归入这个大类之中。

二、事务文书

管理机关，运作机关，沟通信息，记录机关的活动，为机关工作服务，或总结，或调研，或研究对策，或为公文的处理工作而准备材料等，便形成了计划、总结、调查报告、文字材料（包括汇报材料、典型材料）、简报、工作研究、签报、信息、会议记录、公示、大事记、讲话稿、述职报告、工作报告、礼仪文书等反映机关内部事务的各式文书。人民团体、企事业单位也使用这种文书，称事务文书。

事务文书有两种，一是为机关服务的，称"机关事务文书"，另一种是同时也可以为个人适用的文书，称"日常应用文"。

这些公务文书记载了该机关公务活动的实际情况，为上级领导机关了解情况提供了现实资料，也为本机关做好其他工作提供了参考资料。如果下级机关或不相隶属机关也需要借鉴的话，还可以提供作参考性资料。

机关事务文书同机关公文比较，其文种（包括文种的体式）、格式、拟制程序诸方面均无法定而是实践中的约定俗成。一般在本机关内部使用，不具行政效能，不能直接对外行文，不属于机关公文，其制发也没有像公文那样的严格规范。所以，不具执行

---

① 没有用本系统公文法规进行规范的公务文书便不能称之为公文，比如日常应用文的通知，它用了与公文文种"通知"同名的称谓，但它却不算是公文，因为它没有公文的构成条件。

性，不能直接对外发出。但是，机关（包括企事业单位）在处理日常公务的活动过程中少不了它，其使用频率很高，具有极为广泛的适用性。可以说，机关内部事务文书，是机关工作的基础，要想全面做好机关工作，必须将机关内部事务文书工作做好。其中有一些机关内部事务文书，在有必要往外机关送出时，也可以经过公文的制发程序，由公文的某一文种为载体，使之成为具有行政效能的正式文件。

三、专业业务文书

机关的各个职能部门需要开展本专业的业务工作，使用专业性很强的业务文书，形成了专业业务文书。机关设立主管各种专业业务工作的部门，又称职能部门。如国务院的外交、国防、财政、税务、司法、商务、计划、统计、银行、工商、教育等各"部""委""办"。这是机关工作的重要组成部分，在机关的工作中占着十分重要的位置；社会有什么行业业务，反映在我们的国家机关里，便有什么专业业务，便设置这个部门。地方各级人民政府，设置与国务院的部门除外交、国防以外的部门相对口，上下相承开展业务工作。

一个社会千行万业，各行各业为了适应本行业的业务工作需要，在经过无数次的社会实践之后，便形成了约定俗成的、为本行业所认同的、能够表述出行业内业务往来内容的文字、符号、图表等的书写形式。这种书写形式比较固定、规范，其语言文字、符号、图表往往使用较多的行规、行话（专业术语），使业内人士能交流、沟通、应用。

随着依法治国、依法行政的建设日臻完善，我国各个行业内凡重要的专业文书，均已经由国家机关用法律或法规进行规范，如合同，有《中华人民共和国合同法》进行规范；招标与投标，有《中华人民共和国招标与投标法》进行规范；广告，有《中华人民共和国广告法》进行规范；还有，如商标法、会计法、公司法等很多法律法规对各行各业的业务工作和专业文书进行了规范。有的由国家机关的职能部门，用规章进行规范，如电报格式，信封格式，合同格式，银行账户、表册的格式，财务账簿的格式，票证、票据的格式，等等。有的由社会约定俗成，形成使用习惯，如书信的书写格式、会议记录的书写格式等。

专业业务文书受专业业务的法规制约，在该业务范围内发生效力，但不具行政效力。如果需要使之发生行政效力，同样必须使用机关公文通知或报告或函载运。

这些专业性很强的文书，各具特点，为该专业所适用。例如，外交工作，使用与外交工作相适应的专业文书，如国书、照会、备忘录、公约、宣言、声明、条约、协议书、护照、抗议书等。这些称为外交专业文书，简称外交文书。

外交部属国务院的部门，在对国内的各个机关处理公务中，使用党政机关公文，只是在涉外工作对国外机构处理公务时，才使用外交专业文书。外交专业文书不称"外交公文"但可称为"外交文件"，因为"外交无小事"，任何小事也是重要的，是重要的公务文书。

司法工作使用与司法工作相适应的司法文书，如公安机关的治安管理处罚裁决书、现场勘查笔录、立案报告、预审终结报告等，检察机关的公诉词、抗诉词、检察建议书等，人民法院的起诉书、答辩状、判决书、上诉书、民事调解书等，公证机关的公证书等。

公安、司法、公证、国安、监狱、法庭、检察院、法院都是司法机关，却又分属几个不同的国家机关系统。其使用的公文也有不同，检察院使用检察院机关公文，法院和法庭使用人民法院机关公文，其他的属政府部门，当使用党政机关公文。这些机关只有在涉及司法领域的业务工作时，才使用司法文书。司法文书不称司法公文，是其专业业务领域的业务文书。

科技工作使用与科技工作相适应的科技文书，如科技实验报告、科技调查报告、科研进度报告、设计说明书、专家鉴定书、科研成果报告书、专利申请书、科研论文、学术论文等。

新闻出版工作使用与新闻出版工作相适应的新闻出版文书，如新闻、通讯、特写、专访、社论、评论、编者按、选题计划、审稿意见、出版合同、发刊词、序等。

经济工作使用与经济工作相适应的经济文书，如合同、市场调查、市场预测、经济活动分析、招标书、投标书、商业广告、可行性研究报告、银行专用的系列文书、保险行业专用文书、财税专用文书、工商行政管理专用文书等。

文教工作使用与文教工作相适应的文教文书。

医疗卫生工作使用与医疗卫生工作相适应的医疗卫生文书。

物业管理工作使用与物业管理工作相适应的物业管理文书。

…………

社会上专业行业很多。各行各业都有各自的专业性很强的、仅适应于本专业的文书。这些专业文书，数量之大令人无法估量。上列各个专业，仅是例子，当遇上不同专业时留心识别便可。

四、法纪规范性文书

机关需要对全员进行法纪规范工作，形成了一系列的法纪规范性文书。法纪规范性文书，包括宪法、法律、法规、章程、规章以及各种制度规范。各个机关都必须依据宪法和法律赋予自己的职能，对自己职权范围内的全员进行立法、建章、立制的工作，以约束全国、全社会、各系统各机关、各团体、各个企事业单位的全员。

立法建章立制工作，必须依照各个不同机关的职能和责权范围，依照宪法、《立法法》和相关法律的规定制定相适应的法纪规范性文书。

全国人大及其常委会，可制定法律规范全国、全社会的人员。法律是社会规则的一种，是指由全国人大及其常委会制定、由国家主席以国家主席令公布、由国家强制力（即军队、警察、法庭、监狱等）保证实施的，以规定当事人权利和义务为内容的，具有普遍约束力的社会规范。

国务院可依据全国人大及常委会的授权，依据宪法、《立法法》、《行政法规制定程序条例》制定行政法规，规范其所属全员。

省、自治区、直辖市、省会市、经国务院批准的较大市①的人大及其常委会，可以依据法律法规制定地方性法规，报省、自治区的人大及其常委会批准后施行，规范其所属全员。

国务院各部门可依据《规章制定程序条例》制定部门规章，规范其部门及其所属全员。

省、自治区、直辖市、省会市、经国务院批准的较大市的人民政府可以根据法律、行政法规和本省、自治区、直辖市的地方法规制定地方政府规章，规范其所属全员。

执政党的中央机关，依据党的章程制定出各种党内法规，在党内严格执行，规范全党全员。

中央和地方各具有立法权限的机关，在法律范畴以外制定具约束力的非立法性文件②的规范性文件。

各个不具立法权限的机关、企事业单位，为规范、约束本机关、本单位全员，可以根据法律法规和规章，依据本机关单位的实际情况，制定出各种制度规范文书，其制度规范文书也是对本机关、本企事业单位全员的规范。③

五、日常应用文

机关除了对外处理公务使用机关公文、对内处理公务使用机关事务文书、职能部门处理专业业务使用专业业务文书、建章立制使用法纪规范性文书之外，机关在日常的事务性工作中，还必然会使用日常应用文。

所谓日常应用文，就是机关在处理本机关的日常事务性的公务中所使用的一些不出机关大门、内部性的、简便的、具有惯用格式的文书，如通知、便函、海报、启事、条据、书信、电报等文书。

日常应用文有跨类的现象，即既可归入日常应用文一类，又可以归入机关事务文书类，如礼仪文书、书信、告启请柬。其划分界限是：凡机关用于机关使用的，属机关事务文书；凡既适用于机关也适用于人使用的则为日常应用文。例如，条据、书信、告

---

① 较大市：是指设区的地级市（其区为县一级）。

② 立法性文件与非立法性文件：立法性文件是指中央和地方各具有立法权限的机关，在法律范畴内依《立法法》的各项规定制定、公布的法纪规范性文书，包括法律、法规和规章。非立法性文件，是指中央和地方各具有立法权限的机关和不具立法权限的领导机关，不是依照《立法法》的规定，而是在法律范畴以外制定，即并未纳入立法范畴、不纳入法定程序，而是以机关职能的纪律约束力制定的、具有普遍约束力、可以反复适用的非立法性文件。这种规范性文件不属法律范畴，却也是在制发机关纪律约束力要求必须遵照执行的属纪律范畴的文件。

③ 以前，一般将法规、规章和制度等合称为"规章制度"。自2000年7月1日《立法法》生效实施之后，"规章制度"一说便不合时宜了。法规和规章已属于法律范畴，其制定和公布由《立法法》所规范；而制度则是非法律范畴，属纪律性质，具内部约束力的行政规范性文书，这两者的法律地位已迥然不同，如果仍放在一起称谓，显然会混淆法纪界限。根据广东省委、省政府有关文件汇编的分类称谓，将制度、规范等冠以"制度规范"类，我们也采用此说。制度规范是法律法规和规章的延伸，虽然不属法律范畴，却是具有强力约束力的文书，因此，应列入规范类文书类中。

启、海报、声明、电报、求职信、应聘信、便函、请柬等等。

人民团体、企事业单位所使用的文书也是公务文书。凡对外处理公务，参照《党政机关公文处理工作条例》执行；对内处理公务，可使用机关事务文书；在相关党政机关指导下开展业务工作，使用相关专业业务文书；对内部进行管理需要的建章立制工作，应在相关管理部门的指导下，依法依规制定制度规范；日常事务性工作亦使用日常应用文。

上述五类公务文书，各有各的功能，都是为处理公务而形成的公务文书，都是处理公务的重要工具。

第三节　公务文书的特性

记叙文，以情动人，感染读者；说明文，给人以知（识），教人以（实）用；议论文，晓人以理，导人以行；应用文，沟通关系，办理实事。公务文书就是公务应用文，它在公务活动中形成，记录了公务活动，为公务活动服务；没有公务活动便没有公务文书。因此，其文书的特点就是为公务的应用，并且在为公务的应用中，形成了如下四个方面的特性。

一、在内容上具有沟通关系、办理实事的实用性

公务文书不同于文学作品，不同于记叙文、说明文、议论文，它是为了处理事务、沟通关系、办理实事而写作的文书。就是说，公务文书的写作，其内容务实，对象具体，要求明确，讲求实效。文学作品是作者有感而发所产生的，而公务文书的写作则是为了办事而产生的，如果没有公务需要去处理，没有公务关系需要去沟通，没有公务实事需要去办理，便没有公务文书的写作。例如，规划未来，总结过去，表达愿望，申述理由，告晓事项，作出决定，反映情况，交流信息，上传下达，等等，这就是公务文书写作的实用性表现。

然而，公务文书的写作不仅仅是写作的问题，它同时还有一个"怎样应用"的问题。就是说，记叙文、说明文、议论文的写作可以由作者依自己的意念去写，而公务文书的写作，却不允许任由作者随意，而写作者必须依据法纪、实际状况去处理写的问题，在写作公务文书的同时，要考虑到符合法纪、符合事实的因素。

二、在写作上具有惯用的格式性

文学作品、记叙文、说明文、议论文，除了要具备各文体的基本特点和要素之外，没有任何固定的写作格式和处理程序，而公务文书的写作却有特别的格式和处理程序。

公务文书的惯用格式有两种：一是约定俗成的格式，这是长期以来社会实践形成的，虽无法定，却自然形成，大家遵守，机关事务文书、日用类文书等大多数文书的体式均由约定俗成而形成。二是法定格式，即国家或相关部门用法律或法规规定的，如机关公文、专业业务文书、法纪规范性文书。

法定格式又分为两种，一是中央国家机关用公文法规进行规范的公文的格式。二是

法定的文书格式。法定文书格式，是指国家以法律或法规所规定的文书格式，如各种专业业务文书，合同、招投标书、计财统报表、电报等的格式是法定的。

三、在使用上具有严肃的法纪性

文学作品、记叙文、说明文、议论文，从作者、写作，到印发、阅读，都没有对作者、制发程序、阅读对象等的特别规定。只要你具有写作能力，情之所至，便可动笔写作；发表出来的作品，谁都可以阅读。反之，只要你不想写，便可以不写，如果你不想阅读便可以不阅读。但是，应用写作则不然，它从写作到阅读，都有特别的规定——作者的规定、制发程序的规定、阅读对象的规定、阅读对象阅读后应如何办理的规定等。而这些规定是严格的、严肃的，违反了规定的便会受到行政制裁。公务文书的规定往往是由法律、法规或规章所赋予的，必须严格遵照执行。比如，规范性文书，必须依照法定的权限和程序，从提出议案到立案、起草、讨论、审议、表决、通过、公布，具有一套完整的程序；公文的制发和处理也有一套完整的交拟、拟稿、核稿、会签、签发等程序；合同也经合同法规定须经要约、谈判、拟稿、公证等步骤；招标与投标，也由招标投标法作了一系列规定。

四、在语言运用上使用事务语体的特殊性

公务文书的语言，与记叙文、说明文、议论文相比较，有着明显不同的特点，就是以明确性、简要性、程式性为特征，以语言风格平易、朴实、庄重为应用标准的事务语体为语言体式。它的语言特点是：

（1）用词准确规范，有明确的单义性，一般不用语气词、感叹词、儿化词，不用描绘性、形象性词语，排斥口语词语和方言词语。

（2）句式严密，介宾短语较为常用，普遍使用陈述句、祈使句，一般不用倒装句。

（3）要求语气恰当，切合文种和对象，即要区分给上级、平级、下级的，或是给长辈、平辈、小辈的，不同对象要有不同语气。语气还要切合行文的目的，如祝贺的语气要热烈，哀悼的语气要沉痛，申请要恳切，商洽要委婉等；此外，事务语体还有特有的程式化语言、惯用语言，如公文各种结尾用语等。

（4）常常使用文言词语、专业术语、特定用语。公务文书为使语言简约，往往在行文中使用文言词语、专业术语和专用词语。如"兹将""业经""悉""特此""届时""为荷""莅临"等；又如，开端用语、称谓用语、递送用语、引叙用语、拟办用语等等。

第四节 公务文书的写作要求

公务文书是在依法处理公务的过程中形成的文字材料，是人们据以办事的工具。对公务文书的写作要求，实质上是指对公务文书在应用上的要求，正确的应用和规范的写作相结合。正确应用，是指在写作之前、写作之中或写作之后的处理，要符合法律、法规、规章和上级指示，即有所依据，所据正确。规范写作，是指行文观点正确、鲜明；

材料真实、得当；格式规范，结构合理；语言明确、平实、简约、得体。

一、观点正确、鲜明

应用文的观点必须正确。观点不正确便不能据以办事；如果强行办事，便会导致失误，或犯下大错。观点正确，一是指所确立的观点符合党的方针、政策、法律、法令和制度规范；二是指符合文中介绍的实际情况。因此，我们撰写公务文书，应该从客观存在的事实出发，详细地占有材料，用辩证唯物主义的观点和方法进行分析、综合，从这些材料中引出正确的观点。

观点还必须鲜明。鲜明，是指提法要明确，切忌似是而非、模棱两可。文中反映出来的基本思想、基本态度明确，赞成什么、反对什么，肯定什么、否定什么，哪些应该表扬、哪些应该批评，都得表述得清清楚楚，毫不含糊。

二、材料真实、得当

材料是公务文书的具体内容，也就是作者为了表明观点，从客观现实中搜集、摄取并写入文章的一系列事实或论据，如具体的事例、数据、引语等。

材料与观点的关系十分密切。观点要借助材料来体现，材料必须依据观点来组织，这就是观点和材料的统一。但是，材料必须真实。公务文书的实用性决定了其写作必须实事求是、文实相符。就是说，所使用的材料，包括数字、事例、引文都必须真实可靠、准确无误，完全符合实际。因此，要求在使用材料时，认真地查证、核实并严格选择，不能粗心大意，更不能凭空想象。

选用材料，还要注意得当。得当，就是不偏不倚、不多不少，刚刚合适。选用材料是否得当，从下面三个方面去衡量：一是材料是否具有典型性；二是材料是否具有代表性；三是材料能否为观点服务。

所谓典型性的材料，就是指那些最能说明本质和特点、具有最强说服力的材料。这是选用材料在质的方面的要求。

所谓代表性的材料，就是说选材贵精，凡是用一个材料能说明问题的，就不用两个，以避免重复、冗长。这是选用材料在量的方面的要求。

所谓为观点服务，是指作者应先占有充分材料，而后形成观点，但是，观点一经形成，则要根据观点的需要来决定材料的取舍，所选材料均能支撑观点。因此，取舍材料的原则是：必须选取能表现观点、支撑观点的材料，凡是与观点无关或关系不大的材料，应坚决舍弃。

三、格式规范，结构合理

格式是公务文书的外部特征。由于种类繁多，故其具体格式各有不同要求。有的是在长期的使用中形成了约定俗成的惯用格式，有的是国家用法规规定的格式。我们撰写公务文书必须依照惯用的或规定的格式，符合规范要求，以提高办事的准确性和效率。

结构是公务文书内部的组织形式。为了表达观点，将材料依一定的顺序组织起来，形成"文章架子"。公务文书结构的方式多种多样，有的同于一般文章，有开头和结尾、层次和段落、过渡和照应、详写与略写，有的却不同于一般文章，而是有其特殊的结构内容，即标题、正文（分引据、主体、结尾）、落款。

所谓结构合理，就是依据行文的实际需要，采用相适应的结构方式。

四、语言要明确、平实、简约、得体

在长期的使用过程中，公务文书逐步形成了自己独特的朴素文风。述事求实、周全，说理平实、严谨，说明质朴、明快，贵用直笔，风格庄重，朴实自然，在语言运用上形成了一种独特的体式，叫作"事务语体"。

它以记述为特征，以实用为目的，不着意追求语言的艺术化，也不以语言的生动为主要标准，而是把语言的明确、平实、简约、得体当作最基本的要求，因而也就形成了不同于记叙文、说明文和议论文的语言特点。

1. 明确

明确就是表达明白清楚，准确贴切，数字运用精确、规范，做到不产生歧义，不引起误解，能够使人一看就懂，并可以付诸实践。叶圣陶先生曾经说过这样一段话："公文不一定要好文章，可是必须写得一清二楚，十分明确，句稳词稳，通体通顺，让人家不折不扣地了解你所说的是什么。"

例如，有份通知这样写："今天下午在学校舞厅举行卡拉 OK 总决赛，请参赛者准时参加。"通知上的时间就不明确，"下午"，13 点到 18 点都可以算下午，却要求参赛者"准时"，岂不成了笑话。因此，为了做到明确，对内容有关的时间、地点、范围、条件等，必须表述准确、周密，例如：

（1）合营企业有限公司。双方投资比例为 7∶3，即甲方占 70%，乙方占 30%。总投资 140 万美元，其中：甲方 98 万美元，乙方 42 万美元。

（2）技术工人按初级、中级、高级顺序考核晋升（实行八级制的行业工种，逐级考核晋升）。初级工晋升中级工，实践期为四年，中级工晋升高级工，实践期为五年，技术能力明显高于本等级的优秀者可提前考核晋升。

这样表述，就使要说的内容清楚、明白、无歧义地说出来了，办起事来便不致引起误解。

为使语言明确，一般排斥口语词语和方言词语，不滥用简称、略语，句式严密，使用陈述句、祈使句而不用倒装句、感叹句和省略句。还要注意正确运用各种数量的概念。应用文写作会涉及许多数量方面的概念，如基数、序数、分数、倍数、确数、概数、绝对数、相对数、平均数、对比数、百分数以及表示各种程度、范围、频率、时间、条件等的概念，对这些数量概念的运用与表达，既要准确，又要规范。国家语言文字工作委员会等七个单位公布了《关于出版物上数字用法的试行规定》，为数字书写的规范化提供了依据。另外，有些量的概念要注意符合国际通用标准，使用时必须按照

《中华人民共和国法定计量单位》的有关规定。

2. 平实

什么是平实？平实就是所使用的句子平淡无奇，实实在在，朴实不虚浮。其特点是不用或少用形容词之类的附加成分，不用或少用比喻、夸张、渲染、烘托之类的积极修辞方式，而是实实在在地叙述事实、铺陈景物、解剖事理。

古人历来推崇平实的语言风格。老子说："信言不美，美言不信。"用现代的话来说，就是办实事的语言，不必追求华美，而华美的语言不落实、不实在，容易引起不同的理解，产生歧义。一般地说，应用文都采用平实的语言。例如：

(1) 遵守劳动纪律，严守操作规程，坚持文明生产，完成生产实习任务。
(2) 举止文明、礼貌，态度和蔼，谈吐文雅。

这样的表述，不事藻饰铺陈、浓妆艳抹，不追求结构新颖、波澜起伏、穿插呼应等技巧，而着力于通俗易懂，庄重大方，恰如其分，公正平和，意尽言止。

古人说："文章不难于巧，而难于拙（朴实无华）；不难于细，而难于粗（抽象概括）；不难于曲，而难于直（直截了当）；不难于华，而难于质（内容质朴）。"可以说，这是事务语体平实风格的概括。

3. 简约

什么是简约？简约就是叙事简明完备，约而不失一词；说理精辟透彻，简而不遗不缺；既不冗长累赘，又不能言不及义。这就是开门见山，直截了当，实话实说，不绕弯子，不穿靴戴帽，不短话长说，不故弄玄虚，不矫揉造作，而是力求言辞简明扼要，不蔓不枝，干净利索地表达。例如：

(1) 我公司经市计委（1987）83号文件批准，兴建一幢办公营业大楼。……
(2) 我站最近同东方村签订了协议书，解决了长期遗留的山地及树木归属问题。现将情况报告如下：……

这样的语言确实简约，无一字多余，意思表达清楚，干净利索。

简约的风格，在我国历来是极受推崇的。清人刘大櫆说："文贵简。凡文笔老则简，意真则简，辞切则简，理当则简，味淡则简，气蕴则简，品贵则简，神远而含藏不尽则简，故简为文章尽境。"为使语言趋于简约，一般应遵循"直截了当，用直笔而不用曲笔，要开门见山而不要转弯抹角"的原则，从特定的目的、特定的对象出发，把可以不说的话统统删除。删除繁文，使用短句，注意习惯使用的语言模式。

为适应言简意赅的要求，应用文往往使用某些文言词语和特定用语。如"兹将""业经""悉""特此""届时""为荷""莅临"等。切实弄清这些文言词语的含义和用法，正确地使用它们，不仅能收到白话所不能有的表达效果，而且给应用文平添了几分凝重的色彩。正确地使用这些术语，当然首先是行业内容的需要，但也是做到语言精简的一个条件。

4. 得体

什么是得体？得体就是行文要根据不同的对象和场合，掌握好恰当的分寸，语言要能体现作者处理事务的立场和态度，要能为特定的需要服务。写什么、不写什么，怎样措辞，用什么语气，都要与特定目的、特定的对象和谐一致，使阅文者获得应有的印象，从而收到发文的预期效果。

得体，有两个方面的要求：一是正确选用适合的文体和与这种文体相适应的语体；二是行文语言要与行文目的、语言环境相适应。

国务院1956年2月18日发出的《关于今后在行文中和书报杂志里一律不用"满清"的称谓的通知》，是一篇语言得体的范例。原文如下：

"满清"这个名词是在清朝末年中国人民反对当时封建统治者这一段历史上遗留下来的称谓。在目前我国各民族已经团结成一个自由平等的民族大家庭的情况下，如果继续使用，可能使满族人民在情绪上引起不愉快的感觉。为了增进各民族间的团结，今后各级国家机关、学校、企业、各民主党派、各人民团体，在各种文件、著作和报纸、刊物中，除了引用历史文献不便改动外，一律不要用"满清"这个名称。特此通知。

通知里的"为了增进各民族间团结……特此通知"这一段话，似乎已经把目的、要求说清楚了。但通知并未这样简单地处理问题，它还说明了"满清"这个名词的历史来源以及为什么在新的历史条件下不宜再继续使用，这对于各族人民正确地理解这个通知和保持各民族的友好关系是必要的，也利于各族人民根据通知的精神处理各种有关问题。

意思上周全了，还要斟酌采用什么说法、什么词句、什么语气。例如通知中的第一句，能否写成"'满清'这个名词是在清朝末年中国人民反对当时封建统治者这一段斗争中遗留下来的"呢？这样写也很通顺，和原文基本意思也差不多，但显然不如原文好。虽然只是"斗争中"和"历史上"这样三个字的区别，但强调的侧重点却不同。又如"可能使满族人民在情绪上引起不愉快的感觉"这一句，能否简化为"可能使满族人民不愉快"呢？这样写，基本意思相同，也似乎更简明些，但并不好。因为前者语气委婉，更能体现兄弟民族之间互相尊重的情谊。

从上述分析中，我们不难看到，所谓得体，即要求语言的运用更好地为特定需要服务。说什么，多说什么，少说什么，不说什么，怎么去说，怎样措辞，用什么语气，都要与特定目的、特定对象和谐一致。俗话说："到什么山上唱什么歌"、"看菜吃饭、量体裁衣"，这都是强调语言运用要受内容、目的、对象、条件的制约，要适应需要。正如列宁所说："文体应与内容相呼应，文章的语言和口气应适合文章的主旨。"例如，内容是下达指标的，要庄重严肃；通报错误的，要说理严正；报喜祝捷的，要热烈欢快；商洽问题的，要谦诚相待；申请要求的，要恳切委婉；等等。从行文对象来说，上行文要侧重陈述事实，少讲道理，语气要诚挚谦恭；下行文应有明确的要求，又要给下级留一定的机动权，用词肯定平和；平行文则应尊重对方，使用平等协商的语气。在系统内行文可以用行话、术语，对系统外行文要力求浅显、通俗。

【思考与练习】

一、概念题

公务文书　依法行政　公务文书姓公　公务文书是机关　在依法处理公务过程中所形成的文字材料　宪法赋予的职能　法定机关　法定的机关被赋予了职能　对外处理公务　对内处理机关事务　立法建章立制的工作　公文法规或规范　公文文种、公文的格式、公文的行文规则，公文的制发程序　凡机关对外处理公务，必须使用机关公文　约定俗成　职能部门　约定俗成的惯用格式

二、阅读题

阅读推荐的法律、法规、规章文献；阅读本书。

三、简答题

1. 公务文书在文体上与记叙文、说明文、议论文相比较，有什么特点？

2. 为什么说"公务文书，形成于机关、用于机关，为机关服务、记录着机关的工作，也记载了整个的公务活动。机关有什么工作，就会形成什么样的公务文书；机关工作有什么类型，也就会形成什么类型的公务文书。这是公务文书形成的不以人们意志为转移的规律"？

3. 什么是公务文书？请你将你所知道的各种公务文书抄列出来。

4. 公务文书有哪五类型？请分别开列出其五种类型，然后，将上题抄列出来的各种公务文书进行归类。如果你发现无法分类的文种，可另外记下，开展讨论并将其归类。

5. 请说出你对"记叙文，以情动人，感染读者；说明文，给人以知（识），教人以（实）用；议论文，晓人以理，导人以行；应用文，使用事务语体，沟通关系，办理实事"的理解。

6. 公务文书的特性表现在哪几方面？

7. 公务文书在语言运用上有什么特点、使用什么语体？其语体的特点是什么？

8. 请你说说写作公务文书的要求有哪些。

9. 写作公务文书要注意语言得体。什么是得体？怎样做到得体？

四、拓展题

请参考本书介绍的招投标活动最初使用启事招投标，到现在必须使用公告进行招投标一事进行联想：

1. 公务文书是怎样从约定俗成到法定的过程？

2. 你能举出一些公务文书是如何从规范到规章到法规到法律演变的文种实例吗？

第三章 国家机关公文

国家机关公文是公务文书的一种,是中央国家机关用公文法规进行规范的公务文书,是具有特定效力和规范体式的公务文书,是依法治国、依法行政的工具。有党政机关公文(有时也可以分别称党的机关公文、行政机关公文)、人大机关公文、人民法院机关公文、人民检察院机关公文、解放军机关公文。上述五个系列的公文,合称为国家机关公文,简称为机关公文,因为一些机关团体、企事业单位需要参照党政机关公文使用,故可简称为"公文"。

第一节 国家机关公文的概念

一、公文是中央国家机关用公文法规进行规范的公务文书

国家机关公文就是中央国家机关依据宪法、法律所赋予的职能,为实行领导、履行职能,对外机关处理公务,使用公文法规或规范规定的具有特定效力、规范体式的公务文书。

中共中央办公厅、国务院办公厅、全国人大常委会办公厅、国家主席、最高人民法院、最高人民检察院、中央军委等各个中央国家机关,依据国家宪法赋予的立法主体资格权限、职责范围和自己系统的工作特点,制定出包括公文文种、公文格式、行文规则、公文拟制、公文办理、公文管理等方面的公文处理工作规范,要求本系统内的各个机关严格遵照执行;在对外机关处理公务的活动中,依规定制发出为本机关立言,具有行政效能和规范格式,从此机关到彼机关运行,受文机关在收文后必须作出应有反应的公务文书。这种公务文书就是公文。

国家机关公文,是公务文书的一种,简称为公文。

根据《党政机关公文处理工作条例》《人大机关公文处理办法》《人民法院公文处理办法》《人民检察院公文处理办法》《中国人民解放军机关公文处理条例》等公文规范的规定,符合从公文文种到公文格式、行文规则、公文拟制、公文办理、公文管理等一系列规定的公务文书才是公文。凡不符合这一系列规定的文书不能称之为公文而应当称为"其他公务文书"。

一个机关,在处理公务时往往需要分别使用各种各样的公务文书:一,凡机关与机关之间处理公务,必须以机关的名义使用本系统公文法规所规定的机关公文;二,凡机关内部处理公务,必须使用机关内部事务文书;三,凡机关部门处理各种专业业务工作,必须使用国家规定的与专业业务相适应的专业业务文书;四,凡机关为约束全员而

立法或建章立制，必须使用机关权限内的法纪规范性文书；五，凡机关内部处理日常一般事务，则使用日常应用文。上述五类文书，统称为公务文书。也就是说，公务文书由这五大类文书组成。中央国家机关用公文法规进行规范的是第一类公务文书。

二、公文是具有特定效力和规范体式的公务文书

中共中央办公厅和国务院办公厅发布的《党政机关公文处理工作条例》明确指出："党政机关公文是党政机关实施领导、履行职能、处理公务的具有特定效力和规范体式的文书，是传达贯彻党和国家方针政策，公布法规和规章，指导、布置和商洽工作，请示和答复问题，报告、通报和交流情况等的重要工具。"

全国人大常委会办公厅发布的《人大机关公文处理办法》、最高人民法院发布的《人民法院公文处理办法》、最高人民检察院发布的《人民检察院公文处理办法》、中央军委发布的《中国人民解放军机关公文处理条例》等公文法规或规范，亦同样强调了各自系统的公文是"具有特定效力和规范体式的文书"，并具体规定了具体的公文格式和公文的制发程序。

什么是公文？具有"实施领导、履行职能、处理公务"（决议、决定、命令、通知）、具有"特定效力和规范体式"（公文格式、公文处理工作程序）、"传达贯彻党和国家方针政策"（决定、命令、通知）、"公布法规和规章"（公告、命令）、"指导、布置"工作（意见、通知）、"商洽工作"（函）、"请示和答复问题"（请示、批复）、"报告"情况（报告）、"通报和交流情况"（通报）等功能特征的就是公文。不具备这些功能和特征的便不是公文而是公务文书。

党政机关、人大机关、人民检察院机关、人民法院机关、解放军机关等系统，已分别颁行了各自的公文法规。其共同点是：法定的机关、法定的作者、法定的读者，凡机关对外处理公务便必须使用本系统公文法规所规定的机关公文为工具、为本机关立言，依照法定的文种、法定的格式、法定的制发程序，形成具有特定行政效能、规范格式的公务文书，并由此机关到彼机关运行，受文机关在收文后必须作出应有的反应。因之，使政令畅顺、指挥系统灵敏，上情下达，下情上输，使国家机器运转自如。

各个机关公文系列，分别依照各自的机关公文处理工作规范进行。《党政机关公文处理工作条例》规范党政机关公文处理工作，《人大机关公文处理办法》规范各级人大机关公文处理工作，《人民法院公文处理办法》规范全国各级人民法院的机关公文处理工作，《人民检察院公文处理办法》规范全国各级人民检察机关公文处理工作，《中国人民解放军机关公文处理条例》规范人民解放军各级机关的公文处理工作。各个国家机关都以机关公文为处理公务的工具，依照行文规则，在确定行文方向、选择公文文种、使用公文格式时就必须注意符合行文关系、行文目的要求，使公文具有特定的行政效能，使上下沟通、左右沟联，全国一盘棋，能运作自如。

人民团体、企事业单位在依法处理公务的过程中，需要使用公文来处理公务。由于不具立法权限，不能制定自己系统的公文规范。所以，中共中央办公厅和国务院办公厅特别在《党政机关公文处理工作条例》中明确指出："其他机关和单位的公文处理工作，可以参照本条例执行。"

是"参照执行"不是"照此执行"。过去，有人将行政机关公文称为"通用公文"①，据此看来，通用之说不能成立，因为各个不同系统的机关都使用各自系统的机关公文，并非通用。人民团体、企事业单位使用党政机关公文，亦非通用而是参照执行。

"参照执行"中，应当严肃认真地"参照"，不能百分之百地照搬。比如，议案是法律明文规定给人大专用的法定性公务文书，法律规定由人大常委会、人大各委员会、人大主席团、人大代表团、法定额数人大代表、政府机关或政府首脑、人民法院机关、人民检察院机关等依法向同级人大提请审议事项原案使用，其他团体、企事业单位法定不得使用；命令（令）、公告、公报，人民团体和企事业单位不能使用。因为这些公文文种是为国家机关特别设置的，权限不具便不能使用。所以不能使用"通用"之说，以免误导。

有些机关、团体、企事业单位，为了能使本机关单位的公文工作做到规范化、科学化、制度化，依据《党政机关公文处理工作条例》，对照本机关单位的职权范围，制定出本机关单位的"公文处理实施办法"，规定可以使用哪些公文文种、怎样使用，作出限定。将不使用的公告、公报、命令（令）、议案等隐藏不列，以免误用。这是一个好方法。

三、公文是国家机关公文的简称

什么是国家机关公文？国家机关公文就是国家机关用公文法规进行规范的公务文书。国家机关，是指国家为行使其职能而设立的各种机构，是专司国家权力和国家管理职能的组织，包括中央和地方各级组织。从国家学说上讲，国家机关，即国家政权机关，它包括各级权力机关、行政机关、审判机关、检察机关和军队中的各级机关。

在我国，中国共产党是执政党，宪法明文确定了共产党在国家事务中居于领导一切的地位。因此，中国共产党的各级机关应纳入国家机关的范畴。

因此，我们的国家机关是指执政党机关、国家行政机关、国家权力机关（即人大机关）、人民检察院机关、审判机关（即人民法院机关）、解放军机关。

公文法规就是中央国家机关为规范本系统各机关的公文处理工作科学化、制度化、规范化，依据立法主体资格和立法权限制定出要求本系统各机关必须按照执行的公文处理工作规范。例如，《党政机关公文处理工作条例》《人大机关公文处理办法》《人民法院机关公文处理办法》《人民检察院机关公文处理办法》《人民解放军机关公文处理办法》。

---

① "通用公文"：这是20世纪80年代流行的说法。当时，社会上通常看到的公文是行政机关公文，而人民团体、企事业单位也采用行政机关公文。由于公文法规尚未规范，社会上使用公文也不很规范，只见很多单位在用，便以"通用公文"称之。现在，十分强调公文处理工作必须规范化、科学化，凡不规范者应予纠正之。现在的现实是，党政机关公文并非"通用"，人大机关、解放军机关、法院机关、检察院机关均有各自系统的机关公文。人民团体、企事业单位是参照执行《党政机关公文处理工作条例》，故不能称为"通用"。

进行规范是指各个系统的公文法规明确界定其公文的文种、公文的格式、行文的规则、公文的办理、公文的管理等方面。正是要将公文特别地凸显出来，与其他公务文书严格区别开来。分别要求本系统的各机关必须以本系统的公文法规的规定去处理公务和制发公文。凡是按照本系统公文法规进行规范、符合规范的公务文书便是公文，凡是没有用本系统公文法规进行规范的文书，则不能称为公文而应称为其他公务文书。

四、公文的分类

机关公文的分类，应以其公文法规制定的机关系统为线，分为党政机关公文（有时也可以分别称党的机关公文、行政机关公文）、人大机关公文、人民法院机关公文、人民检察院机关公文、解放军机关公文和其他公文（即《党政机关公文处理条例》中指出的参照本条例执行的"其他机关和单位的公文"）。

如果从认识公文的特征特性出发，还可以以行文的方向分，有下行文（决议、决定、命令、通知、通报、意见、批复、纪要），上行文（报告、请示、意见），平行文（函、议案），广行文（又称公布性行文，有公报、公告、通告）；按公文办理时间的要求分，有特急公文、急办公文、常规公文，简称为特急件、平件；按公文的机密程度分，有绝密公文、机密公文、秘密公文和普通公文，简称为绝密件、机密件、秘密件和平件；按公文的收发分，有收文和发文。

第二节　文书、文件、公文辨析

文书、文件、公文，这是三个不同的词语，其概念有些相近，但其意义毕竟不同。在公文处理工作上往往会有交错，我们必须正确区分清楚，不应囫囵吞枣以致张冠李戴而延误工作。

一、文书

什么是文书？文书是为处理事务、交流信息而使用的各种载体，包括文字、图表、声像等材料。《辞海》的释义是"各种公文的统称"。这里的"公文"其实是指"公务文书"。依现代国家行政学的概念，"文书是指为处理事务、交流信息而使用的各种载体的文字、图表、声像等的材料"。

实际上，文书指的就是应用文。应用文就是文书。其定义为：为了凭证、记载、公布、传递的需要，在一定载体材料上表达思想意图的一种信息记录。应用文就是这样的文书。所以，应用文也称应用文书。

在文章学的分类中，文章只分为文学作品和非文学作品两大类。在非文学作品这一类之中，又分为记叙文、说明文、议论文、应用文四种。但是，记叙文、说明文、议论文这三种文体不称文书，称"文章"，如称"一篇文章"；只有应用文以其实用性而称为文书。因此，凡具有实用性的文字材料，均可称为文书。

文书是指用文字写成的具实用价值的书面材料。它包括公务文书和私务文书，当然也包括文件、公文在内，是大概念。我们这里讲的文书，是指公务文书。

有人说，"公务文书就是公文"，这是不正确的："公文"和"公务文书"存在着种属关系，"公文从属于公务文书"、"公务文书"是属概念，"公文"是种概念。我们不能将种属关系给混淆了。有人说："公文是公务文书。"这没有错，可是，却有人据此而说成"公务文书就是公文"，这就错了！为什么？这就如"我是中国人"，却说成了"中国人是我"一样，混淆了种属概念。

文书，又是一个名词，往往会以大喻小，成为指代另外一种较小的事物。如"他还在整理他的文书资料"、"他任文书之职"。这里的"文书"是语言文字运用上的变化，同原来的"文书"概念不一样，"文书资料"是指某一文书性质的资料；"文书之职"是指一种具体的负责文书工作的职务，要注意区分，以免误导。

总之，文书是大概念，是指用文字写成的具实用价值的书面材料，包括文件、公文在内。结论是：文书不等于文件，也不等于公文，而是既包含文件，又包含公文。

二、文件

文件，是某些文书在特定环境里的特定概念，意思是"重要的公务文书"。"文件"的含义，其所指代的面比公文广泛，曾经指代过党的公文，如"中国共产党各级领导机关文件处理条例"，这里的"文件"，就是指党的公文，但也含着"重要的公务文书"之意，因为其"文件"之中也包括有"非公文"的条例、规定。

"文件"又指具有行政效力、具有执行性的文书。如，文件格式的公文，其版头套红印刷，称"×××××文件"，成为机关公文的标识，称为"红头文件"。载明"文件"标识的公文，具有行政效力、执行性。现在的党政机关公文，上行公文版头不用"文件"二字，但其载运的却是公文；下行的公文版头加"文件"二字，成为"文件格式"，这就说明了"文件"是显示"重要"的含义。

但是，"文件"的概念并不等同"公文"。有的公文是文件，但是文件却不等于公文。这是语言文字经社会实践的演变结果。如，"中共中央文件"，其"文件"二字不等于公文而是公文的标识，指的是文件格式，是标识其为"重要的公务文书"的含义，与信函格式、纪要格式等相区别。说其"文件"二字就是等于公文，那是误解。因为公文仅是指由公文法规所规范了的公务文书，即包括由文件格式所载运的、由信函格式所载运的、由纪要格式所载运的、由命令格式所载运的……公务文书。那么多载体所载运的都是公文，可见"文件"并非仅指公文，而是表示其为"重要的公务文书"。

过去有一种说法："党内文件"、"政府公文"，这里的"文件"一词，正好彰显了"文件是重要的公务文书"之意。党内文件，并不仅是公文，还包括党内规定、办法、领导人讲话、新华社重要社论等。《党政机关公文处理工作条例》删去了原条例规定的公文文种条例、规定、指示，正好说明"文件不等于公文"而是彰显其文书的"重要"之义。

"文件"也可以指正在形成、有待完善的重要文书，例如，一个会议所使用的相关文书都可以称为"会议文件"，因为与会者必须使用它、学习它、研究它；又如，"李克强同梅德韦杰夫共同主持中俄总理第十九次定期会晤中俄签署近40项重要合作文件"这一报道中，"文件"二字就是重要文书之意。这样的表述，我们能清楚地分辨出"文件"一词就是重要的公务文书之意。

"文件"的称谓亦有时限性，如一部法律文稿，当它在人大会议审议时，称它为文件；而当它一旦经人大会议通过并公布之后，便不能称为文件而应称为文书——法律文书了。

正在使用中的文书也可以称为"文件"。如"法律文件""诉讼文件""佐证文件"，是指在使用中的"文书"。可是，不能称其为"公文"。

文件不等于公文，也不等于文书。实际上，"文件"除了公文的格式中的"文件格式"具有一个实体形态之外，并无其他的实体形态，总是分别依附在别的文书形态上，如"会议文件""学习文件""证明文件""诉讼文件"等。

三、公文

公文是机关为对外处理公务而产生的文书，是公务文书之一种。这是中央国家机关用公文法规进行规范的公务文书。其规范包括公文种类、公文格式、行文规则、公文拟制、公文办理、公文管理等，要求在本系统内机关严格执行；具法纪性和行政约束力；系统内机关，凡对外行文，或向上级机关报告请示工作，或向下级机关作出布署、传达、发布，或横向联系，发文者以机关的名义，使用规定的公文文种、格式、版头，依照特定的制发程序制发，流通出机关大门，为本机关立言，从此机关运作到彼机关，受文机关在收文后必须作出应有的反应的行文。

但是，"公文"与"文件"其义并非等同，例如，"学习文件"，可以是某一公文，也可以是某一报纸的社论，也可以是某一首长的讲话。所以，公文不等于文件，文件并非仅指公文。

公文不是公务文书的简称，公文是国家机关公文的简称，与公务文书具种属关系，公文是公务文书中的一种。

第三节 公文的文体特点

公文在文体上具有三大特征和四个不同点。这是其他公务文书（机关事务文书、专业业务文书、法纪规范性文书、日常应用文）所不具有的。

一、公文的三大特征

公文是在公务活动中形成并使用的，离开了公务活动，就不成其为公文。但是，并非所有在公务活动中产生的文字材料都是公文，公文必须具备下面三个条件，这些特殊的条件也就构成了公文的特征。

（一）实用性和工具性

公文必须在行政管理过程中，也即是在公务活动中形成和使用，没有公务活动便没有公文的形成。撰写公文是为了解决在公务活动中的实际问题，因而，每一份公文都有明确的制发意图和实际效用，即总是为了完成特定的现实任务而制发的，所以，公文具有实用性和工具性的特征。这种实用性又叫现实执行效用。

公文不像一般文章可以随时随地有感而发，而是必须针对公务活动中的具体实际，适时地提出解决问题的意见、方案、办法或明确的规定，以使公务活动能沿着正确的轨道顺利进行。公文的形成有主动形成和被动形成两种。所谓主动形成，就是指在公务活动中产生了状况（有了进展，有了群众反映，有了经验或教训，有了困难，有了新情况等），需要进行研究，采取应对措施，或向上级机关报告、请示，或提出处理意见而形成公文；所谓被动形成，就是指当上级机关颁发了法规、规章，有了新的指示、部署，下达了新的工作任务之后，必须依据上级指示精神进行学习、消化、贯彻执行，或拟定执行方案，或制定落实计划，或采取有效措施，因而形成公文。

无论是指导工作、布置任务，还是反映情况、报告工作、请求批准、联系事务，每一种公文的制作都是工作的需要，都有实际的效用，从命令、决定到通知、函、会议纪要，都有其现实的效用。

公文是机关工作的工具，而且是具有行政效力的工具。上级机关下发的公文，对下级机关具有行政约束力。一个命令发出，有关下级必须执行；一个决定下达，有关下级就得贯彻；一个通知下来，有关下级也要照办。同样，下级机关上报的公文，对上级机关来说也具有某种行政约束力。因为国家对每一级机关不仅赋予了一定的职能和权限，同时也规定了一定的义务。下级的请示，上级机关有责任和义务给予批复；下级的报告，上级机关有责任和义务予以审阅，而且这类公文往往是上级机关作出正确决策的依据。

公文的这种实际效用有一定的时间性，简称时效。每种公文的时效不同，有的较长，如法规性公文；有的较短，如进行某项具体工作的通知。公文在失去时效后，如有查考的价值，就需要立卷归档保存，转化为档案。

（二）法定性和权威性

一般的文章谁都可以写，但公文的作者必须是法定的、能以自己的名义发出该公文并能行使其相应的权力和担负相应义务的机关或个人；一般的文章谁都可以看，但收看公文的必须同样是法定的、具有一定权限和职能的机关或个人。从发到收、从机关到机关，这就是公文运行的主要轨迹，离开机关，公文这个工具就失去归宿而没有存在的价值。

制发公文是为了处理公务，因此，只有依据法律、法令、法规，能以自己的名义行使权力、承担义务的组织或个人可以在自己的职能和权限内制发公文。只有在自己的职能和权限内制发的公文，才能成为具有法定效力的公文。根据《宪法》和《组织法》《立法法》等法律的规定，国家机关的职能以及制定和发布公文的权限，全国人民代表大会有权制定、修改宪法和法律；全国人大常委会有权制定法令；国务院有权根据宪法、法律和法令制定行政法规，发布决定和命令；省（包括省会市、较大的市）人民代表大会及其常务委员会可以制定和颁布地方性的法规；省（包括省会市、较大的市）人民政府可以依据法律规定的权限制定政府规章、发布决定和命令。国家领导人和一些机关首长有时也可以制发公文，但必须是在代表国家或机关行使职权的情况下。各个企事业单位的权限也都有所规定，必须是在自己的职权范围内发布和使用公文。这就是公文作者的法定性。

正由于公文是法定的作者在法定的范围内行使职权而制发的，因而其内容便具有法定的权威性和法定的行政效力。如果法定的作者在制发公文时，不按法定的权限和法定的程序制发公文（包括法律、法规、规章和规范性文件），那么他所制发的公文便是非法的、无效的"公文"，其上级机关将有权予以废除。这也是法定权威性的一个重要方面。

（三）程式性和规范性

为了体现公文的性质，维护公文的权威，确保公文的严肃性和便于处理公文，充分发挥公文的作用，国务院专门为公文制定了统一的格式，规定了公文的处理程序。

公文要求具有特定的格式，而且要成文。从标题到签署、从正文到各种附加标记、从文面到用纸，都有特定的要求。

公文的格式由三个部分组成：一是公文的眉首，也称为文头格式；二是公文的主体，也称为正文格式；三是公文的版记，也叫作文尾格式。

公文是特殊的精神产品。它的制发不是出于个人的主观感受，而是出于领导意图和工作需要，是集体意志的表现，是集体创作；它代表机关发言，具有法定的强制力和行政约束力，因此必须具有特定的处理程序：发文的处理程序和收文的处理程序。

发文的处理，从拟稿开始到最后归卷，要经过拟稿、核稿、签发、编号、缮印、校对、用印、登记、装封、发送、归卷11个步骤；收文的处理，从签收到归卷，要经过签收、启封、登记、分办、传送、批办、拟办、承办、催办、注办、归卷11个步骤。

上述三个特征是公文同时具备的，缺一不可。换言之，只有具备上述三个特征的文书材料才是公文，否则就不是公文。其他文字材料，可能也具备其中的一两个特点，如会计报表、商品说明、介绍信、大事记等，但并不具备全部特征，因此就不是公文。计划、总结、调查报告、会议记录、制度规范等，也只有按公文规定的要求撰写和处理（进入公文的制发程序）后才是公文，否则就只是机关内部的一般文件。

二、公文同其他公务文书的四个不同点

（一）公文必须以机关的名义对外处理公务

公文与一般公务文书最大的不同就是以机关的名义对外处理公务。

机关对外处理公务，不论是向上级机关报告、请示工作，或对某重要问题提出自己的意见或见解，或者是向下级机关作出部署、传达、发布，或者是向横向联系，都必须使用本系统公文法规所规定的公文，即机关公文并以机关的名义行文。其他公务文书，不能以机关的名义直接对外机关行文，更不能对外机关发号施令，如外机关有需要，须以公文文种函为载体并同时经历公文的制发程序才能发出。

换言之，公文具有行政效能，具有执行性，可以直接对外行文，而其他公务文书，不具行政效能，不具执行性，故不能直接对外行文。即使是法律、法规、规章，也必须

依《立法法》的规定，必须依法公布，尚未依法公布的仍属文稿，不得用于执行。依法公布是法律程序。依法公布时，需使用公文国家主席令或总理令或部长令或省长令或市长令或省市人大公告为载体发布。其他的公务文书，不具行政效能，不具执行性，故不能直接对外行文。

（二）公文必须为本机关立言

机关公文代表发文机关立言表示意向，不论是"实施领导、履行职能、处理公务""传达贯彻""公布""指导、布置和商洽"，还是"请示和答复""报告、通报和交流"，所表达的都是该机关的意向；不能准确、清楚表达发文机关意向的文书是不能签发的废稿。其他的公务文书不代表发文机关立言表示意向。

（三）公文必须使用符合格式的载体和法定程式

公文在体式上与其他公务文书不一样。一般的公务文书，是以该文书独立成篇或独立成章甚至独立成册的，而机关公文除正文必须成文之外，还必须使用载体，其载体的格式由两个部分组成：其一是显示公文身份地位的标识，即分文件格式、信函格式、公告格式、命令格式、电报格式等。其二是将组成公文的18个要素，分别安排在公文的版头、公文的主体和公文的版记上，使载体成为很独特的，外观上端庄、醒目、严肃的文面，可以让人一看便能立刻领会其文件的来龙去脉、目的意义、该如何处置。

公文的形成，其制发过程有特别的程序规定，这是由公文法规规定的，不得违反。其程序包括公文的起草、审核、签发等程序，还有公文的办理程序以及公文的整理归档等程序。其他的公务文书既没有法定的载体，也没有法定的程式要求。

（四）公文必须完成从此机关到彼机关运行的轨迹

从发到收、从机关到机关，这就是公文运行的轨迹，离开机关，公文这个工具就失去归宿而没有存在的价值。受文机关在收文后必须作出应有的反应，从而使公文成为这次公务活动的凭证并记录下此次公务活动的结果，这才成为公文。其他的公务文书，如果不经公文为载体送出，便不必从此机关到彼机关运行。

上述四点，既是公文的特点，也是公文与其他公务文书的区别。

第四节 公文的作用

公文是国家管理政务的工具，它有着明确的现实目的和效用。一份公文有时仅起一种作用，有时也可以同时起几种作用。归纳起来，大致有以下几种。

一、法规约束作用

由于公文是法定的作者在法定的范围内行使职权而制发的，因而其内容具有法定的权威性和法定的行政效力。党和国家的路线、方针、政策及法律、法令、行政法规等，均是以公文为载体而产生效力的。所以，公文的制发就是为了规范人们的行动，约束人们的行为，以此管理国家，维护社会的正常秩序。因此，公文具有法规性和约束力。

公文是上级领导机关对下级机关进行领导与指导的一种工具。上级机关通过公文传达领导意图，贯彻党和国家的方针、政策，指导工作进行，使下级机关能够领会上级指示精神并认真贯彻执行，把工作做好。这就体现了公文所起的领导与指导的作用。

二、知照联系作用

公文是机关之间协商与联系工作、协调行动的重要手段。不同机关通过公文互相沟通情况，接洽工作，交流思想，得以保持联系，互通信息。

上级机关的通知、批复，下级机关的请示、报告，平级机关或不相隶属机关间的函以及会议纪要等都起到知照联系作用。有的公文，如通告、公告、通报等有晓谕、启示、动员的意味，实际上也是一种知照作用。公文的抄报与抄送单位主要就是起知照联系作用。

三、凭证依据作用

从总体上说，公文就是为阐明、传达制发机关的意图，使收受机关有据可依而制发的。也就是说，它本身就是用作凭证、依据而出现的。可以这样说，凭证依据作用是公文的最基本作用，没有这种作用，也就谈不上其他方面的作用了。

公文为什么能起到凭证依据作用呢？第一，它不受时间限制，贯穿于工作过程的始终，日后还可据此进行检验。第二，它不受空间的限制。比如，党中央和国务院联合发往全国范围的公文，对党政军民各界，从中央到地方都起作用。第三，它具有精确性。制发公文要求从内容到文字要明确、简练，要使收受公文单位准确无误地了解制文单位的意图、要求。公文的精确性才能使上下左右统一认识、统一行动。第四，它具有正规性。维系公务活动正常开展的各种工具之中，公文最为正规。因为只有见诸文字，形成公文，才具有法规作用、约束作用。不符合规格要求的公文，受文单位有权拒绝接受或退回，因为不正规的公文不具凭证依据作用。

四、宣传教育作用

公文在传达党和国家某一方针政策时，往往要说明为什么要这么做，以提高人们的思想认识，调动人们的积极性，保证党和国家的路线、方针、政策的贯彻落实。让人们明白事理，懂得做法，能自觉规范自己，这便是公文的宣传教育作用。

【思考与练习】

一、概念题

机关公文　为实行领导　履行职能　对外处理公务　特定效力　规范体式　立法（或立规）权限　公文文种　公文格式　行文规则　公文拟制　公文办理　公文管理　为本机关立言　行政效能和执行效力　法纪性　行政约束力　对外行文　部署　制发程序　法定的机关　法定的作者　法定的读者　法定的格式　法定的制发程序　发文机关

第一编 机关公文总论

标志 版式标志 成文标志 生效标志 文尾标志 载体 文件格式 信函格式 公告格式 命令格式 电报格式 起草 审核 签发 文书 文件 公文 党政机关公文 党内机关公文 行政机关公文

二、阅读题

检查自己的阅读，要养成阅读的习惯。读公文，读法纪规范性文书。检查本书所列阅读目录，抓紧阅读。

要阅读公文法规：《党政机关公文工作处理条例》《党政机关公文格式》《人大机关公文处理办法》《人民法院机关公文处理办法》《人民检察院机关公文处理办法》《中国人民解放军机关公文处理条例》。

三、简答题

1. 只有认识到公文的三大特征、四个不同点才能抓住公文的本质。请你结合自己的学习体会，说说公文的三大特征是什么、四个不同点是什么。

2. 下面列出各个中央机关系列公文法规或规范中的释义，请你比较一下，你认为应当怎样表述"机关公文"这一概念的定义？

党政机关公文是党政机关实施领导、履行职能、处理公务的具有特定效力和规范体式的文书，是传达贯彻党和国家方针政策，公布法规和规章，指导、布置和商洽工作，请示和答复问题，报告、通报和交流情况等的重要工具。（党政机关公文）

人大机关的公文，是人大及其常委会在依法行使各项职权过程中形成的具有特定效力和规范格式的文书，是发布法律、地方性法规、决定、决议、公告，指导、布置和商洽工作，请示和答复问题，报告和交流情况的重要工具。（人大机关公文）

人民法院的公文（包括电子公文和传真电报）是人民法院在审判执行工作和司法行政工作过程中形成的具有特定效力和规范体式的公务文书，是传达贯彻党的路线、方针、政策，执行国家法律，发布司法解释，指导、部署和商洽工作，请示和答复问题，报告、通报和交流情况等的重要工具。（人民法院机关公文）

人民检察院公文（包括纸质公文、电子公文和传真电报）是人民检察院实施领导、履行职能、处理公务的具有特定效力和规范体式的文书，是传达贯彻党和国家的方针政策，执行国家法律，发布司法解释，部署、指导和商洽工作，请示和答复问题，报告、通报和交流情况等的重要工具。（人民检察院机关公文）

军队机关公文，是军队机关处理公务中形成的具有法定效力和规范体式的文书，是军队机关履行职能的重要工具。（军队机关公文）

3. 本书中给机关公文的概念是：

什么是机关公文？机关公文就是各个国家机关，依据宪法、法律所赋予的职能，为实行领导、履行职能，对外机关处理公务，使用公文法规或规范规定的具有特定效力、规范体式的依法定程序制发的公务文书。

各个具有立法（或立规）权限的中央国家机关，依据自己的职权范围，针对本系统各机关公文处理工作的实际情况，制定出包括公文文种、公文格式、行文规则、公文拟制、公文办理、公文管理等方面的公文处理工作法规或规范，要求本系统内的各个机关严格执行；在对外机关处理

· 47 ·

机关公文写作

公务的工作中，依规定制发出为本机关立言，具有行政效能和执行效力、从此机关到彼机关运行、受文机关在收文后必须作出应有反应的公务文书，这就是机关公文。

请回答：
（1）你认为应怎样表述各个中央国家机关共同的"机关公文"这一概念？
（2）机关公文有哪几种？以什么标准来区分是什么机关的机关公文？
（3）机关公文同其他公务文书相比，在文体上有哪些特点？

4. 请先阅读下面的启示材料，然后回答问题。

全国人民代表大会通过的法律由国家主席签署主席令予以公布；常务委员会通过的法律由国家主席签署主席令予以公布；行政法规由总理签署国务院令公布；部门规章由部门首长签署命令予以公布。

省、自治区、直辖市的人民代表大会及其常务委员会根据本行政区域的具体情况和实际需要，在不同宪法、法律、行政法规相抵触的前提下，可以制定地方性法规。地方法规由制定机关以公告公布实施。

省、自治区、直辖市和较大的市的人民政府，可以根据法律、行政法规和本省、自治区、直辖市的地方性法规，制定规章。政府规章以政府令颁布施行。

问：为什么法律、法规、规章的颁行必须启用机关公文的公告、命令（令）作为载体颁行才发生行政效力？

5. 公文是在公务活动中形成并使用的。但是，并非所有在公务活动中产生的文字材料都是公文，因为没有经过公文制发程序的文章就不能算作公文。试以会议记录和会议纪要为例，说明前者不能算是公文而后者却是公文的原因。

6. 一份调查报告完成了，它算不算公文？它要成为公文，尚需经历怎样的程序？

五、拓展题

机关公文，由各系统的公文法规进行规定，以其公文格式、公文文种特有的体式和公文的生效标志为特征，使公文具有行政效力。其他公务文书，不具公文格式，不具公文文种特有的体式和不具公文的生效标志，因而不具行政效力。

法律、法规、规章在未完成法律手续"依法公布"前，是文稿不得用于执行；只有当用"令"公布之后，才完成最后一道手续，才能依法生效。因此，法律法规和规章必须依法用令公布，使之完成法律最后一道手续，使之在法律上生效并付诸实施。

机关事务文书亦然，该文稿撰写完成之后，还只是仅用于内部参阅的文稿，不具执行性。要使机关事务文书具有执行性，只能依法办理，即使用机关公文通知载运（起草通知文稿，连同需外送的机关事务文书一起，经办文程序制发）。

专业业务文书，受专业业务的法规制约，在该业务范围内发生效力，但不具行政效力。如果需要使之发生行政效力，同样必须使用机关公文通知或报告载运。

1. 综上所述，请你回答：什么是机关公文？请你以自己的认识，给机关公文下一个定义，说说理由。并比较机关公文与其他公务文书功能上的不同。

2. 你怎样区分文书、文件、公文这三个不同的概念?

3. 《党政机关公文处理工作条例》明确指出:"党政机关公文是党政机关实施领导、履行职能、处理公务的具有特定效力和规范体式的文书,是传达贯彻党和国家方针政策,公布法规和规章,指导、布置和商洽工作,请示和答复问题,报告、通报和交流情况等的重要工具。"请你分别说说,党政机关公文15个公文文种中,哪些是可以"实施领导"的,哪些是可以"履行职能"的,哪些是可以"传达贯彻党和国家方针政策"的,哪些是可以"公布法规和规章"的,哪些是可以"指导、布置"工作的,哪些是可以"商洽工作"的,哪些是可以"请示和答复问题"的,哪些是可以"通报和交流情况"的。

4. 阅读与思考。以下两句话,分别表述了怎样的意思,你作何理解或认识?

  公文处理法规所指的公文,应当是可独立行文的公务文书(即法定公文),所规定的文种属于公文文种,而不应包括法规和规章名称。

  公文的突出特点是行文方式上的独立性和公文格式上的规范性,其中的文种均可直接编排发文字号而用红色版头独立行文。

第四章 公文的文种

第一节 什么是公文文种

一、公文文种的概念

首先,要认识什么是"文种"。我们通常所说的"文种",实质就是应用文书的名称称谓。由于应用文书的一个名称就是一个种类,所以,又称该文书为文种。

公文文种,是公文种类的文书名称,是由中央国家机关用公文法规,给某一种为处理特定公务行文的文书,命定一个能概括其性质、特点、用途的文种称谓,使同一类型的工作有一致性的称谓,有利于处理公务、记录公务,为后来之鉴。这种名称是规范的、法定的,没有被中央国家机关用公文法规所确立的文种,不能成为公文文种。这就是公文文种的规范性和法定性。

二、国家机关公文文种

现行国家机关公文文种共有 70 个。其中党政机关公文 15 个、人大机关公文 17 个、人民法院机关公文 13 个、人民检察院机关公文 13 个、军队机关公文 12 个。其文种称谓如表 4-1 所示:

表 4-1 现行国家机关公文文种

文种名称	党政机关	人大机关	法院机关	检院机关	军队机关
决议		※	—	—	—
决定	※	※	※	※	※
命令(令)	※	—	※	※	※
公报		—			
公告	※	※		※	
通告	※	—	※	※	※
意见	※	※	—	※	—
通知	※	※	※	※	※
通报	※	※	※	※	※

续表 4-1

文种名称	党政机关	人大机关	法院机关	检院机关	军队机关
报告	※	※	※	※	—
请示	※	※	※	※	※
批复	※	※	※	※	※
议案	※	※	※	※	—
函	※	※	※	※	※
纪要	※	※	※	※	※
法		※	—		
条例		※			
规则		※			
实施办法		※	—	—	—
建议、批评和意见		※	—	—	
规定			※		—
通令					※
指示					※

注：有※者表示已设置该文种；用"—"者表示未设置该文种。

在这 70 个公文文种中，共使用了 23 个不同的名称称谓，有的使用了相同的文称，有的文称各异，这是由于机关的职能不同所致。有的公文文种名称纵使相同，而其功能却并非等同，其中尚有差异，如公告、决定、条例、规定、议案、通知。

三、公文文种所包含的内容

表 4-1《现行国家机关公文文种》中的 70 个公文文种，是由各个具有立法权限的中央国家机关，以公文法规所确立的。每一个公文名称的称谓，都是由公文法规特定，并将其名称、性质、功能、特点和分类作出了规定。因此，这 70 个公文文种是法定的公文文种，任何机关和个人都不允许变更、篡改。公文概念的内涵亦由法规限定，不容随意解释。

公文法规就是中央国家机关，为规范本系统各机关的公文处理工作科学化、制度化、规范化，依据立法主体资格和立法权限制定的要求本系统各机关必须执行的公文处理工作法纪规范性文书。例如，《党政机关公文处理工作条例》《人大机关公文处理办法》《人民法院机关公文处理办法》《人民检察院机关公文处理办法》《人民解放军机关公文处理办法》。

目前，仅《党政机关公文处理工作条例》和《解放军机关公文处理条例》是法规，其他的仍是规范性文件，属规范类，但这些制发机关均是中央国家机关，法律已赋予其立法主体资格和立法权限。为了使公文工作科学化、制度化、规范化，即使是规范，该系统的各个机关也是必须遵照执行的。

机关公文，是国家机关对外处理公务的文书，从立意、撰写、审核、签发到制作、用印、传递等一系列过程，都必须受到本系统公文法规的制约、规范。

公文法规或公文规范，是中央国家机关分别依据宪法赋予自己的立法主体资格和立法权限，所制定并发布的公文处理工作法规。其称谓不一，有的称条例，有的称办法，但其规范性毋庸置疑，各系统必须严格执行。为了表述方便，以下对"公文法规或规范"一律简称为"公文法规"。

第二节 正确认识公文文种

一、依条文释义弄懂文种概念

表4-1《现行国家机关公文文种》列出了现行国家机关公文文种，各个国家机关使用的公文文种，由于机关职能不同而有异，各系列的机关公文法规有释义限定，有的文称不同，有的文称同，其功能亦同，有的则文称同而功能有小异，所以在理解上不能"一刀切"，而应以其系统公文法规的释义为准。

公文文种的设置，由社会实践的检验而定废立。适应社会应用的文种可以保留，不能够适应社会应用的文种则可以变换，但其变换必须经该系统中央国家机关决定，并以公文法规或规范进行明确限定。

这就是说，公文文种不是一成不变的，经过实践的检验是可以或废或立的。例如，原来党的机关公文文种设置了条例、规定、指示三个文种。2012年发布新条例时删去了。原来的行政机关公文中，曾设置指示，后来不用了。但是，条例、规定文种是法纪规范性文书，分开后仍然在规范性文书中使用，而且，使公文和法纪规范性文书彰显得更为清楚明白了，更有利于公务文书的科学分类。指示文种则由意见文种替代了。

我们每认识一个公文文种，都必须依据公文法规对该文种的释义限定。公文法规对公文文种的释义是法定的，不能以个人的理解差异而有任何的异说。

一是读懂文种概念。各系统的公文法规均对自己系统的公文文种首先正名（确定文种名称称谓），接着释义，限定该文种的功能、特点分类。

二是认识文种的分类。该文种的分类在公文法规里有明确的规定，每一个文种均有文种定义的诠释，我们可以从中弄清楚，切不可望文生义加添分类。

三是认识文种的功能、特点。文种的功能用途是特别规定的，我们不能错误地理解、使用；不同的文种便具有不同的文体功能，文体特征特点也正是从文种功能上表现出来的，不同的功能必然会呈现出不同的文体特征、特点。

四是要辨识相近文种。就是将文体功能相近似的进行比较、分析，辨明其相近的、相关联的地方，从而正确区分。

二、各类机关公文文种简介

(一) 党政机关公文

我国的党政机关公文,首先是诞生了党的机关公文。伴随着1921年7月1日党的诞生就诞生了党的公文。我国的行政机关公文,是1931年在中央苏区成立中央苏维埃政府时诞生的。

新中国成立后,人民政府十分重视公文建设。1951年9月1日,政务院发布《公文处理暂行办法》,规定公文种类为7类12种,即:①报告、签报;②命令;③指示;④批复;⑤通报、通知;⑥布告、公告、通告;⑦公函、便函。以后国家机关公文程式进行了几次修改和修订。1957年10月3日,国务院秘书厅发出《国务院秘书厅关于公文名称和体式问题的几点意见(稿)》。这次修订和调整后的公文种类仍为7类12种,即:①命令、令;②指示;③报告、请示;④批复、批示;⑤通知、通报;⑥布告、通告;⑦函。这次增加了请示和批示,去掉了签报、公告和便函。

1981年2月27日,国务院办公厅颁发《国家行政机关公文处理暂行办法》,规定公文种类为9类15种,即:①命令、令、指令;②决定、决议;③指示;④布告、公告、通告;⑤通知;⑥通报;⑦报告、请示;⑧批复;⑨函。这次调整增加了决定、决议,将通报从通知类划出,单独成一类,增加了指令、公告,去掉了批示。

1987年2月18日,国务院办公厅发布《国家行政机关公文处理办法》,规定公文种类为10类15种,即:①命令(令)、指令;②决定、决议;③指示;④布告、公告、通告;⑤通知;⑥通报;⑦报告、请示;⑧批复;⑨函;⑩会议纪要。这次调整主要是增加了会议纪要。这个处理办法于1993年11月21日进行了修订,规定文种为12类13种。即:①命令(令);②议案;③决定;④指示;⑤公告、通告;⑥通知;⑦通报;⑧报告;⑨请示;⑩批复;⑪函;⑫会议纪要。这次修订减去了指令、决议、布告三种,增加了议案,并将请示、报告分开,各自独立。

2000年8月20日,国务院发布《国家行政机关公文处理办法》(以下简称《办法》),并于2001年1月1日起施行。《办法》在文种上主要是取消了指示,增加了意见,同时将公告和通告分开,各自独立,因而使文种成为13类13种。

党的机关公文,亦由中共中央办公厅数次发布《中国共产党机关公文处理条例》进行规范。

经过数十年的实践之后认为,党政机关公文应予统一的规范,以实现公文处理的科学化、制度化、规范化。于是在2012年4月16日,中共中央办公厅、国务院办公厅联合发布了《党政机关公文处理工作条例》(以下简称《条例》),将党和政府的机关公文处理工作规范统一起来,成为党政机关公文处理工作法规。从2012年7月1日起,党政机关公文文种、格式、行文规则,公文的拟制、办理、管理诸方面均统一实施。

《条例》仅对党政机关在公文处理工作上进行统一规范,当各自独立行文时仍分别称为党的机关公文和行政机关公文。而且,有的公文文种还具有明显的党政之别。

党的机关公文,较之原来,删去了条例、指示、规定三个文种。指示的功能已由意见、通知承担，可以删去；条例、规定，是规范性文书（即法规或规章），而公文处理法规所指的公文应当是可以独立行文的机关公文，而不应包括其他公务文书。条例和规定删去后，不以机关公文名义使用，却仍然可以作为法纪规范性文书的称谓而直接称为法规、规章。

党的机关实行民主集中制，十分重视决议文种，不使用议案；一般不单独使用命令、公告、通告，只是在与政府联合行文时才会使用。

行政机关亦按原习惯使用决定文种，一般不使用决议文种，但其决定的作出，仍是经决策会议讨论研究后作出的（人大机关有许多的决定是经过会议审议表决通过作出的决议决定）；使用议案，是依法律程序向人大机关提请审议事项，是行政机关接受人大机关法律监督的一种方式，人大机关使用议案，是其最基本的行使职能的工具。

（二）人大机关公文

人大机关公文，是人大及其常委会在依法行使宪法赋予的各项职权过程中形成的具有特定效力和规范格式的文书，是形成法律，发布地方性法规、决定、决议、公告，指导、布置和商洽工作，请示和答复问题，报告和交流情况的重要工具。

人大机关公文，是人大众多的公务文书中的一种。人大文书以其机关的性质、职权的特点，形成了一个庞大的公务文书群体，有：人大的文书；人大常委会党组的文书；人大常委会的文书；人大常委会办公厅（室）的文书；人大专门委员会的文书；人大会议期间选举产生的计划，预算审查委员会、议案委员会、审判检察委员会等的文书；人大常委会工作委员会或科室的文书。也就是说，人大机关是立法机关，以其立法权限可以制定国家法律，形成法律文书；以机关名义对外处理公务，使用机关公文；机关内部处理公务则使用机关事务文书；机关各部门处理专业业务工作则使用专业业务文书；机关处理一般事务也会使用日常应用文。

人大机关公文种类主要有：公告，决议，决定，法、条例、规则、实施办法，议案，建议、批评和意见，请示，批复，报告，通知，通报，函，意见，会议纪要，等等。其中，法、条例、规则、实施办法，是人大及其常委会审议通过的法律、地方性法规；议案，是根据法律规定，依据法定程序，提案人向人大及其常委会提请审议的事项的法定公务文书；建议、批评和意见，是人大代表向人大及其常委会提出，由常委会的办事机构交由有关机关、组织研究处理并负责答复的事项的法定人大专用文书。

人大机关公文，充分显示了我国人民代表大会制度的最广泛的人民性和最充分的民主性。议案，就是广泛采纳意见的渠道，其提案人法定为人民政府、人民法院、人民检察院、人民解放军机关和人大常委会、人大常委会各委员会以及各代表团和法定份额代表。建议、批评和意见，更是体现了充分的民主性，人民代表个人，向人大及其常委会提出，常委会的办事机构交由有关机关、组织研究并负责答复。这两者都是国家法律赋予的职权，是人大法定专用文书。

（三）国家主席机关公文

中华人民共和国主席不仅是职位，同时也是国家机构。依照宪法的规定，中华人民共和国主席根据全国人大的决定和全国人大常委会的决定，公布法律，任免国务院总理、副总理、国务委员、各部部长、各委员会主任、审计长、秘书长，授予国家的勋章和荣誉称号，发布特赦令，宣布进入紧急状态，宣布战争状态，发布动员令。

中华人民共和国主席代表中华人民共和国，进行国事活动，接受外国使节；根据全国人大常委会的决定，派遣和召回驻外全权代表，批准和废除同外国缔结的条约和重要协定。

国家主席公文不同于党政机关公文，也不同于人大机关公文，是国家主席这个机构专用的公文，是国家宪法特赋的使命。

（四）人民法院机关公文

人民法院所使用的公务文书，量大，品种多，如法律文书（宪法、法律、法规、规章）、司法文书、诉讼文书。机关公文是法院机关与其他机关之间（本系统的上下级之间、不同系统的其他机关之间）的行文。

受理诉讼、审判，是人民法院本专业的业务，应当依据法律文书（宪法、法律、法规、规章）、使用司法专业业务文书：一是司法文书，二是诉讼文书。

人民法院的机关公文（包括电报，不含诉讼文书），是人民法院在审判工作和行政管理过程中形成的具有法定效力和规范体式的公务文书，是贯彻党的方针、政策，执行国家法律，发布司法解释，指导、布置和商洽工作，请示和答复问题，报告情况，交流经验的重要工具。

人民法院机关公文种类主要有：

（1）命令（令）。适用于授予司法警察警衔、奖励有关人员。

（2）议案。适用于各级人民法院依照法律程序向同级人大及其常委会提请审议事项。

（3）报告。适用于向同级人大及其常委会、上级机关汇报工作，反映情况，提出意见或者建议，答复上级机关的询问。

（4）决定。适用于对重要事项或重大行动作出安排。

（5）规定。适用于对特定范围内的工作制订带有规范性的措施。

（6）公告、通告。公告适用于向国内外宣布重要事项。通告适用于在一定范围内公布应当遵守或周知的事项。

（7）通知。适用于发布规章，转发公文，要求下级法院办理和需要周知或共同执行的事项，任免和聘用干部。

（8）通报。适用于表彰先进，批评错误，传达重要精神或情况。

（9）批复。批复包括司法解释批复、司法行政批复及其他批复。

司法解释批复适用于最高人民法院答复高级人民法院就审判工作中具体应用法律问题的请示。司法行政批复适用于最高人民法院批准设立、变更、撤销地方人民法院和专门法院。中级人民法院批准设立、变更、撤销人民法庭等。其他批复适用于上级法院答复下级法院除司法解释批复、司法行政批复以外的请示事项。

（10）请示。适用于向上级机关请求指示或批准。

（11）函。适用于法院之间或法院同其他机关商洽工作，询问或答复问题，向有关主管部门提出请求批准等。

（12）会议纪要。适用于记载、传达会议精神和议定事项。

附：司法专业业务文书

司法专业业务文书是侦查、检察、审判、公证等司法机关在处理各类案件的各个环节、步骤上形成与使用的专用文书。包括具有法律效力的文书，如判决书、裁定书等；也包括不直接发生法律效力，但对执行法律有切实保证作用的文书，如诉状等。

司法文书作为书面依据和凭证，代表国家意志，适用法律，惩罚罪犯，保护公民，调整国家、集体（团体）、个人之间的法律关系，保障社会秩序。

司法文书种类主要有：

（1）侦查机关，主要有控告、检举书，控告、检举笔录，自首书，讯问、勘验、检查、搜查笔录，立案报告，案件侦查终结报告，提请批准逮捕书，逮捕证，通缉令，等等。

（2）检察机关，主要有起诉（免于起诉）决定，批准（不批准）逮捕决定，起诉书，抗诉书，补充侦查意见书，等等。

（3）审判机关，主要有诉状，开庭通知书，案件审理终结报告，调解书，判决书，裁定书，执行通知书，审判庭笔录，合议庭评议笔录，宣判笔录，刑事判决布告，等等。

（4）公证机关，有证明书、委托证明书等公证书。

还有许多的诉讼文书，如：

（1）控告、检举书——控告人、检举人提出的控告，检举事实的书面材料。

（2）控告、检举笔录——控告人、检举人以口头方式提出控告、检举事实，由司法机关工作人员所作的笔录。

（3）自首书——犯罪人对自己犯罪行为向司法机关自首时写出的书面材料。

（4）讯问笔录——司法机关工作人员在讯问被告时，对于被告人陈述的有罪和犯罪情况或者无罪的辩解等所作的笔录。

（5）勘验、检查笔录——侦查人员、法医师对与犯罪有关的场所、物品、人身、尸体等进行勘验、检查后，对有关情况写成的笔录。

（6）搜查笔录——侦查人员为搜集犯罪证据、查获犯罪人，对被害人和可能隐藏罪犯和犯罪证据的人身、物品、住处等进行搜查后，对有关情况写成的笔录。

（五）人民检察院机关公文

人民检察院公文（包括纸质公文、电子公文和传真电报）是人民检察院实施领导、履行职能、处理公务的具有特定效力和规范体式的文书，是传达贯彻党和国家的方针政策，执行国家法律，发布司法解释，部署、指导和商洽工作，请示和答复问题，报告、通报和交流情况等的重要工具。

人民检察院公文种类主要有：

（1）决定。适用于对重要事项作出决策和部署、奖惩有关单位和人员、变更或者撤销下级人民检察院不适当的决定事项。

（2）命令（令）。适用于发布强制性的指令性文件、批准授予和晋升衔级、嘉奖有关单位和人员。

（3）公告。适用于向国内外宣布重要事项或者法定事项。

（4）通告。适用于在一定范围内公布应当遵守或者周知的事项。

（5）意见。适用于对重要问题提出见解和处理办法。

（6）通知。适用于发布、传达要求下级人民检察院执行和有关单位周知或者执行的事项，批转、转发公文。

（7）通报。适用于表彰先进、批评错误、传达重要精神和告知重要情况。

（8）报告。适用于向上级机关汇报工作、反映情况、回复询问。

（9）请示。适用于向上级机关请求指示、批准。

（10）批复。适用于答复下级人民检察院请示事项。

（11）议案。适用于各级人民检察院按照法律程序向同级人大或者人大常委会提请审议事项。

（12）函。适用于不相隶属机关之间商洽工作，询问和答复问题，请求批准和答复审批事项。

（13）纪要。适用于记载会议主要情况和议定事项。

检察院机关，同人民法院机关一样，既要使用本系统的机关公文，也同时要使用本专业业务文书——司法文书。

（六）人民解放军机关公文

中国人民解放军机关公文（以下简称"军队机关公文"），是军队机关处理公务中形成的具有法定效力和规范体式的文书，是军队机关履行职能的重要工具。

军队机关公文种类分为：

（1）命令。用于发布军事法规、军事规章，确定和调整体制编制，部署军事行动，调动部队，授予、变更和撤销部队番号，调配武器装备，任免干部，授予和晋升军衔，选取士官，授予荣誉称号等。

（2）通令。用于依据《中国人民解放军纪律条令》宣布奖惩事项（不含授予荣誉称号）。

（3）决定。用于对重要事项作出决策或者安排，变更或者撤销下级不适当的决定事项。

（4）指示。用于向下级布置工作，明确工作原则和要求。

（5）通知。用于传达需要下级执行和有关单位周知或者办理的事项，转发上级机关和不相隶属机关的公文，批转下级机关的公文。

（6）通报。用于表彰先进，批评错误，传达重要精神或者重要情况。

（7）报告。用于向上级机关汇报工作，反映情况和意见建议，回复询问。

(8) 请示。用于请求上级机关指示、批准事项。
(9) 批复。用于答复下级机关请示事项。
(10) 函。用于无隶属关系的机关之间商洽工作，询问、答复问题，通报情况。
(11) 通告。用于向社会公布应当遵守或者周知的事项。
(12) 会议纪要。用于记载会议主要情况和议定事项。

此外，军队机关可以用议案依法向同级人大机关提请审议事项。未将议案列出，但仍可以人大专用文议案。

第三节　党政机关公文文种

国家机关公文文种有70个，如果一开始便全面铺开学习，效果不一定很好，不如以党政机关公文为重点，首先掌握好党政机关公文，而后再学习自己需要的其他机关公文，可以收到以点带面、事半功倍的效果。下面介绍的是党政机关公文文种。

一、决议

（一）决议的概念

《党政机关公文处理工作条例》（简称《条例》）规定：决议"适用于会议讨论通过的重大决策事项"。

一个组织就大家共同关心的问题或共同关心的某一重要事项，如代表组织批准重要事项、代表组织作出重要部署、代表组织对重大问题作出结论、总结，需要统一意志、达成共识，便需要通过一定的会议，经过充分的讨论，让与会者充分交流、沟通、理解，最后经过表决，过半数人赞成的为通过。经表决通过的决定就是决议。

人大机关公文也设置有决议文种。"适用于经会议审议或讨论通过的重要事项。"

决议必须成文，成文后经表决通过便成为这个组织的共同意志。少数不赞成的与会者，必须遵照民主集中制"少数服从多数、下级服从上级、局部服从全局"的原则，意见可保留但行动上必须积极执行决议。对不执行民主集中制又屡教不改的人，组织应采取措施劝令其退出组织。

党的机关就自己管辖范围内的重大决策事项，按照民主集中制的原则[①]，通过一定会议和程序，对事关全局的重大事项集体讨论而形成的立场、观点和行动方案，形成文字经表决通过后便成为决议。

---

① 民主集中制是党的根本组织制度、领导制度，也是党最重要的组织纪律和政治纪律。民主集中制是民主基础上的集中和集中指导下的民主相结合的制度，是马克思主义认识论和群众路线在党的生活和组织建设中的运用。民主集中制的民主，就是党员和党组织的意愿、主张的充分表达和积极性、创造性的充分发挥；民主集中制的集中，就是全党意志、智慧的凝聚和行动的一致。民主集中制的内容最主要的是广大党员干部耳熟能详的"四个服从"，即：党员个人服从党的组织，少数服从多数，下级组织服从上级组织，全党各个组织和全体党员服从党的全国代表大会和中央委员会。

决议是党的领导机关的重要下行公文。如《中国共产党第十八次全国代表大会关于〈中国共产党章程（修正案）〉的决议》、《中国共产党广东省第十届委员会第四次全体会议决议》等。

决议这一文种，主要体现在民主集中制的原则上。经合法有效的会议讨论并通过，需大家共同遵照执行，便可以决议行文。使用决议，必须经充分讨论、表决、符合法定票数通过。通过后，必须少数服从多数坚决执行。决议一般以会议通过的形式发布，独立成文。决议是体现一级组织权威意志的下行文，机关和所属下级机关都必须认真贯彻执行。

（二）决议的功能、特点

决议是针对重大问题和重大事项所作出的决策性文种，一经形成，就会在较大范围内对工作和生活造成重大影响。因此，其议决的事项是具有决策性的重大事项；决议的作出，必须是决策性的会议，而且必须进行表决通过，超过半数方为通过；决议必须成文，用准确规范的语言将会议议决的事项表述出来，提交会议再字斟句酌地修改成精练、准确、规范的文字。其文体特点，主要表现为议决事项具有决策性，决议的作出具有严格的程序性，决议通过后具有权威性。

（1）议决事项具决策性。决议是代表机关强力意志的行文，凡须经会议决议的事项，都必须是具有决策性的重大事项，或者是必须统一认识、统一意志的事项。

（2）决议的作出具严格的程序性。程序性，是指决议的形成必须经过严格的决议的程序即，必须经过提出立项、列为议题、在具有权力性的会议上充分讨论，并经表决通过之后才能形成。会议的合法性（会议合法、程序合法、表决人数合法），讨论的民主性和表决的合法性，充分展示了民主集中制的原则和精神，能最大限度地调动群众的积极性。

（3）决议通过后具有权威性。决议在决策性的会议表决通过后，便成为这一级组织的坚强意志，一经发布，其下属组织必须严格遵守，认真落实，不得违背，具有很强的权威性、法规性。决议一经表决通过，便成为该组织的集体意志，必须坚决贯彻执行，对决议事项不允许有第二种声音。

（三）决议的类型

凡决议均是该组织就重大决策事项的慎重行为。根据决议涉及内容范围的不同，可分为三大类型：

（1）审批性决议。一级组织，就重大决策事项或重大问题，向组织的大会进行报告，然后经大会审议、批准。例如，审议批准吸收新党员、审议批准党的章程、审议批准党的工作报告等重要文件形成的决议，并号召全体共产党员和各级党组织贯彻执行；人大审议批准本级常委会工作报告、政府工作报告、法院工作报告、检察院工作报告、国民经济和社会发展计划报告及草案、预算编制报告及草案，以及人民政府办理议案的结案报告，等等。

党的支部大会审议吸收新党员也必须履行规范的手续，表决通过决议。这类决议是会议的必要程序，所以也称程序性决议、审批性决议。决议通过后，便成为这级组织的共识，是集体的意志表现。如《中国共产党第十七次全国代表大会关于〈中国共产党章程（修正案）〉的决议》《关于十六届中央委员会报告的决议》《××党支部大会关于同意接收×××同志为预备党员的决议》。

（2）部署性决议。即通过决议对某一重大专项工作作出部署和安排。如党的十四届六中全会通过的《中共中央关于加强社会主义精神文明建设若干重要问题的决议》，对新时期社会主义精神文明建设作出专项部署；《中国共产党广东省第十届委员会第七次全体会议决议》（2010年7月17日）就广东省当前的工作作出部署，以贯彻《广东省建设文化强省规划纲要（2011—2020年）》为目标任务，以实施"文化强省建设十项工程"为重要抓手，全面推动文化大发展大繁荣。

（3）总结性决议。对历史和现实中存在争议的重大问题，通过会议讨论，统一思想，达成共识，形成决议。如党的十一届六中全会通过的《关于建国以来党的若干历史问题的决议》，实事求是地总结了新中国成立以来我党的基本经验和教训，科学地阐明了毛泽东同志和毛泽东思想的历史地位，进一步指明了适合我国国情的社会主义现代化建设的正确道路。

还有如方针政策性的决议、专门问题的决议、公布号召性决议等。

（四）文种辨析

公文中有些文种的性质或作用、特点是非常近似的，这就给我们在文种的选择、掌握与具体运用上带来一些难度。为此，要准确地使用公文就不能不注意对近似文种的辨析。

决议，原是党的机关公文文种，在1993年之前，国家行政机关公文中也有决议这种文体，国务院办公厅对其功能的表述是用于"经会议讨论通过并要求贯彻执行的事项"。1993年《国家行政机关公文处理办法》进行修订时，删去了这一文种。《条例》规定决议为党政机关公文文种之一，但主要是党的机关使用，在国家机关中只有人大机关设置了决议文种。

决议文种与决定文种近似，我们要认真辨别其差异处。决定可以由首脑机关作出，决议则必须由法定会议作出；决定适用的是"对重要事项作出决策和部署"，而决议则适用于"会议讨论通过的重大决策事项"。

我们可以这样理解：凡事关党的路线、方针、政策，事关国家法律、法规的重大决策事项，必须由党的代表大会和人大的代表大会审议决断，这种决断就必须经讨论、表决决议。

决议的内容必须是经过会议集体讨论并表决通过的；而决定则不一定，有的决定是经过会议集体讨论通过的，也有的是由某机关直接作出的。按照民主集中制的原则，民主是充分发表意见，集中则要求少数服从多数，故一经表决通过就必须少数服从多数了。

二、决定

（一）决定的概念

《党政机关公文处理工作条例》（简称《条例》）规定，决定"适用于对重要事项作出决策和部署、奖惩有关单位和人员、变更或者撤销下级机关不适当的决定事项"。

决定是一种重要的规范性公文，具有法规性和指令性。这一文种使用覆盖面很宽，上至国务院，下至乡镇人民政府以及各个企事业单位、人民团体都可以使用。但是，必须注意，"非重大不用决定"。所谓"重大"，是指该事项或行动对行文单位是具有全局性、普遍性而又具重大意义的决策或行动安排。

各个公文系列，均设置有决定这一文种。决定必须是在能代表本组织意志的会议上作出。

（二）决定的功能、特点

决定的文体特点主要表现在文种使用上具有法规性、行文措词规范性和贯彻执行指令性三个方面。

决定是党政机关对职责范围内的重要事项或重大行动作出安排时使用的公文。对重要的事项作出决策性的决定、对重大问题作出定论、对重大行动作出安排、对重要工作作出部署、对重大贡献者作出表彰决定。其决定的作出，必须依据法律法规的规定：作出决定的机关是具有法定权力的机关，作出决定的决策人物必须是法定的代表人物，而且要达到法定有效的人数和票数，作出决定的会议必须是合法（会议动因合法、会议主持人合法、会议与会人合法）、有效（会议合法、与会人数要过半数）的会议，其程序必须合符法定的程序，其行文措词比较严肃、庄重、规范，对所作出的安排、规定和结论，要求受文机关和个人必须执行。涉及法律法规或规章的决定，要依法使用令来颁布施行。决定一旦作出、公布，便令行禁止，坚决执行。

（三）决定的类型

决定可依照《条例》表述的定义去划分，即可以分为三类六种：决策性决定和部署性决定，嘉奖性决定和惩戒性决定，变更性决定和撤销性决定。

（1）决策性决定。包含两种：一是对重要事项作出安排，如《中共广东省委、广东省人民政府关于表彰广东省精神文明建设先进单位和先进工作者的决定》《中共广东省委、广东省人民政府、广东省军区关于授予贾东亮同志"广东省模范军队复员干部"荣誉称号的决定》。二是对重大行动作出安排，如《中共广东省委、广东省人民政府关于经济特区和沿海开放城市继续深化改革开放率先实现科学发展的决定》《广东省委、广东省人民政府关于加快建设现代化产业体系的决定》。

（2）奖惩有关单位及人员的决定。包含两种：一是奖励决定，如《中共中央、国务院关于对我国驻南斯拉夫联盟共和国大使馆工作人员和驻南新闻工作者给予表彰的决定》；二是惩戒决定，如《广东省韶关市质量技术监督局关于对×××等四名同志违规执法的处分决定》。

（3）变更或者撤销下级机关不适当决定的决定。这种决定也有两种：一是修改或废止法规规章的变更性决定，如《国务院〈关于修改中华人民共和国外资企业法实施细则〉的决定》；二是撤销下级机关不适当决定的决定，如《关于宝安县七届人大第一次会议选举县长的结果无效的决定》。

不符合上述六种情况的事项不宜使用决定行文。

（四）文种辨析

"决定"是一个词，可以用来表述一个人或者一个组织的某种意向。例如，某某学校作出决定，要在元旦搞一个文艺晚会，这就是一个决定；我们在撰写会议纪要时，也常常会用上"会议决定……"之类的词语。这个"决定"，只是表明一个意向的词。

"决定"又是名称。根据《公务员法》的规定，对国家公务员有显著成绩的可用"行政奖励决定"，相反，对于违纪但尚未触犯刑律的则可给予"行政处罚决定"。这个"决定"是在公务活动中形成的，但它却不是公文，因为它没有经过公文制发的程序，也没有从此机关运行到彼机关，它在本机关作为公务文书而不是公文。

作为公文文种的决定，在使用时必须注意《条例》限定的三个方面（适用于对重要事项作出决策和部署、奖惩有关单位和人员、变更或者撤销下级机关不适当的决定事项），其实这是限定了领导机关才能使用的文种。

我们试以例文四《广东省韶关市质量技术监督局关于对×××等四名同志违规执法的处分决定》作为案例进行分析：韶关市技监局对新丰县技监局违规执法的干部给予处分，为什么使用决定，并以决定行文？这是因为新丰县技监局违规执法的干部已成为"尚未达到追究刑事责任，但是却严重触犯了法规规章，必须依据法规规章给予行政处分"的违规者。因其触犯法规规章的性质严重，所以必须用决定行文（如果情节轻，可以用通报批评），并将此决定报告上级机关，同时也送达有关的下级机关。这种运作方法是依据公文的行文原则、行文方法进行的，属于行政机关公文。假如新丰县技监局违规执法干部的行为没有这么严重，又是新丰县技监局自己发现并主动对该干部进行处分，依据《公务员法》的规定给予"行政处罚决定"，这个决定便不是公文而是机关内部文书（因为这一文件并未从这个机关运转到另一个机关）。如果要将这个决定公布，则应该使用通知为载体行文。

人大机关公文中也有决定文种，因人大机关依法享有对一府两院的重大事项的"决定权"，所以人大机关使用决定又有其特点。党政机关和其他机关仅是对本机关的重大事项作出决定，而人大机关则可以对一府两院针对重大事项作出的决定依法作出撤销的决定，对一府两院的领导人有权决定任免。

决议与决定的区别：决议是指一级组织对重大事项需作决策性批准，对重大事项作出决策性部署，对重要事项进行总结时，需经该组织的决策性会议讨论、表决通过，成为该组织的共同意志的表述；决定则对职责范围内的重要事项或重大行动作出安排，如对重要的事项作出决策性的决定、对重大问题作出定论、对重大行动作出安排、对重要工作作出部署、对重大贡献者作出表彰决定、对下级机关的重大失误的决定予以撤销。

三、命令（令）

（一）命令（令）的概念

《党政机关公文处理工作条例》（简称《条例》）规定，命令、（令）"适用于公布行政法规和规章、宣布施行重大强制性措施、批准授予和晋升衔级、嘉奖有关单位和人员"。

什么是命令（令）？为什么要使用令，什么人、什么机关才有资格使用令？用令来干什么？怎样去使用令？命令（令）是指令性很强的公文文种，令行禁止，令之所至必须坚决执行，违令者惩处之。行政机关公文、人民法院机关公文、人民检察院机关公文、军队机关公文，均设置有命令（令）这一公文文种。

（二）命令（令）的功能、特点

命令（令）的文体特点主要表现在使用上具有法定性、执行上具有强制性和表现形式上具有独特性这三个方面。

命令（令）的使用，规定很严；具有很强的权威性和约束力，普通的机关单位不能使用。根据国家法律规定，具有立法权限的国家机关和该机关领导人才能使用，如中华人民共和国主席，国务院，国务院总理，国务院各部、委、局及其首长，省人民政府、省长，省会市和较大市人民政府及其首长，等等。县和一般的地级市人民政府可以发布命令（令），但不是来发布法规规章，而是管理本行政区域内的行政工作，它的令源来自宪法，是行政权而不是公文使用权。群众团体、社会团体、企事业单位及民间机构不得使用命令（令）。人民法院、人民检察院、军队机关依公文法规规定有发令权机关，可以使用令行文。命令（令）一旦公布，令行禁止，所有相关者必须无条件执行。违令的，必定依法追究。

使用命令（令）行文，有特定的版式，行文篇幅简短，语言精练，配合行政措施，用词明确、坚定、庄重，祈使句多，措辞严峻，简短有力，不作议论，直叙规定做什么、怎么做。

（三）命令（令）的类型

依据《条例》规定，命令（令）可以按其功用分为公布令、行政令、批准授予和晋升衔级令、嘉奖令四种。

（1）公布令，主要用于依照法律公布行政法规和规章。依《立法法》规定，行政法规和规章必须以命令（令）形式公布。所以，国务院公布行政法规须用国务院令，国务院各部门公布规章须用令，地方省人民政府、较大市人民政府公布政府规章须用政府令。

（2）行政令，主要用于发布采取重大强制性行政措施，要求有关方面采取重大约束性行动等。例如，1989年3月7日《国务院关于在西藏自治区拉萨市实行戒严的命令》《广东省人民政府关于查禁公路上"三乱"行为的命令》。凡以命令（令）公布的行政措施，一定是重大强制性的，如戒严、抗灾、全民动员，而一般的行政措施不宜用命令（令），而适宜以"通知"公布。

（3）批准授予和晋升衔级令，是依据《中华人民共和国人民警察警衔条例》对武警批准授予和晋升衔级。中国人民武装警察部队隶属于国家公安系统，受国务院、中央军委双重领导。

例文五中，钱学森同志是军籍科学家，又是国务院部门领导人，为对作出杰出贡献的个人和集体予以殊荣，国务院、中央军委授予钱学森同志"国家杰出贡献科学家"荣誉称号；例文七是国务院授予三百七十二名同志人民警察警衔的命令。

（4）嘉奖令，用于依照法律法规规定嘉奖有关单位及人员，如1982年8月12日国务院对胜利粉碎劫机事件的民航杨继海机组的嘉奖令。一般性的先进事迹和个人，可以用"通报"，较为重要的奖励也可以用"决定"的形式行文。

（四）文种辨析

（1）中华人民共和国主席，常常使用命令（令）来处理国事，我们不能将国家主席令同国家行政机关的行政令混淆起来。这两个令，名称虽同，可是文种性质不一样。国家主席令是国家主席依据宪法行使职权使用的主席令。《中华人民共和国宪法》第80条规定："中华人民共和国主席根据全国人民代表大会的决定和全国人民代表大会常务委员会的决定，公布法律，任免国务院总理、副总理、国务委员、各部部长、各委员会主任、审计长、秘书长，授予国家的勋章和荣誉称号，发布特赦令，发布戒严令，宣布战争状态，发布动员令。"这就是法律依据。党政机关公文的命令（令）是行政令。前者由国家法律所确立，后者由党政机关公文法规所确立，是国务院和其他行政机关依法使用的公文文种。

还要注意，党的机关不使用命令（令）。在"适用于公布行政法规和规章、宣布施行重大强制性措施、批准授予和晋升衔级、嘉奖有关单位和人员"这五项功能中，党的机关会在特定情境下与行政机关联合行文颁发批准授予和晋升衔级、嘉奖有关单位和人员的令。

（2）过去的行政令，有任免和行文惩戒的功能。现在已将任免功能取消（应使用通知行文任免），惩戒功能转移给决定承担（没有惩戒令了）。因此，各级国家行政机关不能使用令来任免，也不能使用令来表述惩戒。

（3）公布令与公告的区别。令，是行政机关依法公布法规、规章使用的载体，发令机关所属必须令行禁止，因此，令文有主送机关，受令单位必须遵照执行。公告是广行文，是向全社会并国外公众宣布，没有主送机关，无受文单位，对公众而言，仅是知晓而已。人大公文的公告，有公布法律、法规的功能，其法律效力由所公布的法律、法规本身规定，公告不仅是告知知晓某法某规业已由人大通过，届时生效，更重要的是依法完成一道法律程序，使之依法生效。

（4）行政法规和规章（部门规章和地方政府规章）使用令颁布，地方法规由人大公告公布。

（5）要注意分辨依法律规定是否拥有令的使用权限。只有依据法律规定具有发令权限的机关才能使用令，其令方能有效。违法发令，其令无效，上级机关应将其撤销。

四、公报

（一）公报的概念

《党政机关公文处理工作条例》（简称《条例》）规定，公报"适用于公布重要决定或者重大事项"。公报是党政机关公开发布重大事件或重要决定事项的公开性公文。

以前，公报只是党的机关公文，国家行政机关偶尔也使用公报，但不属于当时行政机关公文文种。现在公报列为党政机关公文文种，公布党和国家重要决定或者重大事项时可用公报。其他机关公文没有设置公报这一公文文种。

（二）公报的功能、特点

公报是公布性文件，无密，通过新闻渠道刊登和播发，一般不另行文，无主送机关，也无指定的承办机关，因而形成了它在文体上的独特之处：

（1）具有新闻稿的特色——公开、无密，以及文稿的真、新、实、短（简要）。

（2）内容庄重严肃。从公报文种的适用范围来看，它所涉及的内容有两项，一是重要决定，一是重大决策。因此这一文种具有很强的庄重性和严肃性，一经发布，将引起强烈反响。

（3）发布机关具有权威性。由于公报的使用者是党和国家高级管理机关，而且内容重大，因此，发布机构是党和国家的宣传媒体《人民日报》、中央人民广播电台、中央电视台，其他媒体只能转载、转发、转播。

（三）公报的类型

公报可以分为以下几种：

（1）会议公报。是用以报道重要会议或会谈的决定和情报的公报，如《中共中央纪律检查委员会第3次全体会议公报》（2004年1月13日）《中国共产党第十八届中央委员会第一次全体会议公报》。

（2）事项公报。党政领导机关用以发布重大情况、重要事件的文件，如《中国—阿拉伯国家合作论坛关于成立"中国—阿拉伯国家合作论坛"的公报》《中华人民共和国水利部黄河水资源公报》。

（3）联合公报。联合公报是政党之间、国家之间、政府之间就某些重大事项或问题经过会谈、协商取得一致意见或达成谅解后，双方联合签署发布的文件。这类公报中有一些双方认可、联合签署的条文，比一般的新闻公报有更多的务实性内容。但联合公报和新闻公报之间的界限是很模糊的，有时甚至还可以合为一体。如《中国共产党总书记胡锦涛与亲民党主席宋楚瑜会谈公报》《中华人民共和国和哥斯达黎加共和国关于建立外交关系的联合公报》。

（四）文种辨析

要注意公报与公告的区别。这两个文种近似在"公"字上，即均是党和国家用来向国内外公开宣布、告知某一重大事项的，是非常严肃、庄重的公文。不同点主要表现在：公报比较详细、具体地报道某一重要会议或重要事项的内容；公告内容一般十分简要，但具行政性，其内容除具信息性以外或许还有应引起注意的因素。

公报"适用于公布重要决定或者重大事项"，是谁"适用于公布"？是指党的中央机关。这个公文文种是特设给党的高级领导机关使用的。一般机关不会有需让国内外公众知晓的"重要决定或者重大事项"。

五、公告

（一）公告的概念

《党政机关公文处理工作条例》规定，公告"适用于向国内外宣布重要事项或者法定事项"。

公告属公布性公文，面向国内外社会公开发布。权力机关、行政机关、司法机关，在需要向国内外宣布重要事项或法定事项时使用公告公布。比如，《中华人民共和国海关总署公告》是海关总署向国内外有关业务往来者宣布重要事项的一则公告；广州市国土资源和房屋管理局于2012年5月25日在《广州日报》上一连发出了产字〔2012〕28、29、30、33号公告，向社会告晓有关某块土地产权问题，这是法定性公告。

（二）公告的功能、特点

（1）重要性。需要用公告形式公布的事项是关系到全局或在国内外都能产生重大影响的政治、经济、法律、军事、文化等事项。由于其内容重要而一定要在中央报刊《人民日报》上发表，并在中央人民广播电台广播，让全国乃至全世界都知道。

（2）法定性。内容是国家由法律、法规规定需要用公告公布的事项。

（3）知照性。公告无密、公开，不仅要让全国人民广泛知晓，而且还要向全世界公开宣布。

（4）庄重性。是指公告内容重要，使用特定格式，在行文时用词精练、得体、庄重。

（三）公告的类型

1. 宣布重要事项的公告

宣布重要事项的公告的使用一般有以下几种情况：一是国家权力机关的重要决策（如例文一、例文二），二是国内外需要周知的事项（如例文三），三是对国内外有重大影响的庆吊或礼仪活动。这种公告的内容，必须是国内外关注的大事，而且是公开的，如公布国家领导人出访或者外国领导人来访；答谢外国政府、政党及著名人士对我国重大政治活动和重大庆典的祝贺；公布国家重要统计数据，颁布法律、法令，宣布诸如发射洲际导弹那样重大的消息,宣布涉外经济合作的重要决定;等等。如《国务院关于宋庆龄副委员长病情的公告》《中共中央办公厅、中共中央对外联络部公告》等,均属于重要事项公告。

2. 宣布法定事项的公告

宣布法定事项公告就是依照法律的规定,应向国内外宣布的事项。主要内容是国家机关,立法、司法以及检察机关向国内外宣布有关的处理事项。如《中华人民共和国专利法》规定,确认发明专利的,须予以公告;《中华人民共和国企业破产法》规定,人民法院受理破产案件后,应发布公告;《中华人民共和国商标法》规定,确认、注册了商标之后,应予公告;等等。法律规定须用公告发布的事项还有不少,如破产公告、企业法人公告、房屋拆迁公告、通知权利人公告、送达公告等。

此外,还有国家授权给新华社、中国人民银行发表公告,涉外机关与外事活动密切的机关,宣布国家机关规定要办理的事项。

(四)文种辨析

公告,是党政机关公文中重要的文种,其含义不是"公开告诉",而是"涉外"及"法定",是"向超越了国界的公众告诉"和"依法规定必须告诉"之意。也就是说,公告的内容是需要国外的人们知晓的和法定相关的。

在使用习惯上,党的机关要公开发布重大事件或重要决定事项时使用公报,国家行政机关则使用公告。公告具行政性。

在实际应用中,要注意与通告相区别,有时还要注意与启事相区别。比如,某银行公开招聘行长,虽然对该银行来说是"事关重要",又是"公开告诉公众",但是,并没有什么法规规定须使用公告。因为它既不是"法定必须",也非"向国内外宣布",因此不宜用公告。但是银行招考工作人员,却需使用公告。《中央机关及其直属机构2007年考试录用公务员公告》《2009年国家公务员招考公告》,这是依法规规定必须用公告。为什么银行公开招聘行长不用公告,而录用公务员却需用公告?这是同事件性质不同有关。招聘行长仅一人,专一;录用公务员数量较大,为防暗箱操作,法定使用公告(报纸、电视、广播)公布。

还要注意与令、决定、通知等文种的区别。公告是广行文,没有主送机关,而令、决定、通知是下行文,有主送机关,受文机关必须遵照执行。因此,行文要求不同,执行办理也不同。

六、通告

(一)通告的概念

《党政机关公文处理工作条例》规定,通告"适用于在一定范围内公布应当遵守或者周知的事项"。

通告的使用范围比较广,只要是"在自己的职权范围之内"便可以使用通告。人民法院机关公文、人民检察院机关公文亦设置有通告这一文种。通告是施政过程中使用的公布应当遵守或者周知的事项，具行政管理功能，党的机关一般不用。

（二）通告的功能、特点

通告的特点主要表现在通告对象的区域性（一定范围内）、通告内容具有规定性（应当遵守或者周知）和通告形式的严肃性（使用特殊公文格式——公告格式）这三个方面。

通告是在一定范围内公布有关事项，比如对某一地区、某一部分人通告，不是向国内外宣告。但是，通告的适用范围却比较宽，除了行政、公安、司法等机关通常使用通告之外，其他团体、企事业单位也往往会使用通告向社会告晓。其行文形式类似公告，内容重要，在行文时用词精练、得体、庄重。

（三）通告的类型

依照通告的适用范围，其文种可分为两种：一是公布应当遵守事项的通告，其通告内容带有明显的法制性、规定性，如例文一、例文二；二是公布应当周知事项的通告，其通告内容只有告晓性，如例文三。

（四）文种辨析

1. 通告与公告的区别

一是在告晓的内容上，公告所告晓的是"重要事项，而且涉外"（即国内重要事项须让国外人士知晓的）或者是由法律、法规定须使用公告形式公布的；通告所告晓的对象是"与内容相关人员"、"须要知晓而且必须遵从"的。

二是在使用范围上，公告是向国内国外宣告，而通告只是在局部地区或对某一部分人宣布。

三是在发布形式上，公告要登在《人民日报》上，要在中央人民广播电台广播，而通告可登在地方报纸上，在地方广播电台广播，或张贴。

四是在公文的强制力上，通告有很强的强制力，不允许须周知者掉以轻心，而公告则仅仅是告知。

2. 通告与通知的区别

一是行文对象不同。通告是广行文，没有主送机关，受文对象没有特指，所需告晓的公众是本区域内的所有人，包括不相隶属机关团体，只要与所告晓内容有关便是受文对象。通知是下行文，有主送单位，受文对象特指其属下。因此，当需告知对象有不相隶属机关或公众时，宜选用通告。

二是告知方式不同。通告是公开张贴、登报公开，让须知对象知晓；通知是只对本机关下属行文，不属本机关所辖人员便不能知晓。

三是监督执行的情况不同。通告和通知都有执行要求，要么是"周知"，要么是"遵照执行"，但是在监督执行方面却不一样：通告的监督执行是由发文机关派出人员进行监督检查，而通知可以由授文单位监督执行。

七、意见

（一）意见的概念

《党政机关公文处理工作条例》（简称《条例》）规定，意见"适用于对重要问题提出见解和处理办法"。

意见属下行文，所有相对的上级机关都可以使用意见。但是，意见的行文方向十分灵活，上级机关可以"对重要问题提出见解和处理办法"，下级机关也可以"对重要问题"向上级机关"提出见解和处理办法"，而且，平级机关和不相隶属机关之间，只要对方有要求，便可以"对重要问题提出见解和处理办法"。因此，本文种既可下行，也可以上行和平行。

《条例》规定意见为党政机关公文文种。其适用的范围较广，一方面因为党政机关公文中去掉指示文种，原来需要发指示的文件，便要以意见下发。另一方面，对重要问题提出见解和处理办法，对于各级机关来说涵盖面也很广，需要使用意见发文的事项比较多：①为统一思想、统一认识，上级机关对有关党和国家的大政方针、治国方略、外交事宜等重要问题发表见解；②针对突发事件或带倾向性的问题，包括思想政治、经济运行、国家安全等问题，向下级提出见解和处理办法；③针对某项工作或局部性问题提出见解和处理办法；④对下级机关在开展工作进程中所出现的新情况、新问题提出带有指导性的意见；等等。

（二）意见的功能、特点

意见，本来是下行文，是领导机关对下级机关部署工作时，以说明性、指示性、建议性的语言，教导、指明、说服、启发下级理解、接受上级意图，化为自己的能动去执行上级指示。但在实践中发现，意见也可以上行，下级机关亦可就重要问题提出意见、看法和处理办法，让领导机关集思广益，作出正确决策；也可以平行，在不相隶属机关发出邀请时，也可以提出意见、建议。因此便形成了其文体的特点就是要依据不同的行文方向来选择格式和措辞：上行的意见，依照请示的格式；平行的意见，依照信函格式；下行的意见，依照下行的公文格式。

（三）意见的类型

意见的文种分类，最简单的办法就是按行文方向划分，即下行的意见、上行的意见和平行的意见这三种。但是，从认识文种分类有利于正确处理和使用文种的角度看，我们还应从文种用途上去划分，从目前行文的情况来看，意见在使用上有四种情况：

（1）上级领导机关用来提出规定性、部署性的工作意见，即指示性意见，如例文一。

（2）职能部门为了开展某项工作，需要有关部门和机关配合进行，而指挥与调动其他部门或其他机关已超过了职能部门的职权范围，因此，职能部门只能对某项工作提出见解和处理办法，经领导机关批转后便成为指导工作开展的意见，如附录二意见例文二,这种叫指导性意见。请求上级机关批转执行的意见,称为建议性意见。

(3) 对重要问题向上级机关提出见解,供领导决策参考,此为上行意见。

(4) 用来向兄弟地区、友邻单位、合作伙伴或不相隶属机关提出看法、主张或征求意见的意见,这是平行的意见,如例文三。

(四) 文种辨析

1. 要注意不同行文方向的不同用法、写法

意见这一文种,行文方向十分灵活,既是下行文,又可上行,也可以平行。但是,不同的行文方向却有不同的使用方法与要求。下行的意见,要对下级机关具有指示性、指导性;作为上行文时,其内容主要是"对重要问题提出意见或者建议",应按请示性公文的程序和要求办理;作为平行文的意见,一般是在答复平行机关或不相隶属机关询问或征求意见时使用。

2. 要注意同一些文种相近却又有不同的区别

作为下行文时,意见与决定、通知相近,但意见是指示性、指导性、说明性、规范性的行文,要注意其不同;作为平行文时,与复函相近。

下行的意见,与决定、通知有共同职能,都是向下级部署工作,提出工作原则、方法、措施。但是,决定"适用于对重要事项或重大行动作出安排",或经过会议讨论,或经研究决断。决定讲的是该事项、该行动要怎么做,很少去讲大道理。而意见则要求"对重要问题提出见解和处理办法",是讲见解,讲道理,以理服人。例文四《中共中央组织部关于推行党政领导干部任前公示制的意见》就是讲见解、讲道理,指导如何处理、如何具体运作诸方面,让下级明白无误、准确执行的范例。

通知与意见相近的职能是"传达要求下级机关办理和需要有关单位周知或者执行的事项"。意见是对"重要问题"提出见解和解决办法,而通知是传达需要下级办理、周知、执行的"事项"。

综观决定、通知、意见在这一职能上的区别,特别需要记住这样几个关键词语:决定是"重要事项或重大行动";通知是一般"事项";意见是"重要问题"。在具体使用上,决定与通知的区别应侧重在重要程度上,而这两者与意见的区别则应侧重在"事项"与"问题"上。

与函的区别。"意见"这个文种,作为平行文时,与函相同,都具有"商洽"职能。但是,函作为平行文种,适用于不相隶属的机关行文,不分地区、系统、级别,也不分党、政、军、民、团体、企事业单位,只要有公务需要沟通、协调、答复、商洽,均可用函相互行文。函既可以"商洽工作",也可以"询问与答复问题",还可以"请求批准和答复审批事项",使用范围很广。但是,意见作为平行文时,只有在对方来文征求意见、应对方的要求时才可以使用,如果是主动提出则以函行文为好。

3. 与非法定公文意见的区别

非法定公文的意见,多出现在计划类文书中。长期的计划用规划、纲要、设想,短期的计划用安排、打算、方案和意见等。在短期计划中,安排、打算多用于较原则的方向性计划;方案多是专业性强的单项内容;工作的计划,内容具体;而意见则是上级机关对下级机关的指导性计划。非法定公文的计划类的意见，与法定公文的意见从下行文角度看有相似之处，都具有指挥指导性。但是，非法定公文的意见，主要用于指导性的计划；而法定公文的意见则主要用在对"重要问题提出见解和处理办法"上。

八、通知

（一）通知的概念

《党政机关公文处理工作条例》规定，通知"适用于发布、传达要求下级机关执行和有关单位周知或者执行的事项，批转、转发公文"。通知是种类繁多、使用频率很高的下行公文文种。

（二）通知的功能、特点

通知的功能，就是"适用于发布、传达要求下级机关执行和有关单位周知或者执行的事项，批转、转发公文"。

其文体特点就是对直属下级机关行文，是下行文，是典型的"红头文件"；使用下行文件格式；具指挥性、指令性、指示性，受文机关必须遵照贯彻执行。

（三）通知的类型

根据通知的性质和使用范围，可以分为发布性通知、传达性通知、批转通知、转发通知四类。

1. 发布性通知

发布性通知也叫公布性通知、印发通知。公布规范性文件、印发事务文书、领导讲话、一般制度规范等。要注意印发、发布、颁布的区别。印发，指本机关制定的事务文书，如计划、总结、领导讲话等的发文；"颁发"，指省人大、省政府制定的较重要的规章，发给下级机关执行的发文（现在这类文件由"令"为载体颁发）；发布，指领导机关公布所制定的规范性文件，要下级执行的发文。例文一是印发通知。

2. 传达性通知

传达性通知用以传达要求下级机关办理和需要有关单位周知或者执行的事项。主要有以下几种情况：

一是要求下级机关办理或知晓的通知（即指挥性通知和知晓性通知）。这类通知，包括依据形势任务不同，对下级机关提出不同要求，进行工作部署，要求贯彻执行的指挥性通知、指示性通知；还有调整、撤销某个机构，启用印章需知晓的周知性通知等。如例文二是传达性通知中的指挥性通知，例文三是传达性通知中的周知性通知。

二是会议通知。各级机关需要召开各种会议，使用会议通知要求知晓执行。如例文四。

三是任免通知。各级行政机关任命或者免去有关人员职务使用任免通知，如例文五。企业事业单位聘用人员可以使用聘书。

任免类通知是公文中要求最规范的公文之一。不少机关均使用固定格式。内容要求严格，行文严肃庄重，无赘语，应杜绝漏别误字。

3. 批转通知

批转通知用以批转下级机关公文。常见的有以下几种情况：

一是领导机关认为所属部门在主管或归口管理的业务活动中所确定的若干重要的行政措施，需要有关部门和下级机关贯彻执行的，可以批转通知下发。如例文六广东省人民政府《关于批转省工商局关于做好〈中华人民共和国合同法〉贯彻实施工作意见的通知》。因为省工商局是省人民政府的一个工作部门，是"条"状管理机关，不能直接与下面的"块"行文，但是该意见却又必须让下面的"块"知道并执行，于是必须经领导机关批转。

下级机关上报的报告也可以批转。例文七《国务院办公厅转发财政部关于2001年11月和12月上中旬地方企业所得税增长情况报告的紧急通知》。

二是一个或几个同级机关，就有关自身业务范围内的重要事项的解决，提出处理意见，请求上级机关指示、批准，上级机关认为问题重要，带有普遍性，不用批复回应，而使用批转通知告知所属机关遵照执行。如2001年10月18日，国务院就监察部、国务院法制办、国务院体改办、中央编办四个机关拟写的《关于行政审批制度改革工作的实施意见》，采用了批转通知的形式，要求各省、自治区、直辖市人民政府，国务院各部委、各直属机构认真贯彻执行，就属于这种情况。

三是上级机关对下级机关上报需要上级支持和协调的问题，以及上级机关认为下级机关上报的问题具有普遍指导意义，需要各地引起重视或执行的，也常用批转通知。这种批转通知使用较为普遍。例如，广州市城市规划局于2001年1月4日向广州市人民政府发出《关于城市道路、河涌等建设工程实施放线、验线和规划验收的请示》，就是因为涉及面广，需要上级支持和协调，不然便不利于工作开展，所以需要市政府批转各有关单位贯彻执行。于是广州市政府便以"穗府〔2001〕11号"文发了《批转市规划局关于城市道路、河涌等建设工程实施放线、验线和规划验收请示的通知》，使该项工作得以顺利进行。

4. 转发通知

转发通知用以转发上级机关和不相隶属机关的公文。转发机关不受等级制约，只要符合有关规定，都可以使用转发通知。一般来说，需要转发的公文，不论是上级机关还是不相隶属机关的，都应当是对本机关、本地区、本部门或本系统有指导意义和借鉴意义的公文。本级机关应当有见贤思齐、虚怀若谷的气概，也要有慧眼识珠、求精勿滥的见识，以使所转发的公文确实有用。

此外，还有非文件格式的通知，即用信函格式给平级机关或不相隶属机关发通知（如例文九）。还有机关内部使用的日用类文书，即日常应用文的通知（如例文十）。

使用信函格式发出通知有两种情况：一是办公部门，受机关领导委托或授权，给平级机关传达事务性问题或日常工作中一般事宜，或发出会议通知；二是由于横向联系的需要，或商议共同关心的事项，或探索学术问题，发起单位需要召开会议，而与会单位或人员是不相隶属的，所以发出的通知使用信函格式。一般情况下，发起单位首先用邀请函进行邀请，将所要商议、研讨的问题、运作方法、成果使用等告知受邀单位，其实这一邀请函就是预通知。待对方响应后，发起单位再拟定会议时间、地点，再发出正式通知，而这个正式通知就使用信函格式。

（四）文种辨析

通知是下行文，是典型的"红头文件"。通知所达，令行禁止，受文单位必须遵照执行。因此，在使用中必须严格遵守行文规则，依照行文关系向自己的下属机关发文；对平级机关、不相隶属机关不得以公文格式发出通知。如果需要向平级机关和不相隶属机关行文，则必须使用信函格式。这种形式灵活方便，既能表达通知的内容，又表示了对受文对象的尊重。

在机关内部，使用一种非法定公文格式的机关内部文书通知，有人称之为日常应用文，是机关内部最常使用的文书。一般没有完整的格式，标题仅用文种，没有发文字号，写在黑板上，或抄贴在墙上。如果打印分发，也比较简单，有的大机关还专门印有表格式的会议通知，需要时再填写内容，贴出或送发。但最根本的特点就是制作程序不严格，行文不出本机关大门。

九、通报

（一）通报的概念

《党政机关公文处理工作条例》规定，通报"适用于表彰先进、批评错误、传达重要精神和告知重要情况"。

在公务活动中，通报是适用范围较广的一个公文文种，属下行文，各级党政机关都可以使用，用以表扬好人好事，批评错误，通过对正反典型事实的叙述、张扬，以点带面，以个别教育推动全局，使读者提高认识，从中汲取经验教训；还可以向所属机关、单位传达重要精神或工作、学习情况，交流信息，以使其掌握全局，了解进程，推动工作。

（1）表彰先进，弘扬正气。对在本地区、单位发生的具有典型意义的好人好事和先进事迹，采取通报的形式进行表彰，进而总结、提炼出经验，树立起学习的榜样，达到弘扬正气、树立新风、推动工作、提高水平的目的。

（2）批评错误，抑制失误。针对本地区、本单位存在的某种倾向性问题或错误做法，通过对某人某事的批评，抓住典型事例分析解剖，以引起普遍重视，达到以典型事例进行普遍教育、警惕类似事件发生的目的，同时采取相应措施，抑制类似的失败和错误。

（2）传递信息，沟通情况。把本地区、本单位在工作、学习中的重要情况和进展程度，及时向所属单位进行通报，有利于互通信息，交流情况，有利于大家树立全局观念，放眼整体来考虑、安排本单位的工作和学习，避免发生工作脱节、失衡的情况。

（二）通报的功能、特点

通报是下行文，其文体特点是以叙述事实、揭示该事实的本质意义为手段，以提高人们的认识为目的,达到表彰先进、树立典型、供人学习的目的;或批评错误,树立靶子,警醒人们;或传达情况,让人了解实际情况,正确部署自己的工作。因而形成了周知性、教育性和针对性三个特点。所以,在写作通报文稿时要注意凸显这三个方面的文体特点。

(三) 通报的类型

1. 表彰性通报

用以表彰先进集体和个人,表彰先进事迹,评价典型经验,宣传先进思想,树立学习榜样,号召人们学习先进,改进工作。比如,中国女子足球队在第三届世界杯赛中荣获亚军,为祖国赢得了荣誉,受到了国人的称赞,国务院办公厅发出通报表扬,便起到了表彰先进、弘扬正气、树立典型、鼓舞人心的作用。

2. 批评性通报

主要用于批评错误行为,告诫和教育人们吸取教训,引以为戒。批评严重违法违纪事件,揭露坏人、坏事,总结事故教训。如《国务院办公厅关于少数地方和单位违反国家规定集资问题的通报》(1993年发),就是批评违法违纪的通报。《国务院办公厅关于湖南省怀化市社队煤矿三起重大伤亡事故的通报》(1983年发),就是一件事故通报。在批评性通报中,事故通报使用较多。

3. 传达性通报

用以传达重要精神或者情况,主要有以下内容:一是传达上级重要指示精神、重要的会议精神;二是指出工作的重点或必须关注的问题;三是某些地区、某些方面的重要情况,一个时期带有倾向性的问题,等等。

传达重要精神或者情况的,叫周知性通报或者情况通报,主要用于在一定范围内沟通工作情况,公布工作要点,使有关方面、有关人员全面了解情况,统一思想认识,更好地做好工作。

(四) 文种辨析

通报这一文种在使用中容易与相关文种混淆。如,同是表彰先进,有时用命令(令),有时用决定,有时用通报;同是批评错误,有时用决定,有时用通报;同是需要周知的事项,有时用公告,有时用通告,有时用通知,有时用通报。因此,我们要准确拿捏好通报的应用。

1. 关于表彰先进

命令(令)是嘉奖有关单位与人员,被嘉奖的单位与人员必须是在全国或在一个大的区域内具有重大影响的先进典型,一般都是符合某法律法规需授予荣誉称号的。决定是"奖惩有关单位与人员",其中的奖励事项事迹应是比较突出的,在全国或某一地区、某一系统内具有较大影响、符合某法规规定但不一定授予荣誉称号的。而通报所表扬的先进则属于一般性的典型,在本机关本单位能起到示范性的。

2. 关于批评错误

需要使用决定惩戒有关单位和人员的,其错误或过失都是比较严重的,具有一定的普遍意义和教育作用。而用通报批评错误，其错误或事故，虽然也有一定影响，但毕竟是有一定限度的，所以发通报，主要目的是要引起警惕。

3. 关于周知事项

使用公告，主要是向国内外宣布重要事项或者法定事项，而且偏重于向国外宣布。所宣布的事项，一是重要，二是法定。使用通告，主要是向社会各有关方面公布应当遵守或者周知的事项，其中周知的对象是社会各有关方面，无关方面可以不周知，事项本身也是比较重要的，在全国、某一地区或某一系统内具有一定的普遍意义。使用通知，是上级机关告知下级机关和人员，带有一定的指令性，周知的事项是具体的，是不可不知的，如干部任免的通知等。使用通报，对重要精神或者情况，重在传达，以使有关单位和群众知晓，一般不具有指令性。

十、报告

（一）报告的概念

《党政机关公文处理工作条例》规定，报告"适用于向上级机关汇报工作、反映情况，回复上级机关的询问"。

报告是上行文，是下级机关向上级机关陈述情况的公文，其主送机关是有隶属关系的直接上级，一般不越级报告，特殊情况下越级报告，必须同时或事后向直接上级报告，不向平级和不相隶属机关报告；报告主要用于下情上达，为上级机关了解下情、决策和指导工作提供依据。报告一般以单位名义行文，但有时单位负责人也可以以个人名义向上级汇报工作。

（二）报告的功能、特点

报告的文体特点主要是汇报性、实践性、陈述性。就是说，下级机关向上级机关或主管部门汇报工作、反映情况，其目的是使上级机关了解和掌握情况，对自己的工作作出决策或进行指导。所以，报告具有鲜明的汇报性。报告是对工作的回顾、分析和总结，反映工作的成绩、情况、做法及问题。所以，没有实践，就没有报告，写工作报告绝不能离开工作实际。报告一般都是直接地具体地陈述本机关的工作、情况、问题、做法及意见或建议等，因此报告的行文主要用陈述的表达方式。

（三）报告的类型

按报告的使用范围划分，可分为汇报工作的报告、反映情况的报告和回复上级机关询问的报告三种。

1. 汇报工作

主要适用以下几种情况：反映工作进展情况，对某项工作或某方面工作提出意见或建议；全面汇报工作，包括工作中的困难、做法、经验和教训等。这是自己主动向上级机关全面或专题汇报工作。如例文一，是汇报工作的报告；例文二是向上级报送文（文件）物（或物件）的报告，如果要将文、物送报给平级机关或不相隶属机关，应以函件格式、以函行文。

2. 反映情况

主要适用于报告上级需要定期掌握的情况，如工农商各种产业运转情况，货币、物价、投资、消费指数，社会治安及安全情况；本地区、本系统所发生的重大事件以及带有倾向性的问题；周边国家以及国际上发生的可能对我国有影响的事件和情况；等等。总之，反映情况的报告内容涵盖面很广，不论何种级别的机关乃至团体、个人，都有权也有义务向上级反映情况。工作中出现重要情况或发生重大问题，须让上级了解，如例文三、例文四。

3. 回复上级机关的询问或交办事项

隶属的上级机关来函来电询问情况，下级机关必须以报告行文答复。上级询问什么答复什么，专题专报，不节外生枝。如例文五，上级工会向下级工会询问有关工会待遇问题，下级工会用报告答复所问。

（四）文种辨析

报告、请示和建议性意见都是上行文，在使用时要注意用上行的公文格式。这三个文种，如果不注意区分，容易混淆。

报告是下级机关在做了工作之后，有了情况或有了经验、体会时需要向有隶属关系的直接上级机关汇报、反映情况，或上级机关来电来函询问需要答询问题时的行文，报告上送之后并不要求上级答复。因此，行文呈陈述性、报告性或答询性，少说或不说道理，重点在陈述工作实践中的情况、认识、规律。

请示则是下级机关在某项工作尚未开始前，为了得到上级的批准或批示的行文。请示上报之后，需要等待上级的批复，或批准或批示，然后依据批复才能行动。为了得到上级的应允，请示的行文要注重陈述理由、依据。

"向上级机关提出建议"的职能转移给新文种意见，要注意，今后报告不再负责转呈建议，不再用报告来请求批转文件。

十一、请示

（一）请示的概念

《党政机关公文处理工作条例》规定，请示"适用于向上级机关请求指示、批准"。

行文请示的上级机关，一般是指有隶属关系的直接上级机关或者是具有业务指导关系的机关。向平级机关或不相隶属机关行文请求批准，不能用请示而应当用函。

请示的使用范围是：

（1）事关党的方针政策，又超出本机关职权范围，要办理时，须请示。

（2）对上级文件精神领会不透，或有不同看法，要贯彻时，须请求上级予以明确指示。

（3）工作中有难题，需兄弟单位配合，或兄弟单位之间工作有分歧，影响了工作的开展，本单位无力解决时，须请求上级协助。

（4）工作中有新的重要实施方案，或遇到无章可循的问题，要执行又无把握，须先请示。上级关注的专项工作，凡重大举措均需先请示而后动。

（5）上级机关规定必须请示获准后才能办理的事项。请示文件发出，并非文件运行的终结，而是开始。必须等待上级机关的明确答复——批复，才能依据批复内容贯彻执行。

（二）请示的功能、特点

请示的文体特点就在于机关的法定性、文体的请求性、处理的对应性三个方面。

请示属上行文，应使用公文格式。请示发出的机关与请示的受文机关必须是法定的隶属上下级机关；请示虽说是下级机关向上级机关请求批示或批准，但是其文件性质是一样的，都是"红头文件"；上级机关接到请示后，必须作出答复（批复）；下级机关的请示一经发出，便在等待上级机关的批复，只有当上级机关批复之后才能采用新的行动。

求示、求准、求批都在于反映困难，陈述问题，提出请求，但是在表述上要十分注意有理（请示的理由充分）、有据（请示事项有政策依据、事实需要的根据）、有度（尊重上级，不横蛮，不能为达目的只顾本位而不体谅上级——下级机关提出请求后，要有一个正确的心态，就是"自己的需要要与上级机关考虑的全局性的可能性同时存在"，不能强上级所难）。

（三）请示的类型

请示可以分为请求批示的请示和请求批准的请示两种。

（四）文种辨析

请示在使用中往往会出现问题，要引起足够的重视，防止出错。

1. 不该用请示行文的文件不得用请示

请示是上行文，应当向有隶属关系的直接上级请示。有时为了对平行或不相隶属的机关表示尊重，故意用请示行文，这是违反行文原则。对平行或不相隶属的机关用请示是不正确的。依《条例》规定，函"适用于不相隶属机关之间相互商洽工作，询问和答复问题，请求批准和答复审批事项"。

2. 请示与报告混淆

由于历史上它们曾是一个文种，有时报告中夹带请示事项。其间虽几度将两个文种分开，但要求并不严格，时分时合，直到1957年，国务院秘书厅才明确把二者分开使用，但历史习惯并未根本改变。有些公文写作的专著、教材仍不规范，甚至将请示报告作为一个文种向读者介绍。这种误导使初学者在使用中常常发生混淆。

克服的办法是认真辨析这两个文种的区别。第一，请示与报告的行文目的不同。请示一般要求上级机关给予直接的答复，即批复；报告则主要是下情上达，不要求批复。即使是希望上级转发的报告，也不要求上级机关予以答复，而只是请求批转有关单位知照。第二，二者的行文时间不同。请示必须在事前行文，待上级予以指示或批准（即批复）后，才能按上级的要求进行工作或处理有关问题，不允许先斩后奏；报告则可根据实际情况随时行文，事前、事中、事后均可。第三，二者的行文内容不同，请示主要写带有迫切性的、需要上级机关指示、批准的事项；报告则主要着眼于汇报工作、反映情况、回复询问。

十二、批复

（一）批复的概念

《党政机关公文处理工作条例》规定，批复"适用于答复下级机关请示事项"。

答复下级机关的请示事项用批复；但是，答复平级机关或不相隶属机关的请示事项时则不能用批复而用函复。

（二）批复的功能、特点

批复从来都是下行文，使用批复的都是相对的上级机关，是上级机关答复下级机关请示事项的文件，因此，其文体具有明确的针对性和指示性或者批准性。

没有请示就没有批复，所以批复的行文是被动的。批复的内容由请示决定，领导机关针对请示什么事项，就批复什么事项，谁请示便批复给谁。

但是，下级机关对上级机关的批复必须严格遵行，若违反上级的批复去行事，将会受到惩处。作为下级机关，对上级机关的批复要从积极的方面去理解。请求的批准，必须符合客观实际的需要与符合上级机关批准的可能条件。业务主管机关回答平级机关或不相隶属机关询问的问题，或领导机关转来处理的请示件，不宜使用批复，可用复函。

（三）批复的类型

批复这一文种，在实际使用上有两种类型：

（1）批复类。这类批复有两种：一是批准请示事项的批复，如例文一；二是批示请示事项的批复，如例文二。

（2）函复类。函复类，是因请示来文所引发的复文。其处理方式有两种情况：一是由办公部门依据领导授权对该请示事项进行批复，用函复行文，如例文三；二是由业务主管部门受理，对其请求批准的事项进行审批、答复，亦用函复行文。领导机关转来不相隶属机关的请示件，需要进行审批或答复，也用函复，如例文四。

（四）文种辨析

批复是上级机关针对下级机关的请示而进行批示性或批准性的答复。虽然是由下级机关主动提出请示，但是上级机关一旦作出批复，便不容许请示机关随便变更主意。例如，例文二所反映的河源市人民政府请求批准开辟新丰江地区的旅游业一事，广东省人民政府从更高、更长远的角度看问题，作出不予批准的批复。作为下级机关的河源市人民政府只能遵照批复内容执行，不得违反。如果确实需要改变，必须重新请示上级批准，否则不得更改。

批复文种与通知、意见有所不同。通知、意见是上级机关主动下发的，而批复则是根据下级机关的请示作出的答复。因此，批复只主送给提出请示的机关，如果其他机关也需要知道该批复的内容，应以抄送形式传达；如果批复的问题重要，具有一定的普遍意义，也可采用批转的行文方式下发有关机关，其实质仍是对请示的批复，只是文种改变了，由批复变为通知。

批复与批示的区别。批复是公文文种，批示是发文机关在批转、转发、发布的通知中阐述的指示性意见。

十三、议案

（一）议案的概念

《党政机关公文处理工作条例》（简称《条例》）规定，议案"适用于各级人民政府按照法律程序向同级人民代表大会或者人民代表大会常务委员会提请审议事项"。

议案原本是法律规定为国家权力机关专用的公务文书，适用于法律明文规定的机构或达到法定人数的人大代表、人大常委会组成人员依法将属于国家权力机关职权范围内的重大问题提请本级人民代表大会或常务委员会列入会议议程讨论决定的议事原案。

《条例》仅从国家行政机关使用议案的角度表述，是为各级人民政府规定的公文文种。但是，从学习议案文种的角度，我们有必要了解全面。故从人大机关公文的角度，简介议案文种的特殊之处。

议案，原本是人大机关专用文书。《中华人民共和国全国人民代表大会组织法》第9条规定："全国人民代表大会主席团、全国人大常委会、全国人大各专门委员会、国务院、中央军事委员会、最高人民法院、最高人民检察院，可以向全国人民代表大会提出属于全国人民代表大会职权范围的议案；一个代表团或者三十名以上的代表，可以向全国人民代表大会提出属于全国人民代表大会职权范围的议案。"

《中华人民共和国地方各级人民代表大会和地方各级人民政府组织法》规定，地方各级人大举行会议的时候，主席团、常务委员会、各专门委员会、本级人民政府，可以向本级人大提出属于本级人大职权范围内的议案，由主席团决定提交人大会议审议，或者并交有关的专门委员会审议、提出报告，再由主席团审议决定提交大会表决。

县级以上的地方各级人大代表十人以上联名，乡、民族乡、镇的人大代表五人以上联名，可以向本级人大提出属于本级人大职权范围内的议案，由主席团决定是否列入大会议程，或者先交有关的专门委员会审议，提出是否列入大会议程的意见，再由主席团决定是否列入大会议程。

列入会议议程的议案，在交付大会表决前，提案人要求撤回的，经主席团同意，会议对该项议案的审议即行终止。

又规定，议案中提出的问题，必须在本级人大或其常委会的职权范围之内。不属于国家权力机关范围内的各方面的工作的提议不得列为议案，而称批评、建议和意见，转有关部门处理。

议案是具法律性质的人大专用文书,是国家权力机关用来实施人民民主的工具,其他机关、团体、企事业单位召开的会议上,由干部、职工提出的意见、提案文书不得称议案。

由此可见,议案之所以能成为议案,是有一个法律的程序使之成为议案的,即最初提议者所提出来的仅是"希望能成为提交会议审议的案"(所以称"议事原案"),待大会主席团或常委会审议通过(法律生成)列为议案时才能成为议案。如果该原案未予通过列为议题,它便成为建议了。建议有两种处理方式:一是不提交会议审议,留作参考,二是由常委会的办事机构转给有关部门处理。这就成为建议、批评和意见,相关部门必须严肃认真地处理。

国务院是依据法律的规定使用议案向全国人大及其常委会提交议事原案的,所以将议案列为行政机关公文文种,地方各级人民政府亦使用议案向地方同级人大及其常委会提交议事原案。《条例》将议案列为党政机关公文文种之一,但只适用于各级人民政府按照法律程序向同级人大或人大常委会提请审议事项。党的机关不使用这一文种。鉴于这样的法定性,一般的机关单位企业,不得随意套用议案这一文称。

（二）议案的功能特点

1. 议案属平行文,使用信函格式

议案的根本任务是向权力机关提请审议原案,具有请求性、报告性和严格的法定性(依据法律规定向人大提出人大权力范围内的审议事项)①。因此,其文体特点就表现在使用上具有法定性,表现形式上是平行性、行文语言上具有请求性和报告性上。

2. 议案在使用上具有法定性

依据规定,议案提出后,还须大会列入议程,进行讨论、审议和决定。议案一经审议通过,就具有法律效力,有关方面必须认真付诸落实,不得稽缓延误。经办机关在完成任务后必须依法向人大写出办理结果报告。人大要对该报告进行审议,是否满意、是否通过并作批准与否的决议。

例如,1986年广东省第六届人大第五次会议审议通过了第85号议案,即《关于进一步加强江河整治工作的议案》,交给省人民政府付诸实施;广东省人民政府认真组织实施,历时10年完成了议案提出的任务,于1996年10月28日向省人大常委会写出了《关于进一步加强江河整治工作议案的办理结果报告》;1996年12月3日,省八届人大常委会第25次会议通过决议,批准了省人民政府关于进一步加强江河整治工作议案的办理结果报告,并指出这是功在当代、造福子孙的事业,对任务的完成、所取得的效益表示满意;省人民政府办公厅于1997年1月3日转发了省人大常委的批准决议,第85号议案画上了圆满的句号。

---

① 议案属平行文。有权威论著说,议案是上行文。但是,《条例》明白无误地规定,是"各级人民政府按照法律程序向同级人民代表大会或者……"这"同级"就是平级,不能理解为"上级"。人大是权力机关,行政机关是权力机关的执行机关;人大是监督机关,而行政机关是被监督机关。这是宪法中明确规定的。因此,行政机关与人大的关系不是上下级关系而是法律的关系。

3. 对未通过审议的议案，作为建议处理

凡不列入议案的代表意见，按其内容分别交承办单位研究办理，承办单位要采取有效措施，抓紧办理。

（三）议案的类型

议案的类型，有两个不同的划分角度：从人大机关公文的角度来划分，有两类，一是法定机构提出的议案，二是人民代表提出的议案。

从行政机关所提出的议案内容来划分，可分为立法性议案、重大事项的决策性议案、任免性议案和建议性议案四种。

1. 立法性议案

立法性议案主要在两种情况下使用：一是政府机构制定了某项法律或法规之后提请人大审议通过时；二是建议、请求某行政机构制定某项法规时。前者如《国务院关于提请审议〈中华人民共和国著作权法（草案）〉的议案》，后者如《关于尽早制定我省普及九年制义务教育实施条例的议案》。

2. 重大事项的决策性议案

关于财政预算决算、城乡发展规划、重大工程上马以及政治、经济、文化、教育、科技、卫生等领域中的重大事项的决策，需要提请人大审议批准时使用的议案，就属于重大事项的决策性议案。如《国务院关于提请审议兴建长江三峡工程的议案》、《沈阳市人民政府关于组织动员全市人民综合治理开发建设浑河沈阳城市段的议案》。

3. 任免性议案

行政机关向权力机关提请任命、免去或撤销行政机关工作人员职务，请求人大审议批准的议案，就是任免性议案。如《国务院关于提请××等同志职务任免的议案》。

4. 建议性议案

以行政部门的身份向权力部门提出建议，也可以使用议案。这种议案有些像建议报告，供人大审议、采纳。

（四）文种辨析

要注意人大代表议案与人大代表建议的区别。人大代表议案，是达到法定人数份额的人大代表，由领衔人写出，向人大或人大常委会提出的议事原案，在实际运作过程中，会受到法律因素的影响而改变性质：当议事原案经大会主席纳入了议程，便成了正式的议案，人大代表的议案一经通过，就具有法律效力，成了法定议案；当议事原案未被纳入议程或者未被大会通过，便成为人民代表建议。

人民代表建议，也就是建议、批评和意见，是人大代表个人或联名向大会及其常务委员会提出的建议。这种建议有两种情况，一是代表个人或联名提出的建议，另一种是议事原案未被纳入议程或者未被大会通过的，便成为人民代表建议。

要注意人大代表议案与政协委员提案的区别：人大是权力机关，人大代表的议案一经通过，就具有法律效力。而人民政协是统一战线组织，政协委员提案是民主监督的一种形式，没有法律的约束力。

十四、函

（一）函的概念

《党政机关公文处理工作条例》规定，函"适用于不相隶属机关之间商洽工作、询问和答复问题、请求批准和答复审批事项"。

函是公文文种之一，使用信函式公文版头。在平级机关和不相隶属机关之间行文使用，并且必须使用信函格式版头。没有使用信函格式版头的函是便函，只能用于日常事务的一般处理，它不是公文而是应用文书，不具公文文种的法律效果。

（二）函的功能、特点

函的文体特点可以从文种特定功能、使用特定的公文格式、使用特殊的语言措辞三个方面去理解：

（1）用于平行机关和不相隶属机关之间，在公务活动中相互联系，起着其他文种无法完成的联系纽带和桥梁的作用。凡是其他公文文种不便表述传递的信息或事项，便借助函来完成。

（2）凡使用函行文，必须使用信函格式作载体。信函格式是与文件格式、命令格式相并列的公文格式，与其他格式一样具有由制发机关权限决定的法定效力。

（3）措辞要求体现出对对方的尊重、友善、礼貌、平和。

（三）函的类型

从函的具体作用看，一般可分为以下四种：

（1）商洽函。用于不相隶属机关之间商洽工作，如例文一、例文二、例文七。

（2）询问函。用于平级机关或不相隶属机关之间询问问题（包括催报材料），如例文五。

（3）请求批准函。用于不相隶属机关之间请求批准，如例文四。

（4）答复函。用于不相隶属机关之间答询或答复审批事项，如例文六。

（四）文种辨析

商洽函用于单位之间商量、联系工作，请求函用于单位间请求帮助解决问题、协助配合工作以及向有关主管部门请求批准等，答复函用于答复对方来函提出的有关问题或事项，询问函用于单位之间询问有关事宜、征求意见等，告知函用于告知有关工作或活动情况等。

但是，要注意将函与信函格式严格区分清楚。函，是公文文种，其功能是平级机关和不相隶属机关之间的联系、沟通；信函格式是公文格式的一种，是函和其他一些公文文种作载体用的一种格式，除了函可以使用其为载体以外，议案和特定情况下的意见、批复、通知、报告等文种也可以使用其为载体。

有些文秘工作者对函的地位、功能和信函格式缺乏应有的认识，以致在向不相隶属机关请求批准时以请示、报告等文种行文。他们错误地认为,只有用请示、报告行文才能表示出对对方的尊重,其实这是对公文文种分工的误解。函这一公文文种正是承担了平级机关之间、不相隶属机关之间联系工作、请求批准的功能,配以信函格式则显示了它法定的公文效力。

要特别提醒的是:我们必须将函与便函严格区别开来。所谓的便函,就是没有按信函格式的要求设计的版头,不依照公文制发的程序进行制作,仅用机关信笺纸书写,仅经办人一人操作完成,盖上公章即可发出的那种简便的、用于处理一般日常事务的信函。这种便函为一般事务的文书而不是法定公文。如果用便函去处理法定公文,当然是不严肃的。

法定公文的函,必须按规定使用信函格式,必须依照公文制发程序的要求制作发文。有的人以为使用函即是使用便函,拿来机关信笺信手写上,盖上公章便是了,还认为便函仅仅是外观形式简便而内容仍是一样的。其实这是错误看法。须知,公文格式的发文不能简便,信函格式的发文同样是不能简便的(两者的发文都必须经过同样的公文制发的法定程序)。对行文对象是否尊重的问题,不在于使用报告、请示与否,而在于是否正确行文并在行文中得当地表述意愿,正确、规范地使用信函格式。此外,还要注意与通知、请示、报告、意见相区别。

十五、纪要

(一)纪要的概念

《党政机关公文处理工作条例》规定,纪要"适用于记载会议主要情况和议定事项"。

纪要是一种在公务活动中召开重要的会议时,依据会议宗旨和讨论内容,参照会议记录、会议文件、简报,用准确而精练的语言综合概括、扼要记述会议主要情况,重点阐明议事要点和会议主要精神的公文。

(二)纪要的功能、特点

会议的形式众多,有本机关的会议,有系统的会议,有联席会议,有研讨事务、学术、解决某专门问题的会议等。我们开会的目的就是研究如何开展下一步的工作,写纪要就是为了将会议的要旨传达给下面各有关单位以贯彻执行,所以纪要的文体特点就要突出纪实性、纪要性、指导性三个方面。

纪要本是下行文,用于传达会议精神,使会议议定事项贯彻执行,但是也可以上报上级机关以汇报情况,以便及时得到上级的指导;也可以向同级机关通报以得到支持和配合。

纪要的表现形式有三种,在使用中应根据实际情况选用其中的某种形式:

(1)文件格式。由本机关和下属机关参加的重要会议,需要下级机关贯彻执行,使用文件格式下发会议纪要,在公文标题中显示纪要文种(写成纪要后用通知下发)。

(2)信函格式。由本机关和平级机关或不相隶属机关参加的重要会议,需要给平级机关和不相隶属机关发纪要，使用信函格式，同样在公文标题中显示纪要文种（写成纪要后用信函格式发出）。

（3）会议纪要固定版头格式。本机关的办公会议，是本机关决策的最高机构，会议议定的事项都是本机关的决策事项，因此设计了专门的固定的纪要格式。本格式用于发给本机关内部各单位贯彻执行的会议纪要（用固定版头格式直接下发）。

但是，不管是采用哪一种方式印发纪要，都要体现出其文体上的特点：纪实性（记载会议的实际情况）、纪要性（反映出会议的精神、主旨、议决、需要传达贯彻的事项）、指导性（用会议纪要指导会议议定事项的落实）。在用词上有一套惯用的领起语，如会议听取、会议审议、会议认为、会议讨论、会议通过、会议议定等。

（三）纪要的类型

纪要可以从内容、性质、形式等几个不同方面去分类。比如从内容上分，有综合性会议纪要和专题性会议纪要；从形式上分，有例行会议纪要、工作会议纪要、座谈会会议纪要；从性质上分，有情况型会议纪要、议决型会议纪要和消息型会议纪要。我们从掌握写法的角度考虑，宜从性质上去分类并认识它们各自的特点。

（1）情况型会议纪要。用以全面概括会议的议程、议题、讨论情况、讨论结果和会议精神。这种纪要多适用于各种座谈会、经验交流会和各类学术会议。

（2）议决型会议纪要。用以记载和传达会议的议定事项。这类纪要政策性较强，具有指导意义。它是根据会议的议题和会议讨论情况，包括议决事项加以分析、概括而写成的。这种纪要适用于工作会议、专业会议等。

（3）消息型会议纪要。用以发布会议成果。这是一种带有新闻报道性质的纪要，记载和传达会议概况、会议内容、主要议题、议决情况、会议成果以及会议中提出的一些问题或建议等。这种纪要多适用于学术性、协商性会议。

（四）文种辨析

纪要在使用中的主要问题是防止文种混淆。与之相似或相关的文书主要有会议记录、会议简报、会议决议、会谈纪要等，为了不致误用文种，应认真加以辨析。此外，还要注意正确使用纪要格式。

以上介绍的是党政机关现行 15 种公文文种。其他机关公文的文种这里从略。希望学习者在掌握了党政机关公文之后，如有需要再更进一步学习其他机关公文。

【思考与练习】

学习公文文种宜分三步走：首先，了解所有公文文种，即 70 个文种的大体情况，知道各个国家机关，以其职能不同，而公文文种有一定差异。可分别阅读各个国家机关公文法规对其文种的释义。第二步，重点学习党政机关公文文种。第三步，在掌握了党政机关公文文种之后，以党政机关公文文种的知识为基础，视需要展开学习再掌握其他机关公文的文种。

一、概念题

决议　决定　命令（令）　公报　公告　通告　意见　通知　通报　请示　批复　议案　函　纪要

二、阅读题

1. 阅读本书推荐阅读的法律法规文件。
2. 阅读本书。

三、简答题

1. 弄懂什么是公文文种。（什么是文种？什么是公文文种？文种和公文文种有什么区别？）
2. 各个国家机关公文系统各有哪些公文文种，为什么其文种会有差异？
3. 学习党政机关公文文种，首先要熟记党政机关公文的 15 个公文文种名称，理解并熟记《党政机关公文处理工作条例》对各个文种概念的释义；在弄清概念的基础上依释义内容找出其分类，即掌握其外延，为了加深印象，还要列出文种名称。
4. 进一步体会党政机关公文文种的文体功能、特点（是干什么的，它同其他文种比较，独特之处在哪里）；然后再分清与之相近文种的区别。

四、分析题

1. 请指出嘉奖令、表彰决定、表扬通报这三个文种的异同处在哪里。
2. 请指出公布令与发布性通知的不同处在哪里。
3. 在人事任免上，有的要使用公告，有的要使用令，有的要使用任免决定（人大公文），有的要使用通知，有的要使用介绍信（人事介绍信为机关事务文书），请说出为什么会有这些不同的用法，依据是什么。
4. 试比较分析公告、通告、启事、广告诸文种的区别。
5. 试比较分析议案、提案、建议的区别。
6. 请比较分析报告与意见的区别。

五、训练题

1. ××学校××班学生颜××触犯校规，屡教不改，学生处决定给予警告处分，学生处应以什么文种行文？
2. 广东省××学院拟扩建校舍，需要征地 20 亩，须请求××市国土局批准，应选用什么文种行文？

六、简答题

1. 上级机关向下级机关询问事情应以什么文种行文？下级机关应用什么文种答询？
2. 下级机关有求于上级机关应用什么文种行文？上级机关接到下级机关的请求公文后应用什么文种答复？
3. 向不相隶属机关请求批准应用什么文种行文？审批机关接到该请求后应用什么文种行文？
4. 在人事任免上，有哪些公文文种？分别在什么条件下，如何使用？
5. 用于表彰，有哪些公文文种可以选用，其选用的不同依据是什么？

6. 用于惩戒，有哪些公文文种可以选用，其选用的不同依据是什么？
7. 议案是什么性质的公文文种，它与提案、建议有什么联系？
8. 请分别说出下列文件的公布须使用哪种公文文种为载体：

  法律 行政法规 地方法规 部门规章 地方政府规章 规范性文件 决定 计划 总结 领导讲话

第五章　公文格式

第一节　什么是公文格式

一、公文格式的概念

公文格式指公文独有的载体和它的形式标志。载体是指显示公文身份地位的载体格式，即文件格式、信函格式、纪要格式、命令（令）格式、公告格式、电报格式、白头文件格式。形式标志是指组成公文格式的公文要素及其格式安排。

二、公文格式的组成内容

一般的文章，其内容是通过其本身的结构形式表现出来的，公文则不然，它除了通过其文种本身的结构形式表现内容以外，还必须使用公文独有的载体格式，即公文的各种格式和18个公文要素来表现。

1. **公文格式**

公文格式，有文件格式、信函格式、纪要格式、命令（令）格式、公告格式、电报格式、白头文件格式等。

2. **构成公文的要素**

公文一般由份号、密级和保密期限、紧急程度、发文机关标识、发文字号、签发人、版头中的分隔线、标题、主送机关、正文、附件说明、发文机关署名、成文日期和印章、附注、附件、版记中的分隔线、抄送机关、印发机关和印发日期、页码等要素组成（一般格式和特定格式均同）。

由于公文使用了特定的公文格式，相关工作人员便能一眼辨识，既便于及时处理，又便于存档、使用和管理，而且公文版式表现出公文的合法性和权威性，使公文能更好地发挥应有的作用。

公文格式由各个中央国家机关的体系用公文法规或规范规定。尽管各个机关公文体系是分别由各个中央国家机关用不同的公文法规去规范的，但其格式却是大同小异，留心辨别则容易掌握。初学者，可以以党政机关公文的格式为基础，首先掌握党政机关公文格式，然后再涉及人大机关公文格式和两院机关的公文格式。

依据《党政机关公文处理工作条例》《党政机关公文格式》的规定，公文的格式（公文版式）有一般格式和特定格式两类：一般格式为文件格式（有下行和上行之分）；

特定格式又分信函格式、命令格式、纪要格式、公告格式，此外，还有电报格式和白头文件格式。

这些公文版式，分别代表着不同的公文身份和不同的权威，所以，不同用途的公文要使用不同的版式。在制发公文时，必须注意不同版式的特征、样式，以准确、得体地应用。比如，上级机关给下级机关发文，使用下行的文件格式（发文机关标志套红加"文件"二字），下级机关给自己的上级机关请示、报告工作，应选用上行的公文格式（发文机关标志套红没有"文件"二字）；指挥机关发布命令（令），宜选用命令格式；平级或不相隶属机关之间行文应选用信函格式；如果机关领导人的讲话、工作计划、工作总结、调查报告等需要下发，一般宜用惯用的非法定公文的格式白头文件格式；而比较重要须组织学习、讨论、贯彻落实的文件则须以通知为载体下发。纪要，以行文方向分别选用不同格式，下行用公文格式，不相隶属行文用信函格式，在标题中显示会议纪要；给本机关各单位印发会议纪要，用纪要固定版头格式；用电报发文，宜用电报格式。

各种公文的格式，既有共性，又分别有不同的特征。我们必须既懂得其共性，又要掌握其不同的特征。《党政机关公文格式》是国家标准，其他机关公文可参考使用。因此，其他机关的公文格式大体相同。

第二节　公文格式的类型

一、公文的一般格式

公文的一般格式，又称"文件格式"，"文件格式"又称"红头文件"。

所谓"红头文件"，就是其文件头的发文机关标志和分隔线是套红印刷的，是党政机关及其业务工作部门用来传达贯彻党和国家的方针、政策，发布行政法规和规章，指导下级工作，请示和答复问题、报告情况等的行文。

其格式由版头、主体、版记三个部位组成，将18个公文要素分别安排在三个不同的部位上，包括文件版头的设计、版面安排、字体型号、字隔行距、用纸尺寸以及公文外形的其他几个项目及有关标识等，共同反映到页面上就是如何进行分布和安排，将它们有机、均匀地组织在一起，构成一副字样鲜明、字距疏密相宜、结构严谨、严肃活泼、美观大方、亲切清新的良好外貌。这就是一份公文的"文面"。

（一）公文文件格式的具体安排

1. 版头

(红色分隔线以上为公文版头部分，标题以下属公文的主体部分)

图 5-1　版头部分

公文的版头，即公文首页在红色分隔线至页面顶端的部分。公文的版头与主体部分用一条较粗的红色横线分开，这条横线就称为分隔线。

公文格式的红色分隔线，印在发文字号之下 4 毫米处，其长度为 156 毫米，与版心等宽，线粗 1 毫米。所谓"版心"，就是指公文纸张除天头、地脚、钉口、翻口等空白以外，用于安排公文图文的区域。

在版头内，安排份号、秘密等级和保密期限、紧急程度、发文机关标识、发文字号、签发人等 6 个要素。

（1）份号。又称印数编号、份数序号，是标识公文印数和序数的，便于统计和查找。一般件不印份号，绝密、机密公文要印份号，并要求按编号登记分发给收件人。标识份数序号，用 6 位数的阿拉伯数字顶格标识在版心左上角第一行，实数不足 6 位数的文件前面用"0."表示。

（2）秘密等级和保密期限。密件应根据秘密程度分别标明密级和保密期限，其中"绝密""机密"级公文还应当标明份数序号。密级分"绝密""机密""秘密"三级。如需标识秘密等级，用三号黑体字，顶格标识在版心右上角第二行。保密期限用阿拉伯数字标注。

(3) 紧急程度。公文的紧急程度分"特急""加急""平急";电报应当分别标注"特提""特急""加急""平急"。

应根据实际需要分别标明"特急""加急"。电报应当分别标注"特提""特急""加急"。平件不必标志。

如需标识紧急程度,用三号黑体字,顶格标识在版心左上角;

如需同时标识份号、密级和保密期限、紧急程度,按照份号、密级和保密期限、紧急程度的顺序自上而下分行排列。

(4) 发文机关标识。由发文机关全称或者规范化简称①加"文件"二字组成,也可以使用发文机关全称或者规范化简称。联合行文时,发文机关标志可以并用联合发文机关名称,也可以单独用主办机关名称。

发文机关标志居中排布,上边缘至版心上边缘为35毫米,推荐使用小标宋体字,颜色为红色,以醒目、美观、庄重为原则。

联合行文时,如需同时标注联署发文机关名称,一般应当使主办机关名称排列在前;如有"文件"二字,应当置于发文机关名称右侧,以联署发文机关名称为准上下居中排布。

发文机关标识,用套红大字印刷(经有关领导机关批准复印、印制具有同等效力的文件则不是套红,如《国务院公报》《广东省人民政府公报》等),位于公文版头中央位置。一般来说,机关级别高的,字体大一些;机关级别低的,字体要小一些。推荐使用小标宋体字,字号由发文机关以醒目美观为原则酌定,但一般应小于22毫米×15毫米(高×宽)。

公文必须使用规定的字体型号。为了使公文能准确、醒目、得体地表达内容,公文在排版时应分别使用不同的字体型号。汉字印刷字体有宋体、仿宋体、小标宋、楷体、黑体等;型号有初号、小初号、一号、二号、三号、四号、小四号、五号、小五号、六号、七号等。

上行的公文格式,在发文机关标志中,套红而不印"文件"二字。

(5) 发文字号。发文字号又称发文号、文号、文件字号,是指由发文机关代字、年度及该年度的发文顺序号组成的编码。比如:粤府办〔2012〕6号,其中,"粤府办"是发文机关广东省人民政府办公厅的代字;"〔2012〕"是用六角括号括住的年号;"6号"是顺序号。整个发文字号所表示的含义是广东省人民政府办公厅于2012年发的第6号文件。这是为了便于发文、收文机关的登记、分类、保存和检索而设置出来的编号方法。

发文字号由机关办公部门统一编定,公文文稿经签发人签发后向办公部门申请发文字号并予登记。

机关代字要注意有利于分类和检索。机关代字一般由两个层次组成:第一个层次是

---

① 规范化简称——指经国家或省发文进行规范的简称,如《国务院机构及简称》《广东省人民政府机构及简称》《各省、自治区、直辖市、特别行政区排列顺序及简称》等所规定的简称,即规范化的简称。

发文机关代字,第二个层次是发文机关主办文件部门的代字。例如,广东省人民政府及其办公厅的发文,其机关代字便分别使用了"粤府""粤府办"等不同的代字,这些代字分别代表了发文机关和发文机关主办文件的部门。还有,"粤府令""粤府函""粤府字"等不同的代字,分别代表了不同的文件类型。机关代字,应在上级办公部门的指导下确定,以避免两个机关以上发生代字雷同现象。

联合行文时,使用主办机关的发文字号。

发文字号的位置。下行公文格式,置文件名称与分隔线的正中间,下空二行,用三号仿宋体字,年份应标全称,用六角括号"〔 〕"括注,序号不编虚位号(即不编为001),不加"第"字;上行公文格式,发文字号置分隔线之上的左侧空一字编排,与最后一个签发人姓名处在同一行。信函格式,置分隔线之下、标题之上的右上方。白头文件,置标题之上的左上方,使用的字体型号与正文相同。

(6)签发人。上行文应当标注签发人姓名。由"签发人"三字加全角冒号和签发人姓名组成,居右空一字,编排在发文机关标志下空二行位置。"签发人"三字用三号仿宋体字,签发人姓名用三号楷体字。如有多个签发人,签发人姓名按照发文机关的排列顺序从左到右、自上而下依次均匀编排,一般每行排两个姓名,回行时与上一行第一个签发人姓名对齐。

(7)版头中的分隔线。发文字号之下 4 毫米处居中印一条与版心等宽的红色分隔线。

2. 主体及主体的格式

公文的主体,指公文的行文部分。其格式包括标题、主送机关、正文、附件说明、发文机关署名、成文日期和印章、附注、附件等 8 个要素。

(1)标题。公文的标题即公文的名称,由发文机关名称、事由和文种组成。置红色分隔线下空二行,用二号小标宋体字,可分一行或多行居中排布;回行时,要做到词意完整,排列对称,间距恰当。标题排列应当使用梯形或菱形。

《党政机关公文处理工作条例》规定公文要用完整的公文标题。即由发文机关名称、公文事由、公文种类三个部分组成的标题。如《东风商场关于开展商业统计数字质量检查情况的报告》,其中的"东风商场"是发文单位,"关于开展……检查情况"是公文事由,"报告"是所用公文文种。如果三者缺一,就是不完全,也即不合格了。

公文标题应当用准确、简要、鲜明的语言概括公文的主要内容。除法规、规章文件外,一般不加书名号。使用"关于……"加"的"这个介词的字结构。如上文的"东风商场关于开展商业统计数字质量检查情况的报告"便是。

撰写标题,首先要准确选用文种。决定文种的依据是:发文的目的、内容,发文机关的权限以及发文机关与主送机关之间的行文关系。

(2)主送机关。主送机关是行文的对象,是公文的主要受理机关,俗称"抬头",应当使用全称或者规范化简称、统称。

主送机关写在正文之前、标题之下空一行,顶格写,用三号仿宋体字标识,回行时仍顶格;最后一个主送机关名称后标全角冒号。如主送机关名称过多而使公文首页不能显示正文时,应将主送机关名称移至版记中的主题词之下、抄送之上,标识方法同抄送。如主送机关不止一个时，应按其性质、级别或惯例依次排列，中间用顿号（类间用逗号）断开。

主送机关的表现形式，重要的有以下几种：

一是特称。特称又叫单称。主送机关只有一个，只写一个受文机关名称。不相隶属的机关之间行文，应写单位的全称，如"广州市财政局"；如果是其下级机关行文，可省去省、市、县名称，写为"市财政局"。

二是泛称。泛称是上级机关对下级同类诸机关的行文。如国务院对各省、市及直属单位行文的主送机关是"各省、自治区、直辖市人民政府，国务院各部委、各直属机构"。

三是递降称。递降称多用于对垂直几个下级行文，如省府向市、县行文称"各市、县人民政府"；又如省技监局向全省技监系统行文称"各市、县技监局"。

（3）正文。公文的主体，用来表述公文的内容。公文正文的书写，是在主送机关名称下一行，每自然段左空二字，回行顶格。数字、年份不能回行。一般每面排22行，每行排28个字。内容要求符合国家法律、法规及其他有关规定；文字表述准确；人名、地名、数字、引文准确；结构层次序数规范；使用法定计量单位；简称规范；正确使用阿拉伯数字；等等。

正文是公文的核心部分，用来表述公文的具体内容，除极个别极简短的公文外，正文内容一般由开头（又称引据）、主体、结尾三个部分构成。有些公文还带有批语，也是正文的组成部分。

这里就导语、结束语和批语的写法作简介。

第一，导语。导语也叫"开头语""引据"。

开头语要依据公文的内容和行文目的来确定，一般有以下几种方法：

一是"根据式"，即根据上级的指示所发出的通知等，用"遵照""按照""根据"等语言标志，交代行文依据，以保证发文的法定权威性。

二是"目的式"，即在开头交代行文的目的或意图，常用"为""为了"等介词标引，让受文机关明确领会发文意图。

三是"原因式"，用"由于""鉴于"等介词标引，讲明制发文件的缘由，以揭示全文的必然性和合理性。

四是"引文式"，即开头引用文件或上级领导讲话中的某句子作为引言或点明主旨。如"现将《全省教育工作会议纪要》印发给你们……"

五是"时间式"，即在开头使用表示时间的词语，如"最近""近来"等，以表明时间，引起注意。

六是"事情式"，即开头扼要介绍事件或情况，给人以清晰印象。如"经中央批准，今年县、乡两级选举的日常工作由民政部门负责……"这样直叙情况，开门见山。

七是"引叙式"，即为了批复或答复问题，先引叙对方来文。如"你单位×年×月×日关于××××××的请示（或来函）××〔2007〕×号文悉"，通过这引叙让对方清楚了解所回答的问题与该机关的什么事情相关。

第二，结束语。结束语又叫文尾，是公文正文的最后部分。结束语常常显示出不同文种的格式特征。一般较长篇的公文，往往用最后一段话来总结全篇，进一步点明主题，头尾呼应，使受文者加深对全文总观点的理解；有的在文尾提出希望，或提出要求，或简短表态；有的特殊公文没有结束语。

结束语的用语，应同文种相承。如令，尾部用"此令""特令"；请示的尾部用"当否，请批示""请批准"；报告的尾部用"特此报告"；批复的尾部用"此复""特此批复"；通知的尾部用"特此通知"；等等。

第三，批语。批语是领导机关在批复下级请示，或印发、批转、转发公文时所写的话。批语要求思想凝练，能够比较深刻而准确地体现上级领导机关的思想和工作意图，对全局工作有着普遍的指导意义。常见的批语有四种：

一是批复下级机关的请示所加的批语。

二是印发本机关所制定的工作计划、工作总结、调查报告、领导讲话、工作制度、工作方案、相关规定、办法等非法定公文的文书使之成为法定公文的批语。这类公文的批语一般不宜过长，只需强调该文书已经决策机关批准或同意，予以印发，请遵照执行或组织实施。

三是批转下级公文时，为了提升该公文的格次和权威性，引起受文单位的重视并促使其贯彻执行，就必须加批语。如"省人民政府同意……现批转给你们……"这样直叙本机关意见，可以做到直截了当、简洁明了。

四是转发上级公文时所使用的批语。如"国家计委《灾后重建、整治江湖、兴修水利现场办公会会议纪要》已经国务院批准，现转发给你们，请结合本地区、本部门实际，认真贯彻执行"。

撰写批语，要依据发文目的和指导思想去提炼概括所批转、转发公文的要旨；要立足全局，目的明确，提出的要求能指导全局；态度鲜明，有针对性，举措明确，切实可行；文字严谨，干净利索。

（4）附件说明。附件是公文的组成部分，指随文发送的文件、报表、材料等。例如，某公司经上级批准新开设一家分公司，在向工商局申请营业执照时，上级批准的批复件以及分公司的章程等材料就成为附件，连同申请公文一起发出，作为正文的补充说明或参考材料。附件不是所有公文都有的，而是根据需要而定。

附件的书写是在正文下空一行左空二字用三号仿宋体字标识，后标全角冒号和名称。如有序号，使用阿拉伯数字标示（如"附件：1.××××××"），附件名称后不加标点符号。附件应与公文正文一起装订，并在附件左上角第一行顶格标识"附件"，有序号时标识序号；附件的序号和名称前后标识应一致。如附件与公文正文不能一起装订，应在附件左上角第一行顶格标识公文的发文字号并在其后标识附件（或带序号）。有的公文，附件只发给主送机关或部分抄报、抄送机关，就应在附件后分别注明。

有的公文是专为报送一份材料或专为批转、转发、颁发某个文件而拟制的，被批转、转发的文件是公文的主体，正文只起按语或说明、批准、发布的作用。正文内业已写明这些文件、材料名称，因此不必作附件处理，不用再写"附件"字样。

（5）发文机关署名、成文日期和印章。这一部分由发文机关署名、印章和成文日期三者组成为公文生效标志①。

第一，发文机关署名。又称"落款"，即署上发文机关名称。要用全称或规范化简称。

第二，印章。公文包括加盖印章和不加盖印章、加盖签发人签名章三种。

1）加盖印章的公文。一般公文应有发文机关署名并加盖发文机关印章，印章文字与署名机关相符。

成文日期一般右空四字编排，印章用红色，不得出现空白印章。

单一机关行文时，一般在成文日期之上、以成文日期为准居中编排发文机关署名，印章端正、居中下压发文机关署名和成文日期，使发文机关署名和成文日期居印章中心偏下位置，印章顶端应当上距正文（或附件说明）一行之内。

联合行文时，一般将各发文机关署名按照发文机关顺序整齐排列在相应位置，并将印章一一对应、端正、居中下压发文机关署名，最后一个印章端正、居中下压发文机关署名和成文日期，印章之间排列整齐、互不相交或相切，每排印章两端不得超出版心，首排印章顶端应当上距正文（或附件说明）一行之内。

2）不加盖印章的公文。有特定发文机关标志的普发性公文和电报可以不加盖印章。

单一机关行文时，在正文（或附件说明）下空一行右空二字编排发文机关署名，在发文机关署名下一行编排成文日期，首字比发文机关署名首字右移二字，如成文日期长于发文机关署名，应当使成文日期右空二字编排，并相应增加发文机关署名右空字数。

联合行文时，应当先编排主办机关署名，其余发文机关署名依次向下编排。

3）加盖签发人签名章②的公文。上行文应当标注签发人姓名。

单一机关制发的公文加盖签发人签名章时，在正文（或附件说明）下空二行右空四字加盖签发人签名章，签名章左空二字标注签发人职务，以签名章为准上下居中排布。在签发人签名章下空一行右空四字编排成文日期。

联合行文时，应当先编排主办机关签发人职务、签名章，其余机关签发人职务、签名章依次向下编排，与主办机关签发人职务、签名章上下对齐；每行只编排一个机关的签发人职务、签名章；签发人职务应当标注全称。

签名章一般用红色。

第三，成文日期。署会议通过或者发文机关负责人签发的日期。联合行文时，署最后签发机关负责人签发的日期。用阿拉伯数字将年、月、日标全，年份应标全称，月、日不编虚位（即1不编为01）。

特殊情况说明。当公文排版后所剩空白处不能容下印章或签发人签名章、成文日期时，可以采取调整行距、字距的措施解决。

---

① 公文生效标志：公文发文机关署名加盖印章是公文生效的标志，是证明公文效力的表现形式，是发文机关对公文负责的凭证，它包括发文机关印章或签署人姓名。

② 加盖签发人签名章：签发人，是指办文机关批准本文件发出的负责人，该负责人签字后才能发出文件；签名章，是指机关刻制的负责人姓名的姓名印。

（7）附注。公文印发传达范围等需要说明的事项。公文如有附注（需要说明的其他事项），应当加括号标注。用三号仿宋体字，居左空二字加圆括号标识在成文日期下一行。

（8）附件。公文正文的说明、补充或者参考资料。

附件应当另面编排，并在版记之前，与公文正文一起装订。"附件"二字及附件顺序号用三号黑体字顶格编排在版心左上角第一行。附件标题居中编排在版心第三行。附件顺序号和附件标题应当与附件说明的表述一致。附件格式要求同正文。

如附件与正文不能一起装订，应当在附件左上角第一行顶格编排公文的发文字号并在其后标注"附件"二字及附件顺序号。

3. 版记

版记格式，又称文尾格式，包括抄送、印发机关、印发日期三个要素的规定。

（1）版记中的分隔线。版记中的分隔线与版心等宽，首条分隔线和末条分隔线用粗线（推荐高度为0.35毫米），中间的分隔线用细线（推荐高度为0.25毫米）。首条分隔线位于版记中第一个要素之上，末条分隔线与公文最后一面的版心下边缘重合。

（2）抄送机关。除主送机关外需要执行或者知晓公文内容的其他机关，应当使用机关全称、规范化简称或者同类型机关统称。

如有抄送机关，一般用四号仿宋体字，在印发机关和印发日期之上一行、左右各空一字编排。"抄送"二字后加全角冒号和抄送机关名称，回行时与冒号后的首字对齐，最后一个抄送机关名称后标句号。

如需把主送机关移至版记，除将"抄送"二字改为"主送"外，编排方法同抄送机关。既有主送机关又有抄送机关时，应当将主送机关置于抄送机关之上一行，中间不加分隔线。

（3）印发机关和印发日期。印发机关和印发日期一般用四号仿宋体字，编排在末条分隔线之上，印发机关左空一字，印发日期右空一字，用阿拉伯数字将年、月、日标全，年份应标全称，月、日不编虚位（即1不编为01），后加"印发"二字。

版记中如有其他要素，应当将其与印发机关和印发日期用一条细分隔线隔开。

页码不属公文的要素，但需要用上。一般用四号半角宋体阿拉伯数字，编排在公文版心下边缘之下，数字左右各放一条一字线；一字线上距版心下边缘7毫米。单页码居右空一字，双页码居左空一字。公文的版记页前有空白页的，空白页和版记页均不编排页码。公文的附件与正文一起装订时，页码应当连续编排。

（二）公文格式以外的其他规定

公文的格式，除版头、主体和版记等格式以外，对公文的用纸、排版、字体型号与装订也作了规定。

（1）公文用纸规格。公文用纸一般采用国际标准A4型，长297毫米，宽210毫米。公告、通告等公布性的公文用纸，幅面尺寸视具体需要而定。

公文页边与版心尺寸。公文用纸天头（上白边）为37毫米±1毫米，地脚（下白边）为35毫米±1毫米；公文用纸订口（左白边）为28毫米±1毫米，翻口（右白边)为26毫米±1毫米。版心尺寸为156毫米×225毫米。

(2)版面与排印。版面,是指公文图文编辑区域,规定为156毫米×225毫米。公文排印,一律从左而右横排、横写。

(3)字体型号。公文标题用二号小标宋体字;正文用三号仿宋体字,文中如有小标题,可用三号小标宋体字或黑体字。一般每面排22行,每行排28个字。

(4)装订。公文装订规定在左侧装订。包本公文的封面与书芯不脱落,后背平整、不空。两页页码之间误差不超过4毫米。骑马订或平订的订位为两钉钉锯外订眼距书芯上下各1/4处,允许误差±4毫米。平订钉锯与书脊间的距离为3~5毫米;无坏钉、漏钉、重钉,钉脚平伏牢固;后背不可散页明订。裁切成品尺寸误差±1毫米,四角成90度,无毛茬或缺损。

二、公文的特定格式

(一)信函格式

信函格式是公文的又一种载体,有别于文件格式。文件格式的重要标志是在发文标识上写上"文件"二字;而信函格式在发文标识上没有"文件"二字,其版式近似信笺,所以称为"信函格式"。

主要用于载运平级机关或不相隶属机关沟通关系、商洽工作、答询情况行文的公文文种函。但是,信函格式与公文格式一样,都是正式公文的格式,都具有法定的公文效力。

信函格式并非仅适用于函,在一些特定情况下,上级机关对下级机关一般事项请示的批复,上级机关的办公部门向下级机关催办有关事宜,要求下级机关报送材料、统计数字或者物体的通知和会议通知,向平级机关和不相隶属机关就重要问题提出意见或见解的意见,政府机关向同级人大[①]报告工作的报告,提出议事原案的议案,政府党组向地方党委报告工作的报告等,均可以使用信函格式。

发文机关标志使用发文机关全称或者规范化简称,居中排布,上边缘至上页边为30毫米,推荐使用红色小标宋体字。联合行文时,使用主办机关标志。

发文机关标志下4毫米处印一条红色双线(上粗下细,武文线),距下页边20毫米处印一条红色双线(上细下粗,文武线),线长均为170毫米,居中排布。

如需标注份号、密级和保密期限、紧急程度,应当顶格居版心左边缘编排在第一条红色双线下,按照份号、密级和保密期限、紧急程度的顺序自上而下分行排列,第一个要素与该线的距离为三号汉字高度的7/8。

发文字号顶格居版心右边缘编排在第一条红色双线下,与该线的距离为三号汉字高度的7/8。标题居中编排,与其上最后一个要素相距二行。第二条红色双线上一行如有

[①] 政府机关与人大机关是同级机关,有法律的关系。人大是权力机关,政府是权力机关的执行机关;人大是监督机关,政府是被监督机关;政府机关向同级人大报告工作,提出议案是法律的规定。

文字，与该线的距离为三号汉字高度的 7/8。首页不显示页码。版记不加印发机关和印发日期、分隔线，位于公文最后一面版心内最下方。

（二）命令（令）格式

命令（令）格式也是公文的一种载体。命令（令）是国家行政机关发文的最高级形式。这个格式显得威严，有严格按照执行、不得有误的气势，从表现形式上维护国家政令的权威性和统一性。

党的机关一般不单独以令行文。

（1）发文机关名称应用全称，不能用简称包括规范化简称。命令（令）的发文机关应以批准本机关成立文件核定的全称为准。发文机关名称后加"命令（令）"字样。发文机关标识用红色小标宋体字；字号由发文机关酌定，但要掌握在不超过上级机关的字号的程度，可以同等大小；但不能超过。标识的位置：上白边 37 毫米 +20 毫米即 57 毫米下标识。如果是联合发布命令（令），在首位的发文机关也要在此处标识，其余机关下移，"命令（令）"字右侧上下居中。

（2）令号。在发文机关之下空三行标识令号，居中，令号用黑体字较庄重，前加"第"字，即"第×号"，可以用阿拉伯数字标示序码。令号的编制自发第 1 号令开始，不受年度限制，这与发文字号不同，发文字号序号以年度为限。

（3）正文。令号之下空二行标识正文，中间没有红色反线，与文件式公文不同。正文标识格式执行标准对正文的规定。令文的内容一般都比较简短，大多是一个自然段。

（4）签署。正文之下空一行标识签发人亲笔名章，发文机关平时应制备。签名章用红色，右空四字。签名章左空二字标识签发人职务，命令的签发人应是发文机关的最高领导；如果是联合命令，职务应标全称，此时可用简称，如"××部部长"，因为发文机关标识已使用全称了。

（5）成文日期。签名章之下空一行标识成文日期，右空二字。

（6）版记。命令（令）的版记格式只有一点不同，即命令（令）不分主送、抄送，而用"分送"这一特定形式。

（三）纪要格式

纪要格式也是正式公文的一种载体。纪要标志由"×××××纪要"组成，居中排布，上边缘至版心上边缘为 35 毫米，推荐使用红色小标宋体字。

标注出席人员名单，一般用三号黑体字，在正文或附件说明下空一行左空二字编排"出席"二字，后标全角冒号，冒号后用三号仿宋体字标注出席人单位、姓名，回行时与冒号后的首字对齐。

标注请假和列席人员名单，除依次另起一行并将"出席"二字改为"请假"或"列席"外，编排方法同出席人员名单。

纪要格式可以根据实际制定。

（四）白头文件格式

所谓"白头文件格式"，是非法定性公文的格式，用于机关内部印发计划、总结、调查报告等机关事务文书及领导讲话等，与红头文件相对。红头文件，其眉首是套红印刷发文机关标识并有一条长156毫米的红色反线；而白头文件则不用套红印刷发文机关标识，没有红色反线，采用黑颜色，字体比红头文件小，通常将发文字号放置标题之上的左侧上方，如有密级，标识在标题右侧的上方，版记部分与文件格式同。

（五）电报格式

电报是行政机关公文的另一种表现形式。在文字量多、时间紧迫的情况下需要使用电报，其特点是稳妥、快捷。

电报不属于文种，只是一种发文载体，它适用于任何文种。利用电报发文方便、快捷，但由于其缺少发文机关的印章，一般只适用于国家机关内部使用，不适用于向社会公开发文。在实际应用中，选用哪一种形式发文主要由公文的内容和紧急情况决定。一般情况下，如果公文的内容比较重要，比如公布某些重大政策、法规性文件或者是政府对某重要工作的部署等，其影响的范围较广、时间较长，应该用"红头文件"形式；用电报发文通常是时间比较紧急，但其内容影响的时间相对较短暂的事情，如会议通知、接待通知等。

电报有内部明电和密码电报两种。事情紧急、内容无需保密的事项可用内部明电。如内容涉密，则应当使用密码电报。

公文格式的样式见附录，有如下样式：①下行文件格式；②上行文件格式；③命令（令）格式；④信函格式；⑤会议纪要格式；⑥白头文件格式；⑦内部文件；⑧密码电报；⑨公文的成文日期与生效标识方式。其他系统的机关公文格式略有差异。

【思考与练习】

一、概念题

公文的格式　公文的载体　公文的形式标志　公文的一般格式　公文的特殊格式　秘密等级和保密期限　紧急程度　份数序号　发文机关标识　发文字号　签发人　标题　主送机关　公文正文　附件　生效标识　印章　成文日期　附注　抄送机关　印发机关　印发日期　签署　落款　抬头　版头　主体　正文格式　版记　文尾格式　版头设计　版面安排　版心　字体型号　字隔行距　红头文件　白头文件　文件格式　函件格式　武文线　文武线　小标宋　天头　地脚　订口　翻口　装订线　机关代字　三号楷体字　绝密　机密　秘密　特称　泛称　递降称　顶格　回行　引据　导语　主体　结束语　批语

二、阅读题

1. 阅读公文的各种格式（文件格式、信函格式、纪要格式、命令格式、白头文件格式、电报格式）。

2. 熟记各种格式的样式。

三、简答题

公文的格式是公文法定性、权威性和行政效能的象征，不同身份的公文应使用不同的格式，我们必须切实掌握好公文的格式。

1. 党政机关公文在实际工作中运用哪几种公文格式？
2. 什么情况下使用文件格式？其文种有哪些？上行文应使用怎样的版头格式？
3. 什么是信函格式？函与信函格式有什么区别，在什么情况下使信函格式？其文种有哪些？
4. 印发纪要使用什么格式？请分别说出在什么情况下使用什么方式。
5. 县市人大机关、县市行政机关、县市检察院、县市法院等机关在需要向县市委报告、请示工作时应以什么名义行文？使用什么文种、用哪种公文格式行文？
6. 公文的一般格式，在版头部分安排哪些公文要素，其主体部分安排哪些要素，在版记部分安排哪些要素？
7. 公文的格式，除版头、主体和版记等格式以外，还有哪些规定？

四、实践题

参照"公文版式"，自己动手制作一套（文件格式、函件格式、白头文件格式、纪要格式）模拟的文件格式的样式（要有版头、主体、版记齐全），要求用纸、字体、套红、各部位格式等均符合规范。

可以用公文样式做样板，也可以用当地政府正式公文做样板，一律采用 A4 纸，用手工制作。要求字体型号、红色间隔线长度（函件格式要注意文武线）、版心大小、天头、地脚、订口、翻口等要符合格式规定，注意文件编号、密级、紧急程度的位置，注意版记的结构部位（印章不用画圆，只用"印"字表示）。

有条件的允许电脑制作。没有电脑的可以用手工制作。务必要求全体动手，只有经过自己制作才会印象深刻。要求全收，随即发给学生交换，互评互改，最后选出合格者当堂讲评、张贴示范。

五、抄录题

1. 抄录 10 个公文的发文号，并试分析其含义。
2. 抄录 10 条公文标题，试分析其概括事由的基本方法。
3. 分别抄录各种方法的公文开头语各 2 个，并体会其写作方法。
4. 抄录各式公文结束语 5 个，并体会它们的特点。
5. 抄录公文的批语 5 个，体会其写法。
6. 抄录有附件公文的附录部分，掌握附件的表达方式。

六、训练题

1. 掌握公文发文字号的编码方法。

（1）公文的发文字号由哪三个方面的内容组成？

（2）试指出下列公文发文号的含义。

粤府〔2006〕30 号　粤发〔2006〕11 号（这是广东省委的发文）　粤府办〔2006〕55 号　粤府函〔2006〕6 号　粤办函〔2006〕362 号　粤府字〔2006〕27 号

2. 依据本书的提示，设法找到若干份政府现行公文，认识字体型号，并熟悉二号宋、三号宋、小标宋、黑体等字体型号。

3. 掌握公文标题的几种方法。

（1）掌握公文标题有多少种类型。

（2）完全的公文标题由哪几个部分构成？

（3）试指出下列标题的组成部分的名称（发文机关、事由、文种）。

·国务院办公厅关于表彰奖励中国女子足球队的通报

·广东省人民政府办公厅转发国务院办公厅转发国家经贸委等部门关于严厉打击制售假冒商标卷烟活动坚决制止非法生产卷烟行为意见的通知

·中华人民共和国土地管理法

4. 训练公文标题实际排列技巧。

（1）寻找一些现行使用中的公文（行政机关的规范公文），看看其标题排列方式有多少种。观察体会出一行题怎样排，两行题又怎样排列，三行题有多少种方式排列，将观察所得记录下来，然后指导自己训练。

（2）试将公文标题进行各种方式的排列，体会各种标题的排列艺术，要注意回行词意完整、排列对称、间距恰当。

5. 请指出下列公文标题错误在哪里，并纠正它。

（1）关于坚决制止和认真清理公路两侧违章建筑物的通告

（2）关于切实做好接收安置灾民的通知

（3）关于召开××省第×次党员代表大会有关事宜的通知

（4）关于××省财经学校向××大学联系临时住房问题的函

（5）关于转发《××省财政厅转发"财政部关于修改国家工作人员出差补助标准暂行规定的通知"的通知》的通知

（6）××大学自学考试报名的通告

（7）人事处关于×××同志的考察报告

6. 通过学习要求掌握正确选用文种的方法。

（1）决定公文文种的依据是什么？

（2）南天化工分公司因业务量大增，人员多了，事务多了，效益很好，打算购置一台九座面包车，须向其上级北海总公司请求批准。请代拟公文标题。

（3）南方市公安局需要购置40辆摩托车，须向市财政局申请批准财政拨款购买。请代拟出公文标题。

第六章 公文的形成、行文规则与写作要求

第一节 公文的形成

一、形成公文的首要条件

公文是在党政公务的活动过程中形成的,而且其形成必须经法定的(即《党政机关公文处理工作条例》规定,简称《条例》)一系列制发程序;凡不按法定程序制发的文件均不是公文。没有公务便没有公文,有了公务活动,还需要法定的机关、法定的作者,依照法定的权限,依照法定的程序,使用法定的文种,依法办事、依法办文,从拟稿、核稿到会签、签发、缮校、封发等各个环节都严格遵守《条例》规定才能形成合法的、具有法定权威的公文。

二、必须符合法定的起草、审核、签发等程序

(一)程序

公文拟制包括公文的起草、审核、签发等程序。

(二)公文起草

公文起草应当做到:
(1)符合国家法律法规和党的路线方针政策,完整准确体现发文机关意图,并同现行有关公文相衔接。
(2)一切从实际出发,分析问题实事求是,所提政策措施和办法切实可行。
(3)内容简洁,主题突出,观点鲜明,结构严谨,表述准确,文字精炼。
(4)文种正确,格式规范。
(5)深入调查研究,充分进行论证,广泛听取意见。
(6)公文涉及其他地区或者部门职权范围内的事项,起草单位必须征求相关地区或者部门意见,力求达成一致。
(7)机关负责人应当主持、指导重要公文起草工作。

(三)文稿审核

公文文稿签发前,应当由发文机关办公厅(室)进行审核。审核的重点是:
(1)行文理由是否充分,行文依据是否准确。

（2）内容是否符合国家法律法规和党的路线方针政策；是否完整准确体现发文机关意图；是否同现行有关公文相衔接；所提政策措施和办法是否切实可行。

（3）涉及有关地区或者部门职权范围内的事项是否经过充分协商并达成一致意见。

（4）文种是否正确，格式是否规范；人名、地名、时间、数字、段落顺序、引文等是否准确；文字、数字、计量单位和标点符号等用法是否规范。

（5）其他内容是否符合公文起草的有关要求。

需要发文机关审议的重要公文文稿，审议前由发文机关办公厅（室）进行初核。经审核不宜发文的公文文稿，应当退回起草单位并说明理由；符合发文条件但内容需作进一步研究和修改的，由起草单位修改后重新报送。

（四）审批签发

公文应当经本机关负责人审批签发。重要公文和上行文由机关主要负责人签发。党委、政府的办公厅（室）根据党委、政府授权制发的公文，由授权机关主要负责人签发或者按照有关规定签发。签发人签发公文，应当签署意见、姓名和完整日期；圈阅或者签名的，视为同意。联合发文由所有联署机关的负责人会签。

三、拟稿注意事项

草拟公文是一项非常细致的文字工作，又是一项政策性、思想性、业务性很强的工作。学习公文写作，必须对草拟公文有正确的思想认识。

（一）拟稿一般要经过准备、起草、修改三个阶段

准备阶段，主要是领会领导意图，明确行文目的、制文原委，弄清行文关系、行文形式，正确选用文种、公文格式，明确公文主旨，确定主题，准备材料。

起草阶段，包括列出提纲，明确先写什么、再写什么、最后写什么，每个层次的中心及每个段落的段旨，还要明确在什么观点下使用哪些实际材料，然后才落笔起草。

修改阶段，是指在拟写好正文之后，再依据领导意图、行文目的，对自己所写的文稿进行修改。修改完毕，即为定稿。

（1）必须使用公文发文稿纸做首页。有的机关使用好几种不同功用的公文稿纸，如单一机关发文稿纸、联合发文稿纸、信函稿纸、请示件稿纸、承办文件稿纸、便函稿纸、人大建议办理稿纸、政协提案办理稿纸等，要注意正确选用。各种不同功能的稿纸首页，体现了公文制发的程序。撰写者应首先按稿纸上表格式填写好标题、主题词、主送、抄送、文号、密级、紧急程度、打印份数等栏目，然后才开始拟写正文，第二页开始使用文稿纸。现在多数机关已使用电脑文档，但初学写作者必须知道，即使使用电子文档，也要注意遵循公文制发程序送审送签。

（2）必须使用钢笔或签字笔或毛笔书写，定稿稿纸要留存为档案材料。使用电脑文档的，将定稿打印出来，附在公文发文稿纸上，一起按程序送审、送签。

（3）要签上拟稿人姓名和日期。送审稿人审核。

发文稿纸样式如下：

××××发文稿纸

签发： 年 月 日	核稿： 年 月 日
会签： 年 月 日	主办单位： 年 月 日
事由：	附件：
主送单位：	
抄报单位：	
抄送单位：	
文号： 号 | 密级 | 紧急程度 | 打印份数	
打字： 年 月 日 | 校对： 年 月 日	封发

（二）拟好的定稿必须经审核、签发等程序

1. 核稿

核稿也称为"把口""把关"，就是文件起草成形，送交领导人审批签发之前，对文件的观点、文字、内容、体式所做的全面审核工作。大的单位，设有专职的核稿人员，一般机关没有专职核稿人员，即由科室领导人核稿；职能部门负责起草的文稿，办公部门的负责人还必须对该文稿进行"把口"。

把口是由办公室主任（或秘书人员）对机关各职能部门拟写的以机关名义制发文件的文稿，送领导审批前，从政策、措施、手续及体式、文字、提法等方面所进行的审核。对于不成熟或质量上有问题的文稿，在征得拟稿单位同意或者请示领导以后可以根据情况采取退、补、改三种办法加以处理。

审核工作主要着重以下七个方面：①是否需要制发文件；②是否符合国家法制要求；③是否体现了党和国家的方针、政策和上级要求，有无矛盾之处；④措施是否妥当，办法是否行之有效；⑤结论是否正确，论理是否符合逻辑；⑥结构是否合理，语言是否符合语法和公文的特点；⑦文件的体式是否合体，特别是行文格式是否符合党和国家的规定。

审核完毕，审稿人要在稿纸首页核稿栏签字负责。

2. 会签

凡公文内容涉及其他部门职责范围，需要该部门对公文内容负责的，则需要该部门的负责人对公文草稿进行审阅，或提出修改意见，认可后，在会签栏签上姓名和日期，以示负责，这叫作"会签"。

会签有两种情况：一是本机关内部的有关部门须对本文件负责的会签；另一种是不同机关须对本文件负责的会签，这种会签一般是不同的平级机关联合发文的会签。会签后，由主办部门负责人送机关领导签发。

3. 签发

签发是指发文机关领导对文稿的最后的核准签字。

按规定，以机关名义发出的公文，都要送机关领导审阅签发，其中重要的或者涉及面广的，应当由正职或主持日常工作的副职签发。会议通过的文件，经授权可由文书部门负责人签发。文件经过领导人核准签发即成定稿，产生效力。

文件签发人应写上自己的姓名，不能只写姓而不注名，并应注明签发的时间，以示负责，便于查考。被主要负责人授权代行签发的文件，应在签发人姓名右侧注明"代"字。

4. 缮校、封发

文件经领导签发后即送交印制部门印制，进入制发阶段。通过缮印、校对，才成为正式文件。文稿送印前要注明缓急和密级标记，确定印制的份数，编好发文字号，以便一并缮印。

缮印和校对工作是文书处理工作的重要组成部分。这些工作做得好坏，直接关系到文件的处理速度和准确性。文件印制好后，还须盖上机关印章。盖了印章的文件才生效。这是一项重要工作。机关要为此制定规章制度，规范其一系列工作。

发文稿纸的样式实际上是发文稿纸的首页。起草人必须使用首页，当用完首页后用其他稿纸接上。千万不要对首页不以为然，因为这是成为公文的法定程序，每一环节都由责任人签字。当你起草完成，便要按首页标示的程序逐一经责任人审阅，直到签发人签字后才交付打印、校对、盖印封发，这才成为正式公文，而这首页和文稿便成了原始凭证入档。

第二节　公文的行文规则

公文的行文规则，《党政机关公文处理工作条例》在第四章作了明确的规定。

（1）行文应当确有必要，讲求实效，注重针对性和可操作性。

（2）行文关系根据隶属关系和职权范围确定。一般不得越级行文，特殊情况需要越级行文的，应当同时抄送被越过的机关。

（3）向上级机关行文，应当遵循以下规则：

第一，原则上主送一个上级机关，根据需要同时抄送相关上级机关和同级机关，不抄送下级机关。

第二，党委、政府的部门向上级主管部门请示、报告重大事项，应当经本级党委、政府同意或者授权；属于部门职权范围内的事项应当直接报送上级主管部门。

第三，下级机关的请示事项，如需以本机关名义向上级机关请示，应当提出倾向性意见后上报，不得原文转报上级机关。

第四，请示应当一文一事。不得在报告等非请示性公文中夹带请示事项。

第五，除上级机关负责人直接交办事项外，不得以本机关名义向上级机关负责人报送公文，不得以本机关负责人名义向上级机关报送公文。

第六，受双重领导的机关向一个上级机关行文，必要时抄送另一个上级机关。

（4）向下级机关行文，应当遵循以下规则：

第一，主送受理机关，根据需要抄送相关机关。重要行文应当同时抄送发文机关的直接上级机关。

第二，党委、政府的办公厅（室）根据本级党委、政府授权，可以向下级党委、政府行文，其他部门和单位不得向下级党委、政府发布指令性公文或者在公文中向下级党委、政府提出指令性要求。需经政府审批的具体事项，经政府同意后可以由政府职能部门行文，文中须注明已经政府同意。

第三，党委、政府的部门在各自职权范围内可以向下级党委、政府的相关部门行文。

第四，涉及多个部门职权范围内的事务，部门之间未协商一致的，不得向下行文；擅自行文的，上级机关应当责令其纠正或者撤销。

第五，上级机关向受双重领导的下级机关行文，必要时抄送该下级机关的另一个上级机关。

（5）同级党政机关、党政机关与其他同级机关必要时可以联合行文。属于党委、政府各自职权范围内的工作，不得联合行文。党委、政府的部门依据职权可以相互行文。部门内设机构除办公厅（室）外不得对外正式行文。

第三节　公文的写作要求

一、明确行文目的

在行文的内容上，根据行文对象的特点和需要，上行文要具有明确的针对性，平行文要具有明确的商榷性，下行文要具有明确的指导性。即为什么要制发这一公文，要达成什么目的，而为了达成这一目的又需要写些什么、怎么写，公文的起草者都应该具有非常明确的自觉意识。

在公文的形式上，无论上行文、平行文或下行文，起草者都同样需要根据行文的目的和行文对象的特点和需要，选准合适的文种，用特定的规范体式和合适的语体、语气和措辞，写成符合规范体式的公文。

二、要符合法律、法规和规章的规定

党政机关公文是一种贯彻执行党和国家方针政策的重要工具，也是一种把治理国家和其他事务的方针政策用白纸黑字的书面形式加以具体化的主要形式，所以公文具有特殊的严肃性，它的起草者必须熟悉有关的政策。

党政公文的写作在符合政策方面需要特别注意的问题：

（1）政策的时间性。一定的政策总是根据一定时期具体工作的需要而制定的，所以它只能适应一定时期的需要。因而，过时的政策不可能很好地解决新问题。

（2）政策的空间性。一定的政策总是根据一定地域的具体工作需要而制定的，所以它只能适应一定地域的需要。比如，在为水库移民等非志愿性工程移民造成的各项损失制定赔偿政策时，对不同地域的移民就很不一样。在南方过冬，没有大衣没有多大的关系；在北方就不行了。所以在有关补偿内容和标准上，不同地域的政策就很不一样。

（3）政策的政治性。一定的政策总是为适应一定时期的政治需要而制定的，所以在行政公文的起草中，应该从一定时期的政治需要的角度去考察和应用一定的政策；要注意政策的制定和应用中的政治立场问题。

（4）政策的连续性。在行政公文的起草中涉及制定和应用政策时，必须非常重视有关政策在时间、空间和政治上的连续性，使之更符合实际工作的需要。

三、要正确选用文种

公文有各种不同功用的文种，承担着各自不同的功用，不同的公文名称，体现了发文机关的权限范围和行文机关之间的关系，反映了不同的办文目的和要求。因此，只有正确选用文种，才能充分发挥文种的作用，实现行文目的。

正确选用公文文种，必须依据发文的目的、内容，发文机关的权限以及发文机关与主送机关之间的行文关系而定。

在实际工作中误用文种的现象主要有三种：一是误用与发文目的不相符的文种；二是误用与发文机关的权限不相符的文种；三是误用与公文内容不相符的文种。

四、选用合体的公文格式

注意行文关系，掌握公文语言特点。

五、认真起草

公文起草要确保情况确实，观点明确，表述准确，结构严谨，条理清楚，直述不曲，字词规范，标点正确[①]，篇幅力求简短。

拟制紧急公文，应当体现紧急的原因，并根据实际需要确定紧急程度。

人名、地名、数字、引文准确。引用公文应先引标题，后引发文字号；引用外文应

---

① 参阅《出版物汉字使用管理规定》，新闻出版署、国家语言文字工作委员会1992年7月7日发布；《标点符号用法》，中国标准出版社1995年版。

当注明中文含义；日期应写明具体的年月日。

结构层次序数，第一层为"一"，第二层为"（一）"，第三层为"1"，第四层为"（1）"。

应当使用国家法定计量单位①。

文内使用非规范化简称，应当先用全称并注明简称。使用国际组织外文名称或其缩写形式，应当在第一次出现时注明准确的中文译名。

公文中的数字，除成文日期、部分结构层次序数和在词、词组、惯用语、缩略语、具有修辞色彩语句中作为词素的数字以外，应当使用阿拉伯数字。

【思考与练习】

一、概念题

法定的机关　法定的作者　依照法定的权限　依照法定的程序使用法定的文种　依法办事　依法办文　发文稿纸　公文稿首页　交拟　拟稿　核稿　会签　签发　缮校　封发　行文规则　行文关系　行文对象　行文方向　行文原则　正确选用文种　领会领导意图　起草　草稿草案　修改稿　修订稿　定稿　文稿　送审稿　核稿　大样　清样　初校　二校　校红

通过弄懂以下名词术语使自己深刻理解公文的行文关系：

隶属关系　上级机关　平级机关　不相隶属机关　直接的上级机关　所属下级机关　越级行文　逐级行文

二、阅读题

1. 检查阅读，将需要重读的文件再次阅读一遍。
2. 阅读公文发文稿纸，弄懂各栏目之间的关系并养成写作公文必用它做首页的习惯。
3. 熟读公文的行文规则和草拟公文的规定。

三、简答题

1. 在拟写公文稿的时候，应该怎样做才能够明确行文目的？
2. 正确选用公文文种的依据是哪些？
3. 什么是行文规则，党政机关公文有哪些行文规则？
4. 公文的拟制有哪些环节？
5. 什么是会签、签发？

四、训练题

1. 公文处理工作，是指对公文的撰写、传送与管理的系列过程，试指出其具体的各个环节。公文处理工作工作量大，环节众多，参与人员众多，我们应如何做到实事求是、准确规范、精简高效、安全保密？

---

① 参阅《出版物数字用法的规定》，国家质量监督检验检疫总局、国家标准化管理委员会2011年7月29日发布；《中华人民共和国法定计量单位》，国务院1984年2月27日发布。

2. 公文的行文规则是每发一次文都必须考虑的注意事项，切不可以违反的规则。请你记牢行文规则的各条内容。

3. 制发公文，制发者为什么必须了解党和国家的方针政策，了解机关领导的制发意图，了解客观实际，并以高度负责的精神撰写公文？

4. 试指出撰写公文的写作要求，说说你的理解。

5. 请结合第一章至第六章的学习，梳理自己的综合认识，想想自己有哪些感受，要学好写好公文，必须要有哪些基础知识和思想基础。写一篇学习总结，谈谈自己的看法。

第二编　机关公文个论
（一）党政机关公文的撰写

　　党政机关公文的撰写，主要介绍党政机关15个公文文种的写作，并在可能的条件下随机介绍其他机关公文相关的部分内容。

　　党政机关公文的15个文种，都是处理公务的有效工具。但是，它们各自负有不同的分工职责（文种的功能特点和用法），由此也便形成了不同文体特点、结构方法和写作要求。初学公文写作，宜采用例文领路、由此及彼的方法，即首先学习、研究本书中选出的公文例文，结合本书介绍的基础知识（在第一编中的六章基础知识），每学习一个文种，都必须依据文种的分工责职或释义，抓住文种的文体功能特点，然后与其他文种的文体特点相比较，研究并领会行文要领，即该文种的运作原则、方法，分析其结构，进而掌握其写作规律。

　　本书在介公文写作时，采用"两步法"。即第一步在第一编以基础知识介绍并引领学习，以奠定学习基础；第二步，分别学习、掌握机关公文的撰写技能。

　　15个公文文种的写法，分五章分述。

　　第一章　决议　决定　命令（令）
　　第二章　公报　公告　通告
　　第三章　意见　通知　通报
　　第四章　报告　请示　批复
　　第五章　议案　函　纪要

第一章 决议 决定 命令（令）

第一节 决议的写法

一、温故知新

公文文种决议的作用是什么？决议在党政机关公文中居怎样的地位？我们党的机关为什么要使用决议？人大机关为什么要使用决议？

我们的国家是人民民主国家，凡重大问题和重大事项，均需经会议讨论通过作出决议，或经会议作出决定。决议一经表决通过并公布，便成为该一级组织集体意志的体现，必须坚决贯彻执行。本书选入例文七篇，各具代表性，可帮助我们在温故中开启思路，驾驭决议文种的用法与写法。

二、例文学习

怎样去统一大家的思想认识？怎样去做到步调一致？决议文种对我们有很大的启发：事前，充分发动讨论、争论，只有充分发扬民主、充分发表意见，又逐步集中、逐步一致起来，最后经过表决，少数服从多数，才能让大家心诚意悦、步调一致。这不仅是工作方法问题，而且还是民主政治的问题。

决议文种，最能体现人民民主、实行民主集中制的精神。党的机关公文、人大机关公文设有决议文种。行政机关公文原来设有决议文种，1993 年修订"公文处理办法"时删去了决议文种，2012 年党政机关公文文种中有决议文种。从目前情况看，仍沿习惯使用。学习决议的例文，要同温习决议的概念、性质特点、功能、分类等结合起来。

三、决议的用法

决议是具有法规性质的公文文种，使用决议行文，必须注意以下几个原则：

（1）须使用决议的，必须是事关全局的重大决策事项。

（2）通过本级机关有决策权的会议（如党的代表大会或全委会会议、人大会议或常委会会议、企业的职工代表大会等）依法定程序召开。

（3）按照民主集中制的原则提交会议、纳入议题、进行讨论，经过充分讨论之后，拟出决议文稿，经审议修定进行表决通过，以会议名义发布。

（4）少数服从多数、个人服从集体。在讨论中可以充分发表意见，可是当问题一旦经过表决通过之后，便形成为集体的意志，个人必须服从集体、少数必须服从多数。

（5）重大的决定，用决议行文，彰显一级组织的坚强意志。例如，1979 年 11 月 29 日第五届全国人大常委会第十二次会议通过的《全国人民代表大会常务委员会关于中华人民共和国建国以来制定的法律、法令效力问题的决议》:"为了加强和健全社会主义法制,保障社会主义现代化建设的顺利进行,根据1954年第一届全国人民代表大会第一次会议关于中华人民共和国现行法律、法令继续有效的决议的精神,现决定:从1949年10月1日中华人民共和国建立以来,前中央人民政府制定、批准的法律、法令;从1954年9月20日第一届全国人民代表大会第一次会议制定中华人民共和国宪法以来,全国人民代表大会和全国人民代表大会常务委员会制定、批准的法律、法令,除了同第五届全国人民代表大会制定的宪法、法律和第五届全国人民代表大会常务委员会制定、批准的法令相抵触的以外,继续有效。"这样就彰显了决定的分量,是必须执行的决议,是法律法规性质的规定。

四、决议的写作要求

(一) 针对性要强

重要事项的决议具有明显的针对性。不仅要从背景、目的、意义等方面阐明作出决议的原因,而且要针对人们的思想,对带有倾向性的问题作出明确回答。

(二) 观点要明确

对决议的事项,要从理论、路线、方针、政策的高度加以论述,同时要以事实为依据,进行恰如其分的分析。

(三) 语言要庄重

决议的语言表述要科学、庄重、凝练、有力。此外,决议是会议通过的文件,所以行文应以会议的语气来表述,如"会议听取了……""会议讨论了……""大会对……表示满意""会议认为""会议强调""会议决定""会议批准并通过……""大会号召……"等,以增加全文的语言气势,增强其权威性。

五、决议的结构与写法

决议是由会议所形成的公文,因而其结构形式同一般文章有所不同。一般由标题、题注、正文三个部分组成。

(一) 标题

标题由发文机关、事由和文种组成,如《广东省第十一届人民代表大会第五次会议关于广东省人民政府工作报告的决议》(2012年1月17日广东省第十一届人民代表大会第五次会议通过)。这里"广东省第十一届人民代表大会第五次会议"是发文机关名称;"关于广东省人民政府工作报告的"是事由;"决议"是文种;"(2012年1月17日广东省第十一届人民代表大会第五次会议通过)"是题注。在本单位内部使用时可省略机关名称,如"第7次董事会关于扩股增资的决议"。

（二）题注

标题下加括号注明由何会议何时通过。如上文提到的"2012年1月17日广东省第十一届人民代表大会第五次会议通过"，就是注明何时何机关何会议所通过，以表示其法定权威性。题注要注明决议的法定性和权威性，让人一眼便能看出是由什么机关、什么会议通过。

（三）正文

决议的正文写法大致有两种，一种因事项单一，内容简单，写作时一段成文；另一种因事项重大，内容较多，写作时须分项、分段表述清楚。但无论哪种情形，其内容构成都应写明决议的事由、决议的批准程序和决议事项。事由部分应写清形成决议的原因、理由或法律、政策依据。批准程序应写明通过决议的会议名称、通过的日期。此部分结尾处常使用"特作如下决议""对……决定如下"等习惯用语，起到承上启下的作用。决议事项一般将决议的各项事宜分条分项写清楚，重大事项的决议在正文后边还要有号召、要求等。

注意：①决议是发布性公文，因此正文之前不写主送机关。②决议因成文日期（通过日期）已在题注中写明，故不写落款。③公文的生效标识方式同其他公文。

【思考与练习】

决议是最能体现党的民主集中制原则的公文文种。良好的文风，源自于良好的党纪党风。要正确应用和写作决议，必须首先坚持党的民主制中制原则。

一、概念题

决议　决策权的会议　依法定程序召开会议　民主集中制的原则　提交会议讨论表决通过　一旦经过表决通过之后，便形成为集体的意志　重大的决定用决议行文彰显一级组织的坚强意志　会议听取了……　会议讨论了……　大会对……表示满意　会议认为　会议强调　会议决定　会议批准并通过……　大会号召……　特作如下决议

二、阅读题

1. 认真阅读例文。

2. 通过阅读例文，领会在怎样的情况下、什么性质的会议、应当怎样运作才能以决议行文。

三、简答题

1. 什么是党的民主集中制原则？我们为什么必须遵守这个原则？我们应该怎样遵守这个原则？

2. 说出会议作出决议的程序。

3. 请将决议的写法同纪要的写法进行比较，指出两者在写法上的异同。

4. 请分别指出决议和决定两个文种的区别。

5. 决议在结构上同一般公文有什么不同，请从标题、主送、正文到落款，一一对

比讲述出来。

第二节 决定的写法

一、温故知新

决定"适用于对重要事项或者重大行动作出安排，奖惩有关单位及人员，决定变更或者撤销下级机关不适当的决定事项"。

决定是党政机关对职责范围内的重要事项或重大行动作出安排时使用的公文。其决定的作出，必须依据法律法规的规定：作出决定的机关是法定的机关，作出决定的决策人物必须是法定的代表人物，而且要达到法定有效的人数和票数，作出决定的会议必须是合法、有效的会议，而且其程序也必须合符法定的程序；重要的决定，还需采用会议表决的形式通过。

决定的行文比较严肃、庄重，对所作出的安排、规定和结论，要求受文机关和个人必须执行。涉及法律、法规或规章的决定，要依法使用令来颁布施行。

二、例文学习

要抓住例文去体会：决定文种是非"重"不用、用则"必重"的行文，而且还必须做到于法有据。有的决定本身就是法律、法规。

决定的公布有两种方式：一是直接以决定行文，机关的决定都是"重要""重大"的，下级机关必须遵照执行；二是涉及法律、法规或规章者，应以令颁施。请结合每篇例文后面的评析，逐篇阅读，细心体会。

三、决定的用法

决定是具有法规、规章性质的公文文种。因此，对决定的内容要对照相关法规、规章，考虑使用决定行文是否得当：该事项、该行动是本机关职责范围内的重大事项、重大行动吗？受到奖惩的有关单位或人员，是依据哪一法规、规章及条例、条令中的有关规定？需要变更或者撤销的下级机关的某一决定是经本机关什么合法会议、法定人员、法定人数在合法程序下决定的？只有确切回答这些问题之后才能作出取舍。

文种概念的内涵：适用于①"作出安排"；②"奖惩"；③"变更或撤销"。

第一项，"作出安排"。是什么安排？要特别强调指出，这不是一般的事务性安排，而是指机关的决策，所以称为"决策性决定"。决策性决定又叫作决定性决定，又可分为两种：一是"重要事项"；二是"重大行动"。机关不同，其层次、级别均不同，而事项和行动的内容也就有区别，各级行政机关和一些单位都有自己的重要事项和重大行动，但是起码是该机关的"重大事项或重大行动"，如重要的人事安排（任免、调整、褒贬），如《国务院关于成立西部地区开发领导小组的决定》；重大事项的部署（机构设置、方针政策出台、重大决策的批准），如广东省人民政府《关于追认邓练贤、叶欣同志为革命烈士的决定》《国务院关于整顿和规范市场经济秩序的决定》《关于国有企业改革和发展若干重大问题的决定》。

第二项，"奖惩"。奖怎样的人和事？这不能随心所欲，而必须依照既定法规或政策，如果不依照既定之规，便会出现奖惩偏差，起不到鼓舞先进的作用。这类决定也分两种：一是表彰奖励的，如《中共中央、国务院关于对我国驻南斯拉夫联盟共和国大使馆工作人员和驻南新闻工作者给予表彰的决定》和《国务院关于2000年度国家科学技术奖励的决定》等；二是惩戒决定，要惩戒的有关单位和人员的错误或过失都是比较严重的，带有一定的普遍意义和教育意义。如例文八，对违规执法人员给予处分；又如《国务院关于处理"渤海二号"事故的决定》也是对事故责任人进行处分，警示各级责任人员要切实对工作负责。各级行政机关以及企事业单位，针对在局部具有普遍意义和教育作用的惩戒事项，也都可以用决定行文，如《××县关于从严处理破坏山林事件的决定》。

第三项，"变更或撤销"，称为"变更性决定"，也有两种：一是变更决定，就是指原先的决定事项在形势发展面前显得不适应或者过时需要改变的、群众尚不能普遍认可的超前事项需要改变的，作出新的变更性决定。例如《国务院关于修改〈中华人民共和国外资企业法实施细则〉的决定》、《广州市人民政府关于修改〈广州市摩托车报废管理规定〉的决定》；二是撤销下级机关不适当的决定事项的决定。下级机关不适当的决定事项，包括违背国家法律、法令以及党的路线、方针、政策的决定事项。

"变更"和"撤销"不是随便就用决定行文，而要看事项本身，原来是以决定行文的，原来是用令颁行的才用决定行文，一般的"变更"或"撤销"可用通知行文。

基层单位使用决定进行奖惩，要查对法律、法规和政府规章或规范性文件的规定，如果找不到依据，可改用通报行文。有的学校处分一个违纪学生用决定行文，显然于法不合，于文不符。处分决定是机关事务文书，适用于《公务员法》中应予惩处的人员。学生不是公务员，用处分决定显然是张冠李戴，正确的做法应该是用通报或者通知。

要注意正确使用发布方式。涉及法律、法规和规章的决定应使用令公布，一般的决定则直接以决定行文。

凡使用决定行文的，都是指该机关经过法定的会议（符合法律法规规定的会议、人员、人数、程序）作出合法有效的决定。只有部分领导人作出的（不是领导人会议、办公会议作出）决定，不能以决定行文，比如几个领导人碰了下头，决定做一些事务性的工作或开展一般的活动，那么这个"决定"就不能以决定行文而应以通知行文；如果碰头研究重要事项，那么这个"碰头会"便属不合法，而应该召开办公会、常务会或工作会议，出席人数要达到法定人数，而且要超过半数以上的出席同意才算通过，才能以决定行文。

四、决定的写作要求

（1）决定中的事项，必须是经过有关领导、有关部门或有关法定会议讨论并取得法定人数的认可后通过的。一些议而未定、悬而未决的事项，或者有分歧的意见，都不能写入决定。

（2）由于决定是对某些重大问题或行动作出的处理或决策，因此一定要防止出现武断、片面的错误,在思想方法上要提倡辩证思维,不搞形而上学,防止一种倾向掩盖另一种倾向。在内容表述上,结构要严谨,用语要准确,常用结论性语言,也多用规范性的习惯用语,如会议决定、大会同意、会议要求等,这是为了强调集体意图,以表现其严肃性。

为确保决定真正体现"以事实为依据,以有关政策法规为准绳"的精神,决定的内容必须符合客观实际,论断要实事求是,定论要恰如其分,经得起推敲和历史的检验。要做到这一点,就要注意在决定前,对有关事项和处置的问题进行深入的调查研究,仔细地核对事实,全面地听取意见。研究决定时,切忌以主观臆断歪曲客观事实,更不能先下结论后找事实。

五、决定的结构与写法

决定的结构形式有两种:一是需要下发有关机关贯彻执行的,其决定即由标题、主送、正文、成文时间、印章五个部分组成,如例文五、例文六;二是通行文,或者是不下发只存档的,其决定即由标题、题注、正文三个部分组成,如例文七。公布性的决定不写主送,在标题下用题注表明权威和决定的日期。

(1) 标题。决定的标题一般由发文机关、事由、文种三要素构成。有时为简洁起见,也可省略发文机关。

(2) 题注。无主送机关的决定,用题注方式,在标题之下用括号将成文年月日括住,如例文七。

(3) 主送机关。决定通常不标明特指的受文者,但也偶有采用的,这要视决定的内容和公文发放的范围而定。

(4) 正文。决定的正文通常由引据、决定事项、结语三个部分构成。引据,扼要写明本决定的政策依据、必要性、目的及意义。

一般由第一个或前两个自然段完成,类似序言,然后用一句过渡用语,如"为此,特作如下决定""经会议研究决定"之类,后用冒号领起,引接决定事项。决定事项是决定的主要内容,或标出序号,或用小标题,使人一目了然,便于抓住各层的中心。特别是那些事项较多、内容丰富、篇幅较长的决定,采用这种条项式的方法分条分项叙述,显得条理分明,便于理解和执行。结语要单独设一段,对决定的内容作出评估并提出执行希望。通常有两种写法,一是对贯彻本决定提出的具体措施和要求;二是提出希望或发出带有号召性的要求,这样可以加深人们对决定的认识,提高执行的自觉性,增强决定的执行效力。

(5) 印章。有主送机关的决定,在正文右下方落款处在成文年月日上盖上发文机关印章;如果是无主送机关的决定,即将成文日期置标题之下,不用加盖印章。

(6) 成文时间。无主送机关的决定成文时间列于标题之下,有主送机关的决定成文时间即置于落款处。

【思考与练习】

决定其行文比较严肃、庄重,对所作出的安排、规定和结论,要求受文机关和个人必须执行。涉及法律、法规或规章的决定，要依法使用令来颁布施行。

一、概念题

重大事项　重大行动　法律法规　行政法规　政府规章　合法会议　法定人员　法定人数　决定　决议　奖惩　撤销　更变　废止　会议决定　研究决定　处理决定　处分决定

二、阅读题

1. 细心阅读决定例文。
2. 在阅读中体会出决定的语言特点、决定的表述方法，从而为自己积累公文语感。

三、简答题

1. 决定是属于什么性质的公文文种？它具有怎样的文体特点？
2. 决定有多少种类型？请将决定的文种按分类列出，然后说明各种决定的应用条件。
3. 决定有哪几种结构形式？为什么会有这些不同的形式？
4. 决定的正文由哪些方面构成？
5. 写作决定文稿时应注意哪些事项？

四、讨论题

1. 某学生在公路上拾获一个钱包，内装300元现金、一张2万元的支票，他交给了当地派出所而未声张。一个月后，派出所向学校反映了这件事，学校才得知这位做了好事不留名的学生。学校拟对这位同学进行表彰，请说出应如何行文。

2. 决定是公文文种，公文文种一般可以直接向受文单位行文。但是，有的决定（如《广州市人民政府关于修改〈广州市行政规范性文件管理规定〉的决定》）却要用令为载体（第5号令）行文，这是为什么？

3. ××学校有一个学生犯了错误，经学生处讨论并报学校批准，给予行政记大过一次处分，请你拟出公布的公文标题。

4. ××公司聘任一位中层干部（科长），使用决定行文向各有关科室公布，其标题是：关于任命×××为××科科长的决定。请你阅读下面的提示，然后说出你的看法或意见。

提示：聘任干部直接用决定行文公布是不规范的。有权力作出聘任决定的机构，如公司的董事会或经理办公会议，根据会议的决定写出会议的记录，或会议纪要，或会议决定，但是这个"会议决定"是给相关部门办事，而不是用于公布的行文。如果需要公布，应由公司的人事部，依据决定精神写成通知，以人事部名义行文。政府部门的一把手任命，其程序是党委提名，人大决定，政府以通知行文公布。

第三节　命令（令）的写法

一、温故知新

命令（令）是行政机关施政所需而使用的施政令，必须有令则行、有禁则止。命令是不能违抗的，执行不力也得追究责任。解放军机关、人民法院机关、检察院机关和行政机关均设置有命令（令）这一文种。在公文文种的学习中，知道命令（令）的概念、功能、种类。通过所选八篇命令（令）例文，可领会并掌握命令（令）文种的用法、结构与写作要求。

二、例文学习

命令（令）是行政机关用于公布法规、规章，用于宣布施行重大强制性行政措施，用于批准授予和晋升衔级，用于嘉奖有关单位和人员的公文。

使用命令（令），必须具有发令的资格和权限，并且还必须依据法律法规或规章的规定。所选例文，分别代表了上述类型，体现出"令出法门、法随令出、法令威严"。

细细体会，获取精华。

三、命令（令）的用法

在公文的文种里介绍过：命令（令）"适用于依照有关法律公布行政法规和规章；宣布施行重大强制性行政措施；嘉奖有关人员"。

"依法出令，令重如山"。发令，首先要考虑是否具有出令的资格。这个资格，是由宪法和《立法法》规定的。如果不具备发令资格，即使是认为十分重要、重大的事项，都不得以命令（令）发布。

根据国家法律规定，国家机关或国家机关领导人才能使用，如中华人民共和国主席，国务院，国务院总理，国务院各部、委、局及其首长，省人民政府、省长，省会市和较大市人民政府及其首长等。县以上人民政府可以发布决定和命令（令），但是不是指用命令（令）来发布法规、规章，而是管理本行政区域内的行政工作。发布决定和命令（令），群众团体、社会团体、企事业单位及民间机构不得使用。

具有发令资格的机关，必须首先考虑所要公布的、所要施行的、所要嘉奖的对象是否合乎法律、法规的条文规定，是否依法需要用命令（令）公布施行，如果不符合法律、法规条文的规定，则应改用决定或通报行文。

宣布施行重大强制性行政措施用命令（令），例如，宣布戒严；宣布非常措施（如例文三《广东省人民政府关于查禁公路上"三乱"行为的命令》）；宣布抗灾；等等。嘉奖达到某法规、规章规定的有功人员，如例文八《国务院对胜利粉碎劫机事件的民航杨继海机组的嘉奖令》。

国家主席用命令（令），可以颁布法律，总理用命令（令），可以颁布行政法规，部长用命令（令），可以颁布部厅规章，省长和较大市人民政府市长，可以发布地方政府规章。用命令（令）行文，必须使用命令（令）格式。

四、命令（令）的写作要求

（1）结构要完整。按照令文结构形态的要求，从标题、令号到落款、时间，正文中从命令缘由、命令事项到执行要求，要完整准确。命令事项中的各种因素、各个方面尽列其中。

(2) 表达须准确。在内容的展示上，要明显地体现出事项的主次及其内在关联，使之具有逻辑性。在语言的运用上，要准确简明，语气庄严郑重，肯定确切，斩钉截铁，毫不含糊，充分体现命令（令）的权威性、强制性。

(3) 篇幅宜精短。对法随令出的复体令文而言，前面的令文仅为几句话，两三行字，基本要素清楚即可。单体（单一令文没有附件）令文文字相对多些，更要注意文字精练，篇幅短小。在这一点上，令文同其他公文还是有所区别的。

五、命令（令）的结构与写法

（一）命令（令）的版式

根据《党政机关公文处理工作条例》和《党政机关公文格式》的规定，命令（令）的首页版式与文件格式、信函格式、公告格式等有较大不同。命令（令）是国家行政机关发文的最高级形式，其版式设计从外观形式上便体现出国家政令的权威性和统一性。其版式规定是：

(1) 发文机关标识。发文机关名称后加"命令（令）"字，成为发文机关标识，发文机关名称应使用全称，不能用简称也不能用规范简称。用红色小标宋体字印刷，字号酌定。

标识位置在字体上距离上页边缘57毫米处（天头为37毫米+预留空白20毫米）；如果是联合发文，第二个发文机关置第一个发文机关名称之下，而"命令（令）"字则在发文机关名称右侧的上下居中排列。

(2) 在发文机关名称之下空二行标识令号，居中，用黑体字，前面加"第"字，即"第×号"。

(3) 命令（令）号之下空二行标识正文，中间没有红色反线。

(4) 正文之下一行标识签发人亲笔名章，用红色，右空四字标示。签名章左空二字标识签发人职务。

(5) 签名章之下空一行标识成文日期，右空二字。

(6) 命令（令）的版记格式。不分主送、抄送，而用"分送"这一特定形式，其他要素同文件格式。

具体格式请参阅公文版式之命令格式。

（二）命令（令）文的结构与写法

命令（令）的结构由标题、令号、正文、签署人、时间等五个部分组成。

(1) 标题。其构成方式有三：第一，由发文机关名称加文种组成，如《中华人民共和国国务院命令》；第二，由事由加文种组成，如《关于查禁公路上"三乱"行为的命令》；第三，由发文机关、事由和文种组成，如《国务院关于进行第四次全国人口普查登记的命令》。

(2) 令号。即命令（令）的序号，编法有两种：一是国家领导人令文，在其任期内按大流水号排列，位于标题之下居中处，如第××号。二是国家机关令文，又分两种：①令文序号，如《××部令》第×号；②发文字号，与一般公文相同。

（3）正文。命令（令）绝大多数不设主送机关，如公布令、动员令，并无严格的受文机关界限，许多是对全民的。但也有少数命令（令），由于特定的内容，而明确标出主送机关。如例文八《国务院对胜利粉碎劫机事件的民航杨继海机组的嘉奖令》，主送机关即为民航总局，需要民航总局去办理令文中规定的事宜；《国务院关于严格保护珍贵稀有野生动物的通令》，主送机关则与正常行文同："各省、市、自治区人民政府，国务院各部门、各直属机构，中国科学院"，需要受令机关执行令文，采取相应措施落实。

命令（令）的正文，一般由三部分构成。第一，引据。亦称令由或命令缘由，说明发令的理由、根据和目的，比如交代该令是哪个机关、什么会议、什么时间批准通过的，让受命者清楚令出有据，确信令文的合理性、必要性。有些篇幅较小的令文，开门见山，直述其事，引据部分也就略去了。第二，主体。亦称命令事项、命令内容或命令要求。写清命令的具体内容，如行政令，要列出发令机关实施的重大行政措施及具体要求，若文字较多，也可分条列项，务求简洁明确，具体切实。这样，可使受命者确信令文的可靠性、有效性。第三，结语。亦称执行要求或执行办法。这一层次包括两项内容。一是对贯彻执行命令的具体意见，执行时必须遵循的条文。二是说明生效时间：其一，公布时间与生效时间相同，如"现予发布""以上命令，于公布之日起立即施行"；其二，公布时间与生效时间不同，生效时间要置于公布时间之后，留有必要的提前量，如"现予公布，自××××年×月×日起实施"，这样，受令者对令文的执行就有了准确性和可操作性。

（4）签署人。也称落款，写明签署人姓名，签名章用红色，右空四字，签名章左空二字标识签发人职务名称。

（5）时间。也即签署时间。在一般令文中，列于签署人姓名之下，右空二字，有时也置于标题之下。

【思考与练习】

命令（令）是法据性很强的公文文种。使用这一文种必须遵照法律、法规的规定。一般的机关不得随意使用。但是我们必须掌握它的用法，以免在依法行政中出现差错。学习中还要注意将国家主席令、两院的令和解放军机关公文的令区别开来。

一、概念题

命令 令 令号 行政法规 规章 行政措施 行政机关 权力机关 强制性措施 戒严 法规性 指令性 规范性 颁布

二、阅读题

1. 阅读命令（令）例文。

2. 将命令（令）同决定对照，体会其异同。

三、简答题

1. 命令（令）是怎样的文种？什么人、什么机关才能使用命令（令）？

2. 具备发布命令、令资格的机关，在怎样的情况下才可以使用命令（令）？公布什么、施行什么、批准授予和晋升什么、嘉奖什么才能用令？

3. 嘉奖令、表彰决定、表扬通报，其不同处在哪里？

4. 公布令与颁发通知，其不同之处在哪里？

5. 人事任免上，任免的公布令、任免决定、任免通知，其不同之处在哪里？

四、辨析题

判断下面两例是对是错，请说说你的看法。

1. ××县人民政府用令嘉奖了一位在抗洪抢险中立了大功的青年，并发出号召，要全县人民群众向这位英模人物学习。

2. ××县人民政府用令发布了一个决定，要求在全县范围内切实做好封山育林的工作。

五、讨论题

1. 2002年国务院任命董建华为香港特别行政区行政长官用令行文，这是什么令？有人说"这是任免令"，你认为呢？

2. 命令（令）同通知有什么同异？什么情况下用命令，什么情况下用令？什么情况下用通知？

第二编　机关公文个论　（一）党政机关公文的撰写

第二章　公报　公告　通告

第一节　公报的写法

一、温故知新

公报是党和国家用来向国内外公开宣布、告知某一重大事项的重要公文。要考虑的是，由什么机关使用、用来干什么？没有主送机关、没有承办机关，公开宣布、用什么方式公布？为什么不用承办机关便能收到发文的效果？本书选入六篇例文，各具代表性，可为我们提供思考的线索。

二、例文学习

公报，其使用范围较窄，仅党政机关公文有此文种。主要用于发布对全党具有重要意义的重要决定或重大事项，或国家用于涉外重大活动、公布国家重要调查数据。学习公报例文主要是要理解公报的用法、了解公报的文体特点。

三、公报的用法

公报适用的范围具有一定的限制，其行为主体是党和国家的最高机关，其内容主要用于发布对全党具有重要意义的重要决定或重大事项。有的公报通过新闻媒体发布，独立成文，不再印发文本；有的公报则同时在《国务院公报》中刊登发布。

四、公报的写作要求

（一）严把内容关，做到当"公"则"公"，当"报"则"报"

公报要公诸世，这是就空间来讲的；它又是一种历史性文件，这是就时间来讲的。正是因为这种时空特性，要求我们对写入公报的内容必须认真筛选，严格把关。它应是党和国家的高级领导机关用来公布重大事件、重要会议、重要消息和重要决策的，或是国家统计部门用以公布社会发展和国民经济的重要情况的，除此之外，一般不能使用公报。

（二）重点明确，主旨突出

有些公报，特别是会议公报和涉及统计情况的公报，内容往往比较繁杂，因此，在撰写时必须抓住重点，突出行文的主旨。要把写作重点放在对事件的陈述和观点的阐述上，而且要紧扣全文的核心内容来写，切忌杂芜并陈，令人难得要领。

（三）注意用语的准确性和概括性

公报作为党和国家高级领导机关使用的公文，用以公布重大事件或重要决策，因此它十分讲究用语的准确性和概括性。是什么，不是什么；应当怎样做，不应当怎样做，必须确切无误地传达给读者，而且要最大限度地使用低密度的语言；用较少的文字涵盖丰富的内容，做到言约意丰。只要认真品味党的十六届三中全会公报和中美上海联合公报中的语言，我们就不难体会和理解公报文体的语言特性和要求。

（四）严格区别公报与公告，切忌混用或错用

如前所述，公报与公告两个文种所涉及的内容事项及辐射范围基本相同，并且存在使用上的习惯性问题，因此极易导致错用或混用。要注意它们之间的细微差别，不可随意而为。否则，就会有损于公报文体的严肃性。

五、公报的结构与写法

公报的结构由首部、正文和落款三部分组成。

（一）首部

首部一般包括标题和时间。

（1）标题。公报的标题常见的有三种形式：一种是直接写文种（新闻公报）；第二种是由会议名称和文种构成；第三种是联合公报，由发表公报的各方国家的简称、事由、文种构成。

（2）时间。在标题之下正中用括号注明公报发布的年、月、日。

（二）正文

正文包括前言、主体两部分内容。

（1）前言。各类公报的前言内容有所不同。公布重大事件的新闻公报，前言属消息导语性质，要求用最鲜明、最精练的语言概述核心内容，即什么时间、什么地点、发生了什么重大事件。

（2）主体。要求把公报内容完整、系统、有序地表述清楚。常见的写法有三种：一种是分段式，以每项事情一段或每项决定一段的形式进行表述；第二种是序号式，多用于内容复杂、问题头绪较多的公报，以数码编序，分层来写；第三种是条款式，多用于联合公报，将各方共同议定的内容，每项列为一个条款进行表述。

（三）落款

有的公报有落款，有的没有。联合公报要在正文之后写明双方签署人的身份、姓名、年月日，并写明签署地点。

【思考与练习】

公报，原来仅是党的机关公文文种，现在列为党政机关公文文种。要认识到，公报这一文种一般机关不能用，最重要的是用于党和国家公布重要决定或者重大事项。但是，对于这一文种，我们必须认识、理解和把握。

一、概念题

会议公报　新闻公报　情况公报　低密度的语言　言约意丰　消息导语性质　核心内容

二、阅读题

1. 阅读公报例文。
2. 从报刊上找到新出现的公报来阅读，印证本书所述。

三、简答题

1. 说说你是怎样理解公报这一文种的，该文种什么机关、什么人在什么情况才可以使用、怎样才能正确使用？
2. 公报的结构方式应怎样？写法怎样？语言应如何应用，试同新闻写作相比较，体会公报的写作特点。

第二节　公告的写法

一、温故知新

公告文种是用来干什么的？《党政机关公文处理工作条例》表述得十分明白：公布国家机关的重要事项和法定事项。

目前社会上使用公告比较紊乱，诸如公告与通告不分、公告与启事不分、公告与通知不分等。可通过本书选入的例文为引导，结合社会实际出现的各式公告进行分析研究，提高辨识能力和对党政机关公文公告的运用能力。

二、例文学习

"一府两院"和人大机关均设有公告这种公文文种。其功能、性质大体相似，"适用于向国内外宣布重要事项或者法定事项"、"适用于发布法律、地方性法规及其他重要事项"。但具体应用上有区别：人大的公告还有发布地方性法规的功能。

综观各个国家机关的公文系列，更能体会到公告文种的特点："公"和"重"。所谓"公"，是以公（国家机关）向最广泛的公众公布；所谓"重"，是指事项的分量重、重要重大，或法律法规规定必须以公告公布的事项。

三、公告的用法

向国内外宣布重要事项或法定事项用公告。要注意不能混淆概念："向国内外宣布重要事项"应该是一为"涉外"，二为"重要"，两者必须同时兼备，不能只看一个因素；"法定事项"是指法律、法规明文规定必须使用公告的事项，如招标公告、拆迁公告、商标公告、专利公告、破产公告、企业法人登记公告、招考公告等是全国人大制定的相关法律中特别规定必须使用的，应属于法定事项之列。有的如校庆公告、招聘银行行长公告、迁址公告等，本应使用启事而误用了公告这一文种。公告是国家行政机关公文中很严肃的公文文种，为了维护其严肃性，切不可滥用。

发布公告要使用公告格式。公告的格式有两种：一是文件式，即使用下行文件格式，按下行文渠道发给下属机关；另一种是张贴式，按照实际需要确定用纸大小，没有红色反线，只印发文机关名称，套红印刷，没有"文件"二字，公文生效标识之后没有版记部分，也可以以此格式登报。公告与通告很相似，但是要注意与通告相区别。

四、公告的写作要求

（一）主旨要正确集中

任何一篇公文的写作，都要做到这一点，而公告的写作要求尤为严格。公告的主旨正确，是指必须符合实际，符合党和国家的最高利益，符合历史发展的总趋势。由于它在国内外宣布，涉及面广，影响大，在这一点上尤需反复斟酌，谨慎从事。公告主旨的集中性，是指要围绕一个基本观点来写，绝不可枝蔓横生。这样，中心正确，重点突出，便于理解、执行，发挥公告的作用。

（二）事项要准确具体

公告中的事项，是公告内容的具体指向，是晓谕天下做什么和怎样做的。事项部分务求准确，不能模棱两可、含混不清，务求具体，具有可操作性，不能笼而统之，只讲大概如何。

（三）用语要庄重、凝练、严密

公告的语言要庄重，主要指使用规范的书面语言和惯用语。必要的文言的融入，承前启后等惯用语的运用，不只显示语言的庄重性，也使公文"文简而事白"；要凝练，是指语言要千锤百炼，精益求精，用字力求少，表意力求多，即"文简而事丰"；要严密，是指叙事、谈理的周密严谨，排除自相矛盾，使全文顺理成章，浑然一体。

五、公告的结构与写法

公告的结构由标题、发文编号、正文和成文日期四个部分组成。注意：公告是广行文，没有特指的受文机关，凡是需要知晓者均为受文对象，而目的亦仅为告晓而已。

（一）标题

公告的标题可以由四种方式组成：第一种，由发文机关、事由、文种三要素构成；第二种，由发文机关、文种构成；第三种，由事由、文种构成；第四种，单独由文种构成。

（二）发文编号

公告的发文编号有两种方式：一是不编号。如果同一件事需要发多次公告的话，则编"第一号""第二号"，置于标题之下。二是用公文发文号的编号方法，由机关代字、年号、序号组成。

（三）正文

公告的正文由引据、主体、结语三个部分组成。

（1）引据。即开头，要求概括地写出发布公告的根据，或在工作中出现什么问题，或针对何种矛盾点，公告便由此而发。多数公告全文短小，引据部分用一二句说明即可；而有的公告篇幅大，引据部分所用文字从实际出发，还可用"现公告如下"领起下文。

（2）主体。即公告事项。这部分要写清何时、何地、何机关或何人作出了什么重大决定，或是要进行什么重大工作，发生什么重大事件。如果事项较多，可以分条列项，逐一写出。

（3）结语。公告的结语有两种情况：一是不设结语。有些短小篇幅的公告，常常寥寥数语，一段即毕，结语也即略去。二是设置结语。一般来说，设立结语的有两种类型：一种为习惯用语，如用"特此公告""现予公告"等；一种为需要用语，作相关说明。

（四）成文日期

公告的成文日期有两种标示方法：其一，在文末落款处写上年月日；其二，用题注方式，即在公告标题之下，用圆括号括起，写明年月日。

【思考与练习】

公告，是行政机关在向国内外宣布重要事项或依法律法规规定须用公告向公众公布法定事项时使用的公文文种。为了防止乱用公告，我们要认真分辨公告与通告的区别，注意法定事项的法律依据。

一、概念题

公告　国内外公众　告晓　重要事项　法定事项　专利公告　商标公告　送达公告

二、阅读题

1. 阅读公告例文。
2. 细心体会公告例文在内容上的特点是什么。
3. 阅读如下资料。当前有法可依、依法而发的法定事项公告主要有：

（1）法院公告。《中华人民共和国民事诉讼法》第55条规定："诉讼标的是同一种类、当事人一方人数众多在起诉时人数尚未确定的，人民法院可以发出公告"；第84条规定："送达人下落不明，或者用本节规定的其他方式无法送达的，公告送达"；第122条规定："人民法院审理民事案件，公开审理的，应当公告当事人姓名、案由和开庭的时间、地点"；第168条规定："人民法院受理宣告失踪、宣告死亡案件后,应当发出寻找下落不明人的公告。"……

（2）海关公告。《中华人民共和国海关行政处罚实施条例》第 55 条规定:"行政处罚决定书应当依照有关法律规定送达当事人。依法予以公告送达的,海关应当将行政处罚决定书的正本张贴在海关公告栏内,并在报纸上刊登公告";第 62 条规定:"被收缴人无法查清且无见证人的,应当予以公告。"

（3）拍卖公告。《中华人民共和国拍卖法》第 45 条规定:"拍卖人应当于拍卖日七日前发布拍卖公告";第 47 条规定:"拍卖公告应当通过报纸或者其他新闻媒介发布。"

（4）招标公告。《招标公告发布暂行办法》第 9 条规定:"招标人或其委托的招标代理机构应至少在一家指定的媒介发布招标公告。"

（5）招标投标违法行为记录公告。《广州市招标投标违法行为记录公告办法》是广州市人民政府于 2010 年 1 月 15 日发布的政府规章,规定了在招投标各环节违法行为应予公告。

（6）采购公告。《中华人民共和国政府采购法》第 26 条规定:"政府采购采用以下方式:（一）公开招标",既然要招标,就应该发布公告。

（7）纳税信用 A 级纳税人名单公告。《纳税信用等级评定管理试行办法》第 20 条规定:"省一级或者市（地）一级或者县（市）一级国家税务局和地方税务局可以选择适当方式将 A 级纳税人的名单予以公告。"

（8）省人大常委会发布道路交通安全条例公告。《中华人民共和国立法法》第 69 条规定:"省、自治区、直辖市的人民代表大会常务委员会制定的地方性法规由常务委员会发布公告予以公布。"

（9）企业法人设立登记公告。《中华人民共和国企业法人登记管理条例施行细则》第 53 条规定:"对核准登记注册的企业法人,由登记主管机关发布公告";第 54 条规定:"企业法人登记公告分为开业登记公告、变更名称登记公告、注销登记公告,由登记主管机关通过报纸、期刊或者其他形式发布。"

（10）资产处置公告。《中华人民共和国公司法》第 137 条规定:"公司发行新股募足股款后,……并公告";第 178 条规定:"公司需要减少注册资本时,并于三十日内在报纸上公告";第 189 条规定:"公司清算结束后,清算组应当……公告公司终止。"……

（11）房屋过户公告、注销房屋所有权证公告。《城市房屋权属登记办法》第 10 条规定:"房屋权属登记依以下程序进行:……（三）公告";第 15 条规定:"登记、验证、换证应当由县级以上地方人民政府在规定期限开始之日 30 日前发布公告";第 25 条规定:"有下列情形之一的,登记机关有权注销房屋权属证书……并收回原发放的房屋权属证书或者公告原房屋权属证书作废。"……

（12）国有土地使用权挂牌公告。《招标拍卖挂牌出让国有土地使用权规定》第 8 条规定:"出让人应当至少在投标、拍卖或者挂牌开始日前 20 日发布招标、拍卖或者挂牌公告。"

（13）认领弃婴公告。《中华人民共和国收养法》第 15 条规定:"收养查找不到生父母的弃婴和儿童,办理登记的民政部门应当在登记前予以公告。"

三、简答题

1. 什么是重要事项公告？其重要与否如何界定？
2. 什么是法定性公告？其法定性的依据是什么？
3. 试说说行政机关公文的公告与人大公告在功能上的不同；人民法院机关有机关公文的公告,但其司法人员在业务工作中也要使用司法公告,你能说说它们的区别吗？

四、辨析题

1. ××分行关于公开选聘××支行行长的公告。2005年发布的《中华人民共和国公务员法》规定,"录用公务员,应当发布招考公告"。

2. 2002年度全国职称外语等级考试公告。

3. ×××学校关于开除×××学籍的公告。

4. 地产资信20强公告。

5. 彩票开奖公告。

6. 工程造价公告。

7. 公告与通告的异同。

8. 公告与启事的异同。

9. 在招标与投标活动中,过去是使用"招标启事"来公布招标事宜的,现在由《中华人民共和国招标与投标法》规定,须用公告来发布招标信息。请你分析指出这是为什么。

五、讨论题

2004年6月号的《应用写作》发表了一篇署名文章,说"校庆公告,是'公告'的一种,是从公告这一公文中派生出来的新颖的应用文"。该文还援引了国务院于2000年8月24日发布的《国家机关行政公文处理办法》,说:(根据该《办法》)"对公告的界定,和人们写作、发布校庆公告的目的与意义,我以为校庆公告属于告知性的公告"。

请据此开展讨论:

1. 我们能不能从党政机关公文的文种中派生出新颖的应用文?

2. 如果校庆公告这一文种可以"派生"成立,那么其他文种能不能"派生"出同名应用文呢?

比如,有企事业单位,使用"命令"来任命中层干部,说是"企业文告",这是不是属于"派生"?这种做法对不对?有企事业单位,将职工代表所提出的个人意见或建议称为议案,这种"派生"做法对不对?

请据此推论:如果公文文种公告可以派生出应用文文种公告,那么公文文种决定、命令、议案等,可不可以也派生出新颖的同名应用文文种呢?假如"派生"说能成立,那么,党政机关公文将会如何?请你充分发挥所学知识去分析,得出合理的结论来。

第三节 通告的写法

一、温故知新

通告和公告比,其告晓的范围要小很多,仅是某地域或是某一系统。通告是行政机关、人民团体、企事业单位常用的向一定区域的群众、机关团体或相关人员告晓的文种。它与公告有相似之处,有些人在使用上往往把握不准,常常混淆。可通过本书选入的例文为借鉴,通过比较研究,提高辨识能力和对通告的运用能力。

二、例文学习

《党政机关公文处理工作条例》对通告的释义是:"适用于在一定范围内公布应当遵守或者周知的事项。"明显与公告不同:"在一定范围内公布",不是向国内外宣布。所公布的内容,或者是"应当遵守的事项",具有一定的规定性或者强制性;或者是周知性,仅为告晓。告晓的地域不同,公告告晓的是国内外,通告告晓的是国内的某一地域域某一领域。公告告晓的内容是"重要事项或者法定事项"。

选入例文三篇,均为典范:告晓应当遵守事项的,法据脉络突出,告晓周知事项亦十分郑重、非常得体、合乎文种规范。

三、通告的用法

公布社会各有关方面应当遵守或者周知的事项用通告。"社会各有关方面",是指国内的某一区域或领域或群落,不包括国外。"应当遵守",是指通告的事项具有法规规定性,被告晓的有关人员必须遵守。"周知",是指让有关方面知道。

例文一和例文二是通告事项具有法规规定性的,相关人员不仅必须知晓而且必须遵照执行,如有违反,将会受到责罚;例文三是通告事项,不具法规规定,仅是告知知晓。

通告使用与公告相同的公文版头。没有红色反线,在发文机关的后面没有"文件"字样,仅用套红大字印上发文机关名称。其下书写标题和通告编号。

发布通告,也可以同时采用几种不同的发布方式,如发文、张贴、登报、广播、电视播放等。不同的发布方式又可以采用不同规格的公文用纸。

四、通告的写作要求

(一)选准文种

通告这一文种在选用时要注意两个方面:

(1)使用过滥,把一些本不应用通告发布的内容用通告发布了,或者本应以通告发布的内容却用了其他文种。如××市棉麻公司在1986年10月31日发了一个《关于"双优"棉增加供应量的通知》,其内容是面向全市知照增加"双优"棉供应量。这个通知就是错用了文种,应改为通告。因为通知是下行文,即上级机关向下级机关行文时使用,一个棉麻公司怎能向全市下通知呢?而通告正是用于公布社会各有关方面应当遵守或者周知的事项,向全市人民告知增加"双优"棉一事应该用通告。

(2)与公告有混淆现象。本应用公告发布的内容使用了通告,或者相反。克服这一问题就需认真辨析这两个文种。二者相同之处主要是"公开"发布。法定事项公告与法规性通告,在内容上有些相似。但二者的不同点也是明显的:

一是从发布的事项看,公告的事项更为重大。所发布公告,都是国内外关注的大事。而通告则是发布某区域内社会各有关方面应当遵守或周知的事项,尽管这些事项在一定的时空领域具有普遍意义,但并不都是"重要"或"重大"到须向国内外公众宣布的程度。

二是从发文的机关看，公告一般由高级机关发布，各级机关甚至企事业单位都可以发布通告，如《北京市公安局关于查禁赌博的通告》就是以北京市公安局的名义发布的。

三是从受文对象看，公告的受文对象不仅有国内的，也有国外的，有的公告甚至主要是对国外。如新华社受权发表《我国将进行向太平洋发射运载火箭试验》的公告，则主要是对外的。通告的受文对象则局限在国内某一区域或某一领域。

（二）掌握政策

不得越权行文，措辞要与发文机关身份相称。

五、通告的结构与写法

通告也是广行文，其结构由标题、发文编号、正文和成文日期四个部分组成，同公告一样没有特指的受文机关。

（一）标题

通告的标题可以由四种方式组成：第一种，由发文机关、事由、文种三要素构成，如《广州市地方税务局关于中央、省属驻穗单位缴纳社会保险费有关事项的通告》（《广州日报》2005年1月10日）；第二种，由发文机关、文种构成，如《关于征收2005年车船使用税和车船使用牌照税的通告》（广州市地方税务局，《广州日报》2005年1月10日）；第三种，由事由、文种构成；第四种，单独由文种构成，仅写"通告"二字。

（二）发文编号

通告的发文编号也可以有两种方式：一是不编号，或者将编号置于标题之下，用圆括号括住；二是用公文发文号的编号方法，由机关代字、年号、序号组成。

（三）正文

通告的正文由引据、主体、结语三个部分组成。

（1）引据。即开头，要求概括地写出发布通告的根据，交代缘由后用"现通告如下"领起下文。

（2）主体。即通告事项。这部分要写清何时、何地、何机关或何人作出了什么重大规定，或是要进行什么重大工作，发生什么重大事件。如果事项较多，可以分条列项，逐一写出。

（3）结语。通告的结语有两种情况：一是不设结语；二是用"特此通告"作结。

（四）成文日期

通告的成文日期有两种标示方法：其一，在文末落款处写上年月日；其二，用题注方式，即在通告标题之下，用圆括号括起，写明年月日。

【思考与练习】

通告是用于公布社会各有关方面应当遵守或者周知事项的文种，行政机关可以使用，社会团体和企事业单位也可以使用。但是，所通告的事项和所告知的内容却有天壤之别。区别在哪里？学习者应十分注意相关法规的职权限定。

一、概念题

通告　遵守性通告　告晓性通告　周知事项　行政区域　地域

二、阅读题

1. 认真阅读例文。
2. 从通告例文中去体会通告的文体特点是什么。

三、简答题

1. 通告是怎样的一个公文文种？
2. 在什么情况下使用通告？什么情况下使用公告？
3. 怎样区分公告与通告？试以例文三为例，指出公告与通告的区别。
4. 怎样区分通告与通知？试以例文一为例，指出它们之间的区别。
5. 在使用通告时应注意什么问题？

四、讨论题

1. 阅读例文二，然后回答问题：如果例文二的通告正文仅写成"自本通告发布之日起，在广州市行政区域内（含从化市和增城市）对电动自行车和其他安装有动力装置的非机动车（残疾人机动轮椅车除外）不予登记、不准上道路行驶"，其效果将会如何？
2. 广州市对电动自行车和其他安装有动力装置的非机动车（残疾人机动轮椅车除外）不予登记、不准上道路行驶，为什么只含从化市和增城市而不含花都区和番禺区？
3. 广州市人民政府关于在广州市行政区域内（含从化市和增城市）对电动自行车和其他安装有动力装置的非机动车（残疾人机动轮椅车除外）不予登记、不准上道路行驶的决定，具有怎样的法律效力？请试联系自己的认识谈谈。
4. 如果是县级人民政府或者是一般的地级市人民政府，能否发布类似这样的"不予登记、不准上道路行驶的"通告？为什么？

第三章　意见　通知　通报

第一节　意见的写法

一、温故知新

什么是意见？意见这一文种的特点是什么？意见的使用，以其文种的灵活性大大提高了使用频率，特别是下行的意见，以其讲道理、教做法的教诲，使下级机关的工作人员备受教益而大受欢迎；上行的意见，也由于文种特性就是对重要问题发表见解和处理办法，因而使下级机关畅所欲言，充分发表己见，使上级机关更能听到下级机关的意见，更能贴近实际，是上下左右沟通的多面手文种。

要掌握意见的用法、写法，不仅要多读意见例文，而且还要与相关文种进行比较，如意见与指示性通知，意见与议案、提案、建议，意见与报告，意见与决定等文种例文比较，通过多文种的比较，更深刻认识意见的特点，从而驾驭意见文种。

二、例文学习

《党政机关公文处理工作条例》对意见的释义是："适用于对重要问题提出见解和处理办法。"意见，原本是下行文，是上级机关对"重要问题提出见解和处理办法"，给下级机关出主意作指示，是具教导性、启发性、说理性的行文。实践中发现，就"重要问题提出见解和处理办法"也适用于下级机关向上级机关提出，也适用于不相隶属的机关提出。这是上级机关倾听下级声音、集思广益的好渠道，使用频率很高。选入例文4篇均十分典范，能给我们典型引路，启迪思维。

三、意见的用法

（一）明确行文方向

不同的行文方向需要使用不同的处理方法和不同的言语措辞。上行的意见，是下级机关在上级机关要求的情况下就某重要问题发表自己的见解或提出处理问题的办法，以供上级机关决策参考。应使用公文格式，与报告行文相同。

下行的意见，是上级机关心怀全局，对重要问题提出见解和处理办法，供下级机关更好地理解、落实，采取得力措施去贯彻执行的行文。它既有通知的指令性，又有指示的说理性和教导性，使用公文格式。在意见里，不仅对下级机关需要做什么明确提出要求，而且还同时交代具体、周详的工作方法，指出应该怎样做，为什么需要这样做。

平行文的意见，是在平级机关或不相隶属机关有所要求的情况下，针对其要求，就某重要问题发表见解和处理办法的行文，使用信函格式。这是仅供参考的意见，其见解与办法应当与对方的需要相差不远，具有参考价值；行文要注意礼貌、友善、得体。

（二）注意与有关文种的关联

意见这一文种不是孤立地存在的，它与请示、报告、函、通知等文种有着密切关联。因此，要注意把握以下分寸：

（1）掌握使用请示和意见的分寸。请求上级机关指示、批准时，或该"重要问题"的处理权属于上级机关的职权范围，即使下级机关具有处理办法，但是必须经上级机关认可、认定后才有效、才可以去做的，用请示而不宜使用意见。

（2）掌握使用报告和意见的分寸。向上级机关汇报工作、反映情况的内容，或者是用以答复上级机关的询问的话，应该使用报告，而不应该使用意见。

（3）掌握使用函和意见的分寸。与不相隶属机关商洽或提出意见来请对方答复，而不是供对方参考的行文，应该使用函，而不应该使用意见。

（4）掌握使用通知和意见的分寸。要求下级机关周知或按照执行，且指令性、规定性、要求性较强的行文，应该使用通知，而不应使用意见。

（三）语言上注意不同行文方向的规范要求

上行文的意见多是建议性的，如果还希望上级机关批转下发，则结尾要体现出祈请的态度；平行文的意见，语气强调肯定、确切、不含糊。结尾要体现出供其选用、参考的态度；下行文的"意见"，口气上突出平稳、缓和的特点，弱化指令性、强制性的语言表述，从上至下要体现出旨在指导的态度。

四、意见的写作要求

（1）注意行文格式要与行文方向相适应。
（2）注意正确选用文种。与意见相邻的文种不少，要准确区分，正确选用。
（3）行文措辞要与行文方向相适应。

五、意见的结构与写法

（一）结构

（1）与一般公文结构相同，包括标题、主送机关、正文和生效标识。
（2）与法规性的决定的结构相同，只有标题、题注和正文。
（3）标题中不出现发文机关名称，而把发文机关名称放在题注中，与成文时间并列。

（二）写法

1. 上行文意见的结构和写法

（1）上行的意见，一般用完全式标题，由发文机关、事由和文种三部分组成。有时可以省略发文机关。

（2）主送。上行的意见均有主送机关。

（3）正文。正文一般包括缘由、具体意见和结尾三部分。缘由是开头部分，又叫导语，一般是概括地写明针对什么问题、根据什么精神、实现什么目的等。具体意见是正文的核心内容，要对重要问题提出建议、主张、处理办法等。上行文意见的结尾经常使用"以上意见，请审阅""以上意见如无不妥，请批转××××执行"等习惯用语。

（4）生效标识。

2. 下行文意见的结构和写法

（1）标题。独立行文的下行意见，标题由发文机关、事由和文种三部分组成。与通知搭配行文的下行意见，意见的标题可省略发文机关。

（2）正文。下行意见的正文一般包括缘由、具体意见两个部分。缘由的写法与上行意见大致相同。具体意见是全文的主体内容，针对重要问题提出解决办法和具体要求。结尾部分一般使用"按照执行"或"参照执行"。有的虽无明确要求，但对下级机关有指导和参照的作用。

（3）与通知搭配行文的下行意见，抬头、落款和成文日期在通知中体现。意见部分则不再有抬头、落款和日期。

3. 平行文意见的结构和写法

平行文意见的标题、抬头、落款的写法与上行文相似，标题有时可省略发文机关，一般都有抬头和落款。结尾部分一般使用"以上意见，供参考"等用语。

【思考与练习】

意见是对重要问题提出见解和处理办法的文种。上级机关对下级机关进行工作布署，对重要问题作出指示、提出见解和处理办法（这是指示性、指导性意见，下级机关应积极领会、认真贯彻执行）；下级机关针对重要问题也可以向上级机关提出见解和处理办法（这是向上级提出建议，上级机关可作决策的参考）；平级或不相隶属机关也可对某一重要问题提出见解和处理办法（这是一种积极的建议，接受机关可供参考）。但是，在行文上有各自不同的特点和要求，学习者必须掌握好分寸。

一、概念题

意见　提出见解　处理办法　指导性意见　指示性意见　建议性意见　参照执行　遵照执行　按照执行　可操作性　平级或不相隶属机关　决策的参考

二、阅读题

1. 阅读意见例文。

2. 将例文对意见的写法逐一列出来，体会各种不同行文方向的意见有怎样的不同写法。

三、简答题

1. 意见的功能是对重要问题（非一般问题）提出见解（提出意见、建议，要讲道理，阐明"为什么"）和处理办法（提出得当措施，即具体的可行性、可操作性意见）。它同一些相近文种的区别在哪里？

（1）上行时，意见同报告、请示有什么区别？
（2）下行时，同通知、决定有什么区别？
（3）平行时，意见同函有什么区别？

2. 意见这个文种，行文方向灵活，既是下行文，又可以上行，还可以平行。从使用意见的角度去考虑，请分别说说意见下行该怎样使用，上行该怎样使用，平行又应该怎样使用。

四、训练题

1. 最近一段时间以来，报纸不时报道市场上出现"毒大米""毒米粉""毒粉丝""毒腐竹""毒酒"等现象，请你调查研究一下，怎样才能杜绝此类危害社会的事件发生？发表你的见解，提出一套具有可行性、可操作性的处理办法。

2. 用公文的行文方式，向你认为应该受理你的意见的机关发出建议书，或者以不相隶属机关的名义写出相应文书。

3. 试就你身边发生的重大问题发表你的见解或提出处理办法。

提示：首先要通过调查，掌握确切的事情真相；对材料要去伪存真、去粗取精；对材料进行分析研究，推出自己对问题的看法、得出结论；依据自己对材料的分析，依据法律法规提出相应的对策，即处理办法。

第二节　通知的写法

一、温故知新

通知是使用频率最高的公文文种，机关、团体、企事业单位常常要使用到通知。但是，要做正确、规范、得体、得当是很不容易的。

请抓住"适用于发布、传达要求下级机关执行和有关单位周知或者执行的事项，批转、转发公文"这根导线，以本书所选例文为本，深入研究，从例文中感悟到文种的功能特点、各种不同的处理运作、不同的写作方法，从而掌握写作规律。

二、例文学习

通知，使用面非常广泛，正式行文有通知，信函式发文也用通知，日常应用文也会使用通知，各种机关团体或企事业单位均在使用，使用频率又十分高。

首先，我们从其应用功能的角度去分类，通过分类，认识并掌握其功能、用法。分类的方法，可以依据《党政机关公文处理工作条例》（简称《条例》）对通知的阐述：

"适用于发布、传达要求下级机关执行和有关单位周知或者执行的事项，批转、转发公文"），就是将通知分为发布、传达、批转、转发四种类型。如果发现有别的说法的，应以《条例》为准。

（一）发布性通知

发布性通知也叫公布性通知、印发通知。用于公布规范性文件、印发事务文书、领导讲话、制度规范等。

（二）传达性通知

传达性通知用于传达要求下级机关办理，或需要有关单位周知，或需要有关单位执行的事项。主要有以下几种情况：
（1）要求下级机关办理或知晓的通知，即指挥性通知、指示性通知和知晓性通知。
（2）会议通知。各级机关需要召开各种会议，使用会议通知要求知晓执行。
（3）任免通知。各级党政机关任命或者免去有关人员职务使用任免通知。

（三）批转通知

批转通知，就是以机关自身的权力，对下属机关的来文进行批示或批准，并转发给全体下属机关参考、执行的行文。常见的批转通知有以下几种情况：
（1）领导机关认为所属部门在主管或归口管理的业务活动中所确定的若干重要的行政措施，需要有关部门和下级机关贯彻执行的，用批转通知下发。
（2）一个或几个同级机关，就有关自身业务范围内的重要事项的解决，提出处理意见，请求上级机关指示、批准，上级机关认为问题重要，带有普遍性，不用批复回应，而使用批转通知告知所属机关遵照执行。
（3）上级机关对下级机关上报需要上级支持和协调的问题，以及上级机关认为下级机关上报的问题具有普遍指导意义，需要各地引起重视或执行的，用批转通知。

（四）转发通知

转发通知，主要在"转"字上，上级机关来文可以转发，平级和不相隶属机关的来文也可以转发。一般来说，需要转发的公文，不论是上级机关还是不相隶属机关的，都应当对本机关、本地区、本部门或本系统有指导意义和借鉴意义。在撰写转发通知时，必须将机关转发的目的、意义、意图交代清楚，让下级机关在收文后参照执行。

三、通知的用法

通知是下行文，是典型的"红头文件"。一是只能发给有隶属关系的下级机关；二是应使用文件格式。

在特殊情况下，也可以使用电报和信函格式发通知。电报不属于文种，只是一种发文载体，它适用于任何文种。利用电报发文方便、快捷，但由于其缺少发文机关的印章，一般只适用于国家机关内部使用，不适用于向社会公开发文。在实际应用中，选用哪一种形式发文主要由公文的内容和紧急情况决定。一般情况下，如果公文的内容比较重要，比如公布某些重大政策、法规性文件或者是政府对某重要工作的部署等，其影响的范围较广、时间较长，应该用"红头文件"形式；用电报发文通常是时间比较紧急，但其内容影响的时间相对较短暂的事情，如会议通知、接待通知等。

用信函格式发通知（公文文种是通知，其载体用信函格式）通常是由平级或不相隶属机关发出，通知的内容属一般告知性的事项或者是小范围内的发文。日常应用文发的通知，又称"白头文件"，不属于公文却能起到告知作用。通知种类繁多，要注意用得得当得体。要特别注意分清批转、转发、印发的区别。

四、通知的写作要求

（一）明确行文目的

首先明确为什么写这个通知，通知的主要内容是什么，先分清是哪一类通知，正确选用行文格式，是公文格式或是信函格式，或是机关内部文书格式，然后确定应该怎样写。其次要确定写作的范围和对象，针对什么问题，解决什么问题，根据客观情况和开展工作的需要确定写作的范围和对象，以明确行文目的，有针对性地写好通知。

（二）抓住主要内容

不同种类的通知，有不同的写法，但是紧紧把握住主要内容是写好通知的关键，绝不能喧宾夺主，冲淡主要内容。比如指示性的通知，一般要讲清情况和问题，但只能作为事由、背景来概括叙述，重点则是针对实际情况和问题，提出指示性意见、要求及措施，并做到政策界限清楚、明确。

（三）文字表述准确

首先对受文单位的名称必须写清写全，采用规范化的简称。其次为使受文单位便于操作，凡属应该说明的有关情况，应该执行的具体事项，以及有关的时间、地点、条件等，都要做到周密、准确，以免贻误工作，造成损失。

关于机关内部使用的文书通知，其写作比较简便，不用公文版头，不用发文字号，不按公文制发程序，只要领导授意，一个人便可以全程办完；只要将通知事项表述完全，可以不用印，只在黑板上抄出，或张贴在显眼处，或用广播念几遍，或用一本"通传簿"，受文人看后签上姓名加"知"字即可。大的机关也有事先印制表格式的，届时填上送达即成（参阅例文六机关内部文书一组）。

五、通知的结构与写法

按国家行政机关公文下行文格式撰写。其结构一般由标题、主送单位、正文、生效标识等组成。

(一) 标题

通知的标题，有三种不同的表述方式。

1. 一般公文标题的方式

一般公文的标题，由发文单位、事由、文种三部分构成。传达性通知、任免通知常用这类标题。如《国务院关于发布〈国家行政机关公文处理办法〉的通知》《广东省人民政府关于建立有形建筑市场的通知》。这种标题方式，要特别注意在事由部分准确简要地概括出公文的主要内容。

2. 批转、转发、发布、印发的方式

这种形式，要在标题中准确标示批转或转发、发布、印发，其基本格式是："发文机关＋批转（转发、发布、印发）＋被批转（转发、发布、印发）公文的标题＋文种"，如《国务院批转国家经贸委、冶金部关于邯郸钢铁总厂管理经验调查报告的通知》《国务院办公厅转发国务院体改办等部门关于城镇医药卫生体制改革指导意见的通知》等。如果标题过长过繁，则应简化，即在批转（转发、发布、印发）两字后面，直接引入被批转公文的标题，如《转发国务院关于加强出入境中介活动管理的通知》《关于发布〈期货交易管理办法〉等四个管理办法的通知》等。如果被批转（转发、发布、印发）的是法律、法规、规章，要加写书名号，其他的内容则不必加写书名号。

要注意发（发布、颁发、印发）、批转、转发的区别。

发，有印发、颁发、发布三个不同概念。印发，指本机关制定的非规章类文书，如计划、总结、领导讲话等的发文；颁发，是指规章或重要的规范性文件的发文；发布，指领导机关公布所制定的规范性文件的发文。

批转，指上级机关对下级机关的来文加以批示，转给下属各单位参考执行的发文。要注意、理解、把握好"批"字的内涵，它是职权的反映，批的内容不能超出权限。

转发是指下级机关对上级机关的来文，再转发给自己的下属机关的发文（也可以转发平级或不相隶属机关的来文）。要注意"转"得适当，在"转"中要渗入本机关的意见、指示、建议，让下级更好地理解、执行。

3. 联合、补充、紧急的方式

在行文时，如果是由两个或两个以上的机关联合行文，其标题应在文种通知前面加上"联合"字样，以表示联合行文。行文时，如果由于时间紧迫，需提醒受文机关注意执行时限，应在文种通知前面加上"紧急"字样。如果是对上一个通知的补充行文，可在文种通知前面加上"补充"字样，以便受文机关联系前文通盘考虑。

(二) 主送单位

主送单位是指通知受文、办事的对象，其名称要写全称或规范化简称、统称。通知只能主送给下属机关单位，而对平级机关、不相隶属机关则不宜用通知。但在实际工作中往往会用一种特殊的用法，以函件格式的文头来发通知，既灵活又方便。

（三）正 文

通知的正文一般由通知缘由、通知事项、通知执行要求或通知结束语三部分组成，因通知的种类不同而写法有异。

1. 批转通知的正文

其正文一般有三个部分：一是表明对被批转文件的态度；二是写明通知事项的意义；三是提出执行希望和要求。

其体式要求，开头一般是先引述原公文的标题及原发文字号，并对其表示明确态度，如"××××（同意或批转机关）同意（或批转）……（被批转对象）发给你们，请结合实际，认真学习、执行"。接着撰写正文的主体部分，对批转的公文内容精神要以批语或批示性意见作阐述、强调。结尾提出贯彻执行的要求。有些批转通知的主体和结尾可结合在一起写。

2. 转发通知的正文

这类通知的正文有两种体式：一种是和批转性通知的体式基本相同。开头要写明引述原公文的标题及发文字号，并写明对转发上级机关和不相隶属机关公文的态度；主体部分要说明转发该公文的作用和意义，最后提出较为具体的执行要求。另一种是直接写明转发该公文的依据、转发决定、转发要求等几项内容。转发公文，不论采用哪种体式，写完正文后，都必须完全照录被转发的公文，并一起发布。

在这里需要特别指出，批转性通知和被批转公文两者都不能单独当作一个公文发布；同理，转发性通知和被转发公文，也不能分开来发布。因为批转性通知和转发性通知都是复体行文，而且正文内容都是"批语＋被批转（转发）公文"的结合体。

3. 传达通知的正文

传达通知包含要求下级办理或周知的通知和会议通知三种。

（1）印发通知，也叫作公布性通知，在写法上与转发通知相似，但是有印发、颁发、发布的不同。包括发布规范性文件，印发机关事务文书如计划、总结、调查报告、领导讲话，其正文要写明被公布、发布、印发、颁布、颁发的法规、规章、文书等的制定原因、目的，要提出贯彻执行的希望和要求。

（2）要求下级机关办理或周知的通知。这类通知包括指挥性通知、指示性通知和周知性通知。这类通知的正文都要写出通知缘由。或用目的式，或用根据式、原因式、时间式写出通知缘由，可因具体事项分别采用。一般在通知缘由之后用一句通知领起语（"现将有关事项通知如下"），转入正文的主体，将通知事项分条列出。在具体写法上又有不同的方法：

一是指令式的写法。可以说，这是以通知形式发出的行政命令。其通知缘由部分，用简洁的序言交代发文目的，便以"现就有关问题通知如下"作领起，过渡到通知事项。其通知事项部分，用分条列项的方法，将通知内容逐一列出，使之清楚明白，有条有理，层次分明。执行要求省略了，因为用了领起语，将要求贯彻执行的事项全包括了。在用词上表现出指令性、严肃性、准确性、规定性。

二是指示式的写法。这是以通知形式作出的工作指示。在结构上由通知缘由、通知事项、执行希望与要求三个部分构成（有的可以将执行希望渗入通知事项中表述）。但在语言运用上有明显的不同：前者用语坚定、严格、不容置疑，祈使句多，体现出一种具有威严的指挥性、权威性；而后者在语言上和缓、端庄、规范，充满着启示式、研讨式，从另一角度体现出指挥性、权威性的文体特色。宜通过对前后两篇例文的剖析，领会写作上的特点。

三是周知式的写法。其正文要写清楚通知事项，如设置某机构的通知，应写明设置目的、依据、名称、组成人员、办公地址及相关内容；启用新公章，应说明启用新公章的法律依据，从何时起使用，并附上新印模，印模应标注在适当位置上；迁址通知，应写明从什么时候开始迁往新址，新址的详细地址、门牌号码、邮政编码、电话等。

（3）会议通知。会议通知是传达性通知中使用频率最高的文种，在写作上要特别注意交代清楚通知缘由、通知事项和结语。

缘由部分，要写明召开会议的原因、目的、意义、会议名称及召开单位。写完缘由后，要用"现将有关事项通知如下"过渡到通知事项，即主体部分。

事项部分，一般以小标题形式写明如下事项：会议的名称、目的、议题、具体日期时分、地点（要注意交代清楚报到时间、地点和会议的时间、地点）、会议主要内容，有的还要写明与会人员是什么人、要准备什么材料、要带什么东西、注意事项等。

4. 任免通知的正文

任免通知的正文比较简单，一般由任免根据和任免人员姓名及任免职务组成。有些任职通知还写明任期。此外，如果在一份通知中有任职和免职，按习惯先写任职，后写免职。

但是，我们必须认识到，任免通知的出台过程是最为复杂的，政策性强、法规性强，而且还须经过多重的组织，依据党的方针政策，精心考察识别。不同级别又有不同的要求，党委提名、人大决定、政府任命。学习写作、使用任免通知，首先要通过规章弄清楚人员任免的权限。一般是谁管的人员谁任免，不得超越权限。

对干部的任免，隐藏着对干部的考察、识别、选用、述职、考核到任免决定等一系列的工作。学习公文写作不仅仅是学写作，而是要理解工作的全过程，熟悉各个工作环节，使自己能正确处理公务，得体得当地写出公文。

任免类通知是公文中要求最规范的公文之一。不少机关均使用固定格式。内容要求严格，行文严肃庄重，无赘语，应杜绝漏、别、误字。

（四）结尾

写作通知要注意使用结尾常用语，如"特此通知""希周知""请按此执行""请贯彻执行"等，应注意与通知的内容相呼应。

（五）生效标识

生效标识即落款和用印。落款，即署上发文机关名称。单一发文机关，在标题上已显示机关名称，不用落款而用印。在落款处用阿拉伯数字写上年月日，然后在年月日处盖上印章。

（六）抄送

重要的通知要抄报给自己的上级机关，让领导了解工作情况；如有相关单位需要知晓的，可以抄送。

【思考与练习】

通知是使用频率最高的公文文种，各个国家机关公文系列均设置有通知，而且日常应用文也会使用这一文种。因此，在使用上和写作上比较复杂。希望能通过以下思考与练习，巩固所学知识，正确掌握各式通知的应用与写作。

一、概念题

批转　转发　印发　颁发　发布　公布　法律　法规　规章　通知缘由　通知事项　通知执行要求　传达性通知　指令性通知　指示性通知　部署性通知　会议通知　任免通知　周知性通知

要特别注意弄清楚"发"（往下发）、报（往上呈报）、送（往平级机关或不相隶属机关送）的相同和相异之处；分清印发、发布、公布、颁布、颁发、转发、批转的区别。这在实际工作中是不允许出错的。

二、阅读题

1. 认真阅读通知的全部例文。
2. 结合导读提示，通过例文体会通知的分类及其不同用法和写法。

三、训练题

下面是公文例文导读中通知例文的标题，请你利用这些标题训练自己做学问。

要求面对下面14个公文标题，说出该标题所显示的文件性质、行文关系、行文目的、为什么要采用这种方式等的相关问题。例如，题1，要说出这是27号文，是浙江省人民政府"发给下属机关的行文"，是印发通知，印发的是《浙江省人民政府工作规则》，这是规范性文件（不属规章。规章须用令颁布，规范性文件用通知发布），这是工作规则，属制度规范类文书，规范省政府及其下属各机关的全体工作人员的，各机关都必须严格执行。工作规范不属公文，必须以公文通知为载体发出才能具有执行效能。请依序逐题给予分析。

1. 浙江省人民政府关于印发《浙江省人民政府工作规则》的通知（浙政发〔2008〕27号）。

2. 广东省人民政府办公厅关于进一步做好全省古籍保护工作的通知（粤府办〔2008〕6号）。

3. 国务院办公厅关于进一步规范部门涉外规章和规范性文件制定工作的通知（国办发〔2006〕92号）。

4. 国务院关于组建国家电力公司的通知（国发〔1996〕48号）。

5. 中共广东省委办公厅关于召开中国共产党广东省第十届委员会第六次全体会议的通知。

6. 关于召开全省社会主义精神文明建设工作会议的通知（粤办〔××××〕×号）。

7. ××县人民政府办公室文件关于胡××等同志职务任免的通知（×府办〔1995〕××号）。

8. 平远县人大常委会关于黎崇赞等同志职务任免的通知（平人常发〔2012〕18号）。

9. 广东省人民政府文件关于批转省工商局关于做好《中华人民共和国合同法》贯彻实施工作意见的通知（粤府〔1999〕63号）。

10. 山东省人民政府批转省审计厅等部门关于进一步解决重复检查问题意见的通知（鲁政〔2003〕××号）。

11. 广东省人民政府转发国务院关于加强市县政府依法行政决定的通知（粤府〔2008〕60号）。

12. 国务院办公厅转发财政部关于2001年11月和12月上中旬地方企业所得税增长情况报告的紧急通知（国办发〔2002〕1号）。

13. 国务院办公厅转发国家计委灾后重建整治江湖兴修水利现场办公会会议纪要的通知（国办发〔1999〕2号）。

14. 关于召开经济特区与建设有中国特色社会主义理论研讨会的通知（特研筹〔2000〕×号）。

四、实践题

1. 请将下列各题按题意完成。

（1）请认真阅读下面这份通知，仔细对照公文文种的功能，指出选用哪种文种更合适，理由是什么。

关于对加油站建设工程实施规划审查的通知

市区各公共加油站：

为加强市区各公共加油站建设工程的规划管理，整治违法建设和不符合规划要求建设的加油站，根据《××市公共加油（气）站规划》，我局决定对市区内的加油站建设工程进行调查和审查，对市区内曾经市、区两级城市规划部门审批过建设用地规划许可证、建设工程规划许可证或建设工程规划验收合格证的公共加油站，或经过违法建设行政处罚保留的公共加油站工程，请产权人或经营者于2000年7月30日前，持原批准的规划审批文件或处罚文书到××市城市规划局交通研究所（地址：××市××路80号10楼1002室）申请确认。未经我局进行规划审核确认的公共加油站，不得向市整顿成品油领导小组领取《成品油经营许可证》。

联系人：×××　联系电话：××××××××

××市城市规划局
二〇〇〇年七月十九日

（2）请结合通知例文，进行分项目训练。

1）依公文例文，将各类通知的标题分类列出，对照标题，领会批转、转发、传达、任免的区别；区分印发、颁发、公布、颁布、批示、批转等不同概念。

2）训练写通知的缘由。首先在例文中找出通知缘由，领会该文怎样交代发文目的、依据、意义，以及怎样使用介词结构作领起，转入下文；然后模拟通知缘由。

3）训练写通知事项。通知事项要分条列项写出，体会例文是怎样分条列项的，排列次序怎样去体现其内在逻辑性。然后模拟写出一个会议通知的通知事项。

4）注意通知结束语。如何依据通知内容提出不同的执行希望或结束语。

5）请依据下面这则消息，为省卫生厅模拟撰写一份公文给各有关单位，应采取什么有效措施，确保人民群众的健康与安全。公文内容应增加一条：望各单位立刻行动，并将治理情况上报我厅。发文号自拟，日期为2000年7月24日。

省卫生厅要求专项治理
急查食用洋凤爪

本报讯 近日，传出国外禽畜内脏及鸡爪等废弃物流入中国的消息后，国家卫生部要求专项治理。广东省卫生厅从昨日起着手布置行动，通知各地对市面销售的这类货品实行严格检查。广东尤其是广州是国内"凤爪"（鸡爪）消费量最大的地区，由于需求最大，部分此类货品要依赖进口，而从国外进口的冷冻禽畜内脏、"凤爪"更是受到家庭主妇们的喜爱。

自发现一批国外不被人食用的废弃禽畜内脏、"凤爪"、鸡胫进口到中国后，省卫生部门特发出通知，要求各市、县、区卫生部门迅速对当地经营禽畜、肉副食产品批发市场、进口肉类加工场、冷库、农贸市场内的进口、国产禽畜内脏、鸡胫、"凤爪"等进行检查，对不具备经营卫生许可证、进口检疫检验证的商家，对其出售的不合格食品要全部予以销毁。

（3）认真阅读下面这则会议通知，对照会议通知的写作要求，指出其毛病，最后将它修改成清楚具体、简洁明了的通知文稿。先回答下面的六个问题，然后动笔修改。

1）标题有什么问题？

2）主送有什么原则性的错误？

3）通知缘由部分缺少会议事项中的什么内容？语言方面存在什么问题？

4）对与会人员的表述有什么不当之处？

5）要求所带材料是否合理？

6）报到时间的写法是否正确、规范？

关于召开布置开展
增产节约、劳动竞赛会议的通知

各分公司、分厂、各车间党支部、公司直属各部门：

为贯彻上级精神，总公司董事会研究决定在全公司范围内广'泛开展增产节约、劳动竞赛活动。现在把会议有关问题通知如下：

一、会议时间：10月4～8日。

二、会议地点：总公司招待所。

三、与会人员：各分公司、分厂、总公司各直属部门主管生产的负责同志、工会主席等。

四、请各单位准备好本单位开展劳动竞赛活动的经验材料，限5000字，报到时交给会务组。并请与会人员于10月4日前来报到。

××省石化总公司
一九××年九月二十日

（4）请阅读下面这份转发通知，然后思考问题。

××市环保局
关于转发《××县环保局关于开展
环保自检互检工作的总结报告》的通知

各县（区）环保局，各直属单位：

第二编　机关公文个论　（一）党政机关公文的撰写

　　××县环保局是我省环保工作的先进单位，积累了丰富的工作经验。近年来，他们通过开展环保自检和互检，有效地推动了环保工作的深入开展，并取得了良好效果。他们的经验基本也适于我市。现将《××县环保局关于开展环保自检互检工作的总结报告》转发给你们，望参照执行，以推动我市环保工作的深入开展。

××市环保局
一九九九年二月十六日

　　1）假如你是这个市环保局的下属，接此文后你有何想法？你能清晰地领会上级的发文意图吗？

　　2）本通知应用转发通知抑或批转通知？请就本通知的情况，说说你的看法：什么是转发，什么是批转；转发应该怎样转，批转应该怎样批？

　　3）就本通知，说说你的认定：其转发的文件是兄弟市的××县环保局的还是本市兄弟县的环保局？如果是兄弟市的环保局的文件，应该用转发，应该怎样去转发呢？如果是本市××县环保局的文件，本通知要应用批转，假定是这样，请你说说应该怎样去批转。

　　4）请你评说本通知的两点严重的不足在什么地方，并要求弄明白解决问题的办法。

　　5）当你认真完成上述4条思考题后，结合公文的行文规则思考：这样的发文有行文必要吗？发文单位应如何为机关立言？

　　五、思考题

　　1. 要深入领会通知的种类划分方法。请你依据《条例》对通知的功能界定，将通知的种类正确地划分出来。

　　2. 使用通知行文时，收和发两方的机关必然是什么关系？不是自己的下属机关能不能发通知？

　　3. 在实际工作中，往往会有给非下属机关发通知的现象，这是一种什么特殊情况？能否以文件格式的公文版头行文？为什么？通常的做法应该怎样处理？

　　4. 要注意将正式公文文种的通知同日常应用文书中的通知区别开来，思考其不同之处。

　　5. 省长颁布政府规章时使用令的形式公布施行，而在发布规范性文件时却不用令而是以办公厅名义发通知公布施行，请说出理由、根据。

　　六、训练题

　　1. 市纪委拟好一份《关于实现全市党风根本好转的规划》，请指出下列方向的处理方法：

　　（1）将这份规划报请市委批转各有关单位，其行文应如何处理？公文标题应怎样拟写？

　　（2）市委如果批准这个规划，其行文应如何处理？公文标题应如何拟写？

　　（3）其下属××县、区纪委收文后需将这个规划再往下发给下属机关，其行文应如何处理？公文标题应如何拟写？

　　2. 2003年1月6日，广州市人民政府第11届第113次常务会议讨论通过了关于修改《广州市摩托车报废管理规定》的决定其决定的内容有五个方面，需根据本决定对

《广州摩托车报废管理规定》全文作相应修改并重新公布。请正确回答：

(1) 广州市人民政府应如何行文处理？其颁行载体应使用通知抑或使用令？试写出文件的标题，并说出要这样处理、这样拟写的依据。

(2) 如果是韶关、梅州、汕头这些地级市人民政府要处理同样的问题，其行文处理又有什么不同？请讲出不同的地方和法律依据。

3. 全国人大常委会撤销成克杰所任副委员长职务，为什么要用公告？然后推论指出：

(1) 一个市的人民政府，要撤销一个局长的职务，在行文前必须依据什么文件？应当怎样行文处理？应该使用什么文种？

(2) 如果是这个政府里的某局，需要免去一个科长，其行文处理又是怎样？请说出依据。

(3) 有一所学校开除一个学生使用公告行文，其处理方法错在哪里？其正确的行文程序是怎样的？该选用什么文种？怎样行文？

(4) 有一所学校任命一个副科长，用决定行文，其处理方法错在哪里？其正确的行文程序应该怎样？该用什么文种？怎样行文？

第三节 通报的写法

一、温故知新

通报在写作上与情况报告、简报、调查报告等文种有近似的地方，但在用法上却有很大的不同。请先复习通报文种的相关知识，然后一边阅读例文一边同相近似的文种比较，从中领悟出通报的文种特色，从而掌握用法与写法。在阅读表彰性通报时，要注意与嘉奖令、表彰决定相比较；在阅读批评性通报时，要与决定、通知相比较；阅读传达性通报时，要与情况报告、简报相比较，分辨出各自相近而又有异的地方，弄懂应用上的不同、写作上的差异。

二、例文学习

选入例文三篇，分别代表了通报的三种类型和不同的三种功能。请通过例文分别体会表彰通报的激励、鼓舞作用，情况通报的互通情报及时供领导决策作参考的价值所在，批评通报的教育作用。

三、通报的用法

通报是下行文，使用下行文件格式，是领导机关在表彰先进、批评错误、传达情况时使用的公文。在表彰先进时，要注意与嘉奖令、表彰决定相区别；在批评错误时，要注意与决定、通知相区别；在传达情况时，要注意与情况报告、简报相区别，把握好分寸，准确地使用。

四、通报的写作要求

（一）注意时效性

发通报必须有很强的时效性，要抓住时机，及时将先进典型和经验向社会宣传推广，对反面典型予以揭露，引起警戒，或对某些重大事项和重要情况及时予以通报，以起到交流情况、信息，指导工作的作用。

（二）注意指导性

不是事无巨细都要发通报，要选择对面上工作有普遍指导意义的事项来发通报。要有普遍的指导意义，就应选择典型。先进的典型要能反映事物的本质特征，能揭示时代的本质，体现时代的精神。反面的典型，应有一定的代表性，有鉴戒的作用。

（三）注意真实性

通报中所涉及的事例，必须是客观存在的，经过反复调查，真实可靠，绝不允许捏造和虚构。另外，事例的反映要准确，不能夸大或缩小，要实事求是。通报有时要在结尾部分提出希望和号召，也必须切合实际，不脱离现实，要有一定的针对性，使读者接受号召，受到启示。

五、通报的结构与写法

通报由标题、主送、正文、生效标识四个部分组成。

（一）标题

通报的标题一般有两种写法：一是完全式标题，即由发文机关名称、事由、文种三部分组成；二是省略发文机关名称，只有事由和文种。

（二）主送

通报的主送情况有两种：一是行文对象有专指的，要写上主送机关；二是通报为普发性的，即可不标主送机关。

（三）正文

通报的正文一般由引据、主体、结语三部分组成。

1. **引据，也称总提或导语**

首先用高度概括的语言扼要地托出全文的中心，勾勒出一个总体轮廓和基本事实，继而表明发文机关或肯定或否定的态度，即发出通报的决定和希望。

2. **主体**

由两部分构成：其一，事实与评析。这部分是通报的重点和核心，写法可虚实结合，先实后虚。即先适当地详写事实（先进事迹、错误事实、重要精神或情况）的全过程或全部内容，交代清楚事情的来龙去脉，通常包括事实发生的时间、地点、人员、主要情节、结果及影响等，事实一定要真实，用语一定要准确。使受文者阅后即能掌握全貌，并能从中分清是非曲直，以便认同发文机关的意图。在叙述事实的基础上，从中提炼出经验或教训，具有示范性的，还要作出适当的评价，概括出典型的意义和主要经验；属于警戒性的，则要分析问题产生的主客观原因及其带来的危害，从中应吸取的教训。其二，决定，也称结论，是通报核心部分的一个方面。文字力求简洁，是前因之果，体现行文的直接目的，对被通报的内容作出评价或提出处理意见。表扬的要明确给予肯定，写明授予什么荣誉，给予什么奖励；批评的要写明对责任者惩戒的意见。

3. 结语

结语即要求或希望，是前两部分的落脚点。因为通报的目的（知照性通报除外）是为了号召大家学习先进或是告诫人们防止发生类似错误，或是要求大家重视某一情况，倡导某一精神。所以要按照行文目的提出通报的要求，或推广，或警醒，提出相应的意见、措施，以求得到落实。

（四）生效标识

在标题中注明发文单位名称，在落款处，用汉字写上年月日并盖上印章。

【思考与练习】

通报"适用于表彰先进，批评错误，传达重要精神或者情况"，在写法上与简报、新闻有相似之处，但是毕竟文种不同、功能不同，因而写法上仍有不同。要注意依据行文目的的差异，抓住通报的发文主旨，体会出通报的正确写法。

一、概念题

通报　表彰性通报　批评通报　传达性通报　概括性语言　结论式断言　事故原因分析　传达重要精神或者情况

二、阅读题

1. 阅读通报例文。

2. 体会通报的分类和写法，然后再阅读令、决定有关表彰、批评的例文，体会其共同点和不同点，找出在程度、范围方面的差异，从而理解这三个文种的不同风格特点。

3. 阅读简报、公报，相互比较，体会这些文种之间相似和差异之处。

三、改错题

1. ××处关于×××同志的考察报告。

2. 关于对×××进行欺骗伪造病假条的通报。

3. 关于组织青少年支援甘肃采集树种的通知。

4. ××市公安局关于严禁打架斗殴和收缴武器的通告。

5. ×××航运管理所航行通告。

第二编 机关公文个论 （一）党政机关公文的撰写

四、训练题

1. 通报是下行文，其功能有三——表彰、批评、传达。但是，具备这三种功能的尚有其他文种，在使用中如果不注意准确区分便会张冠李戴造成行文不当。用于表彰，有令、决定、通报；用于批评，一般用通报，也可以用决定；传达情况（上级机关向下级机关）用通报、简报（非公文）。下级向上级报告情况用报告。这些不同的情况、不同的用法，是怎样去界定的？必须深入地研究相关例文，体会这些文种的不同用法。

2. 请依据通报、决定、命令（令）这三个文种在表彰功能方面的用法，通过阅读相关例文，分别指出，在什么情况下的表彰用令、什么情况下的表彰用决定、什么情况下的表彰用通报。

3. 撰写通报，必须是真人真事，即使是完成作业练习也必须是真人真事，而且还需事迹过硬，能起到正面的宣传教育作用。这与采写新闻稿、简报稿有相同之处。但是，也有区别：通报，是领导机关下发的公文，必须由机关的名义行文，要经领导人签发；新闻稿，是记者撰稿，经主编签发；简报稿，可以由机关的个人采写，主编审阅认可即可。

　　王羽丰医师是广东省中医院的一名年轻的副主任医生。但是，他老成持重，对病号有爱心。在全国著名老中医邓晋丰教授和林定坤教授、陈博来教授的指导下，带领了他的一个医疗团队，很有建树、很有成效。例如，有一位82岁高龄的女患者，因"腰痛伴双下肢麻痛10年，加重伴行走困难3月"入院，入院完善腰椎MR检查后提示腰椎椎管极重度狭窄，同时患者又有长期颈痛病史，完善颈椎X光及MR后提示颈椎多阶段后纵韧带骨化，严重颈椎椎管狭窄，结合患者综合病情及入院检查，腰椎椎管狭窄及脊髓型颈椎病诊断明确，经与患者及其家属沟通其病情后，其表示理解，并尽快要求手术治疗，因患者高龄，王羽丰主任对病人进行详细评估，并请麻醉科评估手术风险，排除手术绝对禁忌症后行腰椎减压融合固定及颈椎后路开门手术，手术过程非常顺利，患者术后恢复良好，颈腰腿痛较前明显缓解，病人康复出院。

在他的医疗团队里，经常会涌现出许多新人新事、好人好事。请你前往采访，并撰写成通报稿（以发文机关的角度采写、行文）。

第四章 报告 请示 批复

第一节 报告的写法

一、温故知新

什么是报告,报告是用来干什么的,报告什么,怎样去报告,这是学习报告文种必须解决的问题。下级机关向自己的上级机关汇报工作、反映情况、答复上级机关询问,就必须使用报告行文。下级机关依据自己的职责或依照上级部署开展了工作,或有了情况,或发现了问题,或完成了任务,或遇到了问题,或上级有了询问等,均应及时、如实地汇报、反映。

上级机关要指挥全局,靠什么来决策呢?上级深入下层的调查研究固然十分重要,但是下级机关的报告切不容忽视。请认真阅读例文,从中得到写好报告的重要启迪。

二、例文学习

报告,有主动报告和被动报告两种。主动报告就是上级没有要求,自己做了工作或出现情况,自动自觉地写出报告给上级机关以了解情况。被动报告是上级机关来电或来文询问或布置时必须作答的报告。选入例文六篇,各具代表性。我们该怎样报告工作、怎样写出工作报告,认真阅读例文,将会有很好的启发。

三、报告的用法

报告是上行文,必须使用公文格式的公文版头,遵循上行的行文原则。报告属陈述性文件,或汇报工作,或反映情况,或答复上级的有关询问,都必须采用陈述的方式,不能过多地说理议论。汇报工作,反映情况,不能夹带请示事项。

报告的行文方向,由于法理因素、管理因素、党的执政因素,形成了其特殊性。凡受人大监督的机关,即使是平级,也必须使用报告向人大汇报工作、反映情况、答复询问;一府两院和有关人民团体在向本级党委相关的职能部门汇报工作、反映情况、答复询问时,依法必须使用报告。

四、报告的写作要求

(一)材料要确凿

制发报告的目的是为了让上级机关了解、掌握实际情况,便于制定政策,作出决断和处理问题，因此，报告的情况、事项、典型、数字等材料都要经过严格核实，要确凿无误，不能弄虚作假，欺骗上级机关。

（二）立意要新

在占有大量材料的基础上，要对材料进行研究、分析、评价，从中发现新的材料，从新的角度提炼出新的观点，形成新的主旨。只有这样，才能反映某项工作或某段工作的特点。所以，立意新的报告才有价值和意义。

（三）报告要及时

制发报告的任务是向上级机关提供材料，让其了解和掌握情况，并作出相应的决策或批示。因此，向上级汇报工作、反映情况、提出意见或建议、答复询问等，一定要及时。

（四）要掌握报告模式，体现出报告的文体特点

下级机关向上级机关或主管部门汇报工作、反映情况，其目的是使上级机关了解和掌握情况，更好地对自己的工作作出决策或进行指导，所以，报告具有鲜明的汇报性。报告是对工作的回顾、分析和总结，反映工作的成绩、情况、做法及问题。所以，要反映出工作的过程性和实践性。没有实践，就没有报告。写工作报告决不能离开工作实际。报告一般是直接具体地陈述本机关的工作、情况、问题、做法及意见或建议等，因此报告的行文主要用陈述的表达方式。

（五）不夹带请示事项

报告不得夹带请示事项。这是因为对报告，上级机关不一定作批示；而对请示，上级机关必须批复。此外，要注意将建议性行文改用意见这一新文种。

五、报告的结构与写法

报告一般由标题、主送机关、正文、成文日期和生效标识组成。

（一）标题

报告的标题有两种形式：一是标准式，即由发文机关、事由和文种三要素组成；二是简化式，即只由事由、文种两要素组成。事由用介词结构方式，这样就能将报告的主体内容揭示出来，一目了然。

（二）主送机关

报告有主送机关，是发文机关的直属上级机关或是其业务指导机关，其他机关不用报告行文，如果需要，可用"抄送"方式将该报告送达。

（三）正文

报告的正文，因其性质的不同而写法亦有不同：

（1）报送文物的报告（文字材料如报表、账册、图片和其他实物），其结构十分简单，直叙报送对象即可。

（2）汇报工作或答复询问的报告，要分成引据、主体、结语三个层次来写。

引据，是正文的开头，写报告缘由或依据、目的。用简洁的语言交代为什么要写报告，然后用一句过渡语"现将……情况报告如下"、"现将情况汇报如下"或"现将情况答复如下"，并用冒号领起下文。

报告正文的主体，主要写报告事项。在过渡语、冒号之后，另起一段写报告内容。撰写时要紧紧围绕行文的目的和主旨进行陈述。如是汇报工作，则应首先写明工作的基本情况，其次写明主要做法和成绩，包括采取的办法、措施以及所产生的效果等，最后写明还存在什么问题及今后的工作设想。如果是答复上级的询问和要求，应首先扼要叙述上级机关询问的事项或提出的交办的任务，然后写明处理的大致过程，包括所采取的办法或措施，以及在处理中遇到的问题及需要进一步陈述的事项等，最后交代处理结果，同时征询上级机关对处理结果的意见。如果内容比较多，可采用分条列项的方式来行文。行文时应注意避虚就实，突出重点，恰当安排内容层次，体现一定的逻辑性。

报告结尾，在正文末尾写上"特此报告""现报上，请查收""以上报告，请审阅""以上报告当否，请指正"等。结语应单列一行。

（3）反映情况的报告，则需要分事情、原因、对策三个部分依序来写。如例文四，财政部在自己主管的工作中发现了不少地方在人为抬高基数做假账的不正常现象后，立刻将情况报告国务院，并根据所发生的情况提出了建议。国务院接到财政部的报告之后，立刻采取措施，于2002年1月1日发出紧急通知，要求各地认真进行检查，坚决杜绝和纠正人为抬高基数的错误做法。从该例文可以看出，及时的情况报告能为上级机关决策服务，使错误少犯，损失减少。及时向上级机关反映情况是下级机关义不容辞的责任。

（四）生效标识

在落款处，要写明成文日期、盖印。

【思考与练习】

学习报告文种，要充分认识到报告是下级机关向上级领导机关汇报工作、反映情况、签复上级询问的公文文种，是下级机关的工作责任。我们必须认真坚持报告制度，提高报告能力，为自己在未来的工作中增强实践的信心能力。为什么要报告？报告什么？怎样报告？这是学习和探讨的课题。

一、概念题

报告　反映情况　汇报工作　答询问题　过渡语　报告缘由　报告事项　报告语

第二编　机关公文个论　（一）党政机关公文的撰写

会议报告　工作报告　情况报告

二、阅读题

1. 阅读报告例文。

2. 阅读、体会相关的报告，如政府工作报告、调查报告、财务分析报告、审查报告、述职报告、科技实验报告等，体会各种报告的异同。

3. 深入阅读报告例文，体会下级机关在什么情况下必须写怎样的报告给上级机关，其作用、意义是什么。

4. 通过阅读，认识报告文种、报告请示制度，了解《党政机关公文处理工作条例》对报告的释义，掌握报告请示制度。

三、填空题

（1）报告是上行文，只能报送给上级机关，其功能是（　　　　）、（　　　　）、（　　　　）。

（2）向上级机关请求事项不能在报告中提出，而应以（　　　）文种行文；向平级机关和不相隶属机关请求批准应以（　　　）行文。

（3）向上级机关提出意见、建议不要用报告而应该用（　　　）行文。

（4）试以自己所掌握的知识将党政机关公文的报告和其他应用文种的报告进行比较，然后指出这些报告之间的差异。

政府工作报告——

调查报告——

财务分析报告——

审查报告——

述职报告——

科技实验报告——

四、简答题

阅读下面这段话，然后回答问题。

要掌握报告模式，体现出报告的文体特点。就是说，下级机关向上级机关或主管部门汇报工作、反映情况，其目的是使上级机关了解和掌握情况，更好地对自己的工作作出决策或进行指导，所以，报告具有鲜明的汇报性。报告是对工作的回顾、分析和总结，反映工作的成绩、情况、做法及问题。所以，要反映出工作的过程性和实践性。没有实践，就没有报告。写工作报告决不能离开工作实际。报告一般都是直接具体地陈述本机关的工作、情况、问题、做法及意见或建议等，因此报告的行文主要用陈述的表达方式。

1. 分析指出为什么说"没有实践，就没有报告"。

2. 写作工作报告应怎样体现汇报性和实践性？

第二节　请示的写法

一、温故知新

坚持请示、报告制度是我们做好工作的有效保证。我们在工作中难免会遇上或由于能力上的原因或由于权力所限的问题需要向上级机关请示的情况。不懂的问题必须请示，不懂装懂不是聪明反而会坏事；有些事自己虽懂得怎样做，甚至有把握做好，但是没有权限，也必须请示上级，只有上级批准后才能付诸实施。请示文种应当如何用、如何写，请认真结合前面学习过的请示文种的特点、分类，将本书所选例文细心研究。逐一领会请示文种的应用方法与写作方法。

二、例文学习

《党政机关公文处理工作条例》对请示的释义是："适用于向上级机关请求指示、批准。"就是说，只能给有隶属关系的上级机关行文，内容是请求指示或批准。请示的使用范围是：

（1）事关党的方针政策，又超出本机关职权范围，要办理时，须请示。

（2）对上级文件精神领会不透，或有不同看法，要贯彻时，须请求上级予以明确指示。

（3）工作中有难题，须兄弟单位配合，或兄弟单位之间工作有分歧，影响了工作的开展，本单位无力解决时，须请求上级协助。

（4）工作中有新的重要实施方案，或遇到无章可循的问题，要执行又无把握，须先请示。

（5）上级机关规定必须请示获准后才能办理的事项。

（6）请示文件发出，并非文件运行的终结，而是开始。必须等待上级机关的明确答复即批复后，才能依据批复内容贯彻执行。

三、请示的用法

请示是上行文，必须使用上行的文件格式，遵守行文规则，只给直接上级请示，不越级请示，也不多头请示。请示的行文要注意使用陈述的表达方式，申述请示该事项的原由，而不空泛论说大道理；用事实说话，讲清请示事项的"据"（指有法律、法规和上级指示的依据）、"需"（以实际情况确实需要）、"利"（于本单位有利，于全局有利）。还要语言得体，措词得当。

四、请示的写作要求

（一）注意报告与请示的区别

报告与请示都是陈述性上行文，稍有不慎就容易混淆。但是，它们毕竟是不同的两个文种，应注意区分，不能用错。其不同之处可从以下四个方面区别：

（1）行文目的不同。报告是为了让上级机关了解情况，报告单位并无他求；而请示却是发文单位有求于上级机关，或请求指示，或请求批准，或请示批转。

（2）行文时间不同。请示应在办事之前发文，所谓"事前请示"，就是先向上级请示怎么做。报告是在办完事后行文，向上级汇报办事结果或办事情况，即所谓"事后报告"。

(3) 写法上不同。报告的容量可大可小，内容较多，侧重于陈述情况，形式多样，表述灵活，充分体现出行文的报告性。请示的内容单一，就一件事发文请示，侧重于陈述理由，讲明原因，充分体现出行文的请求性，篇幅较小。

(4) 结尾用语不同。报告的结束语为"特此报告""以上报告，请审阅"，或者可以省略结束惯用语。请示的结束惯用语不能省略，一定要用"以上请示当否，请指示""以上请示如无不当，请批准"之类的用语。

（二）理由要充分

请示的问题或事项，要言之有据，言之有理，要具有说服力。

（三）不越级请示

在一般情况下，请示不得越级行文；如因特殊情况或紧急事项，须越级行文时，应将请示同时抄送越过的上级机关。此外，请示不得同时抄送给下级机关。

要特别注意的是：下级机关有了困难，需要请求上级帮助解决，上级机关应当深入了解情况，给予实实在在的帮助。但是，只有当需要与可能同在时才有可能得到圆满解决。"需要"是指下级机关有了困难需要得到帮助；"可能"是指上级机关有帮助解决问题的条件（掂量全局应当帮，而且有帮的能力），只有两者同时都存在，这样才能得到解决。但是，作为下级机关，要认识、理解这个道理。当需求没有能得到上级的帮助解决时，要体谅上级的难处，也要站在上级机关的位置上去考虑全局，衡量一下自己的困难在全局中的比重。作为上级机关，在处理问题时也要代下级考虑一下，即使没有人、财、物的帮助，也要尽可能去了解一下，帮忙出个点子，想个主意，或许能促使下级机关找到解决问题的好办法。

五、请示的结构与写法

请示的结构同报告相近，均由标题、主送机关、正文、生效标识四个部分组成。但写法上与报告有不同之处。报告主要是陈述已经产生的事实、数据，而请示则主要是陈述请示事项的理由、依据。

（一）标题

请示的标题要写明事由，标题中不能写请示者的姓名。以个人名义写的请示，署名在发文机关的位置；以单位名义写的请示，要在发文文字位置的右侧书写签发人和会签人姓名，并在附注处写上联系人姓名和电话。

（二）主送机关

请示的主送机关只能写有隶属关系的一个领导机关。不能多头请示，属多头领导的单位，可以用抄送的方式将请示件抄送给另一个领导机关。不能越级请示，特殊情况须越级请示的，应抄送被越过的机关。

（三）正文

请示的正文，一般由请示缘由、请示事项和请示惯用结束语三部分组成。

（1）请示缘由，也即引据。写请示的理由和依据，请示的理由必须在兼顾全局性的情况下充分、合理，请示的依据要注明出处。用简约的语句交代完请示缘由之后，用一句过渡语，如"请示如下""请示事项如下""特请示如下"，后面加冒号，以领述请示事项。但是，也可以先介绍情况，然后水到渠成地提出请示事项。

（2）请示事项，这是请示的主体，即请示内容。要将请示事项清楚、明白、具体地写出，让人一看便明白请示什么。要注意说理充分，切忌讲大道理，要陈述理由，不能发议论。可采用分条列项的方法，使表述有条理。陈述请示的理由，要抓住为什么要立这个请示项，如果没有这个立项，会有怎样的不利局面；如果有了这个立项，情况将会出现怎样的有利局面。是陈述理由，而不是论证理由。要坚持一文一事，不能一文数事，以免延误办事。

（3）请求结束语，惯用的是"以上请示当否，请批示""以上请示如无不当，请批准"，如果是请求批转的，写"以上请示如无不妥，请批转有关单位执行"。

（四）生效标识

在落款处写上成文年月日，加盖公章。凡请示发文，即使是联合发文，也仅用主办机关一个印章。但联合行文的签发人须将会签人姓名全部标注在签发人位置上。

【思考与练习】

学习请示文种，必须认识到要树立"坚持请示报告制度"的意识，并在今后的工作中坚持请示报告制度。然后是研究如何提高自己的请示能力，即熟练驾驭为什么要请示、请示什么、怎样请示等技巧问题。

一、概念题

请示 签发人 会签人 多头领导 越级请示 惯用语 陈述事实 陈述理由 请示依据 事前请示 事后报告 当否，请批示

二、阅读题

1. 阅读请示例文。

2. 通过阅读例文，深入体会写作请示应该怎样陈述理由、说理充分。

三、简答题

请示是上行文，是给自己的直接上级行文的公文文种，其功能是请求指示或请求批准（包括批转）。那么，对不相隶属机关，有请求批准的事项，行文时该用什么文种呢？

四、训练题

1. 根据撰写请示的要求，运用法律、法规指出下面这份请示从主旨、立意、格式到文字表述方面存在的毛病，并加以改写。

第二编 机关公文个论 （一）党政机关公文的撰写

兴建××镇××公路的用地请示

××县人民政府：

为发展我镇经济，落实《××镇"八五"计划措施》，接通×××至××的公路，加快商品流通，我镇与邻镇××镇经过充分研究讨论，决定共同兴建××公路。属我镇地方范围的路段由我镇建设。

在建造××公路的同时，我镇计划开发公路两旁各 85 米纵深的土地为工业、商业开发用地，工业、商业开发用地面积为 691900 平方米，其中占用水田面积 211900 平方米，山坡地面积为 48 万平方米。

根据测算，我镇兴建××公路总投资为壹仟贰佰万元，我们采取以地筑路、以地养路、引进外资等形式进行发展，望县人民政府和有关部门给我镇××公路及开发用地 691900 平方米请示批复为荷。

特呈报告。

一九九四年三月（印章）

2. 下面是一则工厂内部使用的请示，可以用日常应用文表达，但也必须注意约定俗成的规范，请参考下面的提示指出其不规范之处，说说应如何改正。

厂办公室：

最近天气日渐炎热，为保证生产正常进行，特请安置降温设备。

四车间
××年×月×日

提示：

（1）按常理，车间同厂办公室并非上下级关系。

（2）请示缘由中的理由不够充分，因为保证生产正常进行的不是降温设备。而降温设备之所以重要，是它能改善工人的劳动条件，与保证生产正常进行并无直接关系。

（3）请示事项不完善，车间有多大？容有多少工人劳动？需要多大马力的设备？这些应在请示事项中明确列出。

（4）缺少请示语，成了"下命令"。

（5）降温设备是"安置"还是"安装"？

3. 认真阅读下面这则请示，按照提示内容思考问题，然后修改成更为完善的文稿。

关于建议单独组织机电、双电
专业班四、五级工等级考核的请示

市劳动局：

根据部、省、市劳动部门的部署，我校从 1992 年起试办机电一体化和电子、电工复合专业班，并自编教学大纲，进行理论教学和实习教学。现在两个班的课程都已基本结束。鉴于目前劳动部尚未颁布复合工种考核等级标准，因此我校这两个班拟不参加全市统一的单一工种的等级考核。建议由市劳动局所属技工考核办公室另行组织复合工种四、五级工等级考核。妥否，请批示。

××技工学校
××××年×月×日

提示：

（1）该请示省略了正本公文的哪些组成部分？请一一补上。

· 155 ·

（2）原文标题应重新拟定，要准确概括事由，内文同标题中专业名称要一致。

（3）要吃透原请示精神，重新组织行文。要求准确、得当地表达请示缘由和请示事项。

（4）结尾语，是用"请批示"，抑或用"请批准"，应考虑同请示事项相一致。

4. 下面是两篇曾被推为例文的文稿，请你认真阅读，仔细推敲，从精益求精的角度去思考一下，回答提出来的问题，指出尚需改进的地方。

××化工厂关于贯彻按劳分配政策
两个具体问题的请示

省劳动厅：

  按劳分配，是社会主义分配的基本原则，也是社会主义优越性之一。几年来，我厂由于认真贯彻了按劳分配政策，极大地激发了广大职工的社会主义劳动积极性，使得生产率成倍地增长，乃至几倍地增长。

  为全面贯彻按劳分配原则，进一步调动职工的劳动积极性，现就两项劳资政策问题请示如下：

  一、拟用1990年全厂超额利润的10%为全厂职工晋升工资。其中，1990年4月30日在册职工每人晋升一级，凡班（组）长和车间先进生产（工作）者及其以上领导和先进人物再依次晋升一级；全厂技术突击组成员每人浮动一级工资，组长每人浮动两级工资。

  二、拟用1990年全厂超额利润的10%一次性为全厂职工每人增发奖金平均100元，具体金额按劳动出勤率和完成定额计算。

  以上请示，妥否，请批示。

××化工厂
一九九〇年十一月十日

（原载《应用写作》2000年11期"例文看台"）

请回答下面的问题：

（1）×××化工厂是一个经济实体，而省劳动厅则是省人民政府的一个工作部门，它们之间存在着怎样的行文关系？该厂给省劳动厅行文，应选择什么文种？（报告、请示、意见、函之中的一种）

（2）就×××化工厂给省劳动厅的请示，找出其请示缘由是什么，其请示事项又是什么。

1）其请示缘由是：

2）其请示事项是：

请考虑：一间工厂，为本厂工人晋升工资、发奖金，该向什么机关请示？该请示事项属政策问题还是具体的行政问题？这种问题向省劳动厅请示，当不当？抑或是向自己的直接隶属领导机关请示才恰当？

3）其原文正文开头第一句"按劳……"应该不应该写？为什么？其第二句"几年来……"有没有必要写？为什么？

4）其领起语概括为"现就两项劳资政策问题请示如下"，其请示事项是否属劳资政策范畴？如果真的就此问题去请示劳动厅，劳动厅能批准吗？

5）对请示事项的文字表述有什么不同看法，比如，是谁决定这么做，其依据是什

第二编 机关公文个论 （一）党政机关公文的撰写

么等。

（3）在解决了上述诸问题之后，请你为××化工厂重新起草一份行文方向正确、文种正确、请示缘由正确、请示事项正确、文字表述有据得体的新文稿。

省经济研究中心关于嘉奖刘××的请示

省总工会：

我中心是省政府的事业机构，负责全省的经济研究工作。由于中心尚无工会组织，故未能及时参加工会的有关活动。近闻总工会在全省开展评奖活动，故将为我中心刘××同志立功一事请示如下：

刘××，男，52岁，1964年大学毕业，现为副研究员。该同志长期从事农业经济的研究工作，作出了许多卓著成绩，多次受到领导的好评，并为农业生产创造了显著效益。其中《×××××××》和《××××××××××》两篇论文分别荣获全国农学会一、二等奖，《××××××》一书被评为全国科普鼓励奖，其本人已被编入××中青年科学家辞典。

根据×总发〔19××〕××号文件精神，刘××同志符合立功条件，望予嘉奖。

以上，妥否，请批示。

省经济研究中心
一九九×年×月×日

（原载《应用写作》2000年11期"例文看台"）

请就省经济研究中心给省总工会的请示进行思考并动手修正：

（1）省经济研究中心是省政府的一个下属机构，同省总工会是隶属级关系、平级关系，还是不相隶属关系？该中心向省总工会行文，以它们这种关系，应该选用什么文种才正确？

提示：如果该中心成立了工会组织，又是以该中心的工会名义行文，这样，省总工会同研究中心工会便是业务指导关系。但现在行文的不是工会而是中心。

（2）该请示的行文目的是什么？该中心依据什么向省总工会行文？

（3）依据该请示的行文目的，其行文内容的说服力够不够？还必须送上哪些不能缺漏的材料作为附件随文附上？

（4）依原文请示的写作，指出其请示缘由、请示事项、请求语有哪些不当之处。

（5）请将材料模拟备齐，然后代该中心拟写一份新的、文种正确、表述正确的文稿。文稿写成后两相比较，然后思考：公文的写作必须据法写作，也必须据理写作，其理其据必须充分体现。最后，结合×××化工厂的行文和××中心给省总工会的行文，总结出写这种公文必须记取怎样的经验教训。

5. 请阅读下面的这份请示，然后参加讨论。

××县工商行政管理局
关于统一制作烟花鞭炮摊床
收费问题的请示

×工商字〔2007〕24号

县政府：

为加强防火安全管理及消除人身伤害隐患，规范节日期间烟花鞭炮摊床的设置安放，我局拟从2008年新年起，统一制作烟花鞭炮销售摊床，编号发放相关业户，并要求常年使用。

根据委托加工厂家的初步匡算,每个摊床制作成本为500.00元整,由我局安排技术人员代业户安装到位,并为业户开具正式收费凭证。

以上妥否,请批复。

附件:烟花鞭炮摊床设计、用料及加工价格明细表

二〇〇七年九月一日(盖印)

这份公文反映了两个方面的事项:一是该工商局准备做一项工作即统一制作烟花鞭炮摊床。这项工作是该局职权范围内的事项,有权直接处理,也该处理。二是需要向业户收费,这是无权直接处理的,所以向县政府请示。问题是:该局该怎么办?

依据案例,可以拟出以下三个方案:①向顶头上司请示(该工商局就这么做了);②向县物价局发函联系(有人说物价局管物价,该同该局联系批准收费即可);③该局只作管理不参与收费,委托好加工厂家后要业户直接同厂家打交道,价格由他们协商。

讨论:

(1)你将选择哪一个方案?要求从依法行政的角度说出选取的理由、依据。

(2)同理,请你从依法行政的角度说出那两个不选取方案的理由、依据。

(3)作为训练自己的应用能力,你不妨对这三个方案都作取舍的考虑,都要从依法行政的角度去找理由、依据,然后通过比较,找到一个最具有说服力的方案。

第三节 批复的写法

一、温故知新

在机关里,每天都会收到一些来函,都要作出回应,如果不能得体、得当地处理,往往会影响办文效果。有的年轻人,以为批准、批示就是权力的表现,就要有"上级的样子",其实,上级也要尊重下级。我们通过对四篇例文的学习,可以体会到处事办文必须注意礼貌,尊重对方,又要将内容讲明白,让人理解、接受,使需要办理的事情办得顺利,办得好。

二、例文学习

批复是上级机关收到下级机关的请示之后,经研究作出的答复决定。可以是批准,也可以是不批准,或指示办公部门答复。批复是上级机关对下级机关的请示应当承担的领导责任。上级的批复是上级机关的决定,下级机关必须遵照执行。

三、批复的用法

批复是下行文,可以按照下行的文件格式行文,也可以使用信函格式行文。但是在撰写时要注意与请示来文机关的行文关系:下级机关来文请示,用批复;如果请示单位不是隶属机关,不能使用批复而应当使用信函格式函复;如果仅就来文作答,可以用答复。

四、批复的写作要求

(一) 全面掌握请示的内容

批复是针对请示来写的,要求写作人员认真研究请示的事项是否符合近期的工作需要,以及党的方针政策、国家的法律法令,等等;还要研究请示事项的可行性,是否符合客观实际。

(二) 态度鲜明,批复清楚

批复内容是代表上级组织的意见,给下级机关的行动予以指示,形成法定的效力,下级机关需据此而行动,所以批复的行文必须简单明了、准确清楚。对请示的事项哪些同意,哪些不同意,有什么具体要求,都要在批复中讲清楚,不能含糊不清,也不能避而不答;如果是不同意的,要简单地讲清道理。

(三) 语言精练准确,篇幅短小

批复的语言要精练准确,简明扼要,语气坚决、肯定,使请示单位一看就明白。批复一般表明态度,提出具体要求,无须长篇叙述和说理,篇幅不宜过长。

五、批复的结构与写法

批复的结构由标题、主送机关、正文和生效标识组成。

(一) 标题

批复的标题,常见的有两种:一是由机关名称、事由、文种组成;二是由事由、文种组成。前者往往是党政领导机关对重大事项联合发文批复,如例文一《中共××市委××市人民政府关于××县县直属机关机构设置和编制总额的批复》。后者为领导机关对一般事项的批复发文,如例文二《关于禁止在新丰江水库内搞旅游问题的批复》。

(二) 主送机关

批复的主送机关只写来文请示的机关。如果需要第二个单位知晓,宜用抄送的方法送达。

(三) 正文

批复的正文由批复引据、批复内容和批复结束语三项组成。

(1) 批复引据,就是在开头引叙来文,先引来文日期,然后引叙来文标题,或简述来文的请示事项,然后用括号括上来文号,接着写出依据什么进行批复。如例文一、例文二,分别提出其依据是"×政〔19××〕13号文精神"和"为确保水质优良,造福人民和子孙后代"。

(2) 批复内容,一般用"经研究""经××同意""经××会议决定""批复如下"

作领起语，然后表述批复的事项。批复内容简单的，可以一气呵成，如果内容较多，便要分条列项，逐一写明。

（3）批复结束语，一般用"特此批复""此复"。结语应独占一段，有时可以不用结束语。

（四）生效标识

批复是给下级机关执行的依据，因此，落款要写上年月日，还要加盖印章。

【思考与练习】

批复是上级机关针对下级机关的请示来文进行审批答复的行文。学习本文种主要是要正确、得当、得体地对批复进行处理：上级机关给下级机关行文用批复，使用文件格式；机关办公部门给下级机关行文则用函复或答复，使用信函格式；机关其他部门给平行机关或不相隶属机关用函复或答复，使用信函格式。

一、概念题

批复　悉　收悉　函复　答复　原则同意　鉴于　特此　专此　审批　审核

二、阅读题

1. 阅读批复例文。

2. 选入例文四篇，均十分典范。要分别站在发文机关和收文机关角度转换角色去领会。为什么会有批复、函复、答复的差异，其行文特色如何？

3. 阅读有关函复的例文。请求批准也可以用函，也可以用函批准或答复，但要注意行文条件。

三、简答题

1. 批复是上级机关针对自己下属机关的请示而写的答复，批准请求或不批准请求均须答复；对不是下属机关的请求则不能用批复行文。请问，该用什么文种行文？版头该用哪种版头？

2. 根据例文，分析指出批复、函复、答复在行文上和文种用法上以及行文措辞各方面的区别。

3. 试分析例文三，国务院办公厅为什么不用批复而用复函行文？

四、讨论题

1. 认真阅读例文四，回答问题：

（1）有人说，如果山东省人民政府将关于成立齐鲁（股份）银行的行文直接主送给中国人民银行，事情或许更能说透。这样做好吗？请说出理由。

（2）国务院办公厅为什么要将山东省的来文转给中国人民银行处理？

（3）中国人民银行给山东省的复函十分得体，请认真体会。

（4）实际上，山东省人民政府的行文请示是正确的，请你说出理由。

2. 下面是一则针对下级请示而拟写的批复。请仔细研究该文，指出它错在哪里。

××县供销合作社：

你社××发〔1988〕005号《关于供销社简易建筑费开支管理若干问题的请示》收悉。根据供销合作总社、财政部制定的《县以上供销合作社简易建筑费开支管理试行办法》的规定,简易建筑费拨款渠道已经改变。

　　特此批复。

××市供销合作社
一九九×年×月×日

第五章 议案 函 纪要

第一节 议案的写法

一、温故知新

议案这一文种，一般学生会比较生疏，不少学生往往会对"适用于各级人民政府按照法律程序向同级人大或人大常委会提请审议事项"这一限定产生错觉，认为自己是学生，即使毕业后也不能很快就担任较高级别职务因而用不上，可以暂不掌握这一文种。

其实，这是一个很大的误会。议案，不仅是行政机关公文，同时也是人大机关公文，更重要的是国家法律规定是人大专用文书，法定机关可以使用，人大代表也可以使用，是人民行使权利、人民当家做主的公务文书。我们通过对议案的学习，还可以扩展对提案、建议等文种的学习和运用，对提升自己驾驭文种能力、增长干才诸方面，都是十分得益的。

依照宪法的规定，人大机关是权力机关，是"一府两院"的监督机关。行政机关是权力机关的执行机关，受权力机关的法律监督。学习议案这一文种，可以更清楚地认识政府和人大机关的监督与被监督的法律关系。

学习议案文种，宜分两步：首先学习行政机关公文的议案，在此基础上应再学习人大机关公文的议案。只有掌握了人大机关公文议案，才能掌握议案的全面知识。掌握了议案的全面知识，对我们理解人民民主专政、为什么人大机关是"一府两院"的监督机关，将会产生更深层次的认识。

二、例文学习

我们学习议案，既要弄清楚议案的概念、文体的性质特点、类别，弄清与近似文体的区别，还要弄清楚议案的运作程序，理解"为什么要按法定程序办事的原则""人大的法律监督权源自国家的政体——人民民主专政"的关系。

三、议案的用法

应用和撰写议案，都是一件十分严肃的公务活动，是提议案人依据法律规定的职权范围，向人大提出议案。政协委员提出的建议和意见不能称为议案，职工代表在职代会所提出的意见和建议不能称为议案。这两者均应称为提案。只有向人大及其常委会提出的议事原案，而且还得被通过为议题才能成为议案，未予通过的则被称为建议。

人民代表提出议案必须达到法定的人数，在法定的期限提出。议案一经提交大会审议通过，便具有法律效力，未通过审议的议案，作为建议处理。议案的形成，有严格的法律程序。其程序为：提出、审议、表决、报告处理结果。就是说，首先按规定提出议案，接着要分别经人大有关的专门委员会审议，然后由有关专门委员会向会议主席团提出报告，再由主席团会议（或者委员长会议、主任会议）决定是否提请人大（或者常委会）会议审议。提交代表大会（或常委会）审议的议案，经讨论、表决通过后，用命令、公告或决议、决定的形式正式发布。

四、议案写作要求

（1）议案写作前，要深入调查研究，找准议题，缜密思索，准备好事实情况，政策、法规依据，群众要求与呼声等方面的材料。

议案写作前，首先要找准议题：是提议案还是提建议。提议案，其事项必须是在本级人大权力范围内的事项。并将自己的构想告知一起开会的人民代表，得到够额数代表的支持，自己领衔提出代表议案。在本级人大权力范围以外的，可提出建议（代表建议，即人大机关公文中的建议、批评和意见）。提出代表建议，可以联名，也可以独自签名。

（2）写作上要做到事实准确，引据合理，建议具体，措施有力。有的议案还要准备好附件材料供审议参考。

（3）凡提出议案均必须坚持一文一事（一事一案），利于研究、审议。

五、议案的结构与写法

议案有两种形式：公文式和表格式。法定机构议案多采用公文式，并以函件正本形式在期限内提交给人大。代表议案由撰写人自选，可以用公文式，也可以用表格式。

（一）公文式议案

公文式议案的结构由首部、正文、附件和落款四个部分组成。

1. 首部

首部由标题、发文字号和主送机关组成。

（1）标题。议案的标题同其他公文标题一样，由发文机关、事由、文种三要素组成。要注意简明、准确地概括议案事由，如《国务院关于提请审议兴建长江三峡工程的议案》。"国务院"是发文机关，"关于提请审议兴建长江三峡工程的"是事由，"议案"是文种。

（2）发文字号。由发文机关代码、年号和序号组成。

（3）主送机关。指审议议案的人大或人大常委会。在发文字号下一行顶格写受理、审定议案的人大会或人大常委会名称，加冒号。

2. 正文

这部分是议案内容的具体体现，包括案据、方案、结尾三项内容。

（1）案据。案据就是立案理由，是指提请本议案的起因、目的和依据。这部分既要充分有据，又要简明扼要。

(2) 方案。方案是指提请审议的议案的具体内容或条款。这是议案提出的意见和建议,要写明对提请审议问题的解决途径和办法;制定、修订法律、地方性法规的,应提交草案作为附件;建议批准采取有关行政手段时,要提出符合实际、切实可行的解决问题的方法,或有针对性地提出改进措施、今后打算、努力方向及奋斗目标。

(3) 结尾。结尾就是指正文部分结束时所用的提请要求。这是议案这一公文格式所要求的程式化用语,一般用"请大会审议决定"或"现提请审议"这类语言。

3. 附件

附件是议案公文的重要组成部分。议案常见的附件是随议案颁发的法律或地方性法规草案。有两种以上附件时,应标明顺序号和名称,不能只写"附件×件"或"附件如文"等。

4. 落款

落款就是在文尾签署和年月日两项内容。议案按规定由政府行政首长签署而不署政府机关名称。首长署名要盖名章,以示负责。首长于正文右下方签署。签署之下,以行政首长签发的日期作为成文时间。

(二) 表格式议案

表格式议案是供人民代表大会代表专用的议案。如表5-1和表5-2。

表5-1 表格式议案首页格式

××省××市××县第×届人民代表大会代表议案

第　　　号

案　由	
提议案人姓名或代表团名称	
联系人	代表团	
提交议案	年　　月　　日
议案全文	

表 5-2　表格式议案末页格式

第　　号

提议案人

姓　名	选　区	通讯地址及电话号码	所在地邮政编码

（1）案由。即议案标题。一般用一句话概括议案主旨或主要内容范围，即新闻式单标题；也可以采用公文式标题，写成"关于×××的议案"。

（2）提议案人姓名或代表团名称。若是某组织机构提出的议案，则填入全称或规范简称。若按法定人数代表联名提出议案时，领衔提出议案的代表姓名写在此栏，后写明"×××等××人"，并在表格末页"提议案人"一栏逐一列出代表姓名，且领衔提议案者排在第一名。

（3）联系人姓名及所在代表团。应填写清楚，以便联系。

（4）议案全文。其写作内容、要求与公文式议案一样。

（5）提交议案时间。填写具体的年月日。必须在大会主席团规定截止日期前提出。

填写表格式议案时，用钢笔或毛笔书写，字迹要清楚，不能潦草，要注意不写不规范的字。若字迹不清的，要请代表团工作人员代为誊清。一般由代表本人填写；书写有困难的，可由大会工作人员代写后，经代表签名认可。

【思考与练习】

学习议案文种要正确区分议案与提案、建议的区别，不仅要认识和掌握行政机关公文的议案，更要认识到议案与人大公文的联系、相关法律的规定与运作的律法程序。

一、概念题

议案　法律程序　提请审议事项　大会主席团　人大专门委员会　法律效力　议案的承办单位　议案形成的法律程序

二、阅读题

1. 阅读议案例文。

2. 通过对议案例文的阅读，认识、理解"议案"这一文种既是行政机关公文，又是人大公文，而两者关系又十分密切的内在联系。

3. 单纯从行政机关公文的角度看，议案的使用面不广，仅是政府或政府首脑使用，似乎同广大干部关系不大。但是，由于人大公文也有议案这一文种，而且人民代表亦可以使用议案这一文种，因之议案的使用面便大大扩展了，而且与人民息息相关。请阅读例文，体会出议案在党和人民政府同人民群众之间是怎样起着纽带作用的。

三、辨析题

1. 议案办理的法定程序是怎样的？

2. 请复习议案的文种辨析，再次思考议案、提案、建议的区别。

3. 人大代表提出的称为议案，政协委员提出的称为提案，职工代表提出的称为建议（也可称职工代表提案）。然而，有些机关单位在召开职工代表大会时，也称职工代表提出的建议为议案，这种称谓对不对、有没有法律依据？请查找相关法律、法规以正视听。

4. 分别从下列不同人员的角度去理解、领会对待议案应持的态度：①人民群众；②人民代表；③机关干部；④政府首脑；⑤经办议案的人员。

5. 试以请求上级机关批准事项的请求批准和以议案提请审议通过为例分析指出请示和议案的本质区别，并指出上下级机关关系与人大机关同"一府两院"机关的法律关系的区别。

四、训练题

选取自己身边发生的问题，经过调研，向能解决该问题的机关写出建议书。

提示：本习题，主要是训练自己的动手能力。动动脑思索，就发生在自己身边的某一件不尽如人意的事情，而你希望能将该事情办好，深入调查一番，拟出切实可行的对策、办法、措施，然后仿照代表建议，写一篇建议书（重点训练自己摆事实、讲道理、提出对应措施的方法）。

第二节　函的写法

一、温故知新

函的功能是用于不相隶属机关之间商洽工作、询问和答复问题、请求批准和答复审批事项。要注意是"用于不相隶属机关之间"。既然是不相隶属，就要注意尊重对方，得当得体。因此，公文格式是特定的，适用不相隶属机关之间使用的信函格式。

函，是使用频率很高的一个公文文种。但是在公文的处理、运作方面也是很容易出错的一个文种。公函与便函有别、函与信函格式有别。这些都必须通过多阅读函的例文才能领会出函的正确用法与写法的真谛。

二、例文学习

从一开始学习函件的写作便要牢牢树立一个深刻的意念：函要与信函格式严格区别开来；函，是公文文种之一，信函格式，是公文的格式之一。函，适用于不相隶属机关之间商洽工作、询问和答复问题、请求批准和答复审批事项；信函格式，不仅函可以用为载体，特殊情况下，报告、意见、通知、纪要等也可以用为载体。

三、函的用法

用函行文，必须抓住"适用于不相隶属机关"。凡有隶属关系的上下级机关不能以函行文。使用公文文种函，应按照国家行政机关公文平行文的体式撰写、使用信函格式运载，即使用信函式版头，将发文字号置于武文线之下、标题之上的右侧，首页不标识页码，文末要使用信函格式的版记。

坚持一事一函，方便对方研究、处理、答复。文字要简洁明了，让对方一看便明明白白。语言得体，谦逊礼让，尊重对方。注意主送上级机关办公部门的文件，不能主送上级机关；凡适合以办公部门名义行文的文件不以机关名义行文。

四、函的写作要求

撰写公文文种的函必须同便函严格区别。所谓的便函，就是没有按信函格式的要求设计，不用公文版头，制发不用经过公文的制发程序，仅用机关信笺纸写就内容，盖上公章的便条式的函件。这种便函只能用于一般联系，如果用作公文来办事，特别用于请求批准，是不严肃、不规范的，因为它根本不是法定公文。法定公文是按法规规定使用信函格式要求按公文制发的程序制作，其格式符合规范要求，用专门的信函格式，有发文字号，而且必须置于武文线之下、标题之上的右侧。

五、函的结构与写法

函的结构由标题、主送、正文、生效标识四个部分组成。

（一）标题

函的标题，要注意规范化。宜分发函和复函两类，各有不同写法。发函的标题有两种写法，一是完全标题，即由单位名称、事由和文种组成，如《××市人民政府关于在京山铁路压煤改线××站建立交桥的函》；二是省略发文单位，仅由事由和文种组成，如《关于请求批准在官汕路宁江桥头兴建办公营业大楼的函》。复函的标题也有两种写法，一是"四项式标题"，如《国务院办公厅关于同意国家质量监督检验检疫总局在局徽上使用国徽图案的复函》；二是"三项式标题"，如《对〈山东省人民政府关于成立齐鲁（股份）银行的请示〉的复函》，省略了发函机关名称。

（一）主送

函的主送单位，要注意写全称，不可随意写简称，以示对对方的尊重。

（三）正文

函的正文，一般有开头、主体、结尾三个层次。

（1）开头。发函，首先要写出发函的缘由，或目的式开头或根据式开头，依实际情况而定，但不能不交代目的、原因而直叙事项，否则会让人不知所云。如果是复函，要首先引叙来函文号及标题，让对方一看便知或依引据查找出发函对照，如果不引叙来文，会让对方收文后摸不着头脑。

（2）主体。说明要联系、要询问或要答复、要请求的事项。要将事项表述清楚。要注意语言得体、礼貌，尊重对方，不要用指示性语句，如"必须""应该""注意"之类。

（3）结尾。按行文目的，在末尾另起一行写"特此函达""特此函复""可否，请函复"。如果是请求批准的发函，要在附注处注明联系人和电话。

（四）生效标识

函也是正式公文，要注意端庄、严肃地使用公文生效标志。

【思考与练习】

学习公文文种的函，要注意区分好两个相似而不能混淆的事项：一是公文文种的函（称为公函）要与便函正确区分；二是公文文种的函是公文的文种之一，要与公文格式的函件格式正确区分。

一、概念题

商洽函 询问函 答询函 答复函 告知函 批答函 主管部门 函件格式 版头 武文线 文武线

二、阅读题

1. 阅读函的例文。

2. 请从例文中列出发函依据例句、复函引据的例句，然后体会交代行文目的的具体方法。再研习行文是怎样转入主体表述的。要求领会发函应怎样写好发函依据，怎样交代目的，然后又如何转入主体部分；复函应怎样写出引据，怎样针对来函进行答复。

三、训练题

函，是书信的意思。但是，公文文种的函，并非一般书信，而是公文的一个文种，而且它的使用必须与信函格式配套，其制发程序由法定程序限定。因此，每当公务需要使用函行文时，要注意不能将公文的函和便函相混淆。请你用所学知识对下列公文进行重新评判，指出其中尚有哪些地方必须给予改进，并说明理由。

××市统计局关于请求拨款的函

市财政局：

我局原有132平方米砖瓦结构车库（平房）一处，因年久失修于今年雨季突然倒塌，急需修复。经测算，共需资金30万元。因我局除财政拨款外无另外资金来源，故请能予临时拨款为盼，以便解决车辆越冬之急需。

以上，望关照。

附：维修图纸与预算

××市统计局

一九九七年八月八日

请再阅读例文三和评析文字，然后思考下面的几个问题。

1. 这是一份向平级机关请求拨款的函，按理应当使用信函格式，行文严肃认真，陈述理由充分、合理，措辞恰当，附件材料齐全，格式规范。有人说这件原文"理由充分"，请你归纳出其请求理由，然后仔细想一想，其理由充分吗？

2. 市统计局和市财政局同属市人民政府的工作部门，要求拨款30万元能这么草率了事吗？请你思考这件事，真实办事的程序应当怎样？要不要事先请示分管领导？统计局需要做好哪些准备工作（研究好修复怎样的车库，面积、结构、质量以及施工图纸或用料清单等）？在行文中是否需要提及这些内容？

3. 该函的结尾是否规范，怎样才规范？

4. 从原文的表现上看，它根本就没有使用信函格式发文，没有发文字号，不用规范的书写格式，好像是用单位信笺纸书写的便函。该函作为公文，其版式必然要使用规范的信函格式，一定会排上发文字号（不使用信函格式、没有发文字号，对方如何处理、回复？）不用信函格式不就是一般书信了吗？能用一般书信申请30万元的拨款吗？请参阅相关例文，领会函的行文应如何做到叙事明白、说理透彻、措词准确规范。

5. 该函的附件有什么问题？按规定，附件必须一件一件分列清楚，其图纸和预算是同一件吗？

6. 请阅读、参考例文三弄清楚以上各点后，代××市统计局重新拟写一份请求拨款的函。

四、改错题

请指出下列公文标题错在哪里。

1. ××乡人民政府给县财政局的《关于解决修路所需经费的请示》。

2. ××县电业局给县直各单位的《关于近期停电的通知》。

3. ××市教育局给县政府的《关于调整县职业教育结构的批复》。

4. 《关于〈对××市房产开发管理暂行办法〉修改意见的函》。

5. 《××市水利局关于申请人员编制的请示》（主送市人事局）。

6. 《××市财政局给省财政厅的询问函》。

7. 《关于催报、贯彻全国方便食品科技会议精神的函》（省商业厅主送某市商业局）。

8. 《湖北省人民政府就国徽悬挂问题给国务院的函》。

9. 《民政部关于山东省撤销肥城县设立肥城市的批复》。

五、训练题

1. 请根据以下材料，代××市塑料二厂拟写一份公文。发文号自拟，发文日期酌定。

(1) ××市塑料二厂购买了××市海威企业有限公司组装生产的"TK—89"型自动考勤打卡机，两年来，使用良好。但近来发现打印出现断痕，造成3、6、8、9等字难以分辨，估计是打印头断针。该厂在本市寻找多家电脑维修站（店），均说无此配套打印头。该厂在找不到该产品，维修部又无生产厂电话号码的情况下，只好致函海威企业有限公司，询问在本市就近有无维修部，如何递交修理，维修费用多少，以什么方式付款。

　　(2) ××市海威企业有限公司接到上题××市塑料二厂来函后，认为搞好售后服务是企业的命根子。该公司已有好几种类型的产品打进了××市市场，而在××市尚无维修网点，为了稳定市场、开拓市场，建立信誉，应尽快在××市建立维修部。于是作出决定：派出售后服务部经理，领一名技工前往××市上门维修，然后在该市找到适当的合作者，设立××市海威企业有限公司产品售后服务部。

　　请酌其内容，拟写一份复函给××市塑料二厂。发文号自拟，发文日期是收文的第三天。

　2. 认真阅读下面两份函件原稿，依据自己所学的知识指出其存在的问题，然后作修改。

　　(1)

××第一变压器厂
关于抓紧归还劳动服务公司借款的函

　　你厂于一九九五年一月，从我厂借去资金十三万元，作为你厂劳动服务公司开办费，当时双方讲好年内一定偿还。目前已经是九六年一月了，我厂正在编制九五年的财务决算，为使我们能及时搞好各类款项的清理结账，要求你厂务必将所借之款于1月20日前归还我厂，切不要一拖再拖，给我厂财务工作的顺利进行带来不应有的困难。

　　此致

　　敬礼

一九九六年一月十日（印）

　　(2)

关于商请历史教师的函

××市第×中学教导处：

　　为了迎接全市统考，我们开办了职工业余学习高中班，所有学科的教师均已配齐，只有历史教师无人担任，特商请贵校支援一名历史教师。开课时间临近，请速复函为盼。

××市第××中学
××××年×月×日

　3. 请阅读下面这份函，思考后回答问题。

××县工商行政管理局关于新增合同制市场管理人员
着装经费问题的询问函
×工商〔2000〕39号

市工商行政管理局：

　　根据市局2000年8月25日通知精神，我局经考试招聘录用合同制市场管理人员共8名，目前正参加市局统一举办的培训班学习,预计年底结束培训,明年初正式上岗。但对这些人员着装经费问题,我局不知如何解决,特致函询问。

请予函复。

二〇〇〇年十一月二十日

(选自《应用写作》2005 年 6 月张冠英《正确认识函 规范使用函》)

请回答:

(1) 他们的行文关系是什么关系?××县工商局发文的目的是什么?依据上述两问,应当选用什么文种?

(2) 公文标题的事由,概括是否正确,应怎样表述才好?

(3) 检查行文中其他差错之处,并改正之。

(4) 重新写出一份规范的公文。

第三节 纪要的写法

一、温故知新

纪要这个文种,各个国家机关公文系列均有设置,其功能亦基本相同,主要适用于记载会议主要情况和议定事项。

各种办公会、座谈会、专题会,都适用写出纪要。一是使上级了解会议情况,便于及时指导;二是向与会单位或相关人员传达会议精神及议定事项,以利贯彻执行。

纪要的文体特点主要表现在纪实性、纪要性、指导性三个方面。其载体有三种形式:①在本机关系统内行文,使用固定版头直接印发会议纪要(如例文一市政府工作会议纪要);②本系统的领导机关需下发会议纪要给下级机关,以文件格式通知下发或以办公部门的名义以信函格式通知下发(通知的例文《国务院办公厅转发国家计委灾后重建整治江湖兴修水利现场办公会会议纪要的通知》);③平行机关或不相隶属机关的会议,可用函件格式载发纪要(如例文二广东江西两省座谈会议纪要)。

二、例文学习

纪要,在办公室文字工作中是使用频率最高的。凡开会,均需做会议记录,凡重要的、需用于传达、记事的会议议定事项,都要写出纪要,或用于传达、执行,或用于记事、备忘。

使用纪要,关键的是围绕着要开展的某项工作,纪其要、纪其实。纪要是传达的凭借,也是开展工作的依据。学习纪要例文,养成写记录、撰纪要的过硬功夫。选入例文四篇,领会如何纪其要、纪其实,怎样起到指导工作的作用。在写法上与决议手法相近,注意从会议的角度表述。

三、纪要的用法

纪要本是下行文,应使用下行文件格式行文。但是,因为参加会议的人员来自不同机关，因而印发会议纪要就应该考虑本次会议的纪要是哪一种行文方向，从而决定选用哪种行文格式：隶属下行，采用下行文件格式，在标题中显示文种名称；平行或不相隶属关系行文，宜采用函件格式印发会议纪要；如果是印发本机关各单位，即按办公会议、工作会议的固定版头行文。因为国家行政机关的办公会议是本机关决策的最高机构，会议议定的事项都是本机关的决策事项，所以用固定形式的会议纪要印发。纪要须报送上级机关参考时，则应以报告为载体报送。

纪要标识由"×××××会议纪要"组成。其标识位置同文件格式的发文机关位置，距版心上边缘25毫米。用红色小标宋体字，字号由发文机关酌定。会议纪要不用落款，也不加盖印章。具体样式请参阅附录一公文的格式（版式）之会议纪要格式。

纪要的生效标识：①用固定版头下发的会议纪要，因其版头已显示发文机关，故不用加盖印章；②使用文件格式或信函格式印发的，由发印机关加盖印章。

四、纪要的写作要求

纪要的撰写必须依据会议记录。纪要的纪实性，就是指纪要必须依据会议记录，真实再现会议情况的实际。写作纪要不能凭主观臆想，不能靠推测。如果会议记录有遗漏，必须找当事人（在场者、发言者）查实。但是，会议纪要又不是会议记录重抄，而必须抓住要点，反映会议主旨，即所谓纪其要就是抓住要点重点。

要注意使用纪要写作的惯用语："会议听取""会议讨论""会议认为""会议强调""会议指出""会议决定"等。纪要经会议组织者或单位主要负责人审阅同意后才能印发。

五、纪要的结构与写法

纪要的结构，由标题、正文、主送和日期组成。

（一）标题

会议纪要的标题一般由会议名称和文种构成，有时还加上单位地域名称。

（二）正文

纪要的正文一般包括前言和主体两个部分。

1. 前言

纪要的前言写明会议概况，一般包括主办单位（或召集单位），举行的时间、地点，参加会议人员，会议动因、目的，会议的议题、成果及评价，等等。纪要的前言首先点明时间，接着写召开会议的主持人，点出会议进程（所作汇报、讨论和领导到会作了指示），然后介绍成果及会议研究的部署。

2. 主体

主要写会议研究的问题、讨论的意思、作出的决定及提出的任务、要求等。这部分常见的写法有三种：

一是归纳法。这种方法就是把会议讨论、研究的内容归纳成几个问题来写,抓住会议的主要内容,突出会议的中心,使人看后能理解会议的中心议题,且条理清楚,层次分明,决定的事项以及提出的任务、要求十分明确,便于与会单位和人员认真贯彻执行。

二是概述法。这种方法就是把会议发言的内容、讨论情况概括地叙述出来,反映出会议的主要精神或观点。这种写法常用于没有具体任务和要求的学术讨论会、研讨式的座谈会等。

三是发言记录式。这种方法就是按照会上发言的顺序,把每个发言人的主要意见写出来,以如实反映会议讨论情况和每个人的不同看法,多用于学术讨论会、座谈会。

附:会议记录的写法

会议记录的格式比较固定,由首部、主体和尾部三个部分组成。

(一)首部

首部包括标题和会议组织基本情况。这部分通常由记录人在会议开始前填写好。

1. 会议标题

一般由会议名称加"记录"二字组成,如《××××工作会议记录》《××××工作会议分组讨论记录》。标题用于标明会议的性质和类别,便于归档备案和日后查考。记录如果用专门的会议记录纸,则标题就填写在记录标题的栏目中;如果用的是一般的记录本,则另起一页书写。

2. 会议组织基本情况

会议组织情况一般要求在会前写好,以免在会议正式开始后,影响对会议内容的记录。常用会议记录的机关,会议组织基本情况是预制成表格式的。各机关单位制定的表格形式不大一致,基本内容是:

(1) 会议时间。一般的会议只标明开会日期,重大的会议应标明开始和结束日期。

(2) 地点。即会议举行的场所。

(3) 主持人。写上姓名、职务。

(4) 出席人。要分别按会议情况记录——大型会议只记出席人数,小型会议写明出席人员姓名和职务,重要会议另备签到簿签到,写明姓名、职务、单位、联系电话等。

(5) 缺席人。一般应写明缺席人的缺席原因。

(6) 列席人。写上姓名、职务(有即写上,无则不写)。

(7) 记录人。

(二)主体

(1) 大会报告、领导讲话。分别写上"×××同志报告""×××同志讲话",后面用冒号领起,记录所讲内容。

(2) 大会发言。写上"大会发言",后面用冒号领起。分组讨论则写上"分组讨论"及所讨论的题目,然后分别记录发言人及其内容。

(3) 会议研究议题。写上"会议议题",后面用冒号领起,列上议题名称,如果有两个以上的议题,则要用序号标明。然后依次记录发言人及其内容。

(4) 会议的决议、决定。如有决议、决定,须将拟就的文字念给与会人听,要表决的还须记录赞成、不赞成、弃权的票数。

(5) 会议的遗留问题。

(6) 会议结束。写"散会",以示记录完整,防止以后添加。

(三) 尾部

尾部是由主持人和记录人经审核后签字,以示负责。

【思考与练习】

纪要的使用频率很高,在未来的工作中,常常要使用到它,因此建议学习者严格训练自己,熟练掌握会议纪要的应用与写作。为了更好地驾驭纪要,最好从会议记录开始训练。其配套的有:会议记录、会议简报、会议纪要、会谈纪要。要综合训练,练就综合能力。基础是首先会做会议记录,而做记录的基础是听懂话、记写准确、快速。

一、概念题

纪要　记载　记录　议定事项　议决　议程　议题　座谈会　协商性会议

二、阅读题

1. 阅读纪要例文。
2. 通过阅读例文细心体会纪要的写作方法。
3. 阅读决议例文,体会决议和纪要在表述上的特色。

三、判断题

1. 纪要的名称通常由会议名称和文种构成。(　　　)
2. 纪要与会议记录的作用相同。(　　　)

四、多项选择题

1. 会议记录是会议纪要的(　　　)。
A. 条件　　B. 前提　　C. 基础　　D. 根据　　E. 参考

2. 会议纪要的正文主要由(　　　)构成。
A. 会议基本情况　B. 会议召开经过　C. 会议主要发言
D. 会议主要精神　E. 会议希望

3. 会议纪要的开头要交代的要素是(　　　)。
A. 时间　　　B. 地点　　　C. 主持人　　　D. 来宾
E. 参加人　　F. 内容　　　G. 经过　　　　H. 决议

4. 下列应用文属于公文的是(　　　)。
A. 调查报告　　B. 会议记录　　C. 会议纪要　　D. 简报　　E. 请示

五、简答题

1. 什么是纪要？试指出公文文种的纪要应当使用怎样的版头，机关内部使用的纪要应当使用怎样的版头。

2. 什么情况下用公文文种的纪要？什么情况下使用机关内部的纪要？

3. 会议纪要的六要素是什么？

4. 会议纪要与会议记录有什么区别？

六、训练题

1. 请据例文《××市城南开发区管委会办公会议记录》，将其改写成会议纪要。

2. 写学习总结。请就学习纪要专题写一篇总结，写出你对纪要文种的认识、理解、体会。

附 录

附录一　公文的格式

1. 下行文件格式

0000001　　　　　　　　　　　　　　　　　　　　　　　机　密
　　　　　　　　　　　　　　　　　　　　　　　　　　　特　急

××省人民政府文件

×府〔200×〕×号

关于×××××××××××××××××××××××××××××的通知

各市、县、自治县人民政府，省府直属有关单位：
　　××

×××××××××××××××××××××××××××××
×××××××××××××××××××××××××××××
×××××××××××××××××××××××××××××
×××××××××××××××××××××××××××××
×××××××××××××××××××××××××××××
×××××××××××××××××××××××××××××
××××××××××××××××××××××××××
　　　××××××××××××××××××××××
×××××××××××××××××××××

　　附件：1.××××××××××
　　　　　2.×××××××

（盖印）

二〇〇×年×月××日

抄送：省委有关部委办，省人大常委会办公厅，省政协办公厅，省纪委办公厅，××军区、××舰队、××军区空军、省军区，省法院，省检察院。

××省人民政府办公厅秘书处　　　　　　200×年×月××日印发

2. 上行文件格式

0000002　　　　　　　　　　　　　　　　　　　　　　　机密★2年

××省人民政府文件

×府〔2001〕××号　　　　　　　　　　　　签发人：省领导

关于××××××××××××××
×××××××××的请示

国务院：

　　××××××××××××××××××××××××××××
×××××××××××××××××××××××××××××
×××××××××××××××××××××××××××××
×××××××××××××××××××××××××××××
×××××××××××××××××××××××××××××
×××××××××××××××××××××××××××××
×××××××××××××××××××××××××××××
×××××××××××××××××××××××××××××
×××××××××××××××××××××××××××××
×××××××××××××××××××××××××××××
×××××××××××××××××××××××××××××

×××××××××××××××××××××××××××××××
×××××××××××××××××××××××××××××××
××××××××××××××××××

　　附件：1.×××××××××××
　　　　　2.××××××××××××

（盖章）

二〇〇一年一月一日

（联系人：×××，联系电话：××××××××）

抄送：国家计委、国家经贸委、教育部、科技部、财政部、民政部、公安部、司法部。

××省人民政府办公厅秘书处　　　　　　2001年1月1日印发

3. 命令（令）格式

××省人民政府令

第××号

《××省××××××××××规定》已经省人民政府同意，现予发布。

省　长

二〇〇一年一月一日

××省××××××××××规定

第一章 总　则

第一条　××

第二条　×××××××××××××××××××××××××××××××××××××××

分送：国务院办公厅、国务院法制办。
　　　省委书记、副书记、常委，省人大常委会主任，省政府省长副省长，省政协主席，省政府秘书长、副秘书长。
　　　省委办公厅、省人大常委办公厅、省政协办公厅、省纪委办公厅、省法院、省检察院。
　　　××军区、××舰队、××军区空军，省军区。

××省人民政府办公厅秘书处　　　　　　　　　　2001年1月1日印发

4. 信函格式

×× 省 人 民 政 府

机密★10年　　　　　　　　　　　　　　　　　×府函〔20××〕××号
000004

关于××××××××××
×××××××的函

财政部：
　　××

　　附件：1. ××××××××××
　　　　　2. ×××××××××

（盖章）

二〇〇一年一月一日

（联系人：×××，联系电话：××××××××）

抄送：国家计委、国家经贸委、公安部、民政部、国家税务总局。

5. 会议纪要格式
0000005

机密★10年

省政府工作会议纪要

（××）

××省人民政府办公厅　　　　　　　　二〇〇一年一月一日

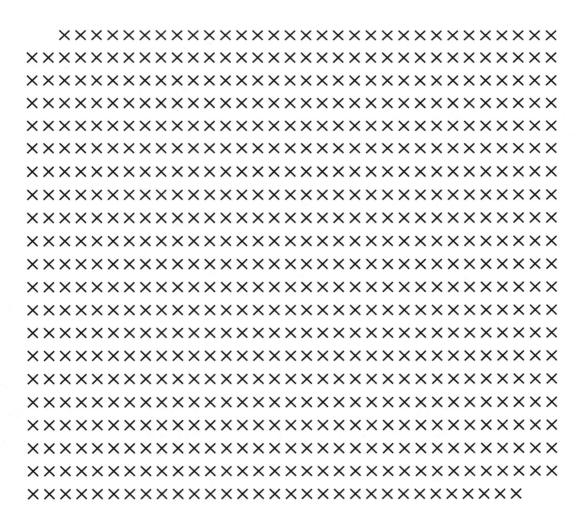

××××××××××××××××××××××××××××××
××××××××

参加会议人员：×××、×××、×××、×××、×××、×××、×××、×××、×××、×××、×××、×××、×××、×××、×××、×××、×××、×××、×××、×××，省计安×××，省经委×××，省外贸厅×××。

分送：省委常委、副省长，省府正、副秘书长，省府办公厅正、副主任。

抄送：省委办公厅，省委研究室。

6. 白头文件格式

×府字〔2001〕××号

秘 密
000001

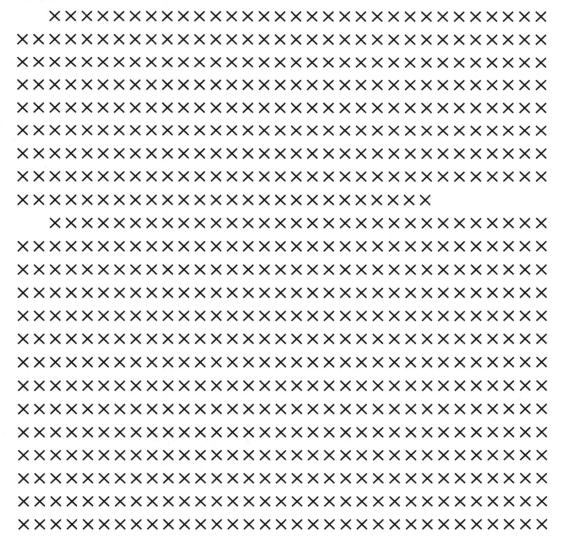

机关公文写作

××××××××××××××××××××××××××××
××××××××××××××××××××××××××××
××××××××××××××××××××××××××××
××

抄送：省委常委、副省长，省府正、副秘书长，省府办公厅正、副主任。
　　　省委办公厅，省委研究室，省经贸委、计生委、公安厅。

××省人民政府办公厅秘书处　　　　　　　　　　200×年×月××日印发

7. 内部明电

内 部 明 电

发往见报头　　　　　　　　　　　　　　　　　　　签批

等级　　　粤　　明电〔2001〕　　号　　粤机　　号

抄送：×××、×××、×××。

关于××××××××××
×××××××的通知

×××：
　　××
×××

　　附件：1.××××××××××
　　　　　2.×××××××

××省人民政府办公厅
二〇〇一年一月一日

××省委办公厅机要局　　　　　　　　2001年1月1日发出

机关公文写作

8. 密码电报

密 码 电 报

发往见报头　　　　　　　　　　　　　　　　　签批

等级　　　粤　　明电〔2001〕　　号　　粤机　　号

抄送：×××、×××、×××。

关于××××××××××
××××××××的请示

×××：
　　××××××××××××××××××××××××××
××××××××

　　　附件：1.××××××××××××
　　　　　　2.××××××××××

　　　　　　　　　　　　　　　　××省人民政府
　　　　　　　　　　　　　　　　二〇〇一年一月一日

××省委办公厅机要局　　　　　　　2001年1月1日发出

9. **公文的成文日期与生效标识方式**

（1）单一发文印章。单一机关制发的公文在落款处不署发文机关名称，只标识成文日期。成文日期右空 4 字；加盖印章应上距正文 1 行之内，端正、居中下压成文时间，印章用红色。

当印章下弧无文字时，采用下套方式，即仅以下弧压在成文日期上；当印章下弧有文字时，采用中套方式，即印章中心线压在成文日期上。

1）下套方式。

2）中套方式。

（2）联合行文印章。当联合行文需加盖两个印章时，应将成文日期拉开，左右各空7字；主办机关印章在前；两个印章均压成文日期，印章用红色。只能采用同种加盖印章方式，以保证印章排列整齐。两印章间互不相交或相切，相距不超过3毫米。

（3）当联合行文需加盖3个以上印章时，为防止出现空白印章，应将各发文机关名称（可用简称）按加盖印章顺序排列在相应位置，并使印章加盖或套印在其上。主办机关印章在前，每行最多排3个印章，两端不得超出版心；最后一行如余一个或两个印章，均居中排布；印章之间互不相交或相切；在最后一行印章之下右空2字标识成文时间。印章在落款处采用中套方式。

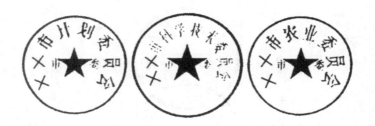

附录二　公文例文和导读

"不在其位不谋其政，不在其位不担其责"，反之，在其位担其责、谋其政。责之所在，务必担当，忠于责守。公文，不是任何人都可以阅读的。只有在其位、担其责、谋其政者才能阅读。阅读公文，责任重大。要从公文中学到为政之道、从公文中学到做好工作的办法。

作为学生，学习阅读，便是学习谋政、学习担当、学习忠于责守。因此，必须学会阅读公文，养成爱读公文的习惯，培养出爱读公文的兴趣、谋好政的兴趣，每学一篇公文都要同学习谋政联系起来。所以，当同学们在阅公文的时候，一定要模拟自己是在处理该件事的公务，站在当事人的立场去研究、去探索。每阅读一篇公文例文，都要弄明白以下几个问题：

（1）发文机关是什么机关，与收文机关是什么关系？
（2）发文目的是什么。
（3）为了实现行文目的，发文机关采取了什么措施、在公文里立了什么言，是怎样去立言的？
（4）阅读之后，你觉得行文效果好不好？你信服吗，感动吗，读明白了吗，知道该怎么样去执行了吗？
（5）这篇公文的需要（发文机关的需求）与可能（客观上具备实现需求的条件）两者协调吗？

公文的行文效果除了公文自身的行政效能之外，行文的表达技巧也是很重要的，必须研究表达技巧，使行文效果更好。

一、决议

要记住《党政机关公文处理工作条例》的释义："适用于会议讨论通过的重大决策事项。"首先要理解"重大决策事项"是指事关重大、有全局性意义，须大家统一认识、步调一致去实践的事项。

怎样统一大家的思想认识？怎样做到步调一致？决议文种对我们有很大的启发：事前，充分发动讨论甚至争论，要充分发扬民主、充分发表意见，然后逐步集中、逐步一致起来，最后经过表决，少数服从多数，让大家心诚意悦、步调一致。这不仅是工作方法的问题，而且还是民主政治的问题。

决议文种，最能体现人民民主、实行民主集中制的精神。党的机关公文、人大机关公文设有决议文种。行政机关公文原来设有决议文种，1993年修订公文处理办法时删去了决议文种，2012年党政机关公文文种中有决议文种。从目前情况看，仍沿习惯使用。学习决议的例文,要同温习决议的概念、性质特点、功能、分类等结合起来。

【例文一】

中国共产党第十八次全国代表大会
关于《中国共产党章程（修正案）》的决议
（2012年11月14日中国共产党第十八次全国代表大会通过）

中国共产党第十八次全国代表大会审议并一致通过十七届中央委员会提出的《中国共产党章程（修正案）》,决定这一修正案自通过之日起生效。

大会认为,

....

例文一是党的全国代表大会审议党章修正案的决议。修改党章,事关重大,必须提交全国代表大会审议、通过。修正后的党章一经通过,便成为全党的最高规范,体现了全党的坚强意志。因此,必须以决议成文,全党遵照执行。

【例文二】

中国共产党广东省第十届委员会
第七次全体会议决议
（2010年7月17日中国共产党广东省
第十届委员会第七次全体会议通过）

中国共产党广东省第十届委员会第七次全体会议于2010年7月16日至17日在广州召开。全会由省委常委会主持。全会深入贯彻落实科学发展观,进一步学习领会党的十七大以来中央关于加强文化建设的精神和部署,全面总结我省文化大省建设工作,研究部署新时期文化强省建设工作。全会听取了汪洋同志代表省委常委会所作的主题报告,黄华华同志所作的总结讲话,胡泽君同志关于2009年度市厅级党政领导班子和领导干部落实科学发展观考评结果的通报,林雄同志就有关文件所作的起草说明,审议了《广东省建设文化强省规划纲要（2011—2020年）》稿和省委常委会《2010年上半年工作报告》,并票决了部分市厅级党政正职拟任人选和推荐人选。

....

全会要求,要坚持近期工作与长期任务相统一、重点突破与整体推进相统一,以贯彻《广东省建设文化强省规划纲要（2011—2020年）》为目标任务,以实施"文化强省建设十项工程"为重要抓手,全面推动文化大发展大繁荣。要着力培育提高全社会文化素养,大力提升广东文化形象;着力构建公共文化服务体系,大力推进文化事业建设;着力提高文化创新能力,促进文化产业优化升级;着力深化体制机制改革,进一步解放和发展文化生产力;着力构筑文化人才高地,加快培养文化新锐;着力加强文化交流合作,增强广东文化辐射力。要加强组织领导,完善政策扶持,狠抓工作落实,凝聚强大合力,努力开创我省文化建设的崭新局面。

全会号召,全省各级党组织、全体共产党员和广大人民群众要紧密团结在以胡锦涛同志为总书记的党中央周围,高举中国特色社会主义伟大旗帜,以邓小平理论和"三个代表"重要思想为指导,深入贯彻落实科学发展观,改革创新,扎实工作,加快建设文化强省,为发展中国特色社会主义文化作出新的贡献!

例文二是中共广东省委第十届委员会第七次全体会议,就广东的重要事项——加快建设文化强省形成决策而作出的决议。这个决议的形成,表现了广东省委的意志:"以贯彻《广东省建设文化强省规划纲要(2011—2020年)》为目标任务,以实施'文化强省建设十项工程'为重要抓手,全面推动文化大发展大繁荣。"

凡决议,必须贯彻民主集中制原则,实行少数服从多数,但其前提必须是在表决前经过充分讨论,充分发表意见,应允许争论,真理会越辩越明,最后经过表决,一旦表决通过,就应全体坚决执行。因此,决议的形成就表示了集体的意志,成为集体的共识。"全会认为、全会指出、全会要求、全会号召"就是集体意志,所以全体人员必须认真学习、领会、贯彻执行。

在写法上,要注意标题和正文的构成特点:这篇决议由标题和正文两部分组成;标题由机关名称、标题下方加括弧标注会议名称和决议通过的时间三个部分组成;正文由导语、对省委工作的评价、决议事项、结语四个部分组成。正文的第一段为导语,简明交代什么会议、审议通过什么重要议题;第二段至第五段为正文主体,首先对省委的工作作出评价;第三段至第五段写出决议事项,分别阐述加强文化强省建设的意义、做法、要求。最后,即正文的结尾,向全省发出号召。

【例文三】
1)

××党支部大会关于同意接收×××同志
为预备党员的决议
(××××年×月×日××党支部大会通过)

经××党支部××××年×月×日会议讨论,认为×××同志经党组织培养考验,思想要求上进,学习积极主动,工作认真负责,组织纪律性强,个人历史清楚,对党的认识正确,入党动机端正,基本符合党员条件。经表决,应到会党员×名,实到会×名,×名同意,超过本支部正式党员半数,同意吸收×××同志为中共预备党员。

按照党章规定,发展党员,必须经过党的支部,坚持个别吸收的原则。例文是一个党的支部,通过党支部大会,对要求入党、经党组织培养考验、已基本符合党员条件的一位同志进行审议,经表决通过,同意吸收其入党的决议。决议分三个层次:一是支部及会议时间,二是会议讨论内容的归纳,三是写明表决情况,表明同意吸收×××同志为中共预备党员。

2)
××党支部大会关于×××同志
按期转为正式党员的决议
(××××年×月×日××党支部大会通过)

经××党支部××年×月×日会议讨论,认为×××同志被吸收为预备党员以来,能够按照党员标准严格要求自己,认真履行党员义务,发挥党员作用,具备了转为正式党员的条件。经表决,应到会党员×名,实到会×名,×名同意,超过本支部正式党员半数,同意×××同志按期转为中共正式党员。

【例文四】
关于建国以来党的若干历史问题的决议
(一九八一年六月二十七日中国共产党第十一届
中央委员会第六次全体会议一致通过)

(正文略)

该决议以辩证唯物主义和历史唯物主义为指导,对建党以来特别是新中国成立以来党的建设中的功过是非、重大事件作出了科学而全面的分析和评价,真正体现出了全面客观看待历史的科学态度,为推动党建研究走上正确轨道树立了典范,发挥了积极的促进作用。数十年来,我党各级组织一直坚持执行这一决议。我们可从这一例文,体会到决议文种的分量。

【例文五】
广东省人民代表大会常务委员会
关于批准省人民政府《关于加快营造生物
防火林带工程建设议案办理情况的报告》的决议
(2009年1月16日广东省第十一届
人民代表大会常务委员会第八次会议通过)

广东省第十一届人民代表大会常务委员会第八次会议听取和审议了省人民政府《关于加快营造生物防火林带工程建设议案办理情况的报告》。会议批准省人民政府的议案办理情况报告,同意如期结案。

会议认为,自1999年以来,省人民政府认真执行省人大常委会关于加快营造生物防火林带工程建设议案的决议,高度重视生物防火林带工程的建设工作,较好地完成了议案提出的目标任务,初步建成生物防火网络,生物防火林带阻隔山火效果明显,提高了森林自身抗御火灾能力,森林火灾损失大幅下降,提高了森林覆盖率,增加了木材蓄积量,调整和优化了林分结构,取得了明显的防火、生态及经济社会效益。我省生物防火林带建设虽然取得了明显效果,但仍不能适应森林防火工作的需要,主要是生物防火林带建设不平衡、建设标准偏低、网络有待完善、抚育和管护经费不足等。

会议要求，关于加快营造生物防火林带工程建设的议案结案以后，各级人民政府及有关部门要提高认识，加强领导，继续加强防火林带工程建设，对防火林带加密、加宽，不断完善生物防火林带网络体系。省人民政府要继续加大生物防火林带建设的资金投入，并广筹资金，鼓励多种经济成分参与生物防火林带工程建设，提高建设标准，扶持重点火险区营造生物防火林带，尽快达到国家规定的标准。要加强资金管理，做好防火林带的抚育和日常维护工作，建立管护长效机制，明晰生物防火林带产权和利益分配。

例文五是人大常委会的决议。研读本决议，应同对人大机关行使国家权力决定权、对"一府两院"的监督权联系起来，同时还要同决议文件的背景材料联系起来，既看到例文，还要看到国家机关如何依法治国、依法行政。

1999年广东省九届人大一次会议，通过了《关于加快营造生物防火林带工程建设的议案》，省人大依法将实施的任务交给了广东省人民政府组织。广东省人民政府受命后，立即组织实施议案，前后花了10年时间，在省委的正确领导下，在各级人大的大力支持监督下，通过各级政府和有关部门的共同努力，较好地完成了议案提出的目标任务，取得明显成效，建议如期结案。于是组织相关机构进行检查验收，经过验收认可后，向省人大常委会递交了《关于加快营造生物防火林带工程建设议案办理情况的报告》。本例文便是省人大常委会行使权力对该报告进行审议。

广东省人大常委会于2009年1月16日审议了该报告，会议认为，自1999年以来，省人民政府认真执行省人大常委会关于加快营造生物防火林带工程建设议案的决议，高度重视生物防火林带工程的建设工作，较好地完成了议案提出的目标任务，初步建成生物防火网络，生物防火林带阻隔山火效果明显，提高了森林自身抗御火灾能力，森林火灾损失大幅下降，提高了森林覆盖率，增加了木材蓄积量，调整和优化了林分结构，取得了明显的防火、生态及经济社会效益。于是批准省人民政府的议案办理情况报告，同意如期结案。

这是批准性的决议。为什么要批准？这是权力机关对政府工作的监督。批准即是认可，这一工作合格了。如果审议不通过，就要依法责询，对相关责任人就要依法追究法律责任。

为什么会形成这样一系列的公文？请结合本书有关议案的知识，理清本例文与前后所产生的公文联系起来，这样有利于更好地掌握决议文种的相关知识链。

【例文六】

第十二届全国人民代表大会第二次会议
关于政府工作报告的决议
（2014年3月13日第十二届
全国人民代表大会第二次会议通过）

第十二届全国人民代表大会第二次会议听取和审议了国务院总理李克强所作的政府工作报告。会议充分肯定国务院过去一年的工作，同意报告提出的2014年工作总体部署、目标任务和重点工作，决定批准这个报告。

会议号召，全国各族人民紧密团结在以习近平同志为总书记的党中央周围，高举中国特色社会主义伟大旗帜，以邓小平理论、"三个代表"重要思想、科学发展观为指导，全面贯彻落实党的十八大和十八届二中、三中全会精神，坚持稳中求进工作总基调，把改革创新贯穿于经济社会发展各个领域各个环节，齐心协力，锐意进取，扎实工作，实现经济持续健康发展和社会和谐稳定，为全面建成小康社会、建成富强民主文明和谐的社会主义现代化国家、实现中华民族伟大复兴的中国梦而努力奋斗！

例文六是人大机关公文中的决议。人大是国家权力机关、立法权关。宪法规定，人大机关又是"一府两院"的监督机关。因而，人大机关在法律上拥有决定权（通过决议或直接作出决定）。

政府工作报告，是政府首脑向人大代表们依法报告工作，人大代表依法听取并审议政府工作。国务院总理李克强在第十二届全国人民代表大会第二次会议上，代表国务院向大会作工作报告，是依法向大会报告工作，大会代表依法听取并审议之后，决定批准这个报告。这个"批准决定"是以与会代表表决决议方式作出的，说明人大权力象征民意。这个批准决定是以决议的方式表述的。决议一经表决通过，该报告便成了全国人大所代表的全国人民集体的意志，成为必须认真贯彻执行的方案了。

【例文七】

全国人民代表大会常务委员会
关于中华人民共和国建国以来制定的
法律、法令效力问题的决议
（1979 年 11 月 29 日第五届全国人民代表大会
常务委员会第十二次会议通过 1979 年 11 月 29 日全国
人民代表大会常务委员会令第 3 号公布施行）

为了加强和健全社会主义法制，保障社会主义现代化建设的顺利进行，根据1954年第一届全国人民代表大会第一次会议关于中华人民共和国现行法律、法令继续有效的决议的精神，现决定：从 1949 年 10 月 1 日中华人民共和国建立以来，前中央人民政府制定、批准的法律、法令；从 1954 年 9 月 20 日第一届全国人民代表大会第一次会议制定中华人民共和国宪法以来，全国人民代表大会和全国人民代表大会常务委员会制定、批准的法律、法令，除了同第五届全国人民代表大会制定的宪法、法律和第五届全国人民代表大会常务委员会制定、批准的法令相抵触的以外，继续有效。

二、决定

《党政机关公文处理工作条例》对决定的释义是："适用于对重要事项作出决策和部署、奖惩有关单位和人员、变更或者撤销下级机关不适当的决定事项。"要抓住"重要事项"。决定文种是非"重"不用、用则必"重"的行文，而且还必须做到于法有据。有的决定本身就是法律法规。

决定的公布有两种方式：一是直接以决定行文，机关的决定都是"重要""重大"的，下级机关必须遵照执行；二是涉及法律法规或规章者，应以令颁施。选入八篇例文，请结合每篇例文后面的评介文字，逐篇阅读，细心体会。

【例文一】

广东省人民政府文件

粤府〔2003〕36号

关于追认邓练贤、叶欣同志为革命烈士的决定

各市、县、自治县人民政府，省府直属有关单位：

中山大学附属第三医院传染科党支部书记、主任医师邓练贤同志，省中医院士管护师、护士长叶欣同志在抗击非典型肺炎的战斗中，全力救治病人，不幸感染非典型肺炎而英勇牺牲。

根据《革命烈士褒扬条例》第三条第（5）项规定的条件，省人民政府决定：追认邓练贤、叶欣同志为革命烈士。

广东省人民政府

二〇〇三年四月二十六日

例文一是一则由广东省人民政府依据行政法规《革命烈士褒扬条例》作出的重要事项决定。2003年年初，在抗击非典型肺炎疫情的紧要关头，党中央、国务院采取了一系列重大措施。广东省的党政领导及卫生医疗机构也十分重视抗击"非典"工作。邓练贤同志、叶欣同志在抗击非典型肺炎的战斗中，全力救治病人，不幸感染非典型肺炎而英勇牺牲。他们的事迹符合《革命烈士褒扬条例》第3条第（5）项的规定，所以，省人民政府决定追认邓练贤、叶欣同志为革命烈士。该决定的作出，表明了广东省人民政府对抗击非典型性肺炎疫情的高度重视，也起到了褒扬正气、树立先进典型、鼓舞斗志的作用。

【例文二】

国务院文件

国发〔1999〕15号

国务院关于实行公民身份号码制度的决定

各省、自治区、直辖市人民政府，国务院各部委、各直属机构：

建立和实行公民身份号码制度，是国家加强社会管理的一项重要基本建设，也是实现社会信息化管理的重要措施，对于促进我国社会主义现代化建设和经济体制改革，方便群众生活和保护公民的合法权益，具有十分重要的作用。为此，国务院决定，自1999年10月1日起在全国建立和实行公民身份号码制度。

一、公民身份号码按照 GB11643—1999《公民身份号码》国家标准编制由18位数

字组成：前6位为行政区划代码，第7至14位为出生日期码，第15至17位为顺序码，第18位为校验码。

二、公民身份号码是国家为每个公民从出生之日起编定的唯一的、终身不变的身份代码，将在我国公民办理涉及政治、经济、社会生活等权益事务方面广泛使用。公安部负责公民身份号码的编制和组织实施工作。

三、各省、自治区、直辖市人民政府和国务院有关部门对公民身份号码的编制和推广应用工作要给予必要的支持。各级人民政府要切实加强领导，提供工作保障，搞好宣传教育，精心组织实施。公安机关要依据《国务院关于修改〈中华人民共和国居民身份证条例实施细则〉的批复》（国函〔1999〕91号），认真做好公民身份号码的编制、使用和管理工作。这项工作争取在今、明两年完成，由公安部作出具体部署。劳动和社会保障、教育、民政、司法、人事、信息产业、卫生、工商、税务、金融、证券、保险、民航等公民身份号码使用部门和单位，要密切配合公安机关做好公民身份号码的编制和推广使用工作。

中华人民共和国国务院
一九九九年八月二十六日

例文二是一则对重要事项作出安排的决定。国务院"从加强社会管理、实现社会信息化管理、促进我国社会主义现代化建设和经济体制改革，方便群众生活和保护公民的合法权益"出发，依据自身的职权作出决定，"实行公民身份号码制度"。这是一种重要行政措施，牵动面广、工作量大。所以以决定行文，其决定内容具法规性质，全国必须认真贯彻执行。决定内容言简意赅，序言直叙"为什么"（建立和实行制度的目的意义），主体分三点交代"怎么做"。既有指挥性、部署性，又具有指示性、规定性和法规性。

【例文三】

中共中央、国务院关于对我国驻南斯拉夫联盟
共和国大使馆工作人员和驻南新闻工作者
给予表彰的决定

3月24日以来，以美国为首的北约对南斯拉夫联盟共和国进行狂轰滥炸，造成无辜平民大量伤亡，财产严重损失。5月8日，又悍然使用导弹袭击了我国驻南斯拉夫联盟共和国大使馆，造成我人员伤亡，馆舍严重毁坏。中国政府发表了严正声明，我国各族各界群众纷纷举行抗议活动，声讨以美国为首的北约的暴行。

在以美国为首的北约对南联盟轰炸的50多个日日夜夜里，我驻南大使馆全体工作人员在使馆的坚强领导下，忠实执行中央的外交方针和政策，不顾个人安危，坚守工作岗位，认真履行职责，积极开展工作，不辱使命，不负重托，圆满地完成了任务。我驻南新闻工作者，不怕困难，不怕牺牲，及时、客观、公正地报道了科索沃危机的最新动态和事实真相。邵云环、许杏虎、朱颖同志在以美国为首的北约对我国驻南大使馆的轰炸中不幸以身殉职，20多位同志受伤，许多同志受伤后仍坚持工作。他们以自己的实

际行动,展现了新时期外交、新闻工作者良好的精神风貌。党中央、国务院决定,对我驻南斯拉夫联盟共和国大使馆工作人员和驻南新闻工作者给予表彰。

党中央、国务院号召全国人民学习他们热爱祖国、尽职尽责、英勇无畏、无私奉献的优秀品质和高尚情操,更加紧密地团结在以江泽民同志为核心的党中央周围,高举邓小平理论伟大旗帜,立足本职,努力工作,艰苦奋斗,不断进取,维护国家社会稳定的大局,搞好改革开放和现代化建设,为把建设有中国特色社会主义伟大事业全面推向21世纪而努力奋斗。

中共中央
国务院
一九九九年五月十三日

例文三是一则奖惩性决定中的表彰决定。表彰决定用于依照法律法规或规章规定,奖励在社会主义革命和社会主义建设中作出突出贡献的个人或集体。我国驻南斯拉夫大使馆工作人员和驻南新闻工作者,不负重托,不辱使命,积极开展工作,认真履行职责,不顾个人安危坚守工作岗位,展现了我国新时期外交、新闻工作者良好的精神风貌。党中央、国务院用决定来表彰他们,振奋人心。

全文分三段,先点明时间、事件背景;然后概括介绍嘉奖对象的精神风貌,表述决定;最后发出号召,提出希望。层次分明,结构紧凑,用语规范、准确,饱含感情,充满了鼓舞性与号召力。

【例文四】

广东省韶关市质量技术监督局文件
韶质技监〔2000〕1号

关于对×××等四名同志违规执法的处分决定

新丰县质量技术监督局:

今年2月19日,新丰县质量技术监督局在受理新丰县小镇派出所移送的苏克圣"涉嫌运输假冒伪劣电视机,标识不全VCD机"一案的处理过程中,执法人员严重违反工作纪律和组织原则,同时在非办公场所与行政相列人接触,违反规定收取罚没款未及时开罚没收据,并未经审批覆行手续,先行解封被扣押物品,严重违反办案程序。同时,去年10月3日以来,还办理了5宗同类案件,也存在违规问题,在社会上造成极坏影响。经局党组研究决定分别给予×××、×××、×××、×××四名同志下列处分:

×××同志身为局长,对事件负有不可推卸的领导责任,给予行政记过处分;

×××同志身为副局长,分管稽查行政执法工作,由于疏忽对执法人员的严格管理,造成违规执法,对事件负有直接领导责任,给予撤销副局长职务处分;

×××同志身为稽查队副队长,直接参与违规执法,对事件负有主要责任,给予撤销稽查队副队长职务处分;

×××同志作为违规执法当事人之一,对事件负有直接责任,给予行政警告处分。

中共韶关市质量技术监督局党组
广东省韶关市质量技术监督局
二〇〇〇年三月八日

抄报:省政府纠风办省政府治理公路"三乱"督察队　广东省质量技术监督局　中共韶关市纪委

抄送:中共新丰县纪委

例文四是一则奖惩决定中的惩戒决定。依照《中华人民共和国公务员法》第55条规定,公务员因违法违纪应当承担纪律责任的,依照本法给予处分。新丰县技监局直接受韶关局领导,所以按干部管理权限,对新丰局的干部予以处分由韶关局作出而不是由新丰县委作出;所处分的干部是党员领导干部,必须由党组作出处分决定,所以党政联合行文,体现了党管干部的原则。

决定首先写决定的背景情况,然后分别列出决定事项的具体内容。语言规范、严肃,行文简洁有力。使用这种决定,要同依据《中华人民共和国公务员法》由本机关作出的"处分决定"区别开来。"处分决定"不是党政机关公文而是行政文书,它不套用公文版头格式,而是"处分决定通知书",是"将机关作出的处分决定发出通知",除通知当事人、需要办理相关事务的部门外,不发送其他机关而主要是存入个人档案。而公文的惩戒决定,是要发送相关单位进行不同处置的:对上级机关而言,该决定是报告处理结果,让上级了解情况,故抄报省府督察队、省局和韶关市纪委;对当事的下级机关而言,该决定便是指令,要按照该决定对责任人执行分别处理,所以主送新丰县质量技术监督局;对其他受文机关而言,仅是通报情况,所以抄送中共新丰县纪委。

应特别提醒注意的是,要正确区分两种"处分决定"。对外处理公务、使用公文格式、经过法定的制发程序的发文就是公文,不用于对外行文、不用公文格式、不经过法定的制发程序的发文就是非公文。

【例文五】

国务院关于修改《中华人民共和国
外资企业法实施细则》的决定
(〔国令第301〕颁布)

为了适应我国对外开放新形势的需要,进一步改善外商投资环境,根据《全国人民代表大会常务委员会关于修改〈中华人民共和国外资企业法实施细则〉的决定》,对《中华人民共和国外资企业法实施细则》作如下修改:

…………

本决定自公布之日起施行。

《中华人民共和国外资企业法实施细则》根据本决定作相应修改,重新公布。

例文五是一则变更性决定。事物是在发展变化的，有些政策、法规性条文往往会在形势发展面前显得不适应，这就要变更，有的要废止，有的要修改。国务院对《中华人民共和国外资企业法实施细则》进行修改，是与时俱进，这个"变"是必需的。由于这个决定内容事关法律、法规，是对法规的修改，事关重大，所以用决定行文并以"国令第301号"公布。

【例文六】

广东省人民代表大会常务委员会
关于宝安县七届人大第一次会议选举
县长的结果无效的决定
（一九八七年六月十七日广东省第六届人民
代表大会常务委员会第二十七次会议通过）

宝安县第七届人民代表大会第一次会议于一九八七年六月十二日选举县长时，在县长候选人所得选票未超过全体代表过半数的情况下，宣布其中一名候选人当选，违反了《地方组织法》第二章第十九条关于"地方各级人民代表大会进行选举和通过决议，以全体代表的过半数通过"的规定。特决定：宝安县第七届人民代表大会第一次会议一九八七年六月十二日对县长的选举结果无效。

例文六是一则撤销下级机关不适当决定事项的变更性决定。领导机关对下级机关不规范的举措予以否定，这是为维护法纪而作出的"变更或者撤销下级机关不适当的决定事项"的决定。这份决定维护了法纪的尊严，体现了领导机关的权威，告诉人们办事必须依法。该决定的题注表明该决定的作出是经过法定的会议、有决策权的会议，是具有法律效力的决定。

【例文七】

全国人民代表大会关于授权国务院在经济体制改革和
对外开放方面可以制定暂行的规定或者条例的决定
（1985年4月10日第六届全国人民
代表大会第三次会议通过）

为了保障经济体制改革和对外开放工作的顺利进行，第六届全国人民代表大会第三次会议决定：授权国务院对于有关经济体制改革和对外开放方面的问题，必要时可以根据宪法，在同有关法律和全国人民代表大会及其常务委员会的有关决定的基本原则不相抵触的前提下，制定暂行的规定或者条例，颁布实施，并报全国人民代表大会常务委员会备案。经过实践检验，条件成熟时由全国人民代表大会或者全国人民代表大会常务委员会制定法律。

国务院制定行政法规，需事先取得全国人大或全国人大常委会的授权，然后可以根据宪法，在同有关法律和全国人大及其常委会的有关决定的基本原则不相抵触的前提下，制定暂行的规定或者条例，颁布实施，并报全国人大常委会备案。经过实践检验，条件成熟时由全国人大或者全国人大常委会制定法律。

当时正当改革开放之初，经济体制改革和对外开放方面尚无实践经验，需要在实践中总结经验、提高实践水平，因此，全国人大作出决定，授权国务院制定行政法规颁施，待条件成熟时由全国人大或者全国人大常委会制定法律。这是一种有效的工作方法。

三、命令（令）

命令（令）是行政机关用于公布法规规章、用于宣布施行重大强制性行政措施、用于批准授予和晋升衔级、用于嘉奖有关单位和人员的公文。使用令，必须具有发令的资格和权限，还必须是在"公布法规规章""宣布施行重大强制性行政措施""用于批准授予和晋升衔级""用于嘉奖有关单位和人员"这四个方面，其他事项不宜使用令行文。

下列例文，分别代表了上述类型，体现出"令出法门、法随令出、法令威严"。细细体会，获取精华。

【例文一】公布令

中华人民共和国主席令

第十六号

《中华人民共和国反间谍法》已由中华人民共和国第十二届全国人民代表大会常务委员会第十一次会议于2014年11月1日通过，现予公布，自公布之日起施行。

中华人民共和国主席　习近平

2014年11月1日

例文一是国家主席令。《立法法》规定，法律经全国人大或常委会通过后，必须依法由国家主席以国家主席令公布。这是一道法律程序。未依法公布的文稿不得用于执行。要注意：国家主席令是中华人民共和国主席根据全国人大及其常委会的决定签署的，具有次于宪法效力的命令。与其他国家机关的命令（令）是有区别的，是不同机构的公文文种。

【例文二】

中华人民共和国财政部令

第68号

根据《国务院关于〈事业单位财务规则〉的批复》（国函〔1996〕81号）的规定，财政部对《事业单位财务规则》（财政部令第8号）进行了修订，修订后的《事业单位财务规则》已经部务会议审议通过，现予公布，自2012年4月1日起施行。

部　长　谢旭人

2012年2月7日

第二编 机关公文个论 （一）党政机关公文的撰写

事业单位财务规则

（内文略）

例文二是行政机关的令，是依照有关法律公布行政法规和规章的公布令。国务院、国务院各部门、各省人民政府和较大市以上人民政府，凡颁布法规、规章，必须使用命令（令）为载体公布，公布是一道法律手续。只有依法公布才能使令文生效。

财政部根据《国务院关于〈事业单位财务规则〉的批复》的规定对原已颁行的规章《事业单位财务规则》进行了修订，修订后已经部务会议审议通过。现在是依法定程序公布。依照法律的规定，法律、法规和规章的公布，必须由制发机关以令公布。这是法定的重要程序，是付诸实施的法定形式。没有经首长签署并以令公布的，仍是文稿，不能付诸实施。令文指出"已经部务会议审议通过"指出该规章是依照法律程序制定的，现予发布，法随令出，令行禁止。自生效日起，辖区范围内必须依令执行。

【例文三】

广东省人民政府
关于查禁公路上"三乱"行为的命令
粤府〔1995〕6号

为进一步贯彻国务院关于禁止在公路上乱设站卡、乱罚款、乱收费的通知精神，维护群众、企业合法权益，保障公路安全畅通，特发布命令如下：

一、各级人民政府应按照《国务院关于禁止在公路上乱设站卡乱罚款乱收费的通知》（国发〔1994〕41号）和省人民政府转发此文的通知（粤府〔1994〕112号）规定，采取坚决措施制止本辖区内在公路上乱设站卡、乱罚款、乱收费的行为。

二、省直有关部门应由主管领导负责，对照国家、省的有关法规，坚决制止本系统内在公路上乱设站卡、乱罚款、乱收费的行为，对违规在公路上搞"三乱"活动的单位，主管机关应予及时纠正。

三、省人民政府授权"广东省人民政府查禁公路'三乱'督察队"对各地区、各部门治理公路"三乱"情况进行不定期的监督检查，对经省人民政府批准设立的检查站、征费稽查站和收费站进行监督，发现"三乱"案件要及时查处。

四、各市人民政府要在辖区内的国道上设立"三乱"投诉举报站，接受司机、群众的投诉、举报，及时处理涉及公路"三乱"的有关案件。各地公安、交通、监察、工商部门要积极配合。

以上命令，请立即贯彻执行。

一九九五年一月二十四日（印）

例文三是省一级行政机关根据施政需要，依照有关法律由省人民政府发布的宣布施行重大强制性行政措施的行政命令。在广东省辖区内的公路上，"三乱"行为已经成为一定区域内危害群众、企业合法权益的严重问题。施政机关仅用通知、决定行文已不能够解决实际问题了，于是省人民政府依法采取措施坚决制止，发布了行政命令，并配合命令制定了相应的四项措施。令文将发布和施政措施结合在一起，既体现了广东省人民政府的施政决心，也让下级机关认识到问题的严重性和举措的可依可行性，有利于做到令行禁止。

行政令是发令机关在依法行政中遇到必须施行重大强制性措施时所使用，如戒严、抗灾、全民动员等，一般的行政措施则不宜使用命令（令）而应使用通知。本令是在特殊的情况下所采取的特殊措施，对维护群众、企业合法权益，保障公路安全畅通起到了重大作用。令文在用简明的语言交代了颁令的原因、目的、法据之后，直叙四点强制性行政措施，言简意赅，体现出了命令的威严。

【例文四】

广东省人民政府
关于西江和北江抗洪救灾的紧急动员令
（第××号）

各地级以上市人民政府，各县（市、区）人民政府，省政府各部门、各直属机构，省各人民团体，中直驻粤各单位，驻粤人民解放军和武警部队，全省广大干部群众：

今年6月份以来，受高空槽和强西南季风影响，我省大部分地区出现持续高强降水，龙门、新丰、紫金、佛冈、海丰、源城等地出现持续特大暴雨，部分地区出现当地有记录以来的最大降水。全省各大江河水位急剧上涨，据水文部门监测，23日，西江高要站已出现12.42米的洪峰水位，超出警戒线水位2.42米，为超百年一遇的特大洪水。洪水引发局部地区山洪灾害，直接威胁当地人民群众生命财产安全，并已给我省造成人民伤亡和重大经济损失。据初步统计，目前，暴雨洪水已造成我省广州、河源、韶关、佛山、肇庆、惠州、梅州、清远、云浮、揭阳、汕尾、东莞、江门、珠海等14个市受灾，受灾人9超过300万人，死亡48人，倒塌房屋超过2万间，农作物受灾面积超过10万公顷，直接经济损失20多亿元。

面对严峻的防洪安全形势，在党中央、国务院的关怀和支持下，我省各级党委、政府和全省人民紧密团结，上下一心，共同抵御洪魔，抢险救灾工作正在紧张进行。据气象部门预计，未来2至3天，我省大部分地区将继续受高空槽和强西南季风影强降雨天气仍持续。我省中部、东南部偏东和珠江三角洲地区有暴雨，部分地区大暴雨。目前，西江、北江水位以及珠江三角洲地区潮水位已经全面超出警戒水位，并仍在持续上涨，西江上游洪峰即将到来，我省抗洪救灾工作面临极为严峻的考验。

为切实做好抗洪救灾工作，确保广大人民群众生命财产安全，省人民政府紧急宣布，我省西江和北江进入防汛Ⅰ级应急响应状态。为夺取今年抗洪救灾的胜利，省人民政府要求：

…………

当前，我省抗洪救灾已经到了关键时刻，省人民政府号召全省人民紧急行动起来，在党中央、国务院和省委、省政府的坚强领导下，发扬"万众一心、众志成城，不怕牺牲、顽强拼搏，坚韧不拔、敢于胜利"的伟大抗洪精神，克服困难，奋勇拼搏，坚决夺取抗洪救灾的全面胜利。

广东省人民政府
二〇〇五年六月二十三日

例文四是省一级行政机关根据突发灾害性情况依照有关法律发布的抗洪救灾的紧急动员令，也是宣布施行重大强制性行政措施的行政命令。面对严峻的防洪安全形势，省人民政府号召全省人民紧急行动起来，切实做好抗洪救灾工作，确保广大人民群众生命财产安全，提出四项应对措施。令文既展示危急形势，又显得胸有成竹、应对有方，用词得体得当，展示出了令文的文体特色。

【例文五】

国务院、中央军委关于授予钱学森同志
"国家杰出贡献科学家"荣誉称号的命令
国发〔1991〕51号

国防科工委：

钱学森同志是我国著名科学家。他早年在空气动力学、航空工程、喷气推进、工程控制论等科学技术领域作出许多开创性的贡献。1955年9月，在毛泽东、周恩来等老一辈无产阶级革命家的关怀下，他冲破重重阻力，离开美国回到社会主义祖国。1959年8月，他光荣地加入了中国共产党。数十年来，他以对祖国、对人民的无限热爱和忠诚，满腔热忱地投身于我国国防科研事业，为我国火箭、导弹和航天事业的创建与发展作出了卓越的贡献。他潜心研究的工程控制论，发展成为系统工程理论，并广泛地运用于军事运筹、农业、林业，乃至整个社会经济各个领域的实践活动，在我国现代化建设中发挥了重要作用。在发展系统工程理论与实践方面，是我国科技界公认的倡导人。他一贯努力学习马列主义、毛泽东思想，坚持运用马克思主义哲学理论指导科学活动。他热爱中国共产党，热爱社会主义祖国，热爱人民，充分体现了新中国知识分子的高尚品德，他是我国爱国知识分子的杰出典范。

为了表彰钱学森同志全心全意为人民服务，为祖国科技事业的发展所作出的卓越贡献，国务院、中央军委决定，授予钱学森同志"国家杰出贡献科学家"荣誉称号。

国务院、中央军委号召广大科技工作者向钱学森同志学习……

（以下略）

例文五是批准授予的命令。钱学森同志是军籍科学家，又是国务院部门领导人，为我国火箭、导弹和航天事业的创建与发展作出了卓越的贡献。为了表彰他全心全意为人民服务，为祖国科技事业的发展所作出的卓越贡献，国务院、中央军委决定授予他"国家杰出贡献科学家"荣誉称号，并号召广大科技工作者向钱学森同志学习，为造就更多世界第一流的科学技术专家，为在全社会进一步形成尊重知识、尊重人才的良好风尚而努力奋斗。"国家杰出贡献科学家"，这是至高无上的荣誉，对广大科技工作者和人民是巨大的鼓舞力量。国务院、中央军委的这个决定，以令颁布，印证了决定和命令

（令）的法据关系。在学习和应用时必须引起高度重视。

【例文六】

中华人民共和国主席令

（第一号）

根据中华人民共和国第十二届全国人民代表大会第一次会议的决定，任命李克强为中华人民共和国国务院总理。

中华人民共和国主席　习近平

2013 年 3 月 15 日

例文六是国家主席依法依照第十二届全国人大第一次会议的决定，任命李克强为中华人民共和国国务院总理的命令。这是国家主席令，要注意与行政机关公文的令相区别：行政机关公文的命令（令）已取消任免功能，国家主席令则可以依照人大的决定进行任免。任免令同公布令一样，均是履行法律手续，令行禁止，立即生效。

【例文七】

国务院授×××等

三百七十二名同志人民警察警衔命令

国函〔1992〕185 号

公安部、司法部：

根据《中华人民共和国人民警察警衔条例》的规定，国务院决定：

一、授予以下同志总警监警衔：

×××公安部部长

×××公安部副部长（正部级）

二、授予以下同志副总警监警衔：

×××公安部副部长

×××公安部副部长

×××公安部副部长

…………

例文七是人民警察晋升衔级的命令。中国人民武装警察部队隶属于国家公安系统，受国务院、中央军委双重领导。因此，国务院依据《中华人民共和国人民警察警衔条例》对武警予以批准授予和晋升衔级。

【例文八】

国务院对胜利粉碎劫机事件的
民航杨继海机组的嘉奖令
国发〔1982〕210号

中国民航总局:

中国民航兰州管理局第八飞行大队杨继海机组,1982年7月25日驾驶民航伊尔十八220号机执行西安至上海2505航班任务,在飞临上海附近上空时,机上5名歹徒突然采用暴力手段劫持飞机。杨继海机组怀着高度的爱国主义精神和保证旅客安全的责任感,临危不惧,坚定沉着,配合有方,在地面正确指挥和机上旅客的协助下,与歹徒进行了机智勇敢的搏斗,终于战胜歹徒,飞机载着全部中外旅客在上海虹桥机场安全着陆。他们在当地人民政府和驻军的配合下,粉碎了一起劫机的严重事件,谱写了我国民航反劫机的一曲胜利凯歌。

杨继海机组的英雄事迹,体现了他们热爱党、热爱社会主义祖国的坚定立场,体现了他们为确保旅客安全,为维护祖国声誉而英勇顽强、不怕牺牲的革命英雄主义高尚品德,他们为国家和人民争了光。

为表彰这一英雄事迹,国务院决定授予杨继海机组中国民航英雄机组的称号。给机长杨继海记特等功一次,授予反劫机英雄称号;给副驾驶阎文华、机械员刘光贤、报务员苗学仁、领航员黄振江、乘务分队长许克敏各记特等功一次;给乘务员盖生兰、贾志梅各记大功一次;给杨继海机组八位同志各晋升一级,并分别给予奖金奖励。

国务院号召民航全体空勤人员和广大职工向英雄的杨继海机组学习,兢兢业业,戒骄戒躁,提高警惕,做好工作,确保飞行安全,全心全意为中国人民和世界人民服务,为我国的社会主义现代化建设作出贡献。

中华人民共和国国务院
一九八二年八月十二日

例文八是国家最高行政机关依照有关法律,嘉奖有突出贡献,符合法规、规章规定的有关单位和个人的嘉奖令。以命令公布的嘉奖事项都是重要的,是在全国或某一地区某一系统具有普遍意义的重大典型。一般性的先进事迹和个人,不用嘉奖令颁发,而用通报发布。有些较为重要的奖励也可用决定行文。

颁发嘉奖令,必须是具有发令权限的机关。如果本机关不具发令权而当事人、事符合法律、法规规定,则应逐级上报到有发令权的机关审批,由该机关颁发嘉奖令。

嘉奖令一般以机关名义发布。

四、公报

《党政机关公文处理工作条例》对公报的释义是:"适用于公布重要决定或者重大事项。"公报,其使用范围较窄,仅党政机关公文有此文种。主要用于发布对全党具有重要意义的重要决定或重大事项,或国家用于涉外重大活动、公布国家重要调查数据。

机关公文写作

学习公报例文主要是要理解公报的用法，了解公报的文体特点。

【例文一】

中国共产党第十八届中央委员会
第一次全体会议公报
（2012年11月15日
中国共产党第十八届中央委员会第一次全体会议通过）

中国共产党第十八届中央委员会第一次全体会议，于2012年11月15日在北京举行。

出席会议的有中央委员205人，候补中央委员171人。中央纪律检查委员会委员列席会议。

习近平同志主持会议并作了重要讲话。

全会选举了中央政治局委员、中央政治局常务委员会委员、中央委员会总书记；根据中央政治局常务委员会的提名，通过了中央书记处成员，决定了中央军事委员会组成人员；批准了十八届中央纪律检查委员会第一次全体会议选举产生的书记、副书记和常务委员会委员人选。名单如下：

……

例文一是会议公报。发布会议公报的会议，必须是能代表党和国家意志的、具有法律效力的会议，所公布的内容必须是全党、全国人民所关注的重大事项或重大决策。公报的内容事关重大，全国各级党委、政府均要认真贯彻执行。例文一是中国共产党第十八届中央委员会第一次全体会议公报。所公布的内容是中央组成人员及其分工。例文的行文结构、文风、用语措辞诸方面均端庄得体。

【例文二】

关于成立"中国—阿拉伯国家合作论坛"的公报
中国外交部　阿拉伯国家联盟秘书处
2004年1月30日
开罗

2004年1月30日，中华人民共和国主席胡锦涛阁下访问了阿拉伯国家联盟秘书处，会见了阿拉伯国家联盟秘书长阿姆鲁·穆萨先生和阿拉伯国家联盟成员国代表。

胡锦涛主席在会见中就发展中国与阿拉伯国家的新型伙伴关系提出四项原则：（一）以相互尊重为基础，增进政治关系；（二）以共同发展为目标，密切经贸往来；（三）以相互借鉴为内容，扩大文化交流；（四）以维护世界和平、促进共同发展为宗旨，加强在国际事务中的合作。秘书长表达了阿方对此的欢迎和赞赏。

……

为进一步发展中阿在各领域的友好合作关系，双方商定，即日成立"中国—阿拉伯国家合作论坛"。

双方同意,尽快召开"中国—阿拉伯国家合作论坛"首届部长级会议。

例文二是事项公报。对成立"中国—阿拉伯国家合作论坛"事项,双方商定,即日成立;并同意尽快召开"中国—阿拉伯国家合作论坛"首届部长级会议。

【例文三】

中华人民共和国和安哥拉人民共和国
关于建立外交关系的联合公报
(1983/01/12)

中华人民共和国和安哥拉人民共和国,为了促进两国之间的和谐关系与多种形式的合作,从而为实现联合国的目标作出贡献;意识到各国人民在爱好和平与自由的国家相互接近和加强团结的过程中应起的历史作用;决定自一九八三年一月十二日起在两国政府间建立大使级外交关系。

…………

中国、安哥拉两国政府商定,根据国际惯例,在各自首都为对方建立大使馆及其执行任务提供一切必要的协助。

中华人民共和国政府代表
中华人民共和国驻法兰西共和国大使馆临时代办　　王　晋

安哥拉人民共和国政府代表
安哥拉人民共和国驻法兰西共和国特命全权大使　　卢伊斯·若泽·德阿尔梅达

一九八三年一月十二日于巴黎

例文三是我国政府代表与安哥拉政府代表签订的关于建立外交关系的联合公报。这种公报是在谈判前两国代表进行接触、传达意向,经政府同意,派出正式会谈。签署的公报须经政府报全国人大常委会审议批准才能生效、建立外交关系。

【例文四】

中国渔业协会代表团、日中渔业协议会代表团
会谈公报

中国渔业协会代表团和日中渔业协议会代表团,于一九七〇年六月九日至六月二十日在北京举行了会谈。

双方完全同意和坚决支持一九七〇年四月十九日中日双方备忘录贸易办事处代表签署的会谈公报,并在此基础上就目前形势、中日关系和中日两国关于黄海、东海的民间渔业协定问题充分交换了意见。

…………

双方一致同意将中日民间渔业协定(包括有关换文、附件)有效期延长二年,并

就该协定的补充规定达成如下协议：

……………

中国渔业协会代表团团长　　日中渔业协议会代表团团长

王云祥　　　　　　　　　　江口次作

（签字）　　　　　　　　　（签字）

一九七〇年六月二十日于北京　日本

【例文五】

中国共产党总书记胡锦涛与
亲民党主席宋楚瑜会谈公报
（二〇〇五年五月十二日）

亲民党主席宋楚瑜应中国共产党中央委员会总书记胡锦涛邀请，于二〇〇五年五月五日至十三日率亲民党大陆访问团正式访问大陆。这是中国共产党与亲民党之间首次进行两党交流对话，具有重要意义。五月十二日，胡总书记与宋主席在北京举行正式会谈，双方就促进两岸关系改善与发展的重大问题及两党交往事宜，坦诚、深入地交换了意见。五月十一日，中共中央政治局常委、书记处书记曾庆红会见了亲民党访问团全体成员。两党认为，当前两岸关系发展正处于重要关键时刻，两党应共同努力，促进两岸关系的缓和，谋求台海地区和平稳定，增进两岸人民福祉，维护中华民族的整体利益。

例文四、五是会谈公报。内容是交代会谈背景，概述会谈内容及达成的共识。

【例文六】

2005年全国1%人口抽样调查主要数据公报
（中华人民共和国国家统计局　2006年3月16日）

经国务院批准，我国于2005年底开展了全国1%人口抽样调查工作。这次调查以全国为总体，以各省、自治区、直辖市为次总体，采取分层、多阶段、整群概率比例的抽样方法。最终样本单位为调查小区。这次调查的样本量为1705万人，占全国总人口的1.31%。在国务院和地方各级人民政府的统一领导下，通过调查工作人员的艰苦努力，调查的各项任务已基本完成。现将快速汇总的全国总人口及其结构的主要数据公布如下：

……………

注：

1. 本公报为根据调查结果的初步推算数。

2. 调查登记标准时间为2005年11月1日零时，调查登记对象为具有中华人民共和国国籍并居住在中华人民共和国境内大陆的常住人口。

3. 全国总人口数未包括中国香港、中国澳门、中国台湾省人口数。

4. 经事后质量抽查，总人口的净漏登率为1.72%。全国人口中已包括据此计算的漏登人口数。

例文六是调查公报。国家统计局奉国务院之命调查并公布。

五、公告

"一府两院"和人大机关均设有公告这种公文文种,其功能、性质大体相似,"适用于向国内外宣布重要事项或者法定事项"、"适用于发布法律、地方性法规及其他重要事项"。但具体应用上有区别:人大的公告还有发布法律和地方性法规的功能。综观各个国家机关的公文系列,更能体会到公告文种的特点:"公"和"重"。所谓"公",是以公(国家机关)向最广泛的公众公布;所谓"重",是指事项的分量重、重要、重大,或法律法规规定必须以公告公布的事项。

【例文一】

中华人民共和国海关总署公告
2003 年 第 66 号

为规范进口供数据处理设备用载有软件的介质(以下简称介质)的海关估价工作,根据《中华人民共和国海关审定进出口货物完税价格办法》(以下简称《办法》),现将海关对介质的估价规定公告如下:

……………

五、本公告自二〇〇三年十二月十一日起施行。

特此公告。

中华人民共和国海关总署
二〇〇三年十二月三日

例文一是海关总署向国内外有关业务往来者宣布重要事项的一则公告。其公告事项是海关总署依法制定的对介质的估价规定,其告晓的对象是国内外有关业务往来者,因此须用公告告晓。公告行文分序言和告晓事项两个部分。序言交代所发布估价规定的目的和规定的法律依据;其公告的事项在领起语之后分项列出,使公告内容清楚明白。

【例文二】

广东省人民政府文件
粤府〔2002〕21 号
广东省质量技术监督局稽查总队成立公告

经广东省人民政府 2001 年 12 月 3 日粤府函〔2001〕468 号文批准,广东省质量技术监督局稽查总队现正式成立,自 2002 年 4 月 1 日起在本省行政区域内实施行政执法。执法职责是:对公民、法人或者其他组织遵守《中华人民共和国产品质量法》、《中华人民共和国标准化法》、《中华人民共和国计量法》和《锅炉压力容器安全监察暂行条例》等法律、法规、规章的情况进行检查;以广东省质量技术监督局的名义,对有关的违法行为依法实施行政处罚。其执法人员持省人民政府统一制发的行政执法证上岗执法。

广东省质量技术监督局稽查总队办公地址：广州市海珠区同福东南村路泰山庙前3号广东省质量技术监督局办公楼6楼。举报、投诉电话：12365。

广东省人民政府
二〇〇二年三月二十七日

主题词：司法质量监督机构公告

例文二是广东省人民政府采取的一项重要行政措施，成立一个新的执法机构——广东省质量技术监督局稽查总队，依法规规定须向广大群众、机关单位，包括国内企业、中外合资企业、外资企业等公告。其告晓的内容包括该执法机构的名称、成立的时间、执法内容、执法的区域、执法职责、执法人员的标志以及办公地点、电话等事项。如果新组建的机构没有涉外，仅需一定区域的群众、机关团体知晓，则可使用通告告晓。

【例文三】

国务院公告
（1987年12月5日）

《中华人民共和国政府和大不列颠及北爱尔兰联合王国政府关于解决历史遗留的相互资产要求的协定》，已于1987年6月5日在北京签订，并于同日生效。按照上述协定的有关规定，现就我国公民申请清偿的具体事项公告如下：

……

例文三是一则向国内外宣布应当周知或办理的重要事项的公告。所公告的内容，对国内相关机构具有法定性（相关领导机关要另行公文下达指令），对国外相关人员具有规定性。正文由前言和公告事项两部分组成。前言交代公告依据，然后用一个过渡句"现就……的具体事项公告如下"转入公告主体。公告事项分条列出，使内容明晰，层次分明。

【例文四】

公　告
产字〔2012〕28号

现有广州市海珠区教育局申请坐落在海珠区宝岗大道163号的国有土地使用权登记，凡对上述地块权属有异议者，请于本公告发布之日起30日内持有效权属证明到广州市房地产测绘院（原广州市房地产测绘所）提出权利主张（地址：广州市豪贤路193号4楼）。逾期无他人提出权利主张的，我局将按规定办理土地登记。

特此公告

广州市国土资源和房屋管理局
二〇一二年五月二十五日

例文四是一则法定性公告。土地权属由《中华人民共和国土地管理法》规范。海珠区教育局依法向国土局申请国有土地使用权登记，该局接受申请，但必须依法公告确权（明确该土地是否属申请人所有），依法须公告30天，这是一种送达公告，让对该土地有异议者有足够时间提出权利主张。有异议则另案立案办理，无异议则依法办理土地登记。这就是依法行政。

公告送达时限为30天。实际上这是送达公告①的一种方式。有异议者不明姓名、不明地址，无法送达，故必须依法公告，并依法定时限以公告送达。公告期满，便算作公告业已送达。不提出异议者便是放弃异议权，允许办理机关依法办理。

常见的法定性公告有招标公告、拍卖公告、专利公告、法人公告、商标公告、破产公告、房屋拆迁公告等，均由法律、法规规定须用公告形式向社会公众宣布事项。这是法律行为。法律、法规没有规定必须使用公告而又不符合公告使用条件的，不要使用公告这一文种。

【例文五】

中华人民共和国
全国人民代表大会公告
第二号

第十二届全国人民代表大会第一次会议于2013年314日选举：

习近平为中华人民共和国主席；

李源潮为中华人民共和国副主席。

现予公告。

中华人民共和国第十二届全国人民
代表大会第一次会议主席团
2013年3月14日于北京

例文五是人大公文公告。人大机关公文不设命令（令）文种，公布国家主席当选这一重大事项，依法用公告公布。公布是履行法律手续，公布即生效。

【例文六】

1)

最高人民法院　最高人民检察院
关于不再追诉去台人员

---

① 送达公告：指用公告替代通知将信息传达给当事人的一种方式。送达公告是从法律意义上的送达，国家机关依法作出裁决、判定需通知对法定行为人或单位而又无法送达时（如当事人有意隐匿、逃亡）可使用公告形式送达，公告期满即视为送达，故具有法律上的意义。在司法、公安、行政处罚、行政复议、工商行政管理等工作中，往往会出现行政处罚决定书无法送达当事人的情况。这时便应当依照有关法规的规定采用公告送达。如《广州市行政复议规定》中就有"受达人下落不明，或者用其他方式无法送的，公告送达；自发出公告之日起经过六十日，即视为送达"。

在中华人民共和国成立前的犯罪行为的公告

　　台湾同胞来祖国大陆探亲、旅游的日益增多。这对于促进海峡两岸的"三通"和实现祖国和平统一大业将起到积极的作用。为此，对去台人员在中华人民共和国成立前在大陆犯有罪行的，根据《中华人民共和国刑法》第七十六条关于对犯罪追诉时效的规定的精神，决定对其当时所犯罪行不再追诉。

　　来祖国大陆的台湾同胞应遵守国家的法律，其探亲、旅游、贸易、投资等正当活动，均受法律保护。

1988 年 3 月 14 日

2）

最高人民法院、最高人民检察院
关于不再追诉去台人员
在中华人民共和国成立前的犯罪行为的公告

　　最高人民法院、最高人民检察院 1988 年 3 月 14 日《关于不再追诉去台人员在中华人民共和国成立前的犯罪行为的公告》发布以后，引起各方面的积极反响。为了进一步发展祖国大陆与台湾地区的经济、文化交流和人员往来，促进祖国和平统一大业，现根据《中华人民共和国刑法》的规定，再次公告如下：

　　一、对去台人员在中华人民共和国成立后、犯罪地地方人民政权建立前所犯罪行，不再追诉。

　　二、去台人员在中华人民共和国成立后、犯罪地地方人民政权建立前犯有罪行，并连续或继续到当地人民政权建立后的，追诉期限从犯罪行为终了之日起计算。凡符合《中华人民共和国刑法》第七十六条规定的，不再追诉。其中法定最高刑为无期徒刑、死刑的，经过二十年，也不再追诉。如果认为必须追诉的，由最高人民检察院核准。

　　三、对于去台湾以外其他地区和国家的人员在中华人民共和国成立前，或者在中华人民共和国成立后、犯罪地地方人民政权建立前所犯的罪行，分别按照最高人民法院、最高人民检察院《关于不再追诉去台人员在中华人民共和国成立前的犯罪行为的公告》精神和本公告第一条、第二条的规定办理。

1989 年 9 月 7 日

　　例文六是司法机关的公告。该公告公布了国家的法定事项。公告所依据的是国家的法律《中华人民共和国刑法》。司法机关以公告公布是依法行政。

【例文七】

广东省第九届人民代表大会常务委员会公告
（第 150 号）

　　《广东省各级人民代表大会代表建议、批评和意见办理规定》已由广东省第九届人

民代表大会常务委员会第三十八次会议于 2002 年 12 月 6 日通过，现予公布，自 2003 年 1 月 1 日起施行。

广东省人民代表大会常务委员会
2002 年 12 月 6 日

人大机关公文文种没有命令（令），颁布地方法规用公告。各级人大代表建议、批评和意见是法定的人大专用文书，人大代表对各方面的工作有建议、批评和意见，可以依法以书面形式交人大常委会交办事机构转相关单位办理或答复。这一工作已由省的地方法规所规定。

【例文八】

中华人民共和国最高人民法院公告

《最高人民法院关于确定民事侵权精神损害赔偿责任若干问题的解释》已于 2001 年 2 月 26 日由最高人民法院审判委员会第 1161 会议通过。现予公布，自 2001 年 3 月 10 日起施行。

二〇〇一年三月八日

"两院"的机关公文没有命令（令），发布规章时不用令而用公告公布。"确定民事侵权精神损害赔偿责任若干问题的解释"是最高人民法院发布的规章，故用公告公布。

这样，人民法院便有两种不同的公告：一是机关公文的公告；二是司法专业业务文书的送达公告（《民事诉讼法》第 92 条规定："受送达人下落不明，或者用本节规定的其他方式无法送达的，公告送达。自发出公告之日起，经过六十日，即视为送达。"公告送达是法院送达诉讼文书的方式之一。

【例文九】

中华人民共和国最高人民检察院公告
高检发释字〔2006〕2 号

《最高人民检察院关于渎职侵权犯罪案件立案标准的规定》已于 2005 年 12 月 29 日由最高人民检察院第十届检察委员会第四十九次会议通过，现予公布，自公布之日起施行。

最高人民检察院
二〇〇六年七月二十六日

六、通告

《党政机关公文处理工作条例》对通告的释义是："适用于在一定范围内公布应当遵守或者周知的事项。"明显与公告不同："在一定范围内公布"，不是向国内外宣布，所公布的内容，或者是"应当遵守的事项"，具有一定的规定性或者强制性；或者是周知性，仅为告晓。与公告不同的是，告晓的地域不同，公告告晓的是国内外，通告告晓的是国内的某一地域或某一领域。

【例文一】

广州市人民政府文件

穗府〔2002〕35号

关于将广州南沙开发区划为石矿

粘土矿禁采区的通告

　　为贯彻执行省委、省政府、市委、市政府关于加快南沙地区开发建设的战略决策，将南沙地区建设成为产业布局合理、经济辐射能力强、基础设施配套、自然环境优美的现代化生态型滨海新城区，根据《中华人民共和国矿产资源法》、《广东省采石取土管理规定》，市人民政府批准了《广州南沙采石取土禁采区规划》，现就广州南沙开发区石矿、粘土矿禁采区范围通告如下：

　　一、禁采区范围：广州南沙开发区范围，具体包括黄阁镇、广州南沙经济技术开发区、鸡抱沙、开沙、龙穴岛；广州珠江华侨农场、万顷沙、围垦公司、横沥镇以及灵山镇南部地区。

　　二、本通告自发布之日起生效。

广州市人民政府

二〇〇二年十一月十日

　　例文一是一则行政机关公布社会各有关方面应当遵守的通告。这种通告具有法制性，必须做到符合法规要求。该通告实际上是在下达广州市人民政府的禁令。因为需要知晓并遵守的对象是该区域的全体人士，而其中有的人并非广州市所辖人员，如果使用通知行文，便会使应该知晓的人士无法知晓，因而必须使用公开张贴的通告以让他们知晓并遵守。

　　该通告行文目的明确，依据相关法规规定，突出于法有据，并宣布《广州南沙采石取土禁采区规划》已批准为政府规章，强调了该通告事项具法规规定性。告晓范围界定明确，强调了生效日期，使监管执法部门可依此通告执行。

【例文二】

关于对电动自行车和其他安装有动力装置的

非机动车不予登记、不准上道路行驶的通告

穗公〔2006〕343号

　　根据《中华人民共和国道路交通安全法》和《广东省道路交通安全条例》的有关规定，经广州市人民政府公开征求意见，并报请广东省人民政府批准同意，自本通告发布之日起，在广州市行政区域内（含从化市和增城市）对电动自行车和其他安装有动力装置的非机动车（残疾人机动轮椅车除外）不予登记、不准上道路行驶。

　　违反本通告的，由公安机关交通管理部门依法予以处理。

特此通告

广州市公安局
二〇〇六年十一月六日

例文二是一则要求社会各有关方面切实遵守的通告。广州市公安局的这一则通告，是依据广州市人民政府的决定而形成的公文。广州市人民政府的决定，是根据广州市道路交通管理的实际情况，又依据《中华人民共和国道路交通安全法》和《广东省道路交通安全条例》的有关规定，经过听证会公开征求各有关方面群众意见，并报请广东省人民政府批准同意而作出的。

在广州市行政区域内（含从化市和增城市）对电动自行车和其他安装有动力装置的非机动车（残疾人机动轮椅车除外）不予登记、不准上道路行驶，这是依据法律、法规，又依照立法程序作出的、符实际需要的决定。同属广州市行政区域的花都区和番禺区便不在"不准"之列，便说明这是依据实际需要而不是搞"一刀切"。什么是依法行政？我们怎样依法行政？认真弄懂这则通告的出台过程，对我们将会有很大的启发。

【例文三】

广州市人民政府文件
穗府〔2002〕36号
关于防空警报试鸣及防空演习的通告

根据《中华人民共和国人民防空法》和《广东省实施〈中华人民共和国人民防空法〉办法》关于防空警报试鸣的规定，为增强市民的国防观念和防空意识，定于2002年11月22日11时0分至11时30分，在全市（10个区、2个县级市）范围内进行防空警报试鸣，同时在越秀区、荔湾区、东山区、海珠区、黄埔区、芳村区等6个城区，组织部分市民、人防专业队进行以防空疏散和利用人防工事就地隐蔽为内容的防空袭实兵演习。特通告如下：

一、11时0分至3分试鸣预先警报：鸣36秒，停24秒，反复3遍；

二、11时18分至21分试鸣空袭警报：鸣6秒，停6秒，反复15遍；

三、11时27分至30分试鸣解除警报：连续鸣响3分钟；

四、防空警报试鸣及防空演习期间，全市生产、生活秩序及社会活动照常进行。

广州市人民政府
二〇〇二年十一月七日

例文三是一则由广州市人民政府向社会各界发布的周知性通告。试鸣防空警报，涉及面广，其周知对象是广大群众（包括外地驻广州的众多机关团体以及海外侨民），以免发生误会而产生意外，所以，必须通告知晓。

为什么要用通告而不是用公告？试鸣防空警报是重要事项，必须告晓域内广大群众知晓，域内的群众包括本地居民、中央机关和外地机构驻广州办事人员、领事区域的工作人员及其眷属、海外人士等。表面上这件重要事项似乎已"涉外"了，其实广州市试鸣防空警报是仅限在广州地域内的声响,并不涉外。在广州居住的海外人士无须特别关注,仅是知道便可以了,故用通告告晓。如果在某边境试鸣,其声响会越过国境让外国居民听见,为防止产生误会,则须使用公告。为什么本通告不以办公厅名义发出而以政府名义发出?在广州市内,不属广州市管辖的机关、团体、企事业单位很多,为郑重起见,须以市政府名义发文。

在写作上,以依据、目的、试鸣时间、举措等分层安排,结构完整,文字简洁明了,告晓事项分条列出,让人明白知晓。

七、意见

《党政机关公文处理工作条例》对意见的释义是:"适用于对重要问题提出见解和处理办法。"意见原本是下行文,是上级机关对"重要问题提出见解和处理办法",给下级机关出主意、作指示,是具教导性、启发性、说理性的行文。实践中发现,就"重要问题提出见解和处理办法"也适用于下级机关向上级机关提出,还适用于不相隶属机关提出。这是上级机关倾听下级声音、集思广益的好渠道。使用频率很高。选入的四篇例文均十分典范,能给我们典型引路,启迪思维。

【例文一】

国务院办公厅关于进一步加强
古籍保护工作的意见
国办发〔2007〕6号

各省、自治区、直辖市人民政府,国务院各部委、各直属机构:

我国是历史悠久的文明古国,拥有卷帙浩繁的古代文献典籍。这些古籍是中华民族的宝贵精神财富。党中央、国务院历来高度重视古籍保护工作。近年来,在各地区、各有关部门和全社会的共同努力下,我国古籍保护工作取得了显著成绩。但是,也应清醒地看到,当前我国古籍保护工作还面临许多问题,形势严峻。为抢救、保护我国珍贵古籍,继承和弘扬优秀传统文化,推动社会主义先进文化和和谐社会建设,根据《中华人民共和国文物保护法》和《国务院关于加强文化遗产保护的通知》(国发〔2005〕42号)、《国家"十一五"时期文化发展规划纲要》(中办发〔2006〕24号),经国务院领导同志同意,现就进一步加强古籍保护工作提出以下意见:

一、充分认识古籍保护工作的重要性和紧迫性

我国古代文献典籍是中华民族在数千年历史发展过程中创造的重要文明成果,蕴含着中华民族特有的精神价值、思维方式和想象力、创造力,是中华文明绵延数千年,一脉相承的历史见证,也是人类文明的瑰宝。古籍具有不可再生性,保护好这些古籍,对促进文化传承、联结民族情感、弘扬民族精神、维护国家统一及社会稳定具有重要作用。同时,加强古籍保护工作,也是建设社会主义先进文化,贯彻落实科学发展观和构建社会主义和谐社会的客观要求。

由于诸多原因,当前我国古籍保护存在不少突出问题,如现存古籍底数不清,古籍老化、破损严重;古籍修复手段落后,保护和修复人才匮乏,尤其是少数民族古籍保护

和整理人员极度缺乏,面临失传的危险;大量珍贵古籍流失海外。因此,加强古籍保护刻不容缓。地方各级人民政府和有关部门要从对国家和历史负责的高度,充分认识保护古籍的重要性,进一步增强责任感和紧迫感,切实做好古籍保护工作。

二、加强古籍保护工作的指导思想、基本方针和总体目标

(一)指导思想。坚持以邓小平理论和"三个代表"重要思想为指导,全面贯彻和落实科学发展观,加大古籍保护工作力度,建立科学有效的古籍保护制度,提高全社会的古籍保护意识,充分发挥古籍在传承中华文化,提高人民群众思想道德素质和科学文化素质,增强民族凝聚力,促进社会主义先进文化建设中的重要作用。

(二)基本方针。贯彻"保护为主、抢救第一、合理利用、加强管理"的方针。坚持依法保护和科学保护的原则,正确处理古籍保护与利用的关系,统筹规划、分类指导、突出重点、分步实施。

(三)主要任务和基本目标。"十一五"期间,大力实施"中华古籍保护计划"和"十一五"国家古籍整理重点图书出版规划,全面、科学、规范地开展保护工作。对全国公共图书馆、博物馆和教育、宗教、民族、文物等系统的古籍收藏和保护状况进行全面普查,建立中华古籍联合目录和古籍数字资源库;实现古籍分级保护,建立《国家珍贵古籍名录》;完成一批古籍书库的标准化建设,命名"全国古籍重点保护单位";加强古籍修复工作,培养一批具有较高水平的古籍保护专业人员。通过努力,逐步形成完善的古籍保护工作体系,使我国古籍得到全面保护。

三、突出重点,科学规范地开展古籍保护工作

(一)统一部署,全面开展古籍普查登记工作。从2007年开始,用3到5年时间,在全国范围内组织开展古籍普查登记工作,全面了解和掌握各级图书馆、博物馆等单位及民间所藏古籍情况。对登记的古籍进行详细清点和编目整理,并依据有关标准进行定级。在文化行政部门领导下,国家图书馆负责全国古籍普查登记工作,各省、自治区、直辖市省级图书馆负责本地区古籍普查登记工作。教育、宗教、民族、文物等部门根据实际情况,制订本系统古籍普查实施方案,也可委托各省(区、市)省级图书馆统一开展普查登记工作。民间收藏的古籍可到所在地省级图书馆进行登记、定级、著录。加强与国际文化组织和海外图书馆、博物馆的合作。有关单位和机构要对海外收藏的中华古籍进行登记、建档工作。国家图书馆负责汇总古籍普查成果,建立中华古籍综合信息数据库,形成全国统一的中华古籍目录。

(二)建立《国家珍贵古籍名录》,逐步形成完善的古籍保护制度。统筹规划,加强对珍贵古籍的重点保护,并以此带动古籍保护工作的有序开展。建立《国家珍贵古籍名录》,经国务院批准后公布。对列入《国家珍贵古籍名录》的古籍,收藏单位要按照有关要求,完善保护措施,切实做好保护工作。地方各级人民政府要对此进行监督检查。

各省、自治区、直辖市也可建立省级珍贵古籍名录,并采取相应保护措施,加大保护力度。

(三)改善古籍保管条件,命名全国古籍重点保护单位。建立健全古籍书库的建设标准和技术标准,改善古籍保管条件,完善安全措施,保障古籍安全。对古籍收藏量

大、善本多、具备一定保护条件的单位,经国务院批准,命名为全国古籍重点保护单位,并作为财政投入和保护的重点。对全国古籍重点保护单位,要定期进行评估、检查。各省、自治区、直辖市也可命名省级古籍重点保护单位。

(四)加快推进古籍修复工作,提高古籍修复水平。集中资金,有计划地对破损古籍进行修复,重点抓好列入《国家珍贵古籍名录》和濒危古籍的修复工作。各古籍收藏单位要建立修复档案,按照有关技术标准和规范对古籍进行修复,确保修复质量。要将传统修复技艺与现代技术相结合,充分吸收国外先进技术和经验,提高古籍修复水平。在具备条件的图书馆设立国家文献保护重点实验室,开展古籍保护技术的研究和实验。

(五)进一步加强古籍的整理、出版和研究利用。制订古籍数字化标准,规范古籍数字化工作,建立古籍数字资源库。利用现代印刷技术,推进古籍影印出版工作,继续实施中华再造善本二期工程。积极采用缩微技术复制、抢救珍贵古籍。要整合现有资源,建立面向公众的古籍门户网站。要采取有效措施,向社会和公众开放古籍资源,发挥古籍应有的作用。

四、加强领导,协同配合,共同做好古籍保护工作

(一)建立古籍保护工作协调机制。建立由文化部牵头,发展改革委、财政部、教育部、科技部、国家民委、新闻出版总署、宗教局、文物局等部门组成的全国古籍保护工作部际联席会议,联席会议办公室设在文化部。部际联席会议各成员单位要按照现有职能分工,认真履行职责,密切配合,共同做好古籍保护工作。各省、自治区、直辖市也要建立相应的工作机制,组织实施本地区的古籍保护工作。地方各级人民政府要将古籍保护作为文化遗产保护工作的重要内容,明确工作目标和任务,认真落实保护措施,建立健全古籍保护责任制度和责任追究制度。要充分发挥专家在古籍修复、保护、研究等方面的作用,推进古籍保护工作的有效开展。

(二)加大古籍保护资金投入。各级财政部门要对本地区古籍普查、修复、出版及数字化等工作给予必要的资金支持。要制定鼓励政策,积极吸纳社会资金参与、支持古籍保护工作。

(三)加强古籍保护人才培养。有关部门要制订规划,多渠道、分层次培养古籍保护人才。建立古籍修复机构资格准入与修复人员资格认证制度,在有条件的高等院校设置古籍保护和修复专业,培养一批技术精湛、素质较高的古籍修复人才。加强古籍保护工作人员的在职培训和少数民族古籍翻译、整理、出版、研究人才的培养。积极开展国际与地区间古籍保护的交流与合作。

(四)加大古籍市场监管力度。有关部门要依法规范古籍市场流通和经营行为,加强古籍销售、拍卖行为的审核备案工作,严厉打击盗窃、走私古籍等违法犯罪活动。要按照文物管理的有关法规,制定古籍出入境审核、监管办法。加强国际合作,坚决依据有关国际公约和法律法规追索非法流失境外的古籍。

(五)加强对古籍保护的宣传。各级各类图书馆要积极开拓文化教育功能,通过讲座、展览、培训、研讨等形式宣传古籍保护知识,促进古籍利用和文化传播。广播电视、报刊、互联网等新闻媒体要加大古籍保护工作宣传力度,普及保护知识,展示保护

成果，培养公众的保护意识，营造全社会共同保护古籍的良好氛围。

国务院办公厅
二〇〇七年一月十九日

例文一是国务院办公厅根据相关法律、法规，经国务院同意，就"进一步加强古籍保护工作"这一重要问题提出见解和处理办法，是具有指挥性、部署性和指示性的下行意见。同决定、决议、命令、通知相比较，在行文语言方面比较平和、舒缓，叙述说理细致，不但注意讲明为什么要做，还特别注意交代下级应当怎样去做。

【例文二】

关于做好广州市区、县级市人民代表大会
换届选举工作的意见
穗×〔2002〕28号

中共广州市委：

根据《中华人民共和国全国人民代表大会和地方各级人民代表大会选举法》（以下简称《选举法》）和《中华人民共和国地方各级人民代表大会和地方各级人民政府组织法》（以下简称《地方组织法》）的有关规定，以及《中共广东省委批转〈关于做好全省不设区的市、市辖区、县人民代表大会换届选举工作的意见〉的通知》（粤发〔2002〕12号）精神，我市的区、县级市人民代表大会将于明年上半年任期届满，应分别进行换届选举。现就换届选举工作提出如下意见：

一、换届选举的指导思想

这次换届选举，是在党的"十六大"胜利召开，社会主义现代化事业进入一个新的发展阶段进行的，是我市人民政治生活的一件大事。搞好这次换届选举，对于充分发挥区、县级市人民代表大会的作用，加强地方政权建设，推进依法治市工作，实现人民群众当家做主的权利，保持安定团结的政治局面，推进我市改革开放和率先基本实现现代化，具有十分重要的意义。

这次区、县级市人大换届选举工作的指导思想是：在市委领导下，高举邓小平理论伟大旗帜，坚持党的基本路线，以江泽民同志"三个代表"重要思想为指导，全面贯彻党的"十六大"和省第九次、市第八次党代会精神，切实把坚持党的领导、充分发扬民主和严格依法办事有机结合起来，严格按照法律规定的程序，精心组织，周密安排，确保换届选举工作顺利进行。

二、换届选举的时间安排

根据宪法和《地方组织法》的规定，按照省委文件的要求并结合我市实际情况，我市区、县级市人大换届选举工作应于2003年4月底以前完成。各区、县级市要统筹兼顾，妥善安排各项工作，保证依时完成换届选举工作。

三、提高代表素质，优化代表结构

严格按照法律规定的程序和对代表的要求，切实把好代表素质关。把拥护党的基本路线，努力实践"三个代表"重要思想，模范遵守宪法和法律，在生产、工作和社会

生活中，协助宪法和法律的实施；通过诚实的劳动、工作和合法经营，为发展社会主义生产力和社会主义各项事业作出贡献；密切联系人民群众，反映人民群众的意见和要求，热心为群众办事，具有较强的执行代表职务的责任感和能力的人，推选为代表候选人。

人大代表应具有广泛性和先进性，保证工人、农民、知识分子、妇女、党外人士各占适当的比例。其中，中共党员比例不超过65%；妇女代表比例不低于23%。区、县级市人大代表尽量不与本级政协委员以及各级人大代表交叉。代表中的区、县级市党委、政府领导干部人数不宜过多，一般以5人左右为宜。连任的代表约占20%。区、县级市人大代表一般应具有初中以上文化程度。代表的年龄结构应进一步年轻化。要通过宣传教育，引导选民作出正确选择，实现代表结构的合理优化，不要片面为追求实现代表的构成比例，而作出硬性规定。

四、进一步加强区、县级市人大常委会的组织建设

切实按照中央和省委的要求，努力提高区、县级市人大常委会组成人员的整体素质，并逐步实现专职化和比较年轻化。常委会组成人员中要有一定数量熟悉经济、法律、文教、科技等工作的人才，有一定数量具有较丰富实际工作经验的领导干部以及从人大常委会机关选拔的工作骨干，常委会组成人员按任职年龄要求可以任满两届的，或在任内能与党委和政府机关、司法机关干部实行交流的应不少于总数的1/3，其中专职的组成人员应占多数。要重视非党人士的安排，党委会组成人员中，中共党员应不超过70%。

五、认真做好候选人的提名推荐

严格按照《选举法》和《地方组织法》的有关规定，认真做好代表和国家机关领导成员候选人的提名推荐工作。切实保障选民和代表在选举工作中的知情权、参与权、选择权和监督权，保障其依法联名提出候选人和权利。选民或代表联名提出的代表候选人或国家机关领导成员候选人，与政党、大会主席团提名的候选人具有同等的法律地位，均应依法列入候选人名单，提交选民或代表酝酿讨论。不得违背选民或代表的意愿，限制选民或代表依法联名提出候选人，更不能包办代替。

选举国家机关领导人员时，要依法坚持差额选举原则。正职领导人员的候选人一般比应选人数多1人，进行差额选举；如果提名的候选人只有1人，也可以等额选举。副职领导人员的候选人数应比应选人数多1～3人。人大常委会委员的候选人数应比应选人数多1/10至1/5，进行差额选举。

六、保障流动人口和困难群众依法行使民主权利

我市流动人口多，情况复杂，人户分离现象比较突出。要采取切实措施，依法做好选民登记工作。选举期间不能回原选区参加选举的选民，可以书面委托所在选区的选民代为投票。选民实际已经迁居外地（已取得现居住地居住证）但没有转出户口的，在取得原选区选民资格的证明后，可以在现居住地的选区参加选举。对失业、下岗和生活困难的选民，要做好宣传发动和组织工作，维护他们的民主权利。

七、依法处理破坏选举的违法行为

保障选民和代表依法行使选举权和被选举权。注意防止和及时处理选举中可能出现

的各种违法行为，严禁贿选，严禁利用宗法势力、恶势力操纵选举。对以暴力、威胁、欺骗、贿赂、伪造选举文件、虚报选举票数等手段破坏选举或者妨碍选民和代表自由行使选举权和被选举权的行为，以及对控告、检举选举违法问题的人进行压制、报复的行为，要依法予以追究。各区、县级市人大常委会对选民和代表检举的违法行为要依法查处；对重大违法行为，要及时向市人大常委会报告。同时，要正确划清选举中的工作失误、思想认识问题与违法行为的界限，防止混淆两类不同性质的矛盾。

八、加强党对换届选举工作的领导

这次区、县级市人大换届选举，时间紧迫，工作量大，法律性、政策性强。各级党委要把这项工作列入重要议事日程，统筹安排，切实加强领导。要按照《党政领导干部选拔任用工作条例》的规定，及时做好国家机关领导成员候选人的提名推荐工作。根据中央的要求，新提拔的干部应尽量多交流提拔，并在选举工作全面铺开前到位，以利于选举。各区、县级市人大常委会要认真履行宪法和法律赋予的职责，依法做好换届选举的组织工作，特别是要做好换届选举的宣传教育工作，认真选好新一届区、县级市人大代表和国家机关领导成员。

九、落实选举经费

按照《选举法》的规定，选举经费由国库开支，根据我市的实际情况，本次区、县级市人大换届选举的选举经费，由选举工作机构按本行政区域内总人口数和选举工作实际需要编造预算，在本级财政预算中列支。

以上意见如无不妥，请批转各区、县级市及市直局以上单位执行。

中共广州市人大常委会党组
二〇〇二年十一月四日

例文二是一则很具特色的公文。发文机关虽是人大常委党组，是党的公文而不是行政机关公文，但其行文涉及行政机关，而且在公文行文上，对指导、启发我们认识党、政、人大等机关对公务的处理上是怎样的关系确是一个很好的实例，所以入选为例文。这是上行的意见，即下级给上级提出"对重要问题的见解和处理办法"——对换届选举这样的大事提出见解和处理办法。广州市人大党组根据相关法规和省委的通知精神，拟订了做好广州市区、县级市人大换届选举工作的意见，而换届选举工作需要下级各机关协调一致地工作，涉及党、政、人大、检察院、法院、驻军等，因此需经市委批转给各区、县级市及市直局以上等单位执行。该意见市委而言，是对一项工作的安排建议，而对各区、县级市及市直局以上等单位而言，则是对该项工作应遵照执行的指示。

该文在写法上采用了方案的形式，从指导思想到时间安排、具体做法，逐项列出，具有可操作性。文章的开头和结尾，却又采用意见的格式，得体地体现了上行意见的规范性。

【例文三】

××省人民政府办公厅
关于加强嫩江松花江近期防洪建设
若干意见修改的意见
×函〔1999〕××号

水利部办公厅：

  贵厅《关于进一步征求〈关于加强嫩江松花江近期防洪建设若干意见〉的函》（办汛〔1999〕236号，以下简称《意见》）收悉。具体修改意见如下：

  一、《意见》第二部分确定的Ⅱ级堤防，在1998年洪水后的堤防建设中已按Ⅱ级堤防标准进行加固，在前两次征求意见时，各省对此没有提出异议。为使《意见》更具操作性和权威性，我省建议将"今后由水利部与有关省（自治区）进一步核定"一句删除。

  二、建议将《意见》第七部分第三段中的"这项工作由地方政府负责"，改为"这项工作由地方政府负责实施"。

  三、鉴于嫩江、松花江防洪体系尚未建成，第二松花江上游的丰满、白山两个大型水利枢纽均位于吉林省境内，以及两座水库目前防洪高度的具体做法和历史情况，我省建议在第十部分第二段中增加"关于丰满、白山联合调度问题，仍按国汛〔1994〕5号文件执行"的内容。

  以上，请予考虑。

××省人民政府办公厅
一九九九年十二月十五日

  例文三是一则不相隶属机关之间就某一问题进行协商、提出意见的行文，属平行文的意见。意见作为平行文，一般是在答复平行机关或不相隶属机关询问或征求意见时使用。比如起草规范性公文时，往往需要有关部门对草拟的公文提出意见，有关部门在提出这方面意见时，过去用函，现在则改用意见行文。以意见行文，可以就对方提出的问题展开陈述、议论，可以做到说理更透；但是，不能强求对方接受，要以仅供对方参考的语气陈词。所以，这种平行的意见更受欢迎。该文在行文上依据法规准确、充分，不仅文字流畅、简练，而且观点鲜明，语言平和、尊重对方。

【例文四】

中共中央组织部
关于推行党政领导干部任前公示制的意见
2000年12月14日印发

  实行党政领导干部任前公示制，是干部人事制度改革中出现的新事物，它源于基层的实践与创造。近几年来，各地普遍开展了推行任前公示制的试点工作，收到了积极的效果。为进一步推行并完善、规范任前公示制，根据《深化干部人事制度改革纲要》

(中办发〔2000〕15号）要求，现提出如下意见。

一、充分认识实行党政领导干部任前公示制的意义和作用

任前公示制，就是将党委（党组）集体讨论研究确定拟提拔或调整的干部的有关情况，通过一定的方式，在一定范围和期限内进行公布，广泛听取群众的反映和意见，再正式实施对干部的任用。这种做法把扩大民主从干部推荐、考察环节延伸到任用决策阶段，把民主参与的范围由部分干部扩展到广大群众，体现了坚持党管干部原则与充分发扬民主、走群众路线的有机结合。

任前公示制对改进干部选拔任用工作具有重要作用。它作为干部考察工作的延伸和补充，可以使党组织在更大范围内听取各方面的意见，更全面、更准确地了解干部，减少用人失察失误，提高选人用人质量。任前公示制将干部选拔任用工作置于广大群众的监督之下，强化对干部选拔任用工作的监督和对党政领导干部的监督，不仅有助于遏制选人用人上的不正之风和腐败现象，而且有利于形成正确的用人导向，增强干部的公仆观念和自律意识。

二、进一步完善党政领导干部任前公示制的操作规范

经过近年来的探索和实践，各地在实行党政领导干部任前公示制方面，积累了有益的经验。当前，要在总结实践经验的基础上逐步加以完善和规范。

公示对象　提拔担任地厅级以下（含地厅级）委任制党政领导职务的拟任人选，除特殊岗位外，都应列为公示对象。选任制干部的推荐提名人选、非领导职务改任同级领导职务的人选、平级转任重要职务的人选，根据实际情况，也可列为公示对象。

公示范围　党政领导班子及党政工作部门领导成员的选拔任用应向社会公示；部门内设机构中层领导干部的选拔任用，原则上在其所在的工作部门（单位）或系统内进行公示，也可根据岗位特点在更大范围内公示；易地交流提拔任职的干部，在原工作所在地或单位公示。

公示内容　公示内容一般包括公示对象的姓名、性别、出生年月、籍贯、学历学位、政治面貌、现任职务等自然情况和工作简历。对拟任职务是否公示，各地、各部门可根据实际情况自行掌握。

公示方式　需向社会公示的，一般通过报纸、电视、广播等新闻媒体发布公告；在部门（单位）或系统内公示的，可采取发公示通知或会议公布、张榜公告等形式进行。无论采取哪种方式，都要让群众及时了解公示内容，并为群众广泛参与创造条件。

公示时间　确定公示时间既要有利于群众反映意见，又要有利于提高工作效率，一般以7－15天为宜。具体时间视实际情况确定。

公示程序　公示程序为四个步骤：（1）党委（党组）研究确定拟任人选后，以一定方式予以公示；（2）以组织（人事）部门为主受理群众意见；（3）调查核实群众反映的问题，并向署名或当面反映问题的群众反馈调查核实结果；（4）根据调查核实情况提出处理意见，决定是否实施对干部的任用，并予以公布。

三、认真做好群众反映意见的调查处理工作

对群众反映问题的调查、处理，是实施任前公示制的关键环节。公示期间，组织（人事）部门应设立专门电话和信箱，指定专人负责接待群众来访。对群众反映的意见

要登记建档。组织上已经掌握的问题，不再重复调查；没有掌握的，要分类处理。一般要求署名或当面反映问题，逐件进行调查核实。对匿名反映的问题，要作分析，性质严重、内容具体、线索清楚的，也要调查核实。对经调查核实，确认反映的问题与事实出入较大或并不存在的，反馈时要耐心细致地向有关人员讲清调查过程和结果。

调查核实工作要深入细致，讲究方法。具体调查核实工作，由组织（人事）部门进行。对于群众举报涉嫌违纪违法的重大问题，可由组织（人事）部门会同纪检监察部门共同进行调查。要注意调查核实的方式，在保证查清问题的前提下，尽量控制范围，做好保密工作。既要注意保护反映情况的群众，防止出现打击报复现象，又要注意保护干部，反对诬告和无理纠缠，防止在作出正式调查结论前由于问题扩散而对干部造成不良影响。对故意诬告陷害公示对象的，应视情节轻重，对有关责任人严肃处理。

对调查核实结果的处理，主要分四种情况：（1）所反映问题不存在的，予以任用；（2）属于一般性缺点、不足，不影响提拔任用的，按预定的方案任用，并在任用谈话时向干部指出存在的问题，督促改正；（3）对政治立场、思想品质、廉洁自律等方面存在严重问题的，经党委（党组）复议后不予任用，对其中属于违纪违法的，应移交纪检监察机关或司法机关按照有关规定处理；（4）反映的问题性质比较严重，一时难以查实但又不能轻易否定的，暂缓任用。暂缓任用的时间一般不应超过三个月。三个月内仍未查实的，由公示对象本人作出负责任的书面说明，经党委（党组）研究认为不影响任职的，可履行任职手续。此后，如经查实发现有影响任职问题的，解除现职并依照有关规定从严处理。也可结合实行领导干部任职试用期制度，在试用期内作进一步的考察。

对调查核实结果的处理，要坚持实事求是、客观公正的原则。对那些基本素质好、有发展潜力的干部，敢抓敢管、勇于开拓创新的干部，要看本质、看主流，不能因为工作中有缺点和不足而影响对他们的使用。对那些思想政治素质差，特别是以权谋私、为政不廉的人，坚决不予任用。对跑官要官、买官卖官的，一经发现，坚决查处。

四、加强对推行党政领导干部任前公示制的领导，加大工作力度各级党委（党组）及组织（人事）部门要重视推行任前公示制工作，统一思想，提高认识，加大工作力度。2001年各地继续试行一年。从2002年起，地厅级以下领导干部（特殊岗位除外）的选拔任用，都要实行任前公示制。少数民族地区，可以根据当地的实际情况自行掌握。

实行任前公示制，对干部选拔任用工作提出了更高的要求，要进一步增强贯彻执行《党政领导干部选拔任用工作暂行条例》的自觉性。不能因实施任前公示制而简化《条例》规定的干部选拔任用程序和方法，也不能用任前公示制代替对干部的民主推荐、组织考察，要严格地按《条例》办事，进一步提高各个环节的工作质量。

实行任前公示制，要与建立健全领导干部回复制度、谈话制度、诫勉制度、试用期制度、领导干部报告个人重大事项制度、任职经济责任审计制度，与积极探索建立干部选拔任用工作责任制、用人失察失误责任追究制等工作结合进行，使各项制度衔接配套，产生整体效应。

推行任前公示制，必须有广大群众的支持和热情参与。各级组织（人事）部门要通过各种形式做好宣传发动工作，使群众了解公示制，关注公示制，积极参与到这项改革中来。同时，要注意加强对干部和群众的教育，做好思想政治工作，使每个公示对象以有则改之、无则加勉的态度正确对待群众意见，使广大群众以认真负责、实事求是的态度对待公示对象，保证任前公示制的顺利实施。

中共中央组织部
2000 年 12 月 14 日

例文四是领导机关主动发文提出的意见。中央组织部向全党各级组织发出工作部署——实行党政领导干部任前公示制。这是一项新的工作制度，中组部以意见行文，选用文种恰当、贴切。意见，可以就重要问题提出见解和处理办法。适于讲道理、讲做法，帮助、指导下级机关理解"应当怎样做""为什么要这样做"，进而抓住问题的要害。

该文前言首先抓住发文依据，说服力很强。紧接着用目的句领起，分四点阐明意见，提纲挈领，纲举目张，把这项新制度讲得清清楚楚，显示了意见这一文种指示性、指导性的特点。

八、通知

通知，是一个使用面非常广泛、使用频率十分高的公文文种。各种机关团体或企事业单位都在使用。首先，我们从其应用功能的角度去分类，通过分类，认识并掌握其功能、用法。分类的方法，可以依据《党政机关公文处理工作条例》对通知的阐述："适用于发布、传达要求下级机关执行和有关单位周知或者执行的事项，批转、转发公文"，将通知分为发布、传达、批转、转发四种。

（一）印发、公布类通知

【例文一】

浙江省人民政府关于印发
《浙江省人民政府工作规则》的通知
浙政发〔2008〕27 号

各市、县（市、区）人民政府，省政府直属各单位：

《浙江省人民政府工作规则》已经省政府第 4 次常务会议通过，现予印发。

二〇〇八年四月十六日

浙江省人民政府工作规则
（二〇〇八年四月三日省政府第四次常务会议通过）

第一章　总则

第一条　浙江省第十一届人民代表大会第一次会议产生的新一届浙江省人民政府，根据《中华人民共和国宪法》、《中华人民共和国地方各级人民代表大会和地方各级人民政府组织法》和《国务院工作规则》，结合本省实际，制定本工作规则。

第二条 省政府工作的指导思想是，高举中国特色社会主义伟大旗帜，以邓小平理论和"三个代表"重要思想为指导，深入贯彻落实科学发展观，深入实施"创业富民、创新强省"总战略，全面履行政府职能，努力建设服务政府、责任政府、法治政府和廉洁政府。

…………

例文一是印发通知。印发通知，也叫公布性通知，写法上与转发通知相似，但是有印发、发布、颁发的不同。印发机关事务文书如计划、总结、调查报告、领导讲话等用印发通知；公布法规和部门规章、地方政府规章用命令（令）颁布；公布规范性文件用印发通知。

浙江省人民政府制定并经省政府第四次常务会议通过了《浙江省人民政府工作规则》，以浙政发〔2008〕27号通知发出，属于规范性文件，成为比一般制度规范更具约束力的类规章。如果这份《浙江省人民政府工作规则》是以令颁布的话，就是正式的政府规章了。因为其发布的方式是使用通知而不是令，所以，仍是规范性文件。

规范性文件具有规章性质，故又称为"类规章"。《浙江省人民政府工作规则》是规范性文件，需要交给下级机关执行，因此，还必须以通知为载体发出施行性指示，才能产生行政效力，所以称为印发通知。印发通知，可以印发机关事务文书中的计划、总结、调查报告、领导讲话、汇报材料等，还可以印发制度规范。

该通知正文仅一段，却包含了两个层次：一是表明该规则已经省人民政府常务会议通过，二是现将它印发。言简意赅，明确有力。

（二）传达性通知

传达通知包含有指挥性通知、指示性通知、周知性通知、会议通知、任免通知。

1. 指挥性通知

【例文二】

广东省人民政府办公厅
关于进一步做好全省古籍保护工作的通知
粤府办〔2008〕66号

各地级以上市人民政府，各县（市、区）人民政府，省政府各部门、各直属机构：

为认真贯彻落实《国务院办公厅关于进一步加强古籍保护工作的意见》（国办发6号）精神，进一步做好我省古籍保护工作，经省人民政府同意，现就有关事项通知如下：

…………

广东省人民政府办公厅
二〇〇八年十一月十日

例文二是传达通知中的指挥性通知。广东省人民政府办公厅在接到上级来文（见意见例文一《国务院办公厅关于进一步加强古籍保护工作的意见》）之后，立即着手调研，拟定出切合本省实际情况的措施，以通知发出。为什么国务院办公厅是以意见下发，而广东省人民政府办公厅则以通知发出？请对照两文，体会意见的原则性和通知的指令性。

该文正文由两部分组成：开头交代通知缘由，然后用一句过渡语"现就有关问题通知如下"领起，使上下文紧密联系。转入通知事项后，采用条文式，明确具体地写出三项部署和指示。这样就把庞杂的内容分条列项，做到条理分明、层项清楚。

2. 指示性通知

【例文三】

国务院办公厅关于进一步
规范部门涉外规章和规范性
文件制定工作的通知
国办发〔2006〕92号

国务院各部委、各直属机构：

  为进一步规范部门涉外规章和规范性文件的制定工作，确保法制统一和政令畅通，经国务院同意，现就有关问题通知如下：

  …………

国务院办公厅
二〇〇六年十一月二十九日

例文三是领导机关对下属各部门的工作有所部署、有所指示的通知。该通知由机关的办公部门，代机关发话、传达机关对下属部门的指示，"要怎样做"、"为什么要这样做"、"应当怎样做"、"为什么要这样做"，将领导意图交代清楚。这种通知在文字表述上同下行的意见很相似，只是意见是仅就某重要问题发表见解和意见，而通知则是指导下级应如何开展工作，讲的面比较广。该文分条列项，言简意赅，将部署的工作说得清清楚楚。请细心体会其行文技巧。

3. 周知性通知

【例文四】

国 务 院 文 件
国发〔1996〕48号

国务院关于组建国家电力公司的通知

各省、自治区、直辖市人民政府，国务院各部委、各直属机构：

  根据建立社会主义市场经济体制和《中华人民共和国国民经济和社会发展"九五"计划和2010年远景目标纲要》的要求，为有利于转变政府职能、实行政企职责分开、深化电力工业体制改革，国务院决定组建国家电力公司。

  …………

中华人民共和国国务院
一九九六年十二月七日

例文四是传达性通知中的周知性（知照性）通知。国务院组建国家电力公司，其性质、形式、职能以及其与各省、市电力公司的关系诸方面应照知全国，让各有关方面都知道这件事，以利于彼此的沟通和工作的顺利开展。

通知正文在写法上同其他形式的通知不一样：开头简单交代组建国家电力公司的依据，直叙国务院决定；然后说明组建成立的电力公司的性质、资本和经营模式，说明电力公司同原来的电力工业部的关系，阐述该公司同各省、市电力公司的关系；最后将电力公司组建方案、章程一并印发，并要电力工业部加强指导。全文层次分明，措辞得当。

4. 会议通知

【例文五】

中共广东省委办公厅关于召开
中国共产党广东省第十届委员会
第六次全体会议的通知

各地级以上市党委，省委各部委，省直各单位党组（党委），省各人民团体党组，中直驻粤有关单位党组（党委）：

省委常委会议决定，2010年1月4日下午至7日上午在广州召开中国共产党广东省第十届委员会第六次全体会议。会期三天。现就会议有关事项通知如下：

一、会议主题。高举中国特色社会主义伟大旗帜，以邓小平理论和"三个代表"重要思想为指导，深入贯彻落实科学发展观，认真贯彻党的十七大、十七届四中全会、中央经济工作会议和胡锦涛总书记在广东视察工作时的重要讲话精神，继续解放思想，坚持改革开放，总结2009年工作；深入分析当前形势，对2010年工作进行全面部署，进一步开创我省科学发展新局面。

参加会议人员范围。请省委委员、候补委员出席全会；请不是省委委员、候补委员的省有关党员领导同志，省法院主要负责同志，省纪委常委，地级市市委书记、市长，各县（市、区）委书记、县（市、区）长，省委各部委、省直各单位、省各人民团体、中直驻粤有关单位党员主要负责同志，东莞、中山市中心镇党委主要负责同志，省第十次党代表中部分基层党务工作者、基层党员列席全会。

三、会议报名。请各地级以上市、各有关单位于12月30日下午5时前将参加会议人员名单（含姓名、性别、职务）通过"非涉密公文传输——会议报名系统"报省委办公厅会务处（联系人：××、××，电话：××××）与会人员如在中央党校学习培训，由省委组织部统一向中央党校办理请假手续；因事请假的，请书面说明原因，报省委办公厅批准。

四、会议报到。请与会同志于2010年1月4日上午9时至12时到广州白云国际会议中心3号楼一楼大厅报到。各市、各单位与会同志一律不带随员。

五、工作人员和新闻记者安排。请各地级以上市各派两名工作人员分别参与全会的会务和简报工作,并于2010年1月3日下午2时至5时到广州白云国际会议中心3号楼一楼大厅报到。请各地级以上市于12月30日下午5时前将工作人员名单传真至省委办公厅会务处(联系人:×××,电话:××××,传真:××××)。其中简报工作人员须是各市委办公室(厅)分管文字工作的负责同志,并请各自携带涉密笔记本电脑。

请南方日报、羊城晚报、新华社广东分社、人民日报社广东分社、中新社广东分社、省电台、省电视台、南方电视台、南方新闻网、《南方》杂志社、广州日报、广州电视台、深圳特区报、深圳卫视派记者采访会议,并于2010年1月4日上午9时至12时到广州白云国际会议中心3号楼一楼大厅报到。请各新闻单位于12月30日下午5时前将参加采访全会的记者名单传真至省委宣传部新闻处(联系人:×××,电话:××××,传真:××××)。

六、其他事项。请各地各单位认真安排好岁末年初的各项工作,特别是认真做好本地区本单位的信访维稳工作,为全会的顺利召开创造和谐稳定的社会环境。

附件:1. 十届省委委员、候补委员名单(略)
   2. 列席省委十届六次全会人员名单(略)

【例文六】

关于召开全省社会主义精神文明
建设工作会议的通知
粤办〔××××〕×号

各市、县(区)党委和人民政府,省直有关单位:

省委、省政府决定召开的××省社会主义精神文明建设工作会议,现定于11月24～26日在××召开。现将有关事项通知如下:

一、会议的议题

总结交流在深化改革、扩大开放,发展社会主义市场经济条件下,加强精神文明建设,促进两个文明建设协调发展的新鲜经验;表彰一批在精神文明建设中取得显著成绩的文明单位和文明户标兵;研究在发展社会主义市场经济的新形势下,进一步加强社会主义精神文明建设的任务、对策和措施。

二、参加会议的人员

1. 各地级市4人。其中:市委或市政府主管精神文明建设工作的负责同志1人,市文明办或市委宣传部主管精神文明建设工作的负责同志1人,文明单位和文明户标兵代表各1人。

2. 各县(市、区)党委或政府主管精神文明建设工作的负责同志1人。

3. 省精神文明建设委员会成员。

4. 省直有关单位负责同志,省直文明单位代表和新闻记者(名单附后)。

三、请各市以地级市为单位,省直机关以省委机关工委、省府机关工委、省委高校工委、省军区、省农垦总局、民航中南管理局、××铁路(集团)公司为单位,将参加会议同志的姓名、职务、性别于×月×日前用书面或电传送省委办公厅第二秘书处。参加会议的同志请于11月23日到××宾馆××号楼报到。

四、各市可来一辆工作用车。其余自带车辆司机食宿自理，大会不予安排。

五、需接车接机和需要购买回程车、机票的同志，请于×月×日在报名单时一并告知，亦可电话告知省委办公厅行政处。

中共××省委办公厅
××省人民政府办公厅
××××年×月×日

会议通知是传达性通知中使用频率最高的文种，在写作上要特别注意交代清楚关键要素。所选例文写得甚为典范：标题概括了会议的名称，一看便知会议性质；缘由部分写会议召开的依据、性质、时间及地点；通知事项分条列出，具体、详细，让人一目了然；会议通知应具备的要素如会名、开会时间、日期、地点、议题、参加人员范围、参加人数、报到时间、住宿安排、注意事项等，全部作出了交代。

5. 任免通知

【例文七】

××县人民政府办公室文件
×府办〔1995〕××号

关于胡××等同志职务任免的通知

各乡镇人民政府，县政府各部门：

经县人民政府研究，决定：

胡××任××县物资局副局长；

游××任××县物资局副局长；

张××任××县人民政府民族宗教事务办公室主任（兼）；

张××任××县多种经营办公室副主任。

免去：

邱××的××县广福初级中学校副校长职务；

陈×的××县桂兴初级中学校校长职务；

李××的××县白马乡初级中学校校长职务；

王××的××县花桥镇初级中学校校长职务。

特此通知

××县人民政府办公室
一九九五年九月四日

例文七是传达通知中的任免通知。任免干部，必须坚持党管干部的原则。法律规定，政府首脑由同级人大选举产生，其职能部门的正职由人大常委会决定任免，副职则由政府机关党组决定任免。

该通知由县府办公室经政府授权发出任免通知,所有被任免者都是副局职以下(正职由人大作出任免决定);通知中已说明"经县人民政府研究,决定",这就表明任免的有效性。接着列任职的和免职的,最后以"特此通知"作结,用语简洁。要注意的是:如果只有任职的,标题只写"任命通知";如果只有免职的,标题只写"免职通知"。

【例文八】

平远县人大常委会
平人常发〔2012〕18号

关于黎崇赞等同志职务任免的通知

县人大机关各室委,县人民法院:
"2012年11月27日,平远县第十四届人民代表大会常务委员会第11次会议通过。
任命:
黎崇赞为平远县人大常委会法制工作委员会规范性文件备案审查科科长;
曾梅麟为平远县人民法院副院长、审判委员会委员。
免去:
叶竹生的平远县人民法院立案庭副庭长、审判员职务;
凌火生的平远县人民法院民事审判二庭副庭长、审判员职务。

例文八是人大的机关公文。县人大常委会依法可以对"两院"副职领导人进行任免决定。该文是该县人大常委会经第11次会议通过的任免决定。依宪法的规定,"两院"的正职由人大选举产生,副职则由人大常委会决定任免。

(三)批转通知
【例文九】

广东省人民政府文件
粤府〔1999〕63号

关于批转省工商局关于做好《中华人民共和国合同法》
贯彻实施工作意见的通知

各市、县、自治县人民政府,省府直属各单位:
省人民政府同意省工商行政管理局《关于做好〈中华人民共和国合同法〉贯彻实施工作的意见》,现批转给你们,请认真贯彻执行。

广东省人民政府
一九九九年十月七日

例文九是批转下级机关公文的批转通知。领导机关对下级机关的来文审查批准,认为其行政措施需要有关部门和下级机关贯彻执行，可下发批转通知。该文是广东省人民政府批准了其工作部门省工商局提出的专项工作实施意见《关于做好〈中华人民共和国合同法〉贯彻实施工作意见》，需要转发给其所属下级机关贯彻执行，于是下发了这一则批转性通知。

该文的批转语直叙本机关意见："省人民政府同意……现批转给你们……"，这样可以做到直截了当、简洁明了。有时也可以在这一基础上再加上一些其他批示性意见。写作格式简单明确。有的批转通知也可以采用"……《……》经……批准……现转发……请……"这种特殊句式，使行文简洁明了。

【例文十】

山东省人民政府批转省审计厅等部门
关于进一步解决重复检查问题意见的通知
鲁政〔2003〕××号

各市人民政府，各县（市、区）人民政府，省政府各部门、各直属机构，各大企业，各高等院校：

省审计厅、财政厅、国税局、地税局《关于进一步解决重复检查问题的意见》已经省政府同意，现批转给你们，请结合本地、本部门实际，认真贯彻落实。

长期以来，由于监督对象基本一致、部分检查内容重叠、部门之间沟通不够等原因，造成了财经监督中存在多头检查、重复检查、交叉检查等问题。1999年，省政府批转了省财政厅等部门关于解决重复检查问题的报告，确定实行"一家检查、多家认可"办法，在一定程度上减少了重复检查。但由于种种原因，重复检查的问题没有从根本上得到解决。各级、各部门要进一步提高认识，完善有关制度，加强检查的组织协调，减少重复检查，规范执法行为，维护财经纪律。

山东省人民政府
二〇〇三年一月二十九日

关于进一步解决重复检查问题的意见

（内文略）

例文十是批转通知。省审计厅、财政厅、国税局、地税局等是省政府的工作部门，是"条"状管理机关，不能直接与下面的"块"行文，但是该意见又必须让下面的"块"知道并执行，于是必须经领导机关批转。领导机关对下级机关的来文审查批准，认为其行政措施需要有关部门和下级机关贯彻执行，可发批转通知。

该文是省人民政府批准其工作部门提出的专项工作实施意见，需要转发给其所属下级机关贯彻执行，于是下发了这一则批转性通知。批转性通知内容不多，关键是下达的指令"已经省政府同意，现批转给你们，请结合本地、本部门实际，认真贯彻落实"。批转件省审计厅、财政厅、国税局、地税局的《关于进一步解决重复检查问题的意见》，便成了省人民政府要求各市人民政府，各县（市、区）人民政府，省政府各部门、各直属机构,各大企业,各高等院校各单位认真贯彻执行的意见了。

(四) 转发通知

【例文十一】

广东省人民政府
转发国务院关于加强市县政府依法
行政决定的通知
粤府〔2008〕60号

各地级以上市人民政府,各县(市、区)人民政府,省政府各部门、各直属机构:

现将《国务院关于加强市县政府依法行政的决定》(国发〔2008〕17号)转发给你们,并结合广东省实际,提出如下意见,请一并贯彻执行。

一、切实做好加强市县政府依法行政工作

加强市县政府依法行政、加快法治政府建设,是贯彻党的十七大精神、全面落实依法治国基本方略的重要体现,是当前广东省贯彻落实省委十届三次全会精神,争创科学发展的法治新优势、推动新一轮大发展的客观要求。各地、各部门要从继续解放思想、争当实践科学发展观排头兵的高度,进一步增强推进依法行政的紧迫感和责任感,把推进依法行政列入政府年度工作计划,摆上重要议事日程,采取切实有效措施,建立健全推进依法行政的领导、监督和协调机制,加强领导、精心组织、明确分工、落实责任。各级政府法制工作机构要认真履行职责,积极主动当好政府领导在法律事务方面的参谋助手,在推进依法行政中发挥重要作用。

二、建立健全市县政府依法行政配套制度

各地、各部门要按照国发〔2008〕17号文的要求,结合贯彻落实省政府《关于加快推进市县(区)政府依法行政的意见》(粤府〔2007〕85号),抓紧建立和完善依法行政各项配套制度。其中,政府常务会议学法制度、行政决策规则和程序制度、重大行政决策听证和合法性审查制度、规范性文件定期清理公布制度、规范行政自由裁量权制度、依法行政首长问责制度、依法行政报告制度要在2009年3月底前全部建立并实施。公务员录用的专门法律知识考试制度、依法行政考核制度由省法制办会同有关部门研究制订,报省政府批准后实施。

三、加强依法行政督促检查

各地级以上市人民政府、省政府各部门要认真落实依法行政年度报告制度,于每年3月份前按照国发〔2008〕17号文要求,将本地区、本部门上年度推进依法行政的情况报省法制办,由省法制办汇总后报告省政府。为加强督促指导,省政府决定于今年下半年对市县政府依法行政工作进行一次全面检查,重点检查各地贯彻落实国发〔2008〕17号文、粤府〔2007〕85号文和2007年全国、全省市县政府依法行政工作会议精神等情况。

广东省人民政府
二〇〇八年八月十五日

【例文十二】

国务院办公厅转发财政部
关于 2001 年 11 月和 1—2 月上中旬
地方企业所得税增长情况报告的紧急通知
国办发〔2002〕1 号

各省、自治区、直辖市人民政府，国务院各部委、各直属机构：

财政部《关于 2001 年 11 月和 12 月上中旬地方企业所得税增长情况的报告》已经国务院同意，现转发给你们，请根据本通知精神，对地方企业所得税收入中出现的问题认真进行检查，坚决杜绝和纠正一些地区人为抬高基数的错误做法。

所得税收入分享改革，是中央作出的一项重大战略决策，对于进一步规范中央和地方之间的分配关系，建立合理的分配机制，防止重复建设，减缓地区间财力差距的扩大，支持西部大开发，逐步实现共同富裕具有重大意义。为确保此项改革顺利进行，地方各级人民政府要从讲政治的高度，进一步提高认识，严格依法治税，严禁弄虚作假。2002 年 1 月国务院有关部门将组织专项检查，严厉查处作假账和人为抬高基数的行为。对采取弄虚作假手段虚增基数的地方，相应扣减中央对地方的基数返还，依法追究当地主要领导和有关责任人员的责任。

中华人民共和国国务院办公厅
二〇〇二年一月一日

从国务院办公厅转发的紧急通知中可以看出，财政部的报告十分及时，情况十分重要，国务院十分重视。这说明下级机关的报告对上级机关来说是多么重要。只有下级机关能及时、准确地报告情况，上级机关才能及时抓住时机部署工作，使工作少走弯路。

该例文为什么叫紧急通知？是因为国务院得知财政部的报告内容之后，认为事态紧急，必须尽快将情况告诉各个下属机关，"坚决杜绝和纠正一些地区人为抬高基数的错误做法"，同时也告诉我们下级机关怎样做才是忠于职守。

【例文十三】

国务院办公厅文件
国办发〔1999〕2 号
国务院办公厅转发国家计委灾后重建整治江湖
兴修水利现场办公会会议纪要的通知

各省、自治区、直辖市人民政府，国务院各部委、各直属机构：

国家计委《灾后重建、整治江湖、兴修水利现场办公会会议纪要》已经国务院批准，现转发给你们，请结合本地区、本部门实际，认真贯彻执行。

《中共中央、国务院关于灾后重建、整治江湖、兴修水利的若干意见》（中发〔1998〕15 号）下发后，深受各地人民政府和广大人民群众的拥护，全国各地迅速掀起了灾后重建、兴修水利的热潮。群众热情之高，投入资金之多，机械化施工之广，灾区移民安置速度之快都是前所未有的。各级地方人民政府和有关部门要加强领导，强化责任，狠抓确保工程质量的各项措施的落实，进一步调动广大干部群众的积极性，把灾后重建、兴修水利工作搞得更加扎实有效，推向一个新的发展水平。

中华人民共和国务院办公厅
一九九九年一月九日

（被转件《灾后重建、整治江湖、兴修水利现场办公会会议纪要》从略）

例文十三是不相隶属机关的公文由上级机关的办公部门转发的行文。这份《灾后重建、整治江湖、兴修水利现场办公会会议纪要》是国家计委，会同水利部、建设部等单位，对长江沿线皖、赣、湘、鄂四省进行调研之后，在武汉召开"灾后重建、整治江湖、兴修水利现场办公会"所形成的会议纪要。与会者是部、省级人员，没有隶属关系，但会议内容重要，因此，将纪要上呈国务院，经国务院批准后，由国务院办公厅转发给全国各省、市、自治区贯彻执行。这份纪要一经领导机关转发，其内容就成为领导机关的意见，因而必须使用转发通知。

转发通知写法同批转通知相似，但在转发中所加上的一些批语，应该是经领导机关授意的意见，因为它代表了领导机关的意见和要求，具有指导性，执行单位应引起足够重视。注意该通知的标题，由于是用文件格式转发会议纪要，所以在标题中显示会议纪要。这是规定，不能看作一个文件两个标题。

由办公部门转发的通知，必须将需转发的内容上报领导机关批准才可以转发，在行文中将领导机关的意见表述出来，成为下级机关贯彻执行的指示和依据。

（五）非公文的通知

【例文十四】

关于召开经济特区与建设有中国特色
社会主义理论研讨会的通知
特研筹〔2000〕×号

_____：

"经济特区与建设有中国特色社会主义"理论研讨会将于9月12日～14日在深圳举行。你单位　　　　同志的论文《　　　　　　》经专家评审，被确定为正式入选论文，请通知该同志参加会议。现将有关与会事项通知如下：

一、会议代表费用及报到

会议代表往返旅费自理，食宿及参观活动由大会统一安排。

报到时间及地点：9月11日深圳五洲宾馆（深圳深南大道6001号）。报到当天，深圳机场、火车站设接待站。请将所乘航班、车次提前函（电）告深圳市社会科学院办公室。外地代表要办理边境通行证。

二、论文印制要求

1. 与会代表自行印制论文150份，报到时交会务组。
2. 论文印刷规格：用纸：70克白胶版纸；成品：A4，210mm×297mm；版心：

170mm×240mm。字体：标题用2号宋体，二级标题用4号黑体，正文用5号宋体，作者姓名用3号楷体。

三、联系方式

联系人：（略）

联系电话：（略）

传　真：（略）

"经济特区与建设有中国特色社会主义"
理论研讨会筹备委员会
二〇〇〇年八月十三日

　　例文十四是一则非法定性公文的通知，但其模式却是从机关公文中演化而来的，并以信函格式为载体将文件发出。随着社会各界横向联系越来越多、越来越丰富，不相隶属单位为了交流、探索某一重要问题，需要召开种种会议。主办单位首先发出倡议书或邀请函说明宗旨、做法，待响应单位复函表示同意参加之后，便自然地成为该活动的参与成员，因此主办单位根据响应者数量、反应等情况决定是否召开该会议，或者将决定事项通知参与活动的成员单位习惯上称先前发出的倡议书或邀请函为"预通知"，后面发出的通知为"正式通知"。但是，注意行文措辞要用平行、尊重对方的语气，切不可使用指挥性、指示性、部署性的语言。在格式上采用信函式，将发文字号置标题之下的右侧。

　　该通知是在前面已经发出了预通知之后的正式通知。由于先前已经发出过预通知，有关会议的目的、内容、议题、与会要求等均已写明，对方也已接受并做了充分准备，因此，这些情况不必再写上，故仅写上赴会的具体事项即可。有隶属关系的上下级机关不能用此方式行文。

（六）机关内部文书一组

【例文十五】

会　议　通　知

　　定于3月12日（星期二）上午10时30分，在市政府一号楼315会议室，×××副市长主持召开会议，研究垃圾焚烧炉的建设和使用问题。请各有关单位派一名负责同志依时参加。

此致

市经委、市建委、市环保局、市环卫局，市机电资产经营公司、市××集团公司

二〇〇二年三月十一日

联系人：×××

电　话：×××××××

传　真：×××××××

【例文十六】

市长办公会议通知

定于9月30日(星期一)上午8时正,在市政府大院篮球场集中乘车,由×××市长率市政府常务会议组成人员及有关单位领导检查地铁建设情况,请有关人员依时参加。

此致

副市长,市政府秘书长,副秘书长

市府办公厅,市计委、经委、教育局、科技局、财政局、建委、交委、农业局、外经贸局、商业局、法制办,市府研究室,市规划局、国土房管局、市政园林局、道路扩建办,市地铁总公司,××区政府

二〇〇〇年九月二十七日

联系人:×××、×××
电话:××××××× ×××××××
传真:×××××××

【例文十七】

市政府常务会议通知

时间:2002年10月21日(星期一)下午2时30分
地点:市政府常务会议室(1号楼306室)
议题:一、讨论《××市区所有建筑物消防安全管理规定》(市法制办主汇报);
   二、研究加快××经济技术开发区总体发展战略的有关问题(市民政局主汇报);
   三、讨论《××市粮食工作考评办法》(市计委主汇报)。

此致

市长、副市长,市政府秘书长

市政府副秘书长,市府办公厅,市计委、经委、商业局、教育局、科技局、财政局、建委、交委、农业局、外经贸局、法制办,市府研究室,市国土房管局列席全部议题讨论;

市规划局、公安局、劳动社保局、消防局列席第一议题讨论;

××开发区管委会,市民政局、规划局,××区政府列席第二议题讨论;

市统计局、人事局、农发行××省分行营业部列席第三议题讨论。

【例文十八】

会议通知

经局长办公会商定,于6月24日(星期四)下午2至4时在本局第一会议室召开全局职工大会,传达市政府机构改革工作会议精神,布置我局机构改革工作。请准时

出席。

商业局办公室
一九九四年六月二十一日

　　以上四种机关内部常用的通知不属行政机关公文，是机关日常应用文。依据本机关的实际需要设计，事先印制好各种不同会议使用的空白应用文书模式，需要应用时填上实际内容便可发出或张贴。因为面呈通知受文人员是本机关工作人员，是认识的，故不用编号，不用公文版式，甚至有的不用盖印，显得简便、灵活、实用。

九、通报

　　《党政机关公文处理工作条例》对通报的释义是："适用于表彰先进、批评错误、传达重要精神和告知重要情况。"通报，就是告知情况。什么情况？可分为三类：关于表彰先进的、关于批评错误的、关于传达重要精神和告知重要情况的。

【例文一】

广东省人民政府
关于表彰广东省高校毕业生创业
先进个人的通报
粤府〔2009〕48号

各地级以上市人民政府，各县（市、区）人民政府，省政府各部门、各直属机构：

　　近年来，全省各地各部门认真贯彻落实党中央、国务院关于促进高校毕业生就业工作的一系列方针政策和省委、省政府的统一部署，制定完善各项政策措施，有力地推进高校毕业生就业以及创业带动就业工作。全省涌现出许多自主创业、以创业带动就业的高校毕业生创业先进事迹。为树立典型，弘扬新时期高校毕业生创业精神，激励和引导我省广大高校毕业生积极投身创业实践，省人民政府决定，授予丁磊等20人"广东省高校毕业生创业先进个人"称号。

　　受表彰的先进个人要再接再厉，开拓创新，为全省创业带动就业工作创造新的业绩。全省广大高校毕业生要认真学习受表彰先进个人自强不息、艰苦奋斗、勇于创新的创业精神，不断提高就业创业能力。全省各地各部门、各高校要进一步完善创业服务，优化创业环境，加强创业培训，鼓励和帮助广大高校毕业生实现就业、敢于创业、成功创业，开创全省创业带动就业工作新局面，为推动全省经济社会又好又快发展，争当实践科学发展观排头兵作出更大贡献。

　　附件：广东省高校毕业生创业先进个人名单

广东省人民政府
二○○九年六月八日

附件

广东省高校毕业生创业先进个人名单
（共 20 名　按姓氏笔画排序）

…………

例文一是表扬性通报。党中央、国务院十分重视高校毕业生就业工作的一系列方针政策，广东省委、省政府十分重视高校毕业生的就业，提倡、鼓励创业带动就业工作。几经努力，全省涌现出许多自主创业、以创业带动就业的高校毕业生创业先进事迹。为树立典型，弘扬新时期高校毕业生创业精神，激励和引导广大高校毕业生积极投身创业实践，省人民政府授予丁磊等20人"广东省高校毕业生创业先进个人"称号。这是十分鼓舞人的举措。现代的大学生，应当从入学开始，便树立自主创业的意识，向榜上有名的先行者学习。

【例文二】

财政部关于在南京地区发现大量
1992年三年期变造国库券的情况通报
财国债字〔1995〕3号

各省、自治区、直辖市、计划单列市财政厅（局）、人民银行分行；中国工商银行、中国农业银行、中国银行、中国人民建设银行、交通银行、投资银行、邮电部邮政储汇局：

最近，收到江苏省财政厅报告《今年6月6日，一姓王男子持1992年变造国库券15万元（面额为500元、共300张），到江苏省建行信托投资公司证券部要求出售，柜台工作人员认真负责，仔细鉴别，初步认定为1992年变造国库券（此人已由当地公安部门收审）。此批变造券后经人民银行江苏省分行鉴定，确认为1992年变造国库券，其特征如下：

1. 变造券背面加印的"第二期"三个字，字样为机制印刷与真券比较字体笔画不实、粗糙、压痕重、手摸有凹凸感；"期"字的笔画线条有断点。

2. 正面冠字号有明显补印痕迹，将原券面的冠字号码XI变造为XII，在放大镜下观察，后面加印上去的"I"字的字体较细、粗糙、手指触摸后易变模糊，且与后面的阿拉伯数字的距离较近。

以上特征：望各地有关部门、单位作为在办理国债兑付业务时的重要参考，一定要本着对国家负责的态度，严把柜台审验关，认真掌握财政部、中国人民银行联合下发的财国债字（95）×号文件中的鉴别要点，一旦发现变造国库券，要严格按财政部、中国人民银行联合下发的财国债字（95）11号文件规定执行，与当地公安机关密切配合，严厉打击伪造、变造国家债券的不法行为。

一九九五年六月二十九日（印章）

例文二是一份情况通报。这是江苏省财厅发现了情况，事关重大，便及时报告了财政部，于是财政部发了这个情况通报。上级机关发通报让下属机关知晓，各机关便"能传达情况，让人了解实际情况，正确部署自己的工作更好地及时采取应对措施"。所以，及时报告情况、及时通报情况，对工作的开展十分有利。

【例文三】

国务院办公厅关于安徽省安庆市望江县华阳镇
擅自停课组织小学生参加迎送活动的通报
国办发明电〔1996〕15号

各省、自治区、直辖市人民政府：

1996年1月12日，安徽省安庆市"县乡公路建设现场会"安排与会代表参观望江县华莲线（华阳镇至莲洲乡）25公里柏油公路。望江县华阳镇主要领导擅自决定在与会代表途经华阳镇时，让镇中心小学部分班级学生停课参加"欢迎仪式"。近百名小学生在阴冷雨天等候数小时，致使部分小学生生病。学生家长和群众对此极为愤慨，致信中央要求坚决制止此类现象。

中小学校依照国家规定建立有严格的教育教学秩序，这是教育教学质量的保证，任何单位和个人都不得随意破坏。现在一些地方的个别领导干部利用自己的权力，动辄调用中小学生为各种会议、考察、参观、访问甚至商业性庆典搞迎送或礼仪活动，有些地方还因此发生了严重的安全事故，造成极恶劣的社会影响。望江县华阳镇发生的问题，已不只是一般的形式主义，而是封建官僚主义，严重脱离群众，此类不良风气必须坚决予以制止。各地区、各部门以及各级领导干部，要高度重视这一问题并从中汲取深刻教训，切实增强群众观念，杜绝此类事件再度发生。

中小学生是祖国的未来，他们的学习和活动安排，要有利他们的学习和身心健康。今后各地区、各部门都必须严格执行国家的有关法规和规定，不得擅自停课或随意组织中小学生参加各种迎送或"礼仪"活动，如确有必要组织的，须报经省级教育行政部门批准。

国务院办公厅
一九九六年一月十二日

例文三是一篇批评性通报。中央早已三令五申，中小学不得随意停课，各级各部门要维护中小学校的正常教学秩序。可是有一些地方官为了某种虚心，不顾法规规章，随意动用手中权力，动辄调用中小学生为各种会议、考察、参观、访问甚至商业性典礼搞迎送或礼仪活动，给学校工作带来诸多不便。国务院办公厅高屋建瓴，对此不良现予以通报批评，以便让基层领导从中吸取教训，引起警觉，防止此类事件再次发生。

该通报内容着重分析错误的性质、危害、产生的根源和责任，指出应吸取的主要教训等，举一反三，要求"今后各地区、各部门都必须严格执行国家的有关法规和规定，不得擅自停课或随意组织中小学生参加各种迎送或'礼仪'活动，如确有必要组织的，须报经省级教育行政部门批准"，希望各地、各单位吸取教训，引以为戒。

十、报告

报告,有主动报告和被动报告两种。主动报告就是上级没有要求,自己做了工作或出现了情况,自动自觉地写出报告给上级机关以了解情况。被动报告是上级机关来电或来文询问或布置时必须作答的报告。选入例文六篇,各具代表性。我们该怎样报告工作、怎样写工作报告,认真阅读例文,将会有很好的启发。

【例文一】

广东省石油公司英德供应站
英石供〔19××〕31号
关于解决油库长期遗留的
山地及树木的归属问题的报告

省石油公司:

我站于一九××年五月新建油罐两个,扩建了油库,占用当地东方村部分山坡地及该地树木。扩建后几年来库区未定,东方村多次提出要求,补偿被占用的山地及树木,但几经协商,均未有结果,以致发生纠纷,库区围墙被推倒十多米。最后,双方本着对国家财产和群众利益负责的精神进行协调,彼此谅解,终于达成协议,由我站给予东方村山坡地及地上树木一次性补偿费×万元,并经双方划定界线,新建围墙为界,界内土地及树木永久归我站所有。

我站应付的补偿费×万元拟在"保管费"中列支。现随文上报所订协议及库区界图,请核备。

附件:
1.《××山地及树木归属协议》
2.《英德石油站界区图示》

广东省石油公司英德供应站
一九××年七月二十一日

抄送:韶关市商业局

例文一是一则汇报所做工作的工作报告。工作报告有综合性报告和专项性报告两种,该文属专项性报告。行文目的不是要求上级机关批示或批准,而是为了让上级机关掌握情况。类似该报告的情况,下级机关必须主动向上级机关报告。除了让上级机关了解情况之外,还有一层具有战略意义的作用:任何一个机关的办事人员难免会调动离任,年深日久之后,难免再起争端,而此时由上级机关存档的报告及其附件从档案室里调出,便会成为司法公正的、具有法律效力的凭据文书。

该报告的正文分三个层次:①开头,总述开展工作的主要背景,即由于新建两个油罐之后,遗留下了山地及树木的归属问题;②主体,叙述报告的具体内容,经过协商,达成协议,并写出具体的处理方法;③结尾,用随文上报协议及界区图和"请核备"作结。行文简洁,条理清晰。最后写明两个附件的名称,并将两个附件同报告装订在一起。这两个附件十分重要,既是所做工作的成果展现,又是未来法律效力的证据。

【例文二】

兴宁县商业局关于报送一九八八年上半年工作总结的报告
兴商〔19××〕54号

兴宁县政府:

随文报送《一九××年上半年兴宁县商业工作总结》,请审阅。

兴宁县商业局
一九××年七月二十一日

抄报:梅州市商业局、县财办

例文二是一则上报文物(文件或物品)的报告。向上级机关报送文件或物件,用这类报告。写法较为简单,写清楚报送的材料名称、数量,结尾用"请审阅"或"请查收"收束。

【例文三】

××省人民政府关于××市
第三棉花加工厂特大火灾事故检查处理
情况的报告

国务院:

2003年4月21日,我省××市第三棉花加工厂发生一起特大火灾事故,烧毁皮棉101980担,污染1396担;烧毁籽棉5535担,污染72600担;烧毁部分棉短绒、房屋、机器等。造成直接经济损失20129000余元,加上付给农民的棉花加价款3669000余元,共损失23799000余元。

火灾发生后,虽然调集了本省和邻省部分地区的消防人员和车辆参加灭火,保住了主要的生产厂房、设备,抢救出部分棉花,但由于该厂领导组织指挥不力,加上风大、垛密、缺乏消防水源,致使火灾蔓延,给国家造成了巨大损失。事故发生后,省委、省政府立即采取紧急措施,派有关部门负责人赶赴现场,协助调查处理这一事故,做好善后工作。经过上下通力合作,该厂于4月30日正式恢复生产。

从调查核实的情况看,这次火灾是一起重大责任事故,其直接原因是该厂临时工李××违反劳动纪律,擅自扭动籽棉上垛机上的倒顺开关,放出电火花引燃落地棉所致。但这次火灾的发生,领导负有重大责任。一是长期以来,厂领导无人过问安全工作。从去年棉花收购以来,该厂有记录的火情就有十二次,并因仓储安全搞得不好,消防组织不健全,消防设施失灵等,多次受到通报批评。厂长段××严重丧失事业心和责任感,对火险隐患听之任之,对上级部门的批评置若罔闻,直至得知发生火灾消息后,也没有及时赶到现场组织抢救。因此,段××对这次火灾应负主要责任。分管安全生产工作的副厂长张××,工作不负责任,该厂发生的多次火情,从未研究、采取措施,对造成这次火灾负有重大责任。二是××市委、市政府对该厂的领导班子建设抓得不紧。19××年建厂以来，一直没有成立党的组织，班子涣散，管理混乱。这次火灾发生后，分管财贸工作的副市长×××同志，忙于参加商品展销招待会，直至招待会结束才到火灾现场，严重失职，对火灾蔓延、扩大损失负有重要领导责任。三是这次事故虽然发生在基层，但也反映出省政府、××行署的领导，在经济体制改革的新形势下，对安全生产工作中出现的新情况、新问题认识不足，抓得不力。

另外，近几年来，××市棉花生产发展较快，收购量大幅度增加，储存现场、垛距、货位都不符合防火安全规定的要求。再加资金缺乏，编制不足，消防队伍的建设跟不上，消防设施不配套，也给及时扑救、控制火灾带来了困难。

为了认真吸取这次特大火灾的沉痛教训，我们采取了以下措施：

（一）认真学习国务院关于搞好安全生产的有关规定，提高新形势下搞好安全工作的认识。省政府于五月上旬发出了《关于加强安全生产工作的紧急通知》，要求各级政府、各部门认真学习有关安全工作的规定，牢固树立"安全第一，预防为主"的思想，迅速制订安全措施，建立健全安全生产、安全管理、安全监察等各项制度。××市第三棉花加工厂发生的火灾事故已通报全省。

（二）在全省开展安全生产大检查，及时消除事故隐患。从五月中旬开始，省政府确定由一名副省长负责，组织了四个检查组，到有关地市，对矿山、交通、棉储、化工、食品卫生等行业进行重点检查。各地市也分别组成检查组，进行安全检查。

（三）对××市第三棉花加工厂发生的这起特大火灾事故，省政府责成省供销社、省劳动局、省公安厅会同××地委、行署核实案情，抓紧做好善后工作。××地委、行署几次向省委、省政府写了检查报告，请示处分，并已整顿了企业领导班子，决心接受这次事故的教训。事故的性质和责任已经查明，对肇事者李××已依法逮捕，负有直接责任的厂长段××、副厂长张××依法处理。对××市政府分管财贸工作的副市长×××同志，给予行政撤职处分。

我们一定要在现有人力、物力、技术条件下，尽最大努力做好安全工作，防止此类事故的发生。

以上报告，如有不当，请指正。

××省人民政府
二〇〇三年四月三十日

例文三是对一起重大事故的检查和处理的情况报告。一个省的地级市工厂发生了重大的责任事故，由于火灾造成的损失十分严重，该省人民政府不敢隐瞒，向国务院写出对这起重大事故的检查和处理的情况报告，态度是正确的。

这种情况报告该怎样写？该例文写得很典范，很有参考价值。报告分三个部分：一是报告重大火灾事故发生所造成的严重损失，火灾时情况及省委、省政府派出有关部门负责人赶赴现场，协助调查处理这一事故，做好善后工作，使该厂能尽快恢复生产；二是分析事故发生的原因、追查责任人并作出处理；三是认真吸取沉痛教训，采取有效防范措施。

该报告以情(出现了什么情况)、因(为什么会出现这种情况)、策(怎样应对这种情况)为次序,层次分明;叙述情况注意不蔓不枝,抓住应该报告的事项,使中心突出。

【例文四】

财政部关于 2001 年 11 月和 12 月上中旬地方
企业所得税增长情况的报告
国办发〔2002〕1 号

国务院:

今年 10 月份中央提出 2002 年实行所得税收入分享改革以后,地方企业所得税收入出现了超常增长。现将有关情况报告如下:

根据财政快报反映,2001 年 11 月份地方企业所得税完成 170.44 亿元,比上年同期增收 919.23 亿元,增长 139.4%。12 月上中旬完成 137.82 亿元,增收 89.82 亿元,增长 187.1%。其中:12 月上旬完成 35.29 亿元,比上年同期增收 21.6 亿元,增长 157.8%。12 月中旬完成 102.53 亿元,比上年同期增收 68.22 亿元,增长 198.8%。12 月上中旬增幅超过 100% 的地区依次为:

江西省增长 816%,宁波市增长 708.7%,河南省增长 609%,广西壮族自治区增长 597.7%,青岛市增长 577.2%,内蒙古自治区增长 496.9%,浙江省(不含宁波市)增长 467.5%,宁夏回族自治区增长 462.2%,安徽省增长 404.5%,贵州省增长 376.5%,新疆维吾尔自治区增长 352.9%,吉林省增长 314.8%,山东省(不含青岛市)增长 235.6%,天津市增长 230.1%,江苏省增长 223.5%,重庆市增长 197.5%,湖北省增长 179.2%,河北省增长 173.3%,甘肃省增长 167.4%,大连市增长 164%,山西省增长 155.7%,云南省增长 142.8%,湖南省增长 128.6%,陕西省增长 104.6%。

中央经济工作会议明确要求,各地不要因为所得税收入分享改革"以今年为基数就去弄虚作假,抬高基数。无论哪个地方,如果做假账,都要严肃追究当地主要领导人的责任"。改革政策明确以后,各地认真测算,积极准备,改革工作正在有条不紊地进行。但在此过程中,也出现了一些地区人为抬高基数的不正常现象。快报反映的地方企业所得税超常增长的态势,必须引起各地区、各部门的高度重视,采取切实措施予以制止和纠正。为此建议:

一、地方各级人民政府要认真贯彻党的十五届六中全会决定精神,切实转变作风,从讲政治的高度严格依法治税,严禁弄虚作假。

二、地方各级人民政府要对所得税收入征管中出现的问题立即进行自查自纠。特别是不得将应该在 2002 年征缴的企业所得税提前到今年征缴;不得改变企业按照一定期限和一定税额预缴所得税的原定办法;不得通过财政注入资金或金融机构贷款等方式虚增所得税收入。对自查出来的各种虚假所得税收入,要全部予以剔除。

三、2002 年 1 月,国务院组织有关部门进行专项检查,对采取各种弄虚作假手段虚增基数的地方,将从严处理,相应扣减中央对地方的基数返还收入,同时依法追究当

第二编　机关公文个论　（一）党政机关公文的撰写

地主要领导和有关责任人员的责任。

财政部
二〇〇一年十二月二十九日

（选自《广东政报》2002年第7期）

　　例文四是一则下级机关发现了重要情况后主动向上级机关反映情况的报告。财政部在主管的工作中发现不少地方人为抬高基数做假账的不正常现象，立刻将情况报告国务院，并根据所发生的情况提出了建议。国务院接到财政部的报告之后，立刻采取措施，于2002年1月1日发出紧急通知，要求各地认真进行检查，坚决杜绝和纠正人为抬高基数的错误做法。从该例文则可以看出，及时的情况报告能为上级机关决策服务，使错误少犯，损失减少。及时向上级机关反映情况是下级机关义不容辞的责任。

【例文五】

××大学工会
××〔1989〕××号

关于我校工会干部有关待遇的报告

市总工会：

　　✕月✕日函悉。现将我校工会干部有关待遇报告如下：

　　一、我校基层工会主席由教师兼任，每年减免工作量40学时。

　　二、部分工会主席任职期间享受本单位行政副职待遇，由教师担任的每年减免工作量30学时。

　　三、校工会委员任职期间减免工作量30学时；部门工会委员每年减免工作量15学时。

　　专此报告。

××大学工会
一九八九年六月五日

　　例文五是一则答询报告。该报告是××大学工会接到上级工会——市总工会来函询问工会干部待遇问题后所作的答复。答复上级机关询问须用报告行文。

　　该报告的正文由开头、主体、结尾三部分组成。①开头，即引据。引叙来函，接着直叙答询，用领起语"现将……报告如下"，将所询问题引领后便转入主体。②主体，写报告内容，针对所询问题分条列项，一一答复，言简意赅，回答得简洁、明白。③结尾，用"专此报告"作结，符合行文格式。

【例文六】

关于落实办理××书记
重要批示的情况报告

××书记：

现就2009年您先后6次就卫生、文化工作中的相关重要问题批示办理情况报告如下：

一、关于实行"双补一控"推进公立医院改革问题

2月17日，您在省委政研室《情况与建议》第2期《实行"双补一控"是推进公立医院改革的关键》一文上批示，"请于蓝同志阅酌"。根据您的批示精神，我立即要求省卫生厅等有关部门进行专题研究，并结合深化医药卫生体制改革推进落实。"双补一控"机制的主要内容是：采取"按服务量适度补偿"的办法补偿医院的基本工资，将"收支两条线合理返还的收益部分"补偿医院的绩效工资，实行"总额预算＋单元服务定额"控制医疗费用。补偿方式主要有两种：一是将医院补偿纳入地方财政预算，直接投入医院；二是以医保奖励形式进行补助或者进行投入。国内医改研究权威机构相关专家对"双补一控"思路均给予了积极评价，认为"双补一控"能较好解决医院发展动力的经济学长效机制问题，在适度补偿中推进公立医院公益性建设，扭转公立医院的逐利行为，促进建立公立医院良性管理体制和运行机制。但是，"双补一控"在具体实行过程中也可能面临一些问题，包括：能否同步有效推进财政补偿与控费、医保补偿与控费、医疗服务价格调整、公立医院管理体制运行机制改革等，对政府综合管理能力提出了较高要求；运作情况较好的公立医院普遍希望保持现状，改革的积极性不高；医院可能出现推诿高费用的重症病人及设法增加服务量等问题。目前，我省正结合公立医院改革组织开展试点，试点工作考虑分三步进行：第一步，在部分地区进行"双补一控"、创新医院管理模式的同步试点，用1—2年时间，取得试点初步成果；第二步，完善机制，用2年左右时间扩大应用范围；第三步，总结推广，力争3—5年取得全面性成果。

二、关于推进镇村医疗卫生一体化问题

3月19日，您在省政府发展研究中心《领导参阅》第6期《中山市推进镇村医疗卫生一体化　着力解决城乡居民看病难看病贵》一文上批示："于蓝同志：中山的做法很好，似值得总结推广，至少在珠三角的许多市是有能力办到的，请酌。"按照您的批示要求，我协调有关部门迅速贯彻落实。一是组织省卫生厅对我省镇村一体化管理的基本情况进行摸底调查，在此基础上形成了《我省医疗卫生镇村一体化管理情况的报告》，全面掌握我省镇村一体化管理现状，有针对性地研究下一步工作措施。二是积极推广中山的经验。将《中山市推进镇村医疗卫生一体化　着力解决城乡居民看病难看病贵》一文印发全省各地卫生部门，供各地学习借鉴，并将中山市的经验和我省的做法向卫生部作了汇报。三是将推行镇村卫生一体化管理写入《中共广东省委广东省人民政府关于深化医药卫生体制改革的实施意见》（粤发〔2009〕16号），作为医改的措施之一在全省推行。目前，全省已有113个县（市、区）推行镇村医疗卫生一体化管理。

三、关于医保结余资金补贴门诊医保问题

6月2日，您在《南方日报内参》第43期《400亿医保结余补贴门诊医保一举两得——广东医保改革现状调查（下）》一文上批示：请于蓝同志阅酌。据了解，2008年8月，原省劳动和社会保障厅与省财政厅、卫生厅、物价局联合印发了《关于开展城镇基本医疗保险普通门诊医疗费用统筹的指导意见》，在全国率先建立了城镇基本医疗保险普通门诊统筹制度。根据您及志恒同志有关批示精神，省人力资源和劳动保障厅已采取措施，进一步加快推进此项工作。至2009年底，全省已有17个地级以上市开展普通门诊统筹工作，其余4个市也已制订方案，准备2010年启动。

四、关于"医用重离子加速器"建设问题

据省发展改革委等有关单位了解，世界上现有美国、德国、日本和我国将医用重离子加速器应用于临床医学。1991年，我国在兰州成立了重离子加速器国家实验室。截至目前，兰州实验室与医院等有关单位合作进行了100多例肿瘤患者的临床试验治疗，治疗效果正在跟踪调查中。省有关单位建议目前暂不宜开展重复研究，如果该技术成熟，届时我省再积极引进该项技术。考虑到医用重离子加速器属于高科技医用技术，投入大、建设周期长，为慎重起见，按照您的指示精神，此事，我与姚志彬等同志及有关单位多次研究，现已请省科技厅会有关单位召集有关专家学者对该项目的可行性和可操作性作进一步深入研究论证后，再报省政府审定。若该项目可行且国家有关部门批复支持，则请中山大学肿瘤医院按照国家有关规定完善相关申报手续，并积极争取国家支持；我省也将对项目建设给予积极支持。近期，恒健投资提出拟建造重离子肿瘤治疗示范医院，并进一步推动南方健康城的建设和逐步实现相关技术产业化。该公司希望能够作为项目产业化运作的主体，现恳请省委省政府给予支持。珠江投资也提出其将从日本进口重粒子束肿瘤治疗成套设备，以此为基础加快该公司在从化投资的"珠江生命健康城"建设，现恳请省委省政府给予支持。恒健投资和珠江投资提出的意见和建议，根据您的批示精神，我已请李春洪、李捍东同志与有关单位抓紧协调研究提出意见，有关事宜正在积极办理中。

五、推动文化产业发展问题

4月28日，您在国务院研究室《决策参考》总701、702号《强力推动文化产业发展是应对国际金融危机促进经济平稳较快发展的战略性举措》一文上批示：请于蓝同志阅酌。我立即于同日协调省文改办、文化厅、新闻出版局、广电局等有关单位，结合起草《关于加快提升文化软实力的实施意见》文稿，研究吸纳上述文章的精神。《实施意见》已于2009年7月10日由省委办公厅、省政府办公厅联合印发。

六、关于制定文化产业振兴规划问题

8月23日，您在《国务院关于印发文化产业振兴规划的通知》（国发〔2009〕30号）上批示：林雄、于蓝同志：要抓紧制定我省的文化产业振兴规划，国务院通知提出的重点、政策我们要尽可能的拿到，以确保我省文化大省的地位，并向文化强省迈进。按照您的批示精神，省委常委、宣传部长林雄同志和我迅速协调省文改办、省发展改革委等部门，就如何贯彻落实国家《文化产业振兴规划》进行了认真研究，目前省委宣传部会省有关单位正在抓紧开展相关工作：

机关公文写作

一是制订我省规划起草工作方案。按照国务院《文化产业振兴规划》的部署要求,结合贯彻落实省委、省政府《关于加快提升文化软实力的实施意见》,从广东的实际出发,由省委宣传部和省发改委牵头,在全面深入调研的基础上,抓紧制订我省的文化产业规划。二是由省委宣传部和省直有关单位组成制订省文化产业振兴规划专责工作小组,并将于近期召开规划制订工作协调会,开展规划调研工作,在此基础上于2010年4月形成规划稿报省政府审批。

专此报告。

职:×××
二○○ 年一月十四

该文是一份机关事务文书。使用的文种是情况报告,但是,不属于公文,因为它没有进入公文制发的程序,也没有必要进入公文制发程序。该报告是个人向领导报告情况,并非以机关名义对外处理公务,因此属于机关事务文书。但在写法上,该文与公文的报告相似,有借鉴、启发意义。更重要的是,我们年轻的学生们需要借助对报告、请示的学习,树立报告请示意识。这是一位主管该项工作的副省长,当她受命于省委书记批示的工作时,"立即""迅速"去研究、办理;当她办妥所要办理的诸事项之后,便立即写出"落实办理重要批示的情况报告",交差复命。这就是坚持报告请示制度——事前先请示、事后须报告。报告请示制度十分重要,本书在多处提到,希望加深印象,在思想意识上牢牢扎根,凡重要工作,要注意事前请示,事后报告。

十一、请示

《党政机关公文处理工作条例》对请示的释义是:"适用于向上级机关请求指示、批准。"就是说,只能给有隶属关系的上级机关行文,内容是请求指示或批准。请示的使用范围是:①事关党的方针政策,又超出本机关职权范围,要办理时,须请示。②对上级文件精神领会不透,或有不同看法,要贯彻时,须请求上级予以明确指示。③工作中有难题,须兄弟单位配合,或兄弟单位之间工作有分歧,影响了工作的开展,本单位无力解决时,须请求上级协助。④工作中有新的重要实施方案,或遇到无章可循的问题,要执行又无把握,须先请示。⑤上级机关规定必须请示获准后才能办理的事项。⑥请示文件发出,并非文件运行的终结,而是开始。必须等待上级机关的明确答复即批复后,才能依据批复内容贯彻执行。

【例文一】

××省财政厅文件
××〔1988〕××号　　签发人:×××
关于《会计人员职权条例》中"总会计师"
是行政职务或是技术职称的请示

财政部:

国务院1987年国发〔1978〕××号通知颁发的《会计人员职权条例》规定,会计人员技术职称为分总会计师、会计师、助理会计师、会计员四种；其中"总会计师"既是行政职务，又作为技术职称。在执行中，工厂总会计师按条例规定，负责全工厂的财务会计事宜；可是每个工厂，尤其是大工厂，授予总会计职称的人有四五人，究竟由哪一位负责全厂的财务会计事宜，执行总会计师的职责与权限呢？我们认为宜将行政职务与技术职称分开。总会计师为行政职务，不再作为技术职称；比照最近国务院颁发的《工程技术干部技术职称暂行规定》，将条例第五章规定的会计人员职称中的"总会计师"改为"高级会计师"。

以上认识是否妥当，请指示。

×× 省财政厅

一九八八年×月×日

例文一是一则请求上级指示的请示。在上级的指示、决定以及施行有关政策、法令的过程中，遇到一些不太清楚或需要变通执行的地方，使用请示以请求上级给予明确的指示和答复。有时对上级机关某个决定有些不同意见也可以通过请示，得到上级机关认可后根据实际情况施行。

该文的正文由请示缘由、请示事项、请示结束语三个部分组成。首先引据国发〔1978〕××号文，提出"总会计师"这一称谓问题，然后陈述在执行中的不方便，提出建议，改"总会计师"职称为"高级会计师"。最后用请示结语收束。这样写层次分明，理由清晰，建议明确，行文简洁。

【例文二】

×× 市对外经济贸易委员会

关于我市驻澳大利亚经贸代表处有关问题的请示

外经〔19××〕××　　　　　签发人：×××

市人民政府：

为适应我市外向型经济建设的需要，有利于对外经济贸易事业的发展，经市委、市政府研究决定，在澳大利亚设立了××市经济贸易代表处，该代表处的设立得到了澳大利亚昆斯兰州及布里斯班市的大力支持和我国驻悉尼总领事馆的同意。现就我市驻澳大利亚经贸代表处的有关问题请示如下：

一、代表处的性质和任务。该代表处是我市派驻澳大利亚的对外经济贸易常设机构，隶属于市经委，对外代表××市进行各项非经营性活动。其近期的工作任务是：配合澳盛公司抓好羊毛生意，并为有关公司开发澳洲经贸业务服务。做好信息传递，通过牵线搭桥，帮助促成贸易项目。

二、代表处驻地在澳大利亚布里斯班市和悉尼市，其办公场所、人员住所及办公、办事经费由澳盛公司提供。

三、市经贸委×××副主任为代表处主任，×××同志为代表处的工作人员。他们国内应有的待遇不变，由市经贸委负担。在国外工作期间可参照经贸部常驻澳大利亚同等人员待遇标准执行。

四、由市经贸委指定一位副主任和相应的部门负责代表处的衔接工作,以随时保持联系,沟通信息。

以上请示当否,请批示。

××市对外经济贸易委员会
一九××年九月十四日

例文二是一则请求批准的请示。下级机关在执行上级机关部署的工作中,对一些重要的举措虽经深思熟虑认为可行,但仍须报上级批准方可执行。这就是坚持请示制度。

该文是就××市驻澳经贸代表处有关问题提出安排意见的请示,正文内容完整,行文重心放在请求事项部分。第一段写请示起因,概述驻澳经贸代表处成立的背景。然后用一个过渡句承上启下,引出请示事项。请示事项分四条阐述,第一条是请示的中心事项,其余三条围绕中心事项,说明具体安排意见,由主到次,环环相扣,叙述具体界限分明。全文行文简洁,语言表意确切,结构周密严谨,请示起因、请示事项和请示结语前后贯通,构成一个有机整体。

【例文三】
1)

广州市质量技术监督局文件

穗质监〔2012〕179号　　　　　　　　签发人:×××

广州市质监局关于开展2012广州市
市长质量奖评审工作的请示

市政府:

2010年1月18日,市政府向省政府报送了《关于设立广州市政府质量奖的请示》(穗府报〔2010〕9号)。省政府领导批示同意设立广州市政府质量奖,但不作为固定奖项,按临时新增奖励项目每次评审前报批(详见附件1)。

为贯彻落实国务院、省政府关于质量奖励的政策精神,进一步完善我市质量奖励制度,2012年9月,市政府办公厅印发了《广州市市长质量奖评审管理办法》(以下简称《办法》,见附件2)。《办法》将"广州市政府质量奖"更名为"广州市市长质量奖",评选周期由原来每三年评选一届改为每两年评选一届。今年距2010年首届广州市政府质量奖评选已满两年,建议市政府就开展2012年广州市市长质量奖评审工作向省政府请示(代拟稿见附件3),待批准后尽快开展评审工作。

妥否,请批示。

附件:1. 省领导在《关于设立广州市政府质量奖的请示》上的批示
　　　2.《广州市市长质量奖评审管理办法》
　　　3. 关于开展2012年广州市市长质量奖评审工作的请示(代拟稿)

广州市质监局

第二编 机关公文个论 （一）党政机关公文的撰写

2012 年 10 月 8 日

（联系人：×××，联系电话：××××××××，××××××××××）

2)

广市人民政府办公厅文件

穗府办〔2012〕44 号

广州市人民政府办公厅关于印发广州市

市长质量奖评审管理办法的通知

各区、县级市人民政府，市政府各部门、各直属机构：

　　《广州市市长质量奖评审管理办法》已经市人民政府同意，现印发给你们，请认真组织实施。实施中遇到的问题，请径向市质监局反映。

广州市人民政府办公厅（印）

2012 年 9 月 14 日

3)

广州市市长质量奖评审管理办法

第一章　总　则

　　第一条　为落实科学发展观，引导和激励本市企业或组织加强质量管理，提高产品、服务、工程和经营质量，增强城市自主创新能力和综合竞争力，根据《中华人民共和国产品质量法》、国务院《质量发展纲要（2011—2020 年）》的有关规定，结合本市实际，制定本办法。

　　第二条　本办法所称广州市市长质量奖（以下简称市长质量奖）是广州市人民政府设立的最高质量奖项，由市政府表彰和奖励，授予在质量管理和运营绩效上成绩突出，产品、服务、工程质量以及环保治污水平、自主创新能力和市场竞争力等在国内或国际处于领先地位，具有显著的行业示范带动作用，对本市经济社会发展作出卓越贡献的企业或组织。

　　第三条　市长质量奖的评审遵循科学、公正、公平、公开的原则；坚持高标准、严要求、好中选优；坚持企业或组织自愿、不向企业或组织收费、不增加企业或组织负担。

　　第四条　市长质量奖原则上每两年评选一届，每届评审前报省政府批准，每届评出获奖企业或组织不超过10家，其中，市长质量奖不超过5家，市长质量提名奖不超过S家。以上奖项可……

　　…………

4)

关于开展 2012 年广州市市长质量奖
评审工作的请示
（代拟稿）

省政府：

 2010 年 1 月 18 日，我市上报了《关于设立广州市政府质量奖的请示》（穗府报〔2010〕9 号）。省领导批示同意设立广州市政府质量奖，但不作为固定奖项，按临时新增奖励项目每次评审前报批。

 为贯彻落实国务院、省政府关于质量奖励的政策精神，进一步完善我市质量奖励制度，2012 年 9 月，我市印发了《广州市市长质量奖评审管理办法》（以下简称《办法》）。《办法》将"广州市政府质量奖"更名为"广州市市长质量奖"，评选周期由原来每三年评选一届改为每两年评选一届。今年距 2010 年首届广州市政府质量奖评选已满两年，我市拟开展 2012 年广州市市长质量奖评审工作。

 根据《中共广东省委办公厅广东省人民政府办公厅关于严格控制和规范党政机关评比达标表彰活动的意见》（粤办发〔2009〕21 号）要求，现就该奖项有关事宜请示如下：

 一、项目名称：广州市市长质量奖。

 二、依据：《中华人民共和国产品质量法》、国务院《质量发展纲要（2011—2020年）》、《广东省政府质量奖评审管理办法》。

 三、范围：在广州市登记注册，具有法人资格，质量管理成效显著，产品、服务、工程质量以及环保治污水平、自主创新能力和市场竞争力等在国内或国际处于领先地位，具有显著的行业示范带动作用，对我市经济社会发展作出卓越贡献的企业或组织。

 四、规模：每届获奖企业或组织数量不超过 10 家，其中，市长质量奖不超过 5 家，市长质量提名奖不超过 5 家。

 五、表彰奖励形式：由市政府向获得市长质量奖的企业或组织颁发证书、奖牌，给予每家获奖企业或组织一次性奖励 100 万元；对获得市长质量提名奖的企业或组织，只颁发证书和奖牌，不发放奖金。

 六、经费来源和数额：给予每家获得市长质量奖的企业或组织一次性奖励 100 万元，每届奖励经费总额不超过 500 万元。奖励经费由市财政统一安排，评审经费在市质监局业务经费中统筹解决。

 专此请示，请批复。

广州市人民政府
2012 年 10 月 15 日

 这是学习请示事项办理的典型案例。广州市质监局，依据自己的工作职责，按照广州市政府《广州市市长质量奖评审管理办法》的规定，需要开展 2012 年广州市市长质量奖评审工作。虽然这项工作已有法可据、有规可循，但是，从中央到省都有"严格控制"的指示,因此事关重大,必须据法依规请示。

开展市长质量奖评审工作是市质监局的职责,理当事先拿出一整套的工作方案,经请示上级批准后才能贯彻执行。于是,广州市质监局的请示便须依据相关的一系列文件:附件1市政府向省政府报送的《关于设立广州市政府质量奖的请示》(穗府报〔2010〕9号);附件2规范性文《广州市市长质量奖评审管理办法》。

又由于开展市长质量奖评审活动是以广州市政府名义进行的,所以广州市人民政府还须报请广东省人民政府批准。于是又产生了附件3"代拟稿"①。如果市政府同意,代拟稿便可以成为市府的文稿,经公文制发程序成为市政府的有效公文。因此,一份请示公文,须用三个附件。怎样以法治国、怎样依法行政、怎样写作应用文,该案例能启发思维。

十二、批复

批复是上级机关收到下级机关的请示之后,经研究作出的答复决定。可以是批准,也可以是不批准,或指示办公部门答复。批复是上级机关对下级机关的请示应当承担的领导责任。上级的批复是上级机关的决定,下级机关必须遵照执行。

【例文一】

中共××市委文件

××〔1985〕18号

中共××市委××市人民政府

关于××县县直属机关机构设置和编制总额的批复

中共××县委、县人民政府:

你县《关于县直机关机构设置和人员编制的请示》收悉。根据×政〔19××〕13号文件《关于……的通知》精神,经过研究,对你县县直机关机构设置和编制总额及有关问题批复如下:

一、县委工作部门不要超过7个;县政府工作部门不要超过25个。县委和县政府须设哪些部门,由县根据党政合理分工、政企分设的精神和精简的原则,在上述限额内,按照实际情况自行决定。

二、县人大常委会、政协、纪律检查委员会、法院、检察院和工会、共青团、妇联、科协、机关党委等机构,按照宪法和党章及其他有关规定设置。

三、县直党政群机关编制总额定为470人。编制的使用范围,要严格按国家劳人编〔19××〕193号文的有关规定执行,并应留有机动。

四、县委、县政府各工作部门均为平行单位,机构名称注意规范化,工作部门内部

---

① 代拟稿:党政军机关制发公文,通常由党政军机关所属职能部门、业务主管部门代上级机关草拟文稿,通常称"代拟稿"。有时也指当某些事项不宜本级机关行文处理,而确需上级机关行文处理时,在请示领导机关说明理由的同时,代表领导机关拟制一份相关文稿一并附上,以供领导机关参考之用。

一般不要分设机构层次，一些较大部门需要分设层次的，一律设股，不得设科。

五、改为公司的单位，要真正成为自负盈亏的经济实体，不能搞行政性公司。

六、请将按上述精神确定的县直党政群机关机构设置和编制分配方案，报市委、市政府和市编委备案。

中共××市委
××市人民政府
一九××年×月××日

中共××市委办公室　　　　　19××年×月××日印

（共印 200 份）

例文一是一则上级党政领导机关联合行文，针对下级机关来文请示事项所作出的批复。从批复中可以看出，下级机关的机构设置和人员编制是重大事项，必须报请上级党委和上级机关批准。批复是上级机关对应下级机关请示来文的复文，有请示才有批复，有了请示就必须回复，批复是典型的"红头文件"之一。该批复首先引叙请示来文，让收文机关明白是对什么请示的批复，接着交代批复依据，再用"经研究"过渡，引出批复内容；因批复内容较多，故采用分条叙述法将批复事项逐一交代明白，这样便能使复杂的内容条理化。该批复由于内容涉及下级党政机关，所以由上级党政机关联合发文。使用文件格式版头，格式规范，批复的内容规定性、指示性很强，是下级机关执行的依据。

【例文二】

广东省人民政府
粤府函〔1999〕532号
关于禁止在新丰江水库内搞旅游问题的批复

河源市人民政府：

河府〔1999〕73号请示收悉。为实施可持续发展战略，确保新丰江水库水质优良，造福人民和子孙后代，省政府决定，禁止在新丰江水库内搞旅游。现就有关问题批复如下：

一、撤掉新丰江水库内奇松岛、伏鹿岛、水月湾（部分）的旅游景点、景物和水库内网箱养殖、旅游小快艇及库边新丰江水泥厂等六个可能造成污染的项目；保留库区万绿湖周围山上不致造成水质污染的观点景点。

二、今后，河源市发展旅游应按照"库外游，进山游"的原则，开发以大桂山为重点，以绿色、森林生态旅游为主要内容的观光、特色旅游。

三、被撤掉的新丰江水库旅游项目，省政府予以一次性合理经济补偿，全部项目补偿金额共9497万元。补偿款今明两年分三批安排拨付（详见附表）。省补偿的资金在2000年财政水资源费收入中拨出5000万元，其余在2000年省财政预算中列支。今年须拨付的 2387 万元，由省财政采取预拨的办法解决。

四、为加快大桂山旅游项目的开发，同意建设接 205 国道到大桂山的旅游专用公路。所需建设资金，在明后两年省县通镇公路建设补助计划中单列解决。河源市负责征地拆迁费用，工程的勘察设计、质监和监理工作由省交通厅负责。

五、为保证此项工作的落实，河源市主要领导要亲自负责，成立专门的清理清偿工作组，制定详细工作进度。补偿资金由财政专户管理、专户划拨。补偿个体业主的资金，由每一个业主与省清偿工作组直接签收。所有补偿资金均待该项目完全撤掉后方予拨付。具体操作办法由省审计厅会同省财政厅和河源市政府制定，并监督实施。

广东省人民政府
一九九九年十一月十七日

主题词：环保　水库　保护　批复
抄送：省计委、建委、财政厅、交通厅、审计厅、水利厅、林业厅、环保局、旅游局

例文二是一则上级领导机关给下级机关表示不同意下级请求的批复。其批复内容是一般事务，故使用信函格式复文。该文很能发人深思：领导机关的决策，确确实实是要从造福子孙后代着眼，要具有战略眼光。广东省人民政府从广东经济的飞跃发展中意识到环保的重要性和紧迫感，因而在各方面都大大加强了环保观念。该文所批复的省政府决定"禁止在新丰江水库内搞旅游"实是各级领导者决策的好榜样。该批复既有原则性的决定，又有具体的、切实的措施，充分体现出党和国家的方针政策与实际情况的结合。在批复中，提出五个方面举措，每一条、每一项都渗透着广东省政府领导深入实际，有调查、有研究，善于开拓的工作精神。该批复也是批复行文的典范：在导语中首先引述来文，接着精要地表述省府决定的理由，明确表态，最后分项说出各项举措，言辞得当得体。

【例文三】

国务院办公厅对国家工商行政管理局关于
贯彻《食盐加碘消除碘缺乏危害管理条例》
有关问题请示的复函
国办函〔1994〕103 号

国家工商行政管理局：

你局《关于贯彻〈食盐加碘消除碘缺乏危害管理条例〉有关问题的请示》收悉，经与国务院法制局研究，并报经国务院领导同意，现答复如下：

……

国务院办公厅
一九九四年十一月十日

例文三是一则由办公部门以复函替代领导机关批复的行文。对下级机关的请示，一般用批复行文。但是，有两种情况宜用函复而不用批复：一是下级机关的请示由领导机关的办公部门答复（函复），二是领导授权或转给业务部门处理的答复。本书选入两篇复函，实际上分别代表了两种不同的处理方式，要注意正确区分这两种不同的处理情况。该文属第一种情况。在写法上，使用函的文种。首先引据请示来文，接着交代研究及授权情况，用"现答复如下"领起，针对请示中有关问题进行答复：指出《条例》主要是……问题，所以对……未作出具体规定。又指出应依照……的规定……进行查处。全文重点突出，清楚明白，能使下级明白如何运作，收到行文的良好效果。在文件的处理上采用信函格式，以显得当。

【例文四】

中国人民银行对《山东省人民政府关于成立齐鲁
（股份）银行的请示》的复函
银复〔1993〕55号

山东省人民政府：

经国务院办公厅转来的《山东省人民政府关于成立齐鲁（股份）银行的请示》（鲁政发〔1993〕8号）收悉。现答复如下：

根据国务院的改革部署，目前区域性商业银行只限于在广东、福建两个综合体制改革试点省份、深圳经济特区和上海浦东经济开发区试办。

目前已试办五家区域性商业银行，在促进地方经济发展中发挥了积极作用，也存在不少问题。我行正在就此进行全面调查和总结，尔后，再请示国务院是否有必要扩大试点区域。

鉴此，目前不便考虑批准成立齐鲁（股份）银行。

中国人民银行
一九九三年三月八日

例文四是一则由领导机关转给业务部门处理，并由业务部门替代批复而针对请求事项作出的答复函。原请示单位将公文送往国务院，国务院将该请示转给相关的主管部门中国人民银行处理。为此，中国人民银行代国务院回答问题，以其不相隶属关系只能以复函的方式答复原请求单位。

在写法上采用信函格式、函的文种，十分注意把握分寸：首先交代经国务院办公厅转来的请示，直陈答复。然后叙说国务院改革部署及试办五家区域性银行的情况，再说到待请示国务院将如何办。叙述诸情况之后，水到渠成，便用"鉴此"总括原因，表明"目前不便考虑"的意向，委婉、明白、不容置疑，答复有力。

山东省人民政府的这份请示能否以函的形式直接向中国人民银行联系提出请求而不是呈送国务院呢？回答是不能。须知，凡重大事项必须坚持请示报告制度。这是组织纪律性问题。如果对重大问题不经请示领导机关批准或批示，便是越权处事。尽管山东省人民政府与中国人民银行是平级机关、不相隶属机关可以用函联系工作，但该请示事项属重要事项，不允许绕开上级机关。山东省人民政府的做法是正确的。

十三、议案

依照宪法的规定,人大机关是权力机关,是"一府两院"的监督机关。行政机关是权力机关的执行机关,受权力机关的法律监督。学习议案文种,可以更清楚地认识政府和人大机关的监督与被监督的法律关系。

议案,就是行政机关依照法律程序向同级人大或人大常委会提请审议事项的公务文书。我们学习议案,既要弄清楚议案的概念、文体的性质特点、类别,弄清与近似文体的区别,还要弄清楚议案的运作程序,理解"为什么要按法定程序办事的原则""人大的法律监督权源自国家的政体——人民民主专政"的关系。学习了行政机关的议案,还必须学习人大机关公文的议案,不然便会对议案了解不全面。

1. 立法性议案

【例文一】

广东省人民政府关于提请审议
《广东省实施〈中华人民共和国
循环经济促进法〉办法(草案)》的议案
粤府函〔2012〕××号

广东省人民代表大会常务委员会:

  为了促进循环经济发展,减少资源消耗和废物产生,提高资源利用效率,实现我省经济、社会和环境可持续发展。省政府拟订了《广东省实施〈中华人民共和国循环经济促进法〉办法(草案)》。该草案已经省政府常务委员会议讨论通过,现提请审议。

广东省人民政府省长 朱小丹
二〇一二年二月十八日

  例文一是地方立法性议案。全国人大常委会于 2008 年 8 月 29 日通过了《中华人民共和国循环经济促进法》,国家主席以令颁行。广东省人民政府依据施政的需要,拟订了实施办法草案,须提请省人大常委会审议立法,因为只有省人大及其常委会才拥有地方法规立法权,所以,须提请省人大常委会审议通过才能立法。审议、修改后表决通过。为了让审议方便,还要进行相关说明。请参阅关于《广东省实施〈中华人民共和国循环经济促进法〉办法(草案)》说明。

附:

关于《广东省实施〈中华人民共和国
循环经济促进法〉办法(草案)》的说明
省经济和信息化委主任 杨建初

主任、各位副主任、秘书长、各位委员:

  我受省人民政府的委托,就《广东省实施〈中华人民共和国循环经济促进法〉办法（草案）》（以下简称《办法》）作如下说明：

……

2. 重大事项的议案

【例文二】

国务院关于提请审议批准
《中华人民共和国和古巴共和国领事条约》的议案
国函〔1991〕××号

全国人民代表大会常务委员会：

《中华人民共和国和古巴共和国领事条约》是中古双方在中方提出的条约草案基础上，经过友好谈判达成协议的。该条约已由我国外交部副部长刘华秋和古巴共和国外交部副部长奥拉马斯分别代表本国于一九九〇年八月二十八日在北京正式签署。经审核，该条约的各项规定符合我国现行的法律、法规，也符合中古两国的实际情况。一九八三年以来，中古两国关系有了较大的发展，并在双方共同努力下进入了一个全面发展的新阶段。目前，古巴是我国在拉美的主要贸易伙伴之一。两国签订领事条约，可使两国今后在处理领事事务时有所遵循，并有利于进一步促进两国关系的发展。国务院同意《中华人民共和国和古巴共和国领事条约》。现提请审议，并请作出批准的决定。

国务院总理　×××
一九九一年四月二十二日

例文二是涉外重大事项的议案。对外签署有关条约、协定，以及涉及国家主权、国家利益的重大问题，必须由国家最高权力机关全国人大或人大常委会批准。因此，国务院依法以议案提请审议批准。人大批准的方式是审议议案，最后表决，半数以上赞成为通过。人大常委会批准后，所签条约才生效。

3. 任免性议案

【例文三】

××市人民政府关于×××等职务任命的议案
×函〔2008〕××号

××市人大常务委员会：

一、提请任命×××为××市公安局局长。

二、提请任命×××为××市计划委员会主任。

请审议决定。

××市人民政府
二〇〇八年五月十三日

例文三是以政府名义提请人大常委会审议的人事任免议案。人事任免在党的组织部门按干部组织条例的要求，经过必要程序后，进入法律规定程序办理。"一府两院"的首脑由同级人大选举产生,其政府组成人员、部门的正职则由人大常委会决定任免。即由政府提请,人大决定任免(以过半数人同意为通过)。这是法律规定的程序,违反程序即违法,违法必究。

十四、函

学习公文文种函,要将函与信函格式严格区别开来,还要同便函区别开来。函,是公文文种之一,是公文内容的载体;信函格式,是公文的格式之一,它不仅给函作载体,还可以给报告、意见、通知、纪要等公文作载体。便函是没有公文头的书信,没有公文的格式,不算公文,是日常应用文。函,适用于不相隶属机关之间商洽工作、询问和答复问题、请求批准和答复,是机关公事的信件。

【例文一】

××市人民政府
×函〔19××〕×号
××市人民政府关于在京山铁路压煤改线
××站建立交桥的函

×××委员会:

京山铁路压煤改线×××工业站,位于我市×县×××镇。由于该站的建设,原有的×××站西侧的平交道口按设计要求将要封闭,这样就阻断了沟通南北三乡一镇的交通要道,给乡镇企业和商品经济的发展造成了困难。另外,铁路以南五个村的大面积耕地在路北,由于铁路所阻,给群众的生产生活造成了很难克服的困难。工业站的设计在DK308+893处虽有一座净高2.5米、宽6米、长220米的单孔立交兼排水涵洞,但因纵深太长,宽度较窄,高度很低,农机车辆不能通行,农忙秋收人畜难以通过。为此,请贵委员会给予照顾,在DK308+430处(原×××站西侧的平交道口处)建立交桥一座,以适应当地生产和需要。

可否,盼复。

××市人民政府
一九××年×月×日

抄送:×××计划局、基建总局、×××铁路局、×××第三设计院、省支铁办

例文一是一则商洽涵。××市人民政府与×××委员会是不相隶属机关,由于对方施工,给当地群众造成了不便,于是由政府出面向对方发函联系。此函以政府机关名义行文,十分得当得体,显示对商洽问题的重视;在文字上,叙事准确,说理明白,所提出的要求切合实际、十分合理,"请""贵委员会""给予照顾""以适应……需要",平心静气,平等待人,尊重对方,语气切合商洽要求。

【例文二】

××省人民政府关于设立
青岛石老人国家旅游度假区有关补充情况的函
×政函〔1992〕××号

国家旅游局：

　　今年1月28日，我省以×政发〔1992〕8号文上报国务院，申请设立青岛旅游开发区，国务院办公厅已批交你局审查提出意见。根据你局5月16日的来函，现就有关情况补充说明如下：

　　青岛石老人国家旅游度假区，1984年开始开发建设，目前，除基础设施比较齐全外，已建成投入使用的设施有合资宾馆、游乐场、夏令营基地、海水浴场等，正在建设的还有"高尔夫球场"、"弄海华园"等。今年以来，还与14家外商签订了25亿人民币的合资建设项目，不少项目已超出了原38平方公里规划区的界限，鲁政发〔1992〕8号文件中上报的规划面积已不适应国家旅游度假区建设的要求。为了突出青岛石老人国家旅游度假区的特色，确定将"海底世界"等重要旅游设施项目纳入度假区，申请将青岛石老人国家旅游度假区起步阶段的规划陆地面积确定为108平方公里，规划面积调整为18平方公里。请贵局在研究审批青岛石老人度假区时一并考虑。

××省人民政府
一九九二年九月二日

　　例文二是一则追报补充材料的函。原请示送国务院，国务院将该请示转给业务主管部门处理。在审批过程中，尚有某些不明了之处，于是国家旅游局发函联系。这是原请示单位××省人民政府据来函要求，对原请示进行补充性说明的答复。

　　由于需要说明前因，让对方明白追报补充的材料是怎么一回事，所以本文开头必须交代起因及来函。领起叙说补充说明之后，依据来函之问进行回复及补叙。全文交代清楚，补充得当，语言得体，表意准确。

　　另一个需要强调指出的是：原请示送国务院，国务院将该请示转给业务主管部门处理，是不是原请示不如以函径与国家旅游局请求批准更直接、更便捷呢？这个问题必须弄懂、弄明白。下级机关凡重大举措必须请示报告，如果该省人民政府将原请示改用函直接同国家旅游局联系，就会犯下违反请示报告制度的错误。

【例文三】

××省人民政府办公厅
关于申请将省行政首脑机关办公决策服务系统
建设经费列入省财政预算的函
×府办函〔19××〕206号

省财政厅：

　　为提高行政首脑机关的办公效率，以适应加快改革开放的需要，国务院办公厅于今年 5 月下发了《关于建设全国行政首脑机关办公决策服务系统的通知》(国办发〔1992〕25 号),决定"经过三五年努力,基本建成以现代计算机和通信技术为主要手段的全国行政首脑机关办公决策服务系统",并规定各级系统建设所需经费由同级财政解决。

根据国务院办公厅的部署,我省于今年 10 月召开了全省政府系统办公自动化工作会议,确定用三年左右时间,建成我省行政首脑机关办公决策服务系统,并制订了《全省行政首脑机关办公决策服务系统建设总体方案》。经测算,建设省级行政首脑机关办公决策服务系统约需经费人民币 600 万元,特申请将其列入省财政预算,并要求今年拨付 200 万元,明后两年每年再各拨 200 万元。请予审批。

附件:××省行政首脑机关办公决策服务系统建设经费概算表

××省人民政府办公厅
一九××年××月××日

例文三是一则申请财政预算项目的函。省人民政府办公厅根据上级的部署需要建设办公决策服务系统,制订了实施方案,需要列入省财政预算才能拨款,于是发函提出申请。其行文主旨明确,首先说明目的意义、项目依据、实施步骤、方案,提出申请数额,最后"请予审批"。审批内容是附件。全文有理有据,叙述清楚,层次分明,附件得当。在行文中处处体现了对受文机关的尊重,措辞得体。

【例文四】

梅州市化工原料公司关于请求批准
在官汕路宁江桥头兴建办公营业大楼的函
梅商化〔1987〕19 号

兴宁县城乡建设委员会:

我公司经市计委〔1987〕83 号文件批准,兴建一幢办公营业大楼。该楼由梅州市设计室设计,兴宁城建工程队施工,第一期工程总造价 48 万元,资金来源属于自筹。该楼拟建于兴宁官汕路宁江桥头北边,建筑面积 4086 平方米,占地面积 6000 平方米。楼址:东至骆屋队水田,西至宁江东堤,南至官汕路,北至本公司家属宿舍。建筑物高八层,框架结构,座北向南。请准予作永久性建筑兴建。

附件:一、梅州市计委〔1987〕83 号批文
　　　二、办公营业大楼设计施工图纸

梅州市化工原料公司
一九八七年十月七日

例文四是一则请求批准函。不相隶属机关、平行机关,需要向有关主管部门请求批准的事项,需要越级请示的事项,用请求批准函。该文是不相隶属机关行文,其标题得当,准确概括了事由,选用文种正确;行文简洁,语意明确,措辞得当。

【例文五】

××省科学技术委员会办公室
关于询问贯彻全省科学技术工作会议情况的函
×科办〔200×〕×号

各市科委：

全省科技工作会议自今春召开至今，已有半年。为了互通情况，并为使我省科技事业更好地为改革开放、为发展社会主义市场经济服务，希针对下列所询问题，将你市有关情况于9月底前报省科委办公室。

一、省科学技术工作会议后，采取了哪些措施进行贯彻？

二、在此半年中，有何科学发明和科技革新？效果如何？

三、在开展科学研究和科技交流方面曾遇到过哪些问题？如何解决？现在存在哪些问题？哪些问题需要我们帮助解决？

××省科学技术委员会办公室
200×年×月××日

【例文六】

××省人事厅关于批准录用×××等
4名同志为国家公务员的函
×人录〔200×〕×号

省安全厅：

你厅《关于拟录用2002届大中专毕业生的函》（国安〔200×〕××号）收悉。

根据中共××省组织部、××省人事厅《关于部分省级机关从200×年应届高校、中专毕业生中考试录用国家公务员和机关工作人员的通知》的规定，经考试、考核合格，批准录用×××等4名同志为国家公务员。

特此复函。

附件：录用人员名单

××省人事厅
200×年×月××日

例文五、例文六两则函分别是询问情况的发函和批准录用公务员的复函。两函均做到就事直陈、开门见山、明确简练的要求，请细细品味，对比一下"假、大、空、套"的不实语言，学习行文用语的平实、精当、简明、干练的文风。

第二编 机关公文个论 （一）党政机关公文的撰写

【例文七】

建设部工程质量安全监督与行业发展司
关于印发《全国建设工程质量监督座谈会纪要》的函
建质质函〔2007〕102号

国务院各有关部门建设（计划）司，各省、自治区建设厅，直辖市建委，各计划单列市建委（局），新疆生产建设兵团建设局，山东、江苏省建管局，总后营房部工程局：

全国建设工程质量监督座谈会于2007年11月23日在深圳市召开。现将《全国建设工程质量监督座谈会纪要》印发给你们，供参考。

建设部工程质量安全监督与行业发展司
二〇〇七年十二月十日

例文七是一则以函为载体印发会议纪要的发文。发文机关与收文机关是不相隶属的平行机关。请结合纪要例文认识纪要发文的三种方式。

【例文八】

广州市质量技术监督局
穗质监函〔2012〕779号
广州市质监局关于报送9月份市政府重点工作
第21项贯彻落实情况的函

市经贸委：

根据市府办公厅《关于调整2012年市政府重点工作责任分工的通知》（穗府办〔2012〕15号）的要求，现将我局协助你委办理的第21项"制定出台民营经济发展实施细则，支持民营企业和中小微型创新企业发展"9月份工作情况函告如下：

……………

专此函达。

广州市质监局
2012年10月10日

（联系人：林××，联系电话：832×××××）

例文八是一份报送文件的函。依行文规则，与不相隶属机关行文使用函，并以函件格式行文。广州市质监局与市经贸委是平行机关，但市经贸委级别要高一些，为了尊重对方，行文标题使用"报送"而不用"送"，很得体。

十五、纪要

纪要，国家机关公文各系列均设置有纪要文种。其功能基本相同。党政机关公文纪要，主要适用于记载会议主要情况和议定事项。党政机关的所有会议，都必须作会议记录。但是，是否需要写会议纪要，则要依据实际需要而定。有下级机关参加者、有外机关参加者，一般需纪其要、纪其议定事项以传达、备忘。会议议定的事项都是本机关决策事项，需要用特定格式（固定形式的版头）印发会议纪要。

纪要的文体特点主要表现在纪实性、纪要性、指导性三个方面，其载体有三种形式：在本机关系统内使用固定版头直接印发会议纪要；本系统的领导机关需下发会议纪要给下级机关，以办公室名义用公文格式；涉及平行机关或不相隶属机关则需领导机关的办公部门以函件格式用函载发（即使用函件格式版头，以函为载体转发）。使用纪要，关键的是围绕着要开展的某项工作，纪其要、纪其实，是传达的凭借，也是开展工作的依据。学习纪要例文，养成写记录、撰纪要的过硬功夫。

【例文一】

市政府工作会议纪要

穗府会纪〔2004〕81号

广州市人民政府办公厅　二〇〇四年五月三十二日

2004年广州国际龙舟邀请赛

筹备协调会会议纪要

5月25日上午9时，2004年广州国际龙舟邀请赛组委会副主任兼总指挥、市政府秘书长陈耀光同志在市政府1号楼1213会议室主持召开2004年广州国际龙舟邀请赛筹备工作协调会，部署今年龙舟邀请赛组织筹备工作。市政府办公厅、市体育局、公安局、建委、交委、外事办、广州海事局和有关区、县级市政府等单位负责同志出席了会议。

会议首先由2004年广州国际龙舟邀请赛组委会常务副总指挥、市府办公厅副主任肖志锋同志提出（2004年广州国际龙舟邀请赛工作方案），与会各单位分别汇报了今年广州国际龙舟邀请赛筹备工作进展情况，并围绕工作方案和需要解决的问题进行了讨论，市政府秘书长陈耀光同志作了总结指示。

会议要求，今年广州国际龙舟邀请赛要在往年成功做法基础上，在国际性、民族性、观赏性等方面提升规模和层次，进一步提高广州国际龙舟邀请赛在国内外的影响力和知名度，使之成为广州市的"名片"。要贯彻"安全第一、精彩第二"的原则，做好赛事活动全过程和各个环节的安全工作，严格落实部门安全责任制，制订应急预案，保证万无一失。会议强调，今年广州国际龙舟邀请赛恰逢广州申办2010年亚运会，因此今年的广州国际龙舟邀请赛要为广州申亚工作创造良好的氛围，为广州申亚工作加油助威。

会议议定以下事项：

　……

参加人员：（略）

主题词：体育比赛　会议纪要

分送：市委书记、副书记、常委，市人大常委会主任，市长、副市长，市政协主席
　　市政府秘书长、副秘书长

第二编　机关公文个论　（一）党政机关公文的撰写

市体育局，市公安局，市建委，市交委，市工商局，市市容环卫局，市财政局，市市政园林局，市卫生局，市外事办，广州海事局，广电集团广州供电分公司，广东电视台，广州电视台，海珠区政府，荔湾区政府，天河区政府，白云区政府，黄埔区政府，芳村区政府，番禺区政府，增城市政府，龙舟协会，市委办公厅，市档案局

广州市人民政府办公厅秘书处　　　　　　　　　　　　　　2004年6月2日印发

　　例文一是一则专项工作的工作会议纪要。该纪要使用了固定版头，具有本机关权威性。广州市要组织国际龙舟邀请赛，这是一项大型、隆重、具有重大影响的活动，所以由广州市政府出面组成"组委会"，而且组织了不少相关单位参加。市政府将部署龙舟邀请赛组织筹备工作列为市政府的一项工作，以市政府工作会议的规格召开"2004年广州国际龙舟邀请赛筹备工作协调会"会议，可见广州市政府对该项活动是多么的重视。

　　整个纪要，由版头、主体、版记三个部分组成。版头使用的是"市政府工作会议纪要"，显示了该项会议的性质是"政府工作"。主体部分，就是会议纪要的正文，分前言和议定事项两个部分表述。前言采用概述法，对会议的时间、地点、主持人、会议名称、会议主题、主要参会单位扼要介绍，然后概括介绍会议进行的内容和会议的要求。会议的议定事项采用归纳法，将会议议定的事项归纳为九项，分别对筹备工作规定了工作要求。从九个项目中可以看出，广州市政府不仅对邀请赛十分重视，而且还进行了十分周密的安排。

　　这个会议纪要不仅记载了会议情况和议定事项，印发给各与会单位和相关单位之后，又是传达、贯彻、执行的依据。这是广州市政府的工作会议纪要，只要是广州市政府的下属，就必须遵照执行。学习本纪要，不仅是学习撰写会议纪要的问题，而且也应该从中学习到做好工作的方法——既要重视，落实组织保证，又要措施周密。

【例文二】

广东江西两省座谈会议纪要

　　2012年6月12日上午，广东、江西两省在广东迎宾馆举行座谈会，广东省省长朱小丹和江西省省长鹿心社出席座谈会并作重要讲话，江西省委常委、常务副省长凌成兴和广东省副省长刘志庚参加了座谈。两省就跨省交通基础设施对接、产业合作和转移园区共建、赣南等原中央苏区振兴发展、东江源头生态建设和保护、旅游开发合作等问题进行了商谈，并就进一步推进两省合作达成重要共识。纪要如下：

　　会议指出，粤赣两省山水相连，人缘相亲，历史渊源深厚，交流合作历来十分紧密。近年来，在泛珠三角区域合作框架下，两省合作领域不断拓宽、内容不断深化、层次不断提高，取得了丰硕成果。当前，两省分别处于全面实施《珠江三角洲地区改革发展规划纲要（2008—2020年）》和《鄱阳湖生态经济区规划》的关键阶段，特别是广

东经济发展正进入加快产业转型升级的关键时期，在跨省产业梯度转移方面急需打开新的通道，而江西省为广东省的产业发展提供了广阔空间，通过双方更紧密的交流与合作，有助于形成推动区域经济协调发展的强大合力。

会议赞成江西省就深化粤赣两省合作提出的具体建议，粤赣两省将按照优势互补、市场主导、互利互惠、共赢发展的合作原则，携手开拓创新，进一步深化两省全方位、宽领域、多层次的交流与合作，共推两省产业转型升级和经济社会发展。会议议定：

....

参加会议人员：略

例文二是相邻的两省领导人就两省共同关心的某些事项进行磋商的座谈会纪要。江西与广东，山水相连、人缘相亲。跨省交通、产业合作、转移园区共建、赣南等原中央苏区振兴发展、东江源头生态建设和保护、旅游开发合作等，两省领导找到了共同关注的话题，探讨应策：粤赣两省将按照优势互补、市场主导、互利互惠、共赢发展的合作原则，携手开拓创新，进一步深化两省全方位、宽领域、多层次的交流与合作，共推两省产业转型升级和经济社会发展。于是双方议定了交通基础设施建设、共同推进产业对接合作、积极推进旅游资源开发利用、加强东江源头生态环境保护和建设等项目的合作和建立完善沟通合作机制等方面的内容，为今后两省的合同奠定了良好的基础。

该纪要要言不烦，大项套分项，逐一交代，清楚明白。

【例文三】

关于2012中国（广东）国际旅游
产业博览会筹备工作
协调会会议纪要

受×××副省长委托，2012年8月20日下午，省政府刘晓捷副秘书长召集省旅游局、公安厅、外经贸厅和广州市政府、中国对外贸易中心等28个单位的有关负责同志开会，听取省旅游局关于2012中国（广东）国际旅游产业博览会（以下简称旅博会）筹备工作的情况汇报，并对下一步工作作了研究部署。纪要如下：

....

经过前一阶段工作，旅博会各项组织筹备工作进展顺利。会议对中国对外贸易中心协调提供展会场地表示感谢，对海关总署广东分署、广东出入境检验检疫局等中央驻粤单位对旅博会参展商品给予的免税、通关等优惠和便利表示感谢，并对省旅游局前一阶段所作各项工作，以及广州市政府的大力支持配合给予充分肯定。会议对下一阶段工作提出如下意见和建议：

....

参加会议人员：略

例文三是协调会的纪要。这是以副省长的名义、由省府副秘书长出面主持的一个协调会。由于参加的单位并非全是一个系统，有省旅游局、公安厅、外经贸厅和广州市政府、中国对外贸易中心等28个单位有关负责同志参加，因此，这个会称为"协调会"，通过这个协调会将筹备工作做好。

这个协调会的内容是什么？我们通过纪要可以得知，是"听取省旅游局关于2012中国（广东）国际旅游产业博览会筹备工作的情况汇报，并对下一步工作作了研究部署"。其具体内容，就是用"会议指出"和"会议强调"汇报筹备工作，用分条列项部署工作安排。

【例文四】

关于协调解决沙面大街56号首层房屋
使用权问题的会议纪要
第××号

199×年2月2日上午，市政府办公厅主任×××同志主持召开会议，协调解决沙面大街56号首层房屋使用权问题。参加会议的有省政府办公厅交际处、广东胜利宾馆、市商委、市国土房管局、二商局、市外轮供应公司等有关部门的负责同志。

会议认为，沙面大街56号首层房屋使用权的问题，是在过去计划经济和行政决定下形成的历史遗留问题。早几年曾多次协调，虽有进展，但未有结果。最近，按照省、市领导同志"向前看"、"了却这笔历史旧账"的批示精神，在办公厅的协调下，双方本着尊重历史，面对现实，互谅互让的原则，合情合理地提出解决这宗矛盾的方案。

经过协商、讨论，双方达成了一致的认识。会议决定如下事项：

....

会议强调，双方在房屋使用权移交中要各自做好本单位干部群众的工作，团结协作，增进友谊，保证移交工作顺利进行。

市政府办公厅
一九九×年×月×日

例文四是一份不相隶属机关之间协调解决问题的会议纪要。参加方经友好协商取得共识，最后形成这份纪要，由主持召开会议的单位以信函格式印发，在文件标题中显示会议纪要。纪要，就是要纪其实、纪其要、纪议定事项，为会后的执行作凭证。本纪要，会开得好，纪要也写得好，依据实、有序，层次分明。

【例文五】

××市城南开发区管委会办公会议记录

时间：1995年4月8日上午
地点：管委会会议室
主持人：李××（管委会主任）
出席者：杨××（管委会副主任）　周××（管委会副主任管城建）
　　　　李××（市建委副主任）　张××（市工商局副局长）
　　　　陈××（市建委城建科科长）建委、工商局有关科室人员

　　　　　　　街道居委负责人
　　列席者：管委会全体干部
　　记录人：邹××（管委会办公室秘书）
　　讨论议题：
　　1. 如何整顿城市市场秩序。
　　2. 如何制止违章建筑，维护市容市貌。
　　杨主任报告城市现状：
　　我区过去在开发区党委领导下，各职能单位同心协力、齐抓共管，在创建文明卫生城市方面取得了一定成绩，相应的城市市场秩序有一定进步，市容街道也较可观。可近几个月来，市场秩序倒退了，街道上小商贩逐渐多起来，水果摊、菜担、小百货满街乱摆……一些建筑施工单位沿街违章搭棚，乱堆放材料，搬运泥土撒落大街……这些情况严重地破坏了市容市貌，使大街变得又乱又脏，社会各界反应很强烈。因此今天请大家来研究：如何整顿市场秩序？如何治理违章建筑、违章作业，维护市容？……
　　讨论发言（按发言顺序记录）
　　肖××：个体商贩不按规定，到指定市场经营，管理不力，处理不坚决，我们有责任。这件事我们坚决抓落实：重新宣传市场有关规定，座商收店，小贩收市，农民卖蔬菜副食到专门的农贸市场……工商局全面出动抓，也希望街道居委配合，具体行动方案我们再考虑。
　　罗××（工商局市管科科长）：市场是到了非整治不可的地步了。我们的方针、办法都有了，过去实行过，都是行之有效的，现在的问题是要有人抓，敢于抓，落到实处……只要大家齐心协力，问题是能够解决的。
　　秦××（居委会主任）：整顿市场纪律我们居委会也有责任。我们一定发动居民配合好，制止乱摆摊、乱叫卖的现象。
　　李××（建委副主任）：去年上半年创建文明卫生城市时，市上出了个7号文件，其中规定施工单位不能乱摆"战场"。工棚、工场不得临街设置，更不准侵占人行道。沿街面施工要有安全防护措施……今年有的施工单位不顾市上文件，在人行道上搭工棚、堆器材。这些违章作业严重地影响了街道整齐、美观，也影响了行人安全。基建取出的泥土，拖斗车装得过多，外运时沿街散落，到处有泥沙，破坏了街道整洁。希望管委会召集施工单位开一次会，重申市府7号文件，要求他们限期改正。否则按文件规定惩处。态度要明确、坚决。
　　陈××：对犯规者一是教育，二是严肃处理。"不教而诛谓之虐"，我们先宣传教育，如果施工单位仍我行我素不执行，那时照文件严肃处理，他们也就无话可说。
　　周××：城市管理我们都有文件，有办法，现在是贵在执行，职能部门是主力军，着重抓，其他部门配合抓。居委会把居民特别是"执勤老人"（退休职工）都发动起来，按7号文件办事，我们市区就会文明、清洁，面貌改观……
　　与会人员经过充分讨论、协商，一致决定：
　　1. 由工商局牵头，居委会及其他部门配合，第一周宣传，第二周行动，监督实施，做到座商归店、摊贩归点、农贸归市，彻底改变市场紊乱状况。

2，由管委会牵头，城建委等单位配合，对全区建筑工地进行一次检查。然后召开一次施工单位会议，对违章建筑、违章工场限期改正。一个月内改变面貌。过时不改者，坚决照章处理。

散会。

主持人（签名盖章）
记录人（签名盖章）
一九××年四月八日

附录三 关于任免类公文

任免类文书是机关公文中常见的公文。由于不同文种用于不同级别的人员的任免，形式便有不同。主要有：①"当选公告"公布。经全国人大选出的国家主席、副主席，由全国人大以公告公布。②国家主席令公布。经国家主席提名、全国人大投票决定通过的国务院总理、副总理以国家主席令公布。③国务院令公布。经国务院总理提名，全国人大投票决定通过的国务院各部门正职，以国务院令公布。

法律规定，经全国大选出的国家主席、副主席，由全国人大以公告公布。有的则规定并不明确，因而出现了任免类公文的多样性。有的使用公告（非行政机关公文），有的使用令公布。如经全国人大选出的国家主席、副主席，全国人大以公告公布，经全国人大决定的国务院总理、副总理，以中华人民共和国主席令的形式任命（现在任免不用令而用决定、公告、通知）。有的是当选公告，有的是任免，有的是决定任免，有的是批准任免，还有的是聘任。因此，任免类文书有一定的专业性。

一、公布令

【例文一】

中华人民共和国主席令

第×号

根据中华人民共和国第×届全国人民代表大会第一次会议的决定，任命×××为中华人民共和国国务院总理。

中华人民共和国主席　×××

××××年×月××日

【例文二】

国务院、中央军委

关于×××等四人晋升武警警衔的命令

公安部、中国人民武装警察部队：

国务院、中央军委决定：

武警部队司令员×××由武警少将警衔晋升为武警中将警衔；

武警部队副司令员×××由武警大校警衔晋升为武警少将警衔；

武警部队政治部主任×××由武警大校警衔晋升为武警少将警衔；

武警部队后勤部政治委员×××由武警大校警衔晋升为武警少将警衔。

国 务 院 总 理　×××
中央军委主席　×××
××××年×月××日

二、决定任免

【例文三】

中华人民共和国全国人民代表大会公告
第×号

第×届全国人民代表大会第一次会议于××××年×月××日根据中华人民共和国主席江泽民的提名，决定×××为中华人民共和国国务院总理。
现予公告。

中华人民共和国第×届全国
人民代表大会第一次会议主席团
××××年三月十七日于北京

【例文四】

××省人大常委会关于决定任免
××省人民政府组成人员职务的通知

××省人民政府：
省×届人大常委会第××次会议，根据××省省长×××的提请，于××××年×月××日决定任命：
×××为××省公安厅厅长职务。
决定免去：
×××的××省公安厅厅长职务。
特此通知。

××省人民代表大会常务委员会（印章）
××××年×月××日

三、当选公告

【例文五】

××省人民代表大会公告
第×号

××省第九届人民代表大会第×次会议于××××年4月××日选出：
省　长：×××
副省长：××× ××× ××× ××× ×××
现予公告。

××省第×届人民代表大会第×次会议主席团
××××年×月××日

四、批准任免

【例文六】

××省人大常委会文件
×人发〔××××〕×号
关于批准任命人民检察院
检察人员职务的通知

××省人民检察院：

省×届人大常委会第×次会议，根据××省人民检察院检察长×××的提请，于××××年×月××日批准任命：

×××为××市人民检察院检察长；
×××为××市人民检察院检察长；
×××为××市人民检察院检察长；
×××为××市人民检察院检察长；
×××为××市人民检察院检察长。

特此通知。

××省人民代表大会常务委员会（印章）
××××年×月××日

抄送：中共××省委组织部
××省人大常委会办公厅　　　　　　　　　　××××年×月××日印发

五、公布任免

【例文七】

××省人民政府任免通知
×政任〔××××〕×号
××省人民政府关于公布任免
××省人民政府组成人员职务的通知

各市人民政府，各县（市、区）人民政府，省政府各部门、各直属机构，各大企业，各高等院校：

现将××省第九届人民代表大会常务委员会第19次会议2001年2月6日决定任免的××省人民政府组成人员名单公布如下：

任命×××为××省人事厅厅长；
免去×××的××省人事厅厅长职务。

××省人民政府（印章）
二〇〇一年二月二十二日

抄送：省委各部门，省人大常委会办公厅，省政协办公厅，省法院，省检察院，各人民团体，××军区，省军区。

六、任免

【例文八】

中华人民共和国国务院
国人字〔2000〕×号
关于×××等3人职务任免的通知

国家税务总局：
　　国务院2000年1月4日决定，任命×××、×××为国家税务总局副局长；免去×××的国家税务总局副局长职务。

中华人民共和国国务院
二〇〇〇年一月五日

【例文九】

××省人民政府任免通知
×政任〔2001〕×号
××省人民政府关于任免
×××等工作人员职务的通知

各市人民政府，各县（市、区）人民政府，省政府各部门、各直属机构，各大企业，各高等院校：
　　××省人民政府决定，任命：
　　×××为山东省林业局局长；
　　×××为山东省药品监督管理局副局长（列于×××之后）。
　　免去：
　　×××的××省林业局局长职务；
　　×××的××社会科学院副院长职务。

××省人民政府（印章）
二〇〇一年三月二日

抄送：省委各部门，省人大常委会办公厅，省政协办公厅，省法院，
　　　省检察院，各人民团体，××军区，省军区。

七、任免提名

【例文一〇】

中国共产党××省委员会（通知）
×委〔××××〕×号
关于×××等7名同志职务任免的通知

中共××市委：
一、省委研究，报经中共中央同意提名：
×××同志为××市人大常委会主任候选人；
×××同志不再担任××市人大常委会主任职务。
二、省委同意提名：
×××同志为××市人大常委会副主任候选人（列××同志之后）；
×××同志为××市人大常委会副主任候选人（列×××同志之后），不再担任××市人民政府副市长职务；
×××同志为××市人大常委会副主任候选人；
×××同志为××市人民政府副市长人选；
×××同志为政协××市委员会副主席候选人。
请按法律和政协章程规定办理。

中共××省委（印章）
××××年×月×日

八、机关直接任免

1. 党群口任免

【例文一一】

中共××省总工会党组文件
×任〔2001〕×号
关于×××等同志职务任免的通知

省总机关各部门，省总直属各产业工会、企事业单位：
一、党组决定：
×××同志任××省总工会办公室主任；
×××同志任××省总工会新建企业工会组建工作领导小组办公室主任（正处级）；
×××同志任××省机械工会委员会主任；
×××同志任《职工天地》杂志社社长、总编辑；
×××同志任××省总工会办公室副主任；
×××同志任××省总工会政策研究室副主任；

×××同志任××省总工会政策研究室副主任；
×××同志任××省总工会基层工作部副部长；
×××同志任《职工天地》杂志社副社长。
以上同志试用期一年。
免去：
×××同志兼任的××省总工会办公室主任职务；
×××同志的××省总工会政策研究室助理调研员职务。
二、党组提名：
×××同志为××省国防工业工会委员会副主席候选人；
×××同志为××省冶金工会委员会副主席候选人；
×××同志为××省水利工会委员会副主席候选人。
请按《中国工会章程》的规定办理。

××省总工会党组（印章）
二〇〇一年×月××日

2. 政府部门任免

【例文一二】

××省××厅文件
〔××〕×任字×号
关于×××等同志任职的通知

各处室、厅直各单位：
　　根据工作需要，经研究，任命：×××为××省××厅××处处长；×××为××省××厅××室主任。
免去：
××××省××厅××处处长职务。

××省××厅（印）
××××年×月×日

抄：各市地、县××局。

九、聘任

【例文一三】

××省人民政府办公厅
〔××〕×政办任字××号
关于聘任×××同志职务的通知

省府机关印刷所：
　　××××年×月××日研究同意：聘任×××为印刷所副所长，任期三年。任职期

机关公文写作

间享受副科级干部政治、生活待遇。

　　　　　　　　　　　　　　　××省人民政府办公厅（印章）
　　　　　　　　　　　　　　　××××年×月×日

抄，各处室。

　　说明：
　　1. 根据规定，全国人大及其常委会决定任免的国务院组成人员（总理、副总理、国务委员、各部部长、各委员会主任、行长、审计长等），以国家主席的名义发布任免令，其他国家工作人员的任免不使用令的形式。国务院从1965年起不再使用命令形式任免工作人员。国务院新的《公文处理办法》又把任免工作人员从命令（令）的适用范围中删除。国务院以下政府部门从不用命令（令）任免工作人员。但是，国务院与中央军委联合行文时，仍以命令（令）的形式发布。
　　2. 任免类通知最首要的是明确干部管理权限，明确任免程序，超程序越权下发任免通知即属行文事故。以行政机关干部为例，其管理任免程序须按照各级人民政府组织法规定办理。如省一级政府人员的任职，省长、副省长由省人代会选举产生，人大以公告的形式公布，不需任免。其他政府组成人员即政府序列部门由省人大常委会决定任免，省人大常委会公布，省政府根据省人大常委会决定发任免通知。其他属于省政府任免的人员包括地区行政公署专员、副专员、部门副职等，由省政府任免，发任免通知。
　　原则上党群部门的干部，由党组织直接任免，行政干部的任免，由行政机关根据党组织的提名，以行政机关名义任免。行政机关一般干部任免没有具体规定，有的根据党管干部的原则，以党组织名义行文直接任免，不再履行行政程序，也有党或党组织提名后以行政机关的名义行文的。严格来讲，凡属行政机关、党委、党组决定的干部任免，均应以行政机关的名义履行公布手续。
　　3. 当选、决定任免、任免和批准任免在形式上的区别。
　　（1）当选。凡省长、副省长、自治区主席、副主席、市长、副市长、州长、副州长、县长、副县长、区长、副区长，以及各级法院院长，由本级人大选举产生，经大会主席团宣布即生效，在当地报纸公布，不再履行任命手续。
　　（2）决定任免。县以上人民政府组成人员，需经本级人大常委会决定任免，政府根据本级人大常委会通过的决定任免名单进行任免。
　　（3）任免。党的各级职务除按照党章选举产生外，上级党的组织可决定任免下级党组织的干部；人大常委会任免本级法院副院长、庭长、副庭长，审判委员会委员、审判员，检察院副检察长，检察委员会委员、检察员，人大常委办公厅（室）、各委员会主任、副主任；政府系统任免除政府组成人员以外的属于本级政府权限以内的工作人员。
　　（4）批准任免。各级检察院检察长由本级人大选举产生，需报经上一级人大常委会批准任免。凡属本级政府任免的人员，政府发给任免书时，不能使用决定任免，而应使用任免；属于批准任免的人员不用决定任免。
　　4. 任免通知职务必须使用单位规范称谓全称，使用《组织法》或使用党委、政府、机构编制部门在建该机构时确定的规范的名称。如地方政府负责人,必须使用《地方各级人民政府组织法》中规定的××省省长、××市市长、××县县长,而用××省人民政府省长、××县人民政府县长则是不规范的。晋升职务的,前任下一级职务自然免除,平级调整的在公布新职务的同时,应免去原职务。行政干部任免,凡经过法定程序任职的干部在调任其他职务时应按法定程序免去原职务后;再任命新职务,但改任党内职务的不在此列。行政职务职级不明确的,应在行文中注明职级,如"任命×××为×××省人民政府驻西安办事处副主任(正处级)"。同一单位数名同一职务的任命,应根据研究顺序排列,不是同时公布的,凡未加注明的以时间先后为准;研究中作特殊安排的,在行文中应加以明确,如研究明确×××为××局第一副局长,通常注明列原第一副局长之前;如果明确为第二副局长,通常注明列原第一副局长之后,以此类推。聘任职务应注明聘任期限。任免类通知是公文中要求最规范的公文之一。不少机关均使用固定格式。内容要求严格,行文严肃庄重,无赘语,应杜绝漏别误字。

附录四 思考与练习参考答案

第一编 第一章思考与练习参考答案

一、（略）

二、（略）

三、简答题

1. 请你说出我国的国家机关和其他机关和单位有哪些。

答：我国的国家机关和其他机关和单位，有执政党机关、参政党机关、权力机关、行政机关、军事机关、公诉机关、审判机关、人民团体、社会团体、企事业单位。

2. 请你根据我国党和国家机关所形成的块条关系情况，梳理自己的思想认识并且成为自己的意念。

（1）依据宪法的规定，我国的国家机关有哪几个"条"、有哪几个层级（"块块"）？党和国家机关从中央到地方垂直领导或指导的"条"有哪些，它们之间的关系是怎样的，党组织是怎样进行全面领导的？

提示：首先分别说出①"共产党的中央、省、地市、县委员会"，②各级人大，③各级人民政府，④各级人民检察院，⑤各级人民法院，⑥各级军事机关，⑦各级政协机关，这七种机关分别是什么机关，依据宪法规定它们各司何责，并理解这七个"条"的条状关系。然后说出政府部门的"条状"关系。

答：首先要懂得我国分级管理的中央、省市、地市、县市、乡镇这五个层级（俗称"块"）；每一"块"均分别设置：①执政党机关（分别是党中央、省委、地市委、县市委、乡镇党委），②权力机关（各级人大及其常委会），③行政机关（各级人民政府），④公诉机关（各级人民检察院），⑤审判机关（各级人民法院、法庭），⑥各级军事机关（中央军委、战区、省军区、地市军分区、县市人武部、乡镇武装部），⑦政协机关（从国家设至省、地、县）。依据宪法规定它们各司其职。这样，从中央到地方，便有了五个层级（即五个"块块"）、七个中央国家机关的"条"。加上国务院依法设置各个职能部门，地方省市、地市、县市到乡镇，分别设立除国防、外交以外的对口职能业务部门，呈条状垂直成业务指导关系。这是政府部门的"条"，与中央国家机关的"条"合称为"条条"。

"块块"的每一个"块"均设置有党委。每一个"块"的党委都是领导机关。依据宪法，中国共产党是执政党，必须坚持党的领导，"块"的党委从中央到地方各级呈垂直领导。每一个"条"，均设置党组。党组，是中国共产党在该机关设置的党的组织，是该"块"党委的下级机关，但在该机关却是领导机关，是接受上级党委指挥、完成党交给的任务的机构。参政党机关、政协机关、人民团体、社会团体、企事业单位均设

· 280 ·

党组。这个党组在该机构是领导机关,起着领导的作用,接受该"块"党委领导。

(2) 从中央到地方,各级人大、各级人民政府、各级人民检察院、各级人民法院、各级军事机关以及政协机关和人民团体均设党组,这个党组起着怎样的作用?

答:党组,是中国共产党在"条"状机关设置的党的组织,在该组织内是领导机关,但它又是该"块"党委的下级机关。它是党的领导承上启下的纽带,可直接接受上级党委指挥,又是本机关的指挥中心。

(3) 你怎样理解人大与政府的关系,怎样理解人大与"两院"的关系,怎样理解政府与"两院"的关系?

答:人大机关与"一府两院"的关系是监督与被监督的关系,是宪法赋予的法律关系。"一府两院"之间的关系是平级协作关系。

在党的领导下依据《中华人民共和国国务院组织法》《中华人民共和国地方各级人民代表大会和地方各级人民政府组织法》,由乡镇至中央逐级选举产生。

(4) 人大机关与同级党委的关系是怎样的,你怎样理解"党委提名,人大决定,政府任免"?

答:党委是领导机关,人大机关是对"一府两院"的监督机关,以行使其监督权、决定权、任免权而对"一府两院"的主要干部进行监督,故依法对其决定任免。对政府的任免干部由党委首先提出任免名单,人大依法考察、审议、作出任免决定,通知政府后由政府公布。这是法定程序。

(5) 政协是怎样的机构?它在国家机构中起着怎样的作用?

答:政协机关是参政议政机关,是中国共产党同各民主党派和无党派民主人士在"长期共存、互相监督、肝胆相照、荣辱与共"的方针下,对国家大政方针和群众生活的重要问题进行政治协商,并通过建议和批评发挥参政议政、民主监督的作用。

(6) 中央军委归谁领导与指挥?

答:党指挥枪。中央军委由党中央指挥。

3. 我国实行的政党制度是怎样的制度?

答:我国实行的政党制度,是中国共产党领导的多党合作制度和政治协商制度,简称中国多党合作制度。中国共产党与各民主党派长期共存、互相监督、肝胆相照、荣辱与共,共同致力于建设中国特色社会主义,形成了"共产党领导、多党派合作,共产党执政、多党派参政"的基本特征。中国多党合作制度在中国的政治和社会生活中显示出独特的政治优势和强大的生命力,发挥了不可替代的重大作用。

4. 我国实行的国家政治制度是怎样的制度?

答:人民代表大会制度是我们国家的根本的政治制度。人民代表大会制度,是以民主集中制为原则,由人民选举代表组成各级人民代表大会,并以人民代表大会为基础,建立全部国家机构,行使国家权力,实现人民当家做主的制度。

5. 为什么要坚持党的领导,怎样坚持党的领导?

答:在我国,中国共产党是执政党,是领导我国社会主义革命和建设事业的核心力量。党所处的政治地位决定了在中国做任何事情,如果没有中国共产党的领导,都将一事无成。中国共产党的领导地位,是在党领导中国人民进行革命、建设和改革的长期实践中形成的。没有中国共产党就没有新中国，就没有中国特色社会主义，这是中国人民从中国近现代历史发展和当今社会现实发展中得出的基本结论。坚持党的领导，就是坚持按党的路线、方针、政策办事。主要是通过政治、思想、组织等三种形式。

6. 党的路线方针政策与国家法律、法规、规章是怎样的关系？我们处理公务、撰写公文，为什么要把这两者看成生命线？

答：党的路线、方针、政策，是党治理国家的总方略；法律、法规、规章，是人大和政府制定的执行路线、方针、政策的有效措施。两者高密度结合，各有作用、各司其职。国家机关，必须依照党的路线、方针、政策和国家宪法、法律、法规、规章治国、行政，撰写公文就是为不治国理政，因而成为处理公务、撰写公文的生命线。

7. 什么是行文关系？我国党政机关和其他机关、人民团体、企业事业单位之间的行文关系主要有哪些？

答：所谓行文关系，实质上是指行文机关与受文机关之间的组织关系，因其关系的不同而使用的往来文件亦有不同的要求。因此，我们必须弄清这种关系，并依照不同关系的要求去行文。即根据国家领导管理体制、行文机关与受文机关之间是否具有隶属关系以及行文机关的职权范围确定。

四、认识题

由于国家机关的"块块条条"的形成，各级国家机关便产生了错综复杂的各种组织关系和公文往来的行文关系。这两种关系，对我们处理公务、处理公文工作至关重要。

1. 请你说说，什么是组织关系、什么是行文关系。

答：所谓组织关系，是指国家机关之间的纵向和横向构成的组织关系；所谓行文关系，是指国家机关之间公文往来的关系。

2. 由于块块条条，各个机关之间便产生行政领导关系、业务指导关系、平行关系、隶属关系、不相隶属关系等的错综复杂的情况，请你依据块条关系，理顺自己对这些关系的认识。

答：行政领导关系——是指区域或机构的从属关系，亦即管辖与被管辖的关系。

业务指导关系——是指同一组织系统中上级机关的部门与下级机关相应部门之间的关系。

平行关系——是指平级机关关系和不相隶属机关之间的平级机关。

隶属关系——是指区域或机构的从属关系，亦即管辖与被管辖的关系。在公文的行文关系上，一般是对自己所属的直接上级或对自己所辖的直接下级行文。

不相隶属关系——是指在组织系统和业务系统方面都没有关联的机关单位。

五、思考、讨论题

下面是从某写作杂志上转引过来的一份公文的修改稿。修改者认为，修改成这样就可以行文了。请认真阅读全文，依据本书所介绍在"用"方面的基础知识去进行分析判断，回答后面的问题。

第二编　机关公文个论　（一）党政机关公文的撰写

关于请求拨款修建村级公路的函

市交通局：

　　为了方便群众生活，改变农村交通的落后面貌，我村委会拟修建从××（村名1）到××墟的村级公路。

　　××（村名1）到××墟路段处于我村委会管辖的××（村名1），××（村名2）和××（村名3）之间，这三个自然村同属革命老区村庄。该路段大部分是当地有关村民自发修建的泥路，坡度大、路面差，给村民的生产和生活带来诸多不便。尤其在雨天，学生上学时，因路滑跌伤的事时有发生，严重影响了他们的学业。由于路况较差，仅今年5月份在此路段发生的货车侧翻事故就有多起，直接造成经济损失10多万元。

　　当前，全党全民坚持科学发展观，建设社会主义新农村正在深入开展。为了发展生产，彻底改变农村交通落后面貌，村民一致提出修建水泥路面硬底化的要求。但这三个村大多数村民都是在家务农，经济收入较低，村民虽自筹了×万元，但与修路所需相差甚远。

　　经核查此路全长×公里，要建成宽×米、厚×米的水泥路，至少还要资金××万元。为此，特请求贵局拨款××万元，以解决修路的资金问题。

　　妥否，请函复。

　　附件：×××村委会村级公路工程预算表

××市××镇×××村委会（印）
二〇〇九年七月十五日

1.××村委会与××市交通局，其组织关系是什么？

答：两者是不相隶属的关系。

2. 一个村委会要修一条村级公路，便可径向市交通局行文请求拨款，这样是否符合组织原则？该村委应向谁行文才符合组织原则？为什么？

答：该村要修建村级公路，应依照隶属关系向镇政府报告，镇政府接到报告后应进行认真的调查研究，并权衡全局（该村的需要与全市角度上考虑的"有可能"条件）情况，然后才行文请示自己的上级——市人民政府。后面有否别的行文应视市政府的态度而定。因此，这份修改文稿仍然是错的。其错在行文方向，应向镇政府写报告。村委直接向市交通局行文请求拨款违反组织原则。镇政府直接向市交通局行文请求拨款违反了必须向上级机关报告请示的制度。所以，应用写作不仅仅是写作的问题，在写的后面，存在着更重要的用的问题。违反原则强行行文，肯定办不成事，其行文便是无效之文，等于废纸。

这样，又衍生了几道讨论题，可以让学生更深入地开展讨论或思考，辨明了将会大有裨益：

①该村委给镇政府行文为什么要用报告而不是用请示呢？②该镇政府能不能用函径向市交通行文要钱修路呢？③该村委会想修路的事为什么必须当由该镇政府向市人民政府请示呢？该镇政府在行文请示之前必须先做好哪些工作？行文请示时该用上什么材料？

提示：这三个问题均不是在写方面的问题而是在对应用文的"用"的问题。要记住：凡重大事项必须向上级机关报告请示，这是制度，也是工作纪律。

第二章思考与练习参考答案

一、（略）

二、（略）

三、简答题

1. 公务文书在文体上与记叙文、说明文、议论文相比较，有什么特点？

答：记叙文，以情动人，感染读者；说明文，给人以知（识），教人以（实）用；议论文，晓人以理，导人以行；应用文，沟通关系，办理实事。公务文书就是公务应用文，在公务活动中形成，记录了公务活动，为公务活动服务；没有公务活动便没有公务文书。因此，其文书的特点就是为公务的应用，并且在为公务的应用中，形成了在内容上具有沟通关系、办理实事的实用性，在写作上具有惯用的格式性，在使用上具有严肃的法纪性，在语言运用上使用事务语体的特殊性。

2. 为什么说"公务文书，形成于机关、用于机关，为机关服务、记录着机关的工作，也记载了整个的公务活动。机关有什么工作，就会形成什么样的公务文书；机关工作有什么类型，也就会形成什么类型的公务文书。这是公务文书形成的不以人们意志为转移的规律"？

答：公务活动的主体是政权机关，所以，公务文书的形成与政权机关的公务工作分不开。

3. 什么是公务文书？请你将你所知道的各种公务文书抄列出来。

提示：可依本书回答。通过抄列你所知道的公务文书名称，可以加深你对公务文书的认识，这是入门的向导。

4. 公务文书有哪五类型？请分别开列出其五种类型，然后，将上题抄列出来的各种公务文书进行归类。如果你发现无法分类的文种，可另外记下，可开展讨论并将它归类好。

提示：可先列出公务文书的五种类别，然后将你列出的公务文书名称逐步归入五类中的某一类。如果发现有难于归类的或跨类现象的可另外列出思考。

5. 请说出你对"记叙文，以情动人，感染读者；说明文，给人以知（识），教人以（实）用；议论文，晓人以理，导人以行；应用文，使用事务语体，沟通关系，办理实事"的理解。

提示：本题旨意是要你细心体会出这些文体的特点，以更深刻地认识到公务应用文的不同之处。

6. 公务文书的特征特性表现在哪几方面？

答：在内容上具有沟通关系、办理实事的实用性，在写作上具有惯用的格式性，在使用上具有严肃的法纪性，在语言运用上使用事务语体的特殊性。

7. 公务文书在语言运用上有什么特点、使用什么语体？其语体的特点是什么？

答：公务文书在语言上运用事务语体，其特点是：用词准确规范，句式严密，要求语气恰当，常常使用文言词语、专业术语、特定用语。

8. 请你说说写作公务文书的要求有哪些。

答：行文观点正确、鲜明；材料真实、得当；格式规范，结构合理；语言明确、平实、简约、得体。

9. 写作公务文书要注意语言得体。什么是得体？怎样做到得体？

答：得体就是行文要根据不同的对象和场合，掌握好恰当的分寸，语言要能体现作者处理事务的立场和态度，要能为特定的需要服务。写什么、不写什么，怎样措辞，用什么语气，都要与特定目的、特定的对象和谐一致，使阅文者获得应有的印象，从而收到发文的预期效果。做到得体的方法：一是正确选用适合的文体和与这种文体相适应的语体；二是行文语言要与行文目的、语言环境相适应。

五、拓展题

请参考本书介绍的招投标活动最初使用启事招投标，到现在必须使用公告进行招投标一事进行联想：

1. 公务文书形成的过程是怎样从约定俗成到法定的过程？

答：公务文书是在处理公务的过程中形成的。由于处理公务的需要，起初会使用不规范、不完善的文书，经反复使用，不断地修正、改善，公众认可，约定俗成。如果这种文书事关重要，使用频率高了，得到相关部门重视，出台法定的规范便成了法定性的规定了。

2. 你能举出一些公务文书是如何从规范到规章到法规到法律演变的文种实例吗？

（1）招标启事→招标公告；（2）信封的书写规定；（3）条据的规范；（4）学术论文的格式。

第三章思考与练习参考答案

一、（略）

二、（略）

三、简答题

1. 只有认识到公文的三大特征、四个不同点才能抓住公文的本质。请你结合自己的学习体会，说说公文的三大特征是什么、四个不同点是什么。

答：公文的三大特征是：①公文必须在行政管理过程中，也即在公务活动中形成和使用，没有公务活动便没有公文的形成；②公文必须由法定的作者依法制发；③公文必须按照特定的处理程序制发和按照特定的格式撰写。上述三个特征是公文同时具备的，缺一不可。换言之，只有具备上述三个特征的文书材料才是公文，否则就不是公文。

机关公文同其他公务文书有四点不同：①公文必须以机关的名义对外处理公务；②公文必须为本机关立言；③公文必须使用符合格式的载体和法定程式；④公文必须完成从此机关到彼机关运行的轨迹。

2. 下面列出各个中央机关系列公文法规或规范中的释义，请你比较一下，你认为应当怎样表述机关公文这一概念的定义？

党政机关公文是党政机关实施领导、履行职能、处理公务的具有特定效力和规范体式的文书，是传达贯彻党和国家方针政策，公布法规和规章，指导、布置和商洽工作，请示和答复问题，报告、通报和交流情况等的重要工具。（党政机关公文）

人大机关的公文，是人大及其常委会在依法行使各项职权过程中形成的具有特定效力和规范格式的文书,是发布法律、地方性法规、决定、决议、公告,指导、布置和商洽工作,请示和答复问题,报告和交流情况的重要工具。(人大机关公文)

人民法院的公文(包括电子公文和传真电报)是人民法院在审判执行工作和司法行政工作过程中形成的具有特定效力和规范体式的公务文书,是传达贯彻党的路线、方针、政策,执行国家法律,发布司法解释,指导、部署和商洽工作,请示和答复问题,报告、通报和交流情况等的重要工具。(人民法院机关公文)

人民检察院公文(包括纸质公文、电子公文和传真电报)是人民检察院实施领导、履行职能、处理公务的具有特定效力和规范体式的文书,是传达贯彻党和国家的方针政策,执行国家法律,发布司法解释、部署、指导和商洽工作,请示和答复问题,报告、通报和交流情况等的重要工具。(人民检察院机关公文)

军队机关公文,是军队机关处理公务中形成的具有法定效力和规范体式的文书,是军队机关履行职能的重要工具。(军队机关公文)

提示:首先要认真阅读各个系列的机关公文的定义,尽管大体意思一致,却存有差异,这是机关职能的差异之故,请逐一比较,细心体会出不同之处,然后归纳它们的共性。它们的共性就是国家机关公文的定义。

3. 本书中给机关公文的概念是:

什么是机关公文?机关公文就是各个国家机关,依据宪法、法律所赋予的职能,为实行领导、履行职能,对外机关处理公务,使用公文法规或规范规定的具有特定效力、规范体式的依法定程序制发的公务文书。

各个具有立法(或立规)权限的中央国家机关,依据自己的职权范围,针对本系统各机关公文处理工作的实际情况,制定出包括公文文种、公文格式、行文规则、公文拟制、公文办理、公文管理等方面的公文处理工作法规或规范,要求本系统内的各个机关严格执行;在对外机关处理公务的工作中,依规定制发出为本机关立言,具有行政效能和执行效力、从此机关到彼机关运行、受文机关在收文后必须作出应有反应的公务文书,这就是机关公文。

(1)你认为应怎样表述各个中央国家机关共同的"机关公文"这一概念?

提示:请你认真阅读上述的表述文字,然后逐一比对,斟酌出自己认可的说法,或者自己重新组织文字表述出来。

(2)机关公文有哪几种?以什么标准来区分不同机关的机关公文?

答:这里讲的机关公文是国家机关公文。当然应以各个中央国家机关的公关法规或规范为标准区分各个系列的机关公文。计有:党政机关公文、人大机关公文、人民法院机关公文、人民检察院机关公文、解放军机关公文和其他机关公文(各参政党、政协机关、人民团体、企事业单位是参照《党政机关公文工作条例》执行的"其他机关、单位")。

(3)机关公文同其他公务文书相比,在文体上有哪些特点?

答:机关公文与其他公务文书(机关事务文书、专业业务文书、规范性文书、日常应用文)相比较,在文体上具有四个方面的独特之处:①对外处理公务;②为本机关立言;③使用特定载体和法定程式;④完成从此机关到彼机关运行的轨迹。这四点是其他公务文书所没有的，只有公文才具有，故成为公文在文体上的特点。

4. 请先阅读下面的启示材料，然后回答问题。

全国人民代表大会通过的法律由国家主席签署主席令予以公布；常务委员会通过的法律由国家主席签署主席令予以公布；行政法规由总理签署国务院令公布；部门规章由部门首长签署命令予以公布。

省、自治区、直辖市的人民代表大会及其常务委员会根据本行政区域的具体情况和实际需要，在不同宪法、法律、行政法规相抵触的前提下，可以制定地方性法规。地方法规由制定机关以公告公布实施。

省、自治区、直辖市和较大的市的人民政府，可以根据法律、行政法规和本省、自治区、直辖市的地方性法规，制定规章。政府规章以政府令颁布施行。

问：为什么法律、法规、规章的颁行必须启用机关公文的公告、命令（令）作为载体颁行才发生行政效力？

答：这是《立法法》规定的。这是法律规定的一道法律程序，未完成法定程序的是尚未生效的文稿，不得用于执行。

5. 公文是在公务活动中形成并使用的。但是，并非所有在公务活动中产生的文字材料都是公文。因为没有经过公文制发程序的文书就不能算作公文。试以会议记录和会议纪要为例，说明前者不能算是公文而后者却是公文的原因。

答：任何在公务活动中形成并为处理公务服务的文书，都是公务文书，但是，并非所有在公务活动中产生的文字材料都是公文。因为没有使用公文法规规定的文种、没有使用法定的公文格式、没有经过法定的公文制发程序的文章就不能算作公文，只有使用了法定的公文文种、使用了法定的公文格式、经历了法定的公文制发程序全程，使之具有公文效力标志的公务文书才能成为公文。会议记录是一人或数人将会议的发言记录下来，没有经历公文的制发全过程，不能算作公文；会议纪要是依据会议记录进行整理，经领导人签发等一系列公文制发的全过程而成为公文。

6. 一份调查报告完成了，它算不算公文？它要成为公文，尚需经历怎样的程序？

答：调查报告是机关事务文书，不是公文。要使它成为公文，尚需两个转化的条件：一是要以公文文种（通知或报告）为载体发出，二是同载体一起进入制发程序（该调查报告有可能还会受到某种程度的修改）。只有经历公文制发程序才能成为公文。

五、拓展题

机关公文，由各系统的公文法规进行规定，以其公文格式、公文文种特有的体式和公文的生效标志为特征，使公文具有了固有的行政效力。其他公务文书，不具公文格式，不具公文文种特有的体式和不具公文的生效标志，因而不具行政效力。

法律、法规、规章在未完成法律手续"依法公布"前，是文稿不得用于执行；只有当用令公布之后，才完成最后一道手续，才能依法生效。因此，法律法规和规章必须依法用令公布，使之完成法律最后一道手续，使之成为在法律上生效并付诸实施。

机关事务文书亦然，该文稿撰写完成之后，还只是仅用于内部参阅的文稿，不具执行性。要使机关事务文书具有执行性，只能依法办理，即使用机关公文通知载运（起草通知文稿，连同需外送的机关事务文书一起，经办文程序制发）。

专业业务文书，受专业业务的法规制约，在该业务范围内发生效力，但不具行政效力。如果需要使之发生行政效力，同样必须使用机关公文通知或报告载运。

1. 综上所述，请你回答：什么是机关公文？请你以自己的认识，给机关公文下个定义，说说理由。并比较机关公文与其他公务文书功能上的不同。

提示：这是训练你怎样做学问、怎样提高概括能力的训练题，请细心完成，或反复改进。

2. 你怎样区分文书、文件、公文这三个不同的概念？

提示：可依据本书介绍的内容思考。体会出三者既有区别，却又可以交错运用的现象。

3. 《党政机关公文处理工作条例》明确指出："党政机关公文是党政机关实施领导、履行职能、处理公务的具有特定效力和规范体式的文书，是传达贯彻党和国家方针政策，公布法规和规章，指导、布置和商洽工作，请示和答复问题，报告、通报和交流情况等的重要工具。"请你分别说说，党政机关公文15个公文文种中，哪些是可以"实施领导"的，哪些是可以"履行职能"的，哪些是可以"传达贯彻党和国家方针政策"的，哪些是可以"公布法规和规章"的，哪些可以"指导、布置"工作的，哪些是可以"商洽工作"的，哪些是可以"请示和答复问题"的，哪些是可以"通报和交流情况"的。

答：决议、决定、命令、通知具有"实施领导、履行职能、处理公务"功能，决定、命令、通知"传达贯彻党和国家方针政策"，公告、命令"公布法规和规章"，意见、通知"指导、布置"工作，函"商洽工作"，请示、批复"请示和答复问题"，报告用于"报告"情况，通报用于"通报和交流情况"。

4. 阅读与思考。以下两句话，分别表述了怎样的意思，你作何理解或认识？

公文处理法规所指的公文，应当是可独立行文的公务文书（即法定公文），所规定的文种属于公文文种，而不应包括法规和规章名称。

公文的突出特点是行文方式上的独立性和公文格式上的规范性，其中的文种均可直接编排发文字号而用红色版头独立行文。

提示：分别指出公文的特点。

第四章思考与练习参考答案

一、（略）

二、（略）

三、简答题

1. 弄懂什么是公文文种。（什么是文种？什么是公文文种？文种和公文文种有什么区别？）

答：首先，要认识什么是文种。我们通常所说的文种，实质就是应用文书的名称称谓，这是人们在应用中经约定俗成而形成的文书。由于它一个名称就是一个种类，所以又称该文书为文种。应用文书的文种数量很多，而且会随着社会的需要不断增加。

公文文种，是由中央国家机关用公文法规，给某一种为处理特定公务行文的文书，命定一个能概括其性质、特点、用途的文种称谓，使同一类型的工作有一致性的文书，有利于处理公务、记录公务、为后来之鉴。这种名称是规范的、法定的，没有被中央国家机关用公文法规所确立的文种，不能成为公文文种。

2. 各个国家机关公文系统各有哪些公文文种，为什么其文种会有差异？

答：各个国家机关公文系统有公文文种共 70 个，有的同名，有的异名，功能亦有差异，这是机关职能不同而产生的差异。

3. 学习党政机关公文文种，首先要熟记党政机关公文的 15 个公文文种名称，理解并熟记《党政机关公文处理工作条例》对各个文种概念的释义。在弄清概念的基础上依释义内容找出其分类，即掌握其外延，为了加深印象，还要列出文种名称。

提示：依本书介绍逐一弄清各个文种的条文释义并熟记。

4. 进一步体会党政机关公文文种的文体功能、特点（是干什么的，它同其他文种比较，独特之处在哪里），然后再分清与之相近文种的区别。

提示：结合公文文种介绍的次序，依次阅读，每一个文种又有其分类，应将文种名称、分类名称列出来，并熟记这些名称。要求每学习一个文种，都要认真理解、领会该文种的功能，并通过比较，领悟出各文种的功能差异或程度上的不同。

四、分析题

1. 请指出嘉奖令、表彰决定、表扬通报这三个文种的同异处在哪里。

答：以令嘉奖的，其颁奖机关是法定有使用令的权限的机关，其嘉奖对象符合法律或法规规定；使用决定嘉奖者是领导机关，嘉奖对象的事迹符合法规的规定；以通报表彰的是各种领导机关，表彰对象是比较先进的人物。

2. 请指出公布令与发布性通知的不同处在哪里。

答：以令公布的是法规或规章，以通知公布的是规范性文件或制度规范。

3. 在人事任免上，有的要使用公告，有的要使用令，有的要使用任免决定（人大公文），有的要使用通知，有的要使用介绍信（人事介绍信为机关事务文书），请说出为什么会有这些不同的用法，依据是什么。

答：在人事任免上，依照相关法律的规定，国家主席、省长、市长、县长、镇长，由人大选举，人大用公告公布；国务院总理，由国家主席提名，经全国人大决定任命，国家主席以令公布；国务院副总理、国务委员、各部部长、各委员会主任、审计长、秘书长由国务院总理提名，经全国人大决定任命。最高人民检察院院长、最高人民法院院长，由全国人大选举产生，以人大公告公布。省市人大决定任免的用通知，一般干部调动用介绍信。

4. 试比较分析公告、通告、启事、广告诸文种的区别。

答：公告、通告是公文文种。公告的告晓范围是国内国外，其告晓内容是国家机关公布的重大事项或法定事项。通告告晓的范围是某一区域或某一领域，告晓的内容是应当遵守的事项或周知性事项。启事和广告是其他应用文体。启事是启事者有求于人，希望得到相关人士的帮助；广告是广而告之，是一种宣传。

5. 试比较分析议案、提案、建议的区别。

提示：可以沿着这个思路思考：人大议案，政协提案、个人建议，都是一种建议性质的文体，但其法律意义不同。

6. 请比较分析报告与意见的区别。

答：报告是下级机关向上级机关汇报工作、反映情况、答复上级询问的职责以内的文种，也是工作纪律报告制度的规范，不报告是失职。意见是下级机关就某一重要问题向上级机关提出自己的看法或处理意见，是自觉的、主动的行动。

五、训练题

1. ××学校××班学生颜××触犯校规，屡教不改，学生处决定给予警告处分，学生处应以什么文种行文？

答：学生处作出处分决定，但这个决定不直接用于公布，而是保存备查和给办事机构拟写通知予公布之用。

2. 广东省××学院拟扩建校舍，需要征地20亩，须请求××市国土局批准，应选用什么文种行文？

答：该学院应选用函向市国土局行文。但是，需要该学院的上级机关相关的批文作附件。

六、简答题

1. 上级机关向下级机关询问事情应以什么文种行文？下级机关应用什么文种答询？

答：应以机关的办公部门的名义用函行文。下级机关应以报告答询。

2. 下级机关有求于上级机关应用什么文种行文？上级机关接到下级机关的请求公文后应用什么文种答复？

答：下级机关有求于上级机关应用请示行文。上级机关接到下级机关的请求公文后应用批复行文。

3. 向不相隶属机关请求批准应用什么文种行文？审批机关接到该请求后应用什么文种行文？

答：向不相隶属机关请求批准应用函行文。审批机关接到该请求后应用函答复。

4. 在人事任免上，有哪些公文文种？

答：有公告、决定、令、通知这些文种。

5. 用于表彰的有哪些公文文种，其选用的不同依据是什么？

答：有嘉奖令、表彰决定、表扬通报三个文种。选用依据是，对作出重要贡献的人和事，由机关作出决定可选用通报表扬，对其贡献具有全局意义的选用表彰决定，其先进事迹符合法律、法规规定者可上报到具有发令权限的机关用嘉奖令表彰。

6. 惩戒有哪些公文文种可以选用，其选用的不同依据是什么？

答：惩戒可选用决定、通报文种。一般的惩戒用通报，严重的、给予处分的用决定。

7. 议案是什么性质的公文文种，它与提案、建议有什么联系？

答：议案是具有法律性质的公文文种，因其法律程序严格，不允许紊乱。提案是政协机关、政协委员向党委、人大提出意见建议时使用的专用文书，职工代表向大会提出意见建议也可以使用提案。建议是个人向有关方面提出意见建议。人大代表可以向人大机关提出建议、批评和意见。

8. 请分别说出下列文件的公布须使用哪种公文文种为载体：

法律　行政法规　地方法规　部门规章　地方政府规章

规范性文件　决定　计划　总结　领导讲话

答：法律须国家主席用令公布，行政法规须国务院总理用令公布，地方法规须地方人大常委用公告公布，部门规章须部长用令公布，地方政府规章须地方政府省（市）长用令公布。规范性文件用通发布，决定用令发布或直接行文，计划、总结、领导讲话用通知发出。

第五章思考与练习参考答案

一、（略）

二、（略）

三、简答题

公文的格式是公文法定性、权威性和行政效能的象征，不同身份的公文应使用不同的格式，我们必须切实掌握好公文的格式。

1. 党政机关公文在实际工作中运用的几种公文格式？

答：党政机关公文在实际工作中运用的公文格式有文件格式、信函格式、纪要格式、命令（令）格式、公告格式、电报格式等。

2. 什么情况下使用文件格式，其文种有哪些？上行文应使用怎样的版头格式？

答：有隶属关系的上下级机关行文用文件格式，下行的有决议、决定、意见、通知、批复，上行的有报告、请示、意见。

3. 什么是信函格式，函与信函格式有什么区别，在什么情况下使信函格式，其文种有哪些？

答：信函格式在发文标识上没有"文件"二字，其版式近似信笺，所以称为信函格式。主要用于载运平级机关或不相隶属机关沟通关系、商洽工作、答询情况行文的公文文种函。

在一些特定情况下，上级机关对下级机关一般事项请示的批复，上级机关的办公部门向下级机关催办有关事宜、要求下级机关报送材料、统计数字或者物体的通知和会议通知，向平级机关和不相隶属机关就重要问题提出意见或见解的意见，政府机关向同级人大报告工作的报告，提出议事原案的议案，政府党组向地方党委报告工作的报告，等等，均可以使用信函格式。

4. 印发纪要使用什么格式？请分别说出在什么情况下使用什么方式。

答：印发纪要使用纪要格式；上级机关往下级机关行文用通知载发，送平级机关和不相隶属机关用函载发，送上级机关参考应使用报告载发。

5. 县市人大机关、县市行政机关、县市检察院、县市法院等机关在需要向县市委报告、请示工作时应以什么名义行文，使用什么文种、用哪种公文格式行文？

答：均以该机关的党组名义行文，使用报告或请示文种，以信函格式载运。

6. 公文的一般格式，在版头部分安排哪些公文要素，其主体部分安排哪些要素，在版记部分安排哪些要素？

答：公文的一般格式，由版头、主体、版记三个部分组成。在版头内，安排份号、秘密等级和保密期限、紧急程度、发文机关标识、发文字号、签发人等6个要素。在主体部分,安排标题、主送机关、正文、附件说明、发文机关署名、成文日期和印章、附注、附件等8个要素。在版记部分安排抄送、印发机关、印发日期3个要素。

7. 公文的格式,除版头、主体和版记等格式以外,还有哪些规定?

答:公文的格式,除版头、主体和版记等格式以外,对公文的用纸、排版、字体型号与装订也作了规定。

四、(略)

五、(略)

六、训练题

1. 掌握公文发文字号的编码方法。

(1) 公文的发文字号由哪三个方面的内容组成?

答:公文的发文字号由发文机关、事由、文种三要素组成。

(2) 试指出下列公文发文号的含义。

粤府〔2006〕30号——这是广东省人民政府于2006年的第30号发文。

粤发〔2006〕11号——这是中共广东省委于2006年的第30号发文。

粤府办〔2006〕55号——这是广东省人民政府办公厅于2006年的第55号发文。

粤府函〔2006〕6号——这是广东省人民政府于2006年发出的第6号函件。

粤办函〔2006〕362号——这是广东省人民政府办公厅于2006年发出的第362号函件。

粤府字〔2006〕27号——这是广东省人民政府于2006年发出的第27号白头文件。

2. (略)

3. 掌握公文标题的几种方法。

(1) 掌握公文标题有多少种类型。

答:(略)

(2) 完全的公文标题由哪几个组成部分构成?

答:公文标题有:①完全标题,由发文机关、事由、文种组成;②省略发文机关名称,仅由事由、文种组成;③省略事由,仅由发文机关、文种组成;④省略发文机关和事由,仅用文种作标题。

(3) 试指出下列标题的组成部分的名称(发文机关、事由、文种)。

·国务院办公厅关于表彰奖励中国女子足球队的通报

答:发文机关是"国务院办公厅",事由是"关于表彰奖励中国女子足球队的",文种是"通报"。

·广东省人民政府办公厅转发国务院办公厅转发国家经贸委等部门关于严厉打击制售假冒商标卷烟活动坚决制止非法生产卷烟行为意见的通知

答:发文机关是"广东省人民政府办公厅",事由是"转发国务院……意见",文种是"通知"。

·中华人民共和国土地管理法

答:事由是"中华人民共和国土地管理",文种是"法"。

4. (略)

5. 请指出下列公文标题错误在哪里，并纠正它。

（1）关于坚决制止和认真清理公路两侧违章建筑物的通告。

答：宜删去"坚决制止和认真"。

（2）关于切实做好接收安置灾民的通知。

答：宜改为"关于切实做好接收和安置灾民工作的通知"。

（3）关于召开××省第×次党员代表大会有关事宜的通知。

答：宜删去"有关事宜"。

（4）关于××省财经学校向××大学联系临时住房问题的函。

答：宜为"××省财经学校关于向××大学联系临时住房问题的函"。

（5）关于转发《××省财政厅转发〈财政部关于修改国家工作人员出差补助标准暂行规定的通知〉的通知》的通知

答：宜为"××省财政厅转发《财政部关于修改国家工作人员出差补助标准暂行规定的通知》的通知"。

（6）××大学自学考试报名的通告。

答：宜为"××大学关于自学考试报名的通告"。

（7）人事处关于×××同志的考察报告。

答：宜为"人事处关于对×××同志的考察报告"。

6. 通过学习要求掌握正确选用文种的方法。

（1）决定公文文种的依据是什么？

答：决定公文文种的依据是发文的目的、内容，发文机关的权限以及发文机关与主送机关之间的行文关系。

（2）南天化工分公司因业务量大增，人员多了，事务多了，效益很好，打算购置一台九座面包车，须向其上级北海总公司请求批准。请代拟公文标题。

答：南天化工分公司关于请求批准购置一台九座面包车的请示。

（3）南方市公安局需要购置40辆摩托车，须向市财政局申请批准财政拨款购买。请代拟出公文标题。

答：南方市公安局关于申请财政拨款购买40辆摩托车的函。

第六章思考与练习参考答案

一、（略）

二、（略）

三、简答题

1. 在拟写公文稿的时候，应该怎样做才能够明确行文目的？

答：在行文的内容上，根据行文对象的特点和需要，上行文要具有明确的针对性，平行文要具有明确的商榷性，下行文要具有明确的指导性。即为什么要制发这一公文，要达成什么目的，而为了达成这一目的又需要写些什么、怎么写，公文的起草者都应该具有非常明确的自觉意识。

2. 正确选用公文文种的依据是哪些？

答：（略）

3. 什么是行文规则，党政机关公文有哪些行文规则？

答：机关在对外处理公务时，是否需要制发公文进行确定的依据。

凡可发或可不发文的公务则不发文。如需发文，则必须依据发文的原则，称行文规则。党政机关行文的规则是行文应当确有必要，讲求实效，注重针对性和可操作性。

行文关系根据隶属关系和职权范围确定。一般不得越级行文，特殊情况需要越级行文的，应当同时抄送被越过的机关。

4. 公文的拟制有哪些环节？

答：拟制环节包括拟稿、会商、审核、签发、缮印、校对直至用印或签署，形成正式公文。

5. 什么是会签、签发？

答：签发是对文稿的又一次全面核查，更是对公文质量与正式效用的最终确认。签发人在批注之前，已对文稿作了全面审核，文稿一经签发或定稿后，其他人不经签发人同意，均不得对其再做任何修改，否则将负行政或法律责任。会签是指联合发文时，两个机关的负责人为对文件负责而签发。

四、训练题

1. 公文处理工作，是指对公文的撰写、传送与管理的系列过程，工作量大，环节众多，参与人员众多，我们应如何做到实事求是、准确规范、精简高效、安全保密？

答：依据实际运作的需要在各个工作环节上制定制度规范，全体人员必须遵章守制、按规定办理。

2. （略）

3. 制发公文，制发者为什么必须了解党和国家的方针政策，了解机关领导的制发意图，了解客观实际，并以高度负责的精神撰写公文？

答：制发公文，是严肃的政务活动，制发者必须了解党和国家的方针政策，了解机关领导的，了解客观实际，以高度负责的精神撰写公文。我们只有清楚整个公文处理工作的每一个环节，熟悉其基本内容，才能做到心中有数、沉着应对。制发公文是集体劳动，要有高度负责精神，又要有熟练的业务能力。

4. （略）

5. （略）

第二编　第一章第一节思考与练习参考答案

一、（略）

二、（略）

三、简答题

1. 什么是党的民主集中制原则？我们为什么必须遵守这个原则？我们应该怎样遵守这个原则？

答：民主集中制原则是党的基本原则。遵照党章的规定，党员个人服从党的组织，少数服从多数，下级组织服从上级组织，全党各个组织和全体党员服从党的全国代表大会和中央委员会。为了充分发扬民主，调动一切有利的积极因素，我们必须遵守这个原则。

2. 说出会议作出决议的程序。

答：①提出需要作出决议的议题；②开展审议讨论，广泛征求意见，以主人翁精神发表意见，辩明真理；③达成共识；④表决（一人一票、过半数人支持为通过）；⑤宣布结果，成为集体的意志。

3. 请将决议的写法同纪要的写法进行比较，指出两者在写法上的异同。

答：决议是在审议前将决议文稿写好供讨论、审议、修改；纪要是在会后依据会议记录、简报、决议或决定撰写的。在表述方法上基本相同，使用会议语言，如"会议听取了、会议讨论了、大会对……满意、会议认为、会议强调、会议决定、会议批准并通过、大会号召、特作如下决议"等语言进行表述。

4. 请分别指出决议和决定两个文种的区别。

答：决定可以由首脑机关作出，决议则必须由法定会议作出；决定适用的是对"重要事项作出决策和部署"，而决议则适用于"会议讨论通过的重大决策事项"。

决议的内容必须是经过会议集体讨论并表决通过的；而决定则不一定，有的决定是经过会议集体讨论表决通过的，有的则可以由某一机关直接作出。

5. 决议在结构上同一般公文有什么不同？请从标题、主送、正文到落款，一一对比讲述出来。

答：决议的结构与一般公文的结构具有明显的差异，主要是为了突出决议的法定权威性。①标题，主标题同一般相同，均标示发文机关、事由、文种。但是决议要加上题注。题注标示出什么样的权力会议，在什么时间通过。②一般公文有主送，受文单位便是执行单位，决议是公布性文件，不写主送却是要更广泛的相关者去执行。③正文写法也不同，一般公文，以发文机关意愿直叙下去，而决议则以会议的意愿作出表述。④落款也有差别：决议已在标题和题注里标示了发文机关和会议通过时间，便不用落款；一般公文要在落款处写上成文年月日，盖上发文机关印章。

第二节 思考与练习参考答案

一、（略）

二、（略）

三、简答题

1. 决定是属于什么性质的公文文种？它具有怎样的文体特点？

答：决定是具有法规、规章性质的公文文种。其行文比较严肃、庄重，对所作出的安排、规定和结论，要求受文机关和个人必须执行。涉及法律、法规或规章的决定，要依法使用令来颁布施行。

2. （略）

3. 决定有哪几种结构形式？为什么会有这些不同的形式？

答：决定的结构形式有两种：一是需要下发有关机关贯彻执行的，其决定即由标题、主送、正文、成文时间、印章五个部分组成；二是通行文，或者是不下发只存档的，其决定即由标题、题注、正文三个部分组成。公布性的决定不写主送，在标题下用题注表明权威和决定的日期。

4. 决定的正文由哪些方面构成？

答：决定的正文通常由引据、决定事项、结语三个部分构成。引据，扼要写明本决定的政策依据、必要性、目的及意义。一般由第一个或前两个自然段完成，类似序言，然后用一句过渡用语，如"为此，特作如下决定"、"经会议研究决定"之类，后用冒号领起，引接决定事项。决定事项是决定的主要内容，或标出序号，或用小标题，使人一目了然，便于抓住各层的中心。

5. 写作决定文稿时应注意哪些事项？

答：决定中的事项，必须是经过有关领导、有关部门或有关法定会议讨论并取得法定人数的认可后通过的。一些议而未定、悬而未决的事项，或者有分歧的意见，都不能写入决定。结构要严谨，用语要准确，常用结论性语言，也多用规范性的习惯用语，如会议决定、大会同意、会议要求等。要注意体现"以事实为依据，以有关政策法规为准绳"的精神，使决定的内容符合客观实际，论断要实事求是，定论要恰如其分，经得起推敲和历史的检验。

四、讨论题

1. 某学生在公路上拾获一个钱包，内装300元现金、一张2万元的支票，他交给了当地派出所而未声张。一个月后，派出所向学校反映了这件事，学校这才得知这位做了好事不留名的学生。学校拟对这位同学进行表彰，请说出应如何行文。

答：首先，学校应将派出所反映的情况作出记录。然后作出表彰决定。但是，这个决定不是用来直接行文的公文而是作为组织决定的文书，一是作为通报表扬的依据，二是将这个决定存入他的个人档案，彰显他拾金不昧和做好事不留名的美德。通报发全校，还可抄报教育局、共青团委。

2. 决定是公文文种，一般地说公文文种可以直接向受文单位行文。但是，有的决定（如《广州市人民政府关于修改〈广州市行政规范性文件管理规定〉的决定》）却要用令为载体（第5号令）行文，这是为什么？

答：涉及法律、法规和规章的决定应使用令公布，一般的决定则直接以决定行文。

3. ××学校有个学生犯了错误，经学生处讨论并报学校批准，给予行政记大过一次的处分，请你拟出公布的公文标题。

提示：公布性文种有令、公告、决定、通知、通报，可以任由学生拟写，收集起来，列出各种类型，指导学生分析研究。最后要引导学生认识到：这类事应分别用两种文件。首先一个文种是处分决定，这是留档不公开的；用来公布的还需另写一个通知文种。

4. （略）

第三节 思考与练习参考答案

一、（略）

二、（略）

三、简答题

1. 命令（令）是怎样的文种？什么人、什么机关才能使用命令（令）？

答：命令（令）是行政机关发文的最高级形式，是公布法规、规章，宣布重大强制性行政措施，批准授予和晋升衔级，嘉奖有关单位和人员的公文文种。只有具有立法权限的机关和该机关的首脑才有发令资格，才能使用命令（令）。

2. 具备发布命令（令）资格的机关，在怎样的情况下才可以使用命令（令）？公布什么、施行什么、批准授予和晋升什么、嘉奖什么才能用令？

答：具备发布命令（令）资格的机关并非动辄便可发布命令（令）的，只有当机关依照法规规定需要公布法规、规章，依法规定批准授予武警职衔，宣布重大强制性行政措施，依法规规定嘉奖符合嘉奖条件的机关和人员时，才能够使用命令（令）行文。

3. 嘉奖令、表彰决定、表扬通报，其不同处在哪里？

答：用令嘉奖的对象，其事迹必须是符合法律、法规条文规定的，发令机关必须具备发令资格，如果事迹符合而机关不具发令资格，须上报到有发令权的机关审批发令。对表彰对象事迹具重大意义的可由领导机关作出决定表彰。对表扬对象事迹具重要意义的可由单位作出决定以通报表扬。公布令用于颁发法规、规章，通知用于发布规范性文件。

4. 公布令与颁发通知，其不同之处在哪里？

答：公布令用于颁发法规、规章，通知用于发布规范性文件。

5. 人事任免上，任免的公布令、任免决定、任免通知，其不同之处在哪里？

答：这三者的不同处在：用令公布任免的只有国家主席、国务院总理，使用任免决定的只有人大机关，其他机关的干部任免均用通知。

四、辨析题

下面两例是对是错，请说说你的看法。

1. ××县人民政府用令嘉奖了一位在抗洪抢险中立了大功的青年，并发出号召，要全县人民群众向这位英模人物学习。

答：县级人民政府不能用令嘉奖，只能用通报表扬。如果该青年在抗洪抢险中表现特别突出，成绩摆列出来符合法规规定应予更高嘉奖的，可请求上级（或再请上级报到有立法权限的机关），由上级机关批准发令嘉奖。

2. ××县人民政府用令发布了一个决定，要求在全县范围内切实做好封山育林的工作。

答：不能用令。可以用决定直接行文。但其中如有罚则则应写明该据何法律法规的哪个条款的规定，原法规没有罚则条文的则须报上级（有立法权限的机关）批准后才能写入。

五、讨论题

1. 2002年国务院任命董建华为香港特别行政区行政长官用令行文，这是什么令？有人说"这是任免令"，你认为呢？

答：这是公布法定事项的公布令。任命董建华为特首是全国人大的决定，国务院是依法用令公布。

2. 命令（令）同通知有什么同异？什么情况下用命令，什么情况下用令？什么情况下用通知？

答：公布令以机关首长名义以令颁行；行政令、嘉奖令往往以机关名义以命令行文；公布规章以部长令或政府令公布；公布规范性文件用通知行文发布。

第二章第一节思考与练习参考答案

一、（略）

二、（略）

三、简答题

1. 说说你是怎样理解公报这一文种的，该文种什么机关、什么人在什么情况才可以使用、怎样才能正确使用？

答：《党政机关公文处理工作条例》规定：公报适用于公布重要决定或者重大事项。就是说党和国家在需要公布重要决定或者重大事项时，应用公报向国内外公众公布。使用公报，不是党政机关直接成文公布，而是通过新华社的媒体（报纸、电台、电视）以新闻的方式发布。

2. 公报的结构方式应怎样？写法怎样？语言应如何应用，试同新闻写作相比较，体会公报的写作特点。

提示：其文体特点既有新闻性（新、真、短、实），又有纪要性。研究公报的写法，可以同会议的纪要、简报、新闻稿等结合，有助于提高表述能力、概括能力、判断能力。

第二节思考与练习参考答案

一、（略）

二、（略）

三、简答题

1. 什么是重要事项公告？其重要与否如何界定？

答：国家权力机关的重要决策，国内外需要周知的事项，对国内外有重大影响的庆吊或礼仪活动，颁布法律、法令，宣布涉外经济合作的重要决定均属重要事项。

2. 什么是法定性公告？其法定性的依据是什么？

答：依照法律的规定，应向国内外宣布的，主要内容是国家机关，立法、司法以及监察机关向国内外宣布有关的处理事项。确认发明专利的，人民法院受理破产案件，确认、注册了商标之后，破产公告，房屋拆迁，通知权利人，送达，等等。

3. 试说说行政机关公文的公告与人大公告在功能上的不同。人民法院机关有机关公文的公告，但其司法人员在业务工作中也要使用他们业务的司法公告，你能说说它们的区别吗？

答：因机关职能不同，所以以公告告晓的事项有不同。行政机关用令公布法定人员任免，人大不用令而用公告。司法公告主要有一个法律上的送达公告，公告60天即为法律上的送达。

四、辨析题

1. ××分行关于公开选聘××支行行长的公告。2005年发布的《中华人民共和国公务员法》规定："录用公务员，应当发布招考公告。"

答：《中华人民共和国公务员法》规定："录用公务员，应当发布招考公告。"但是公开选聘××支行行长却不宜用公告，因为没有法律规定。

2. 2002年度全国职称外语等级考试公告。

答：不宜用公告，宜用通告。

3. ×××学校关于开除×××学籍的公告。

答：不宜用公告，可用通告。

4. 地产资信 20 强公告。

答：不宜用公告。如果是政府部门告晓，宜用通告。

5. 彩票开奖公告。

答：不宜用公告，可用通告。

6. 工程造价公告。

答：不宜用公告。

7. 公告与通告的异同。

答：公告、通告均是公开告晓，但告晓的地域不同、受众不同。公告告晓的是国内外的公众；通告告晓的是国内局部地域或范围。

8. 公告与启事的异同。

答：两者均是公开告诉，但公告是国家机关公文，是向国内外告晓的文种；启事是日用文书或机关事务文书，告诉的是启事者请求他人帮助的事项。

9. 在招标与投标活动中，过去是使用招标启事来公布招标事宜的，现在由《中华人民共和国招标与投标法》规定，须用公告来发布招标信息。请你分析指出这是为什么。

答：在招标与投标活动中使用公告告晓是国家机关或受国家机关委托办理单位依法向社会公告，可以做到公开、透明，防止暗箱操作，以达到招投标活动公正、公平、规范。

五、讨论题

2004 年 6 月号的《应用写作》发表了一篇署名文章，说"校庆公告，是'公告'的一种，是从公告这一公文中派生出来的新颖的应用文"。该文还援引了国务院于 2000 年 8 月 24 日发布的《国家机关行政公文处理办法》，说：(根据该《办法》)"对公告的界定，和人们写作、发布校庆公告的目的与意义，我以为校庆公告属于告知性的公告"。请据此开展讨论：

1. 我们能不能从党政机关公文的文种中派生出新颖的应用文？

2. 如果"校庆公告"这一文种可以"派生"成立，那么其他文种能不能"派生"出同名应用文呢？比如，有企事业单位，使用命令来任命中层干部，说是"企业文告"，这是不是属于"派生"？这种做法对不对？有企事业单位，将职工代表所提出的个人意见或建议称为议案，这种"派生"做法对不对？

请据此推论：如果公文文种公告可以派生出应用文文种公告，那么公文文种决定、命令、议案等，可不可以也派生出新颖的同名应用文文种呢？假如"派生"说能成立，那么，党政机关公文将会如何？请你充分发挥所学知识去分析，得出合理的结论来。

提示：这是一道综合性讨论题，开展讨论很有好处，应允许各抒己见。但是，最终要在公文法规规范下形成共识。

机关公文写作

第三节思考与练习参考答案

一、（略）

二、（略）

三、简答题

1. 通告是怎样的一个公文文种？

提示：要依《党政机关公文处理工作条例》的限定去思考："公布应当遵守或者周知的事项"。应当遵守的是什么？谁才有权限要人们遵守？要依据什么？注意：只有法律法规。周知性的通告则一般机团、企事业单位均可使用。

2. 在什么情况下使用通告？什么情况下使用公告？

答：公布社会各有关方面应当遵守或者周知的事项用通告；向国内外宣布重要事项或法定事项用公告。两者比较：①告晓的地域、范围有别（国内某地域或某系统）；②告晓的事项有别（告知应当遵守或者周知的事项与宣布重要事项或法定事项）；③告晓的方式也有别（通告仅在某地域公布，公告必须登报及电台广播）。

3. 怎样区分公告与通告？试以例文三为例，指出公告与通告的区别。

答：例文是一则由广州市人民政府向社会各界发布的周知性通告。试鸣防空警报，关系面广，其周知对象是广大群众（包括外地驻广州的众多机关团体以及海外侨民），以免发生误会而产生意外，所以，必须通告知晓。为什么是使用通告告晓而不是使用公告？试鸣防空警报是重要事项，必须告晓域内广大群众知晓，这域内的群众包括本地居民、中央机关和外地机构驻广州办事人员、领事区域的工作人员及其眷属、海外人士等等。表面上这件重要事项似乎已"涉外了"，其实广州市试鸣防空警报这件事并未涉外，警报声响是仅限在广州地域内之内，并未涉外。在广州居住的海外人士无须特别关注，仅是知道便可了。需要告晓的是域内广大群众。故用通告告晓。如果在某边境试鸣，其声响会传过国境让外国居民听见，为防止产生误会，则须使用公告了。

4. 怎样区分通告与通知？试以例文一为例，指出它们之间的区别。

答：通告是向本区域内机关团体群众告晓事项的，通知是告晓具有隶属关系的下级单位的。广州市人民政府要禁止在南沙地域采沙取土，如果下发通知便达不到目的，因为通知仅让直属机关团体知道，而真正的采沙取土人员却不知道，因为他们是社会人员，通知不管用。使用通告，公开张贴，管理部门又依法管理，便可达到禁采目的。

本通告实际上是在下达广州市人民政府的禁令。因为需要知晓并遵守的对象是该区域的全体人士，而其中有的人并非广州市所辖人员，如果使用通知行文，便会使应该知晓的人士无法知晓，因而必须使用公开张贴的通告以让他们知晓并遵守。

5. 在使用通告时应注意什么问题？

答：选准文种，不要与公告、通知相混淆。注意掌握政策，不得越权行文，措辞要与发文机关身份相称。

四、讨论题

1. 阅读例文二，然后回答问题：如果例文二的通告正文仅写成"本通告自发布之日起，在广州市行政区域内（含从化市和增城市）对电动自行车和其他安装有动力装置的非机动车（残疾人机动轮椅车除外）不予登记、不准上道路行驶"，其效果将会

·300·

如何？

提示：广州市公安局可以发布通告，但是不具立法权限。如果不写清楚前面的法据，便会没有法据，没有说服力。只有写上法据（"根据《中华人民共和国道路交通安全法》和《广东省道路交通安全条例》的有关规定，经广州市人民政府公开征求意见，并报请广东省人民政府批准同意"）字样，便具有执法依据。依法行政，就是依据法律、法规、规章的明文规定去执法、去施政。

2. 广州市对电动自行车和其他安装有动力装置的非机动车（残疾人机动轮椅车除外）不予登记、不准上道路行驶，为什么只含从化市和增城市而不含花都区和番禺区？

提示：这便是广州市人民政府按照实际情况办事的地方。广州市的从化市（区）和增城市（区），人口稠密、路状繁忙，而增城区和番禺区相对尚有较多村镇乡间。对"不予登记、不准上道路行驶"的目的讲求实效，不搞"一刀切"。施政也是为民。

3. 广州市人民政府关于在广州市行政区域内（含从化市和增城市）对电动自行车和其他安装有动力装置的非机动车（残疾人机动轮椅车除外）不予登记、不准上道路行驶的决定，具有怎样的法律效力？试联系自己的认识谈谈。

提示：了解本项目的立规全程，就是觉得"立党为公、执政为民"不是一句空话。为民立规也是从人民利益出发，也考虑全局。因此，立规程序、听证会、报请上级批准等环节十分重要。

4. 如果是县级人民政府或者是一般的地级市人民政府，能否发布类似这样的"不予登记、不准上道路行驶的"通告，为什么？

提示：立规立章必须具有法定的主体资格，同时还必须依法定程序进行。即使具有立法权限的机关立法，也必须考虑到广大群众的利益，所以要召开听证会征求群众意见，不能闭门造车。

第三章第一节思考与练习参考答案

一、（略）

二、（略）

三、简答题

1. 意见的功能是对重要问题（非一般问题）提出见解（提出意见、建议，要讲道理，阐明"为什么"）和处理办法（提出得当措施，即具体的可行性、可操作性意见）。它同一些相近的文种区别在哪里？

（1）上行时，意见同报告、请示有什么区别？

答：凡上行文，必须体现出对上级的尊重，自身要谦恭。报告是就自身的工作进行汇报，请示是就自身的难题向上级提出请求，而意见则可以就全局性的或涉己的重大问题提出自己的见解或处理办法。

（2）下行时，同通知、决定有什么区别？

答：下行的意见是上级机关就重要问题对下级机关作出指示，指出问题所在，告知处理方法，既讲道理，又讲办法，让下级机关清楚明白。通知只是将通告事项说清楚，提出执行要求。决定则是不用令发文的行政命令，语气坚决，无可更改。

（3）平行时，意见同函有什么区别？

答：平行意见与函在行文上没有区别，仅是对方首先来函要求自己说出意见，自己以意见行文回复。

2. 意见这个文种，行文方向灵活，既是下行文，又可以上行，还可以平行。从使用意见的角度去考虑，请分别说说意见下行该怎样使用，上行该怎样使用，平行又应该怎样使用。

答：下行意见，是对下级机关布置工作，对重要问题作出深刻的指示、阐明道理、指明工作方法，让下级机关能正确领会上级意图、懂得如何去开展工作。上行意见，要以谦恭的态度说出对问题的看法、见解、主张，要牢记自己只是站在下面的一孔之见，是汇集诸流让上级参考的。平行的意见，应注意得体、有礼地说出对问题的见解，切忌长篇大论。

四、（略）

第二节 思考与练习参考答案

一、（略）

二、（略）

三、训练题

下面是公文例文导读中通知例文的标题，请你利用这些标题训练自己做学问：要求你面对下面的13个公文标题，说出该标题所显示的文件性质、行文关系、行文目的、为什么要采用这种方式等的相关问题。例如，题1，要说出这是27号文，是浙江省人民政府"发给自己下属机关的行文"，是"印发通知"，印发的是《浙江省人民政府工作规则》，这是"规范性文件"（不属规章。规章须用令颁布，规范性文件用通知发布），这是"工作规则"，属制度规范类文书，规范省政府及其下属各机关的全体工作人员的，各机关都必须严格执行。"工作规范"不属公文，必须以公文通知为载体发出才能具有执行效能。请依序逐题给予分析。

1. 浙江省人民政府关于印发《浙江省人民政府工作规则》的通知（浙政发〔2008〕27号）

2. 广东省人民政府办公厅关于进一步做好全省古籍保护工作的通知（粤府办〔2008〕6号）

答：这是广东省人民政府办公厅2008年发出第6号通知，部署进一步做好全省古籍保护工作。

3. 国务院办公厅关于进一步规范部门涉外规章和规范性文件制定工作的通知（国办发〔2006〕92号）。

答：这是国务院办公厅于2006年发的92号文，部署规范部门涉外规章和规范性文件制定工作。

4. 国务院关于组建国家电力公司的通知（国发〔1996〕48号）。

答：国务院于1996年发出的48号通知，是有关组建国家电力公司的。

5. 中共广东省委办公厅关于召开中国共产党广东省第十届委员会第六次全体会议的通知。

答：这是中共广东省委办公厅发出的关于召开中国共产党广东省第十届委员会第六

次全体会议的通知。

6.关于召开全省社会主义精神文明建设工作会议的通知（粤办〔××××〕×号）。

答：这是广东省人民政府办公室于××××年发出的第×号通知，是关于召开全省社会主义精神文明建设工作会议的。

7～14题请学生给出答案。

四、模拟实践题

1.请将下列各题按题意完成作业。

（1）请认真阅读下面这份通知，仔细对照公文文种的功能，指出选用哪种文种更合适，理由是什么。

关于对加油站建设工程实施规划审查的通知

市区各公共加油站：

为加强市区各公共加油站建设工程的规划管理，整治违法建设和不符合规划要求建设的加油站，根据《××市公共加油（气）站规划》，我局决定对市区内的加油站建设工程进行调查和审查，对市区内曾经市、区两级城市规划部门审批过建设用地规划许可证、建设工程规划许可证或建设工程规划验收合格证的公共加油站，或经过违法建设行政处罚保留的公共加油站工程，请产权人或经营者于2000年7月30日前，持原批准的规划审批文件或处罚文书到××市城市规划局交通研究所（地址：××市××路80号10楼1002室）申请确认。未经我局进行规划审核确认的公共加油站，不得向市整顿成品油领导小组领取《成品油经营许可证》。

联系人：×××　联系电话：××××××××

××市城市规划局
二〇〇〇年七月十九日

答：首先检查发文机关与受文单位的行文关系是不相隶属的关系，显然不宜用通知行文，却又必须将须办理事项告知，因此，宜用通告。

（2）请结合通知例文，进行分项目训练。

1）依公文例文，将各类通知的标题分类列出，对照标题，领会批转、转发、传达、任免的区别；区分印发、颁发、公布、颁布、批示、批转等不同概念。

提示：首先，按通知的分类列出各类通知的标题，然后按分类阅读标题，领会分类情况，理解为什么是这样分类的。不仅可以区分印发、颁发、公布、颁布、批示、批转等不同概念，还可以领会通知的用法和通知标题的写法。

通知的分类按《条例》规定分为四大类：发布、传达、批转、转发。印发、颁发、公布、颁布均是发布类通知，但令也可用于公布。批示是批转、转发通知中上级机关指示性文字，下级机关须遵照执行的意见。传达通知中又分别有指挥性通知、指示性通知、周知性通知、会议通知、任免通知。

2）训练写通知的缘由。首先在例文中找出通知缘由，领会出该文是怎样交代发文目的、依据、意义，以及怎样使用介词结构作领起，转入下文；然后仿照着拟出通知缘由。

·303·

提示：参阅公文格式中关于正文的导语（开头）部分的七种写法结合例文的实例去研究。

3）（略）

4）（略）

5）请依据下面这则消息，为省卫生厅模拟撰写一份公文给各有关单位，应采取什么有效措施，确保人民群众的健康与安全。公文内容应增加一条：望各单位立刻行动，并将治理情况上报我厅。发文号自拟，日期为 2000 年 7 月 24 日。

省卫生厅要求专项治理
急查食用洋凤爪

本报讯近日，传出国外禽畜内脏及鸡爪等废弃物流入中国的消息后，国家卫生部要求专项治理。广东省卫生厅从昨日起着手布置行动，通知各地对市面销售的这类货品实行严格检查。广东尤其是广州是国内"凤爪"（鸡爪）消费量最大的地区，由于需求最大，部分此类货品要依赖进口，而从国外进口的冷冻禽畜内脏、"凤爪"更是受到家庭主妇们的喜爱。

自发现一批国外不被人食用的废弃禽畜内脏、"凤爪"、鸡胫进口到中国后，省卫生部门特发出通知，要求各市、县、区卫生部门迅速对当地经营禽畜、肉副食产品批发市场、进口肉类加工场、冷库、农贸市场内的进口、国产禽畜内脏、鸡胫、"凤爪"等进行检查，对不具备经营卫生许可证、进口检疫检验证的商家，其出售的不合格食品要全部予以销毁。

答：

广东省卫生厅文件
粤卫〔2000〕11 号
关于专项处理食用洋凤爪的紧急通知

各市、县卫生局，厅直属有关单位：

近日有一批从国外流入我国不被人们食用的废弃禽畜内脏、"凤爪"、鸡胫，国家卫生部要求专项治理。为保护我国人民的身体健康，省卫生厅决定在全省范围内进行清查行动。现将有关事项通知如下：

各市、县、区卫生防疫部门迅速行动，采取有效措施，确保人民群众的身体健康与安全，对当地经营禽畜、肉副食品批发市场、进口肉类加工场、冷库、农贸市场内的进口、国产禽畜内脏、鸡胫、"凤爪"等进行检查，对不具备经营卫生许可证、进口检疫检验证的商家，对其出售的不合格食品要全部予以销毁。

望各有关单位立刻行动，并将处理情况上报我厅。

广东省卫生厅
二〇〇〇年七月二十四日

（3）认真阅读下面这则会议通知，对照会议通知的写作要求，指出其毛病，最后将它修改成清楚具体、简洁明了的通知文稿。先回答下面的六个问题，然动笔修改。

1）标题有什么问题？

2）主送有什么原则性的错误？

3）通知缘由部分缺少了会议事项中的什么内容？语言方面存在什么问题？
4）与会人员的表述有什么不当之处？
5）要求所带材料是否合理？
6）报到时间的写法是否正确、规范？

关于召开布置开展
增产节约、劳动竞赛会议的通知

各分公司、分厂、各车间党支部、公司直属各部门：

　　为贯彻上级精神，总公司董事会研究决定在全公司范围内广泛开展增产节约、劳动竞赛活动。现在把会议有关问题通知如下：

　　一、会议时间：10月4～8日。

　　二、会议地点：总公司招待所。

　　三、与会人员：各分公司、分厂、总公司各直属部门主管生产的负责同志、工会主席等。

　　四、清各单位准备好本单位开展劳动竞赛活动的经验材料，限5000字，报到时交给会务组。并请与会人员于10月4日前来报到。

××省石化总公司
一九××年九月二十日

答：指出该会议通知的毛病如下：

1）标题事由概括不当。主要是动宾搭配不当。可改为"关于部署增产节约劳动竞赛的会议通知"，或"关于召开开展增产节约劳动竞赛活动会议的通知"。

2）主送违反了党政分开的原则。行政不能给党组织发通知作指示。应删去"各车间党支部"，或者以总公司和党委名义联合发文。

3）通知缘由叙述不全，有的词语用了口语体。宜改为："为贯彻上级有关指示精神，总公司董事会研究决定，在全公司范围内广泛开展以增产节约为主要内容的劳动竞赛活动，为此特召开活动部署工作会议。现将会议有关事项通知如下"。

4）通知事项中要改动的：①会议时间没必要开四天，一般一天足够。可改为"会议时间：10月4日报到，5日开会一天"。②删去通知事项第四项中的最后一句。

5）最好加上通知结束语，如"特此通知"。

（4）请阅读下面这份转发通知，然后思考问题。

××市环保局
关于转发《××县环保局关于开展
环保自检互检工作的总结报告》的通知

各县（区）环保局，各直属单位：

　　××县环保局是我省环保工作的先进单位，积累了丰富的工作经验。近年来，他们通过开展环保自检和互检，有效地推动了环保工作的深入开展，并取得了良好效果。他们的经验基本也适于我市。现将《××县环保局关于开展环保自检互检工作的总结报告》转发给你们，望参照执行，以推动我市环保工作的深入开展。

机关公文写作

××市环保局
一九九九年二月十六日

1）假如你是这个市环保局的下属，接此文后你有何想法？你能清晰地领会到上级的发文意图吗？

2）本通知，应该是转发通知抑或应该用批转通知？请就本通知的情况，说说你的看法：什么是转发，什么是批转；转发应该怎样转，批转应该怎样批？

3）就本通知，说说你的认定：其转发的文件是兄弟市的××县环保局的还是本市兄弟县的环保局？如果是兄弟市的环保局的文件，应该用转发，应该怎样去转发呢？如果是本市××县环保局的文件，本通知要应用批转了，假定是这样，你说说应该怎样去批转呢？

4）在认真思考1、2题问题之后，请你评说本通知的两点严重的不足之处在什么的地方，并要求你弄明白应如何解决问题的办法。

5）当你认真完成上述4条思考题后，结合公文的行文规则第的条思考：这样的发文有行文必要吗？发文单位应如何为机关立言？

提示：一般来说，需要转发的公文，不论是上级机关还是不相隶属机关的，都应当是对本机关、本地区、本部门或本系统有指导意义和借鉴意义。在撰写转发通知时，必须将机关转发的目的、意义、意图交代清楚，让下级机关在收文后参照执行。可是，本文的批转却没有按照要求立言，阅读后难于捉摸发文意图。

（1）转发文件，必须交代清楚其被转发文件原发文机关的位置，行文要体现出对不相隶属机关的尊重与友善，可是本文除了"他们的经验基本也适于我市"之外别无交代。这便是对被转文件的发文机关的不礼貌、不尊重。

（2）转发、批转，都必须交代清楚机关要将该文件转给自己下属的目的、意义、做法。否则，其"转"便失去了"转"的意义。本文的"转"，仅仅是说了一些皮毛上的话，下级机关收文后便会不知所措。在转发通知中，应该怎样将机关的转发意图、做法、要求、达到的目的等以指示性的行文表述清楚，这是最重要的一环，请思考应怎样写？

五、思考题

1. 要深入领会通知的种类划分方法。请你依据新《条例》对通知的功能界定，将通知的种类正确地划分出来。

答：通知分为发布性通知、传达性通知、批转通知、转发通知。

2. 使用通知行文时，收和发两方的机关必然是什么关系？不是自己的下属机关能不能发通知？

答：使用通知行文的必然是隶属机关。

3. 在实际工作中，往往会有给非下属机关发通知的现象，这是一种什么特殊情况？能否以文件格式的公文版头行文？为什么？通常的做法应该怎样处理？

答：机关的办公部门可以使用信函格式给不相隶属机关发通知，但不能使用文件格式。

4. 要注意将正式公文文种的通知同日常应用文书中的通知区别开来，请思考其不同之处。

答：正式公文文种的通知使用文件格式，日常应用文书中的通知使用白头文件格式。

5. 省长颁布政府规章时使用令的形式公布施行，在发布规范性文件时却不用令而是以办公厅名义发通知公布施行，请说出理由、根据。

答：颁布政府规章时使用令的形式公布施行；发布规范性文件时以办公厅名义发出通知公布施行。这是由《立法法》和公文法规规定的。

六、训练题

1. 市纪委拟好一份《关于实现全市党风根本好转的规划》，请指出下列方向的处理方法。

（1）将这份规划报请市委批转各有关单位，其行文应如何处理？公文标题应怎样拟写？

答：将这份规划报请市委批转各有关单位，可以用请示行文。其标题可以拟写为：关于报请批转《关于实现全市党风根本好转的规划》的请示。

（2）市委如果批准这个规划，其行文应如何处理？公文标题应如何拟写？

答：使用批复，标题为：中共××市委关于同意市纪委《关于实现全市党风根本好转的规划》的批复。

（3）其下属××县、区纪委收文后需将这个规划再往下发给下属机关，其行文应如何处理？公文标题应如何拟写？

答：使用通知，标题为：中共××市委批转市纪委《关于实现全市党风根本好转的规划》的通知。

2. 2003年1月6日，广州市人民政府第11届第113次常务会议讨论通过了关于修改《广州市摩托车报废管理规定》的决定。其决定的内容有五个方面，应根据本决定对规定全文作相应修改并重新公布。请正确回答：

（1）广州市人民政府应如何行文处理？其颁行载体应使用通知抑或使用令？试写出文件的标题，并说出为什么要这样处理、这样拟写的依据。

答：由省会市常务会议讨论通过的决定属政府规章，应以市长令颁施。标题自拟。

（2）如果是韶关、梅州、汕头这些地级市人民政府要处理同样的问题，其行文处理又有什么不同？请讲清楚不同的地方和法律依据。

答：按以前的规定，汕头市是国务院批准的"较大市"，具有立法权限，现在由新修订的《立法法》规定，设区的市即为较大市，而现在的韶关、梅州均是"设区的市"，因而也具有立法权限。可以依法用令发布政府规章。

3. 全国人大常委会撤销成克杰所任副委员长职务，为什么要用公告？然后推论指出：

答：这是人大公文法规的规定，人大代表当选用公告公布。当选用公告，撤销、罢免亦用公告。

（1）一个市的人民政府，要撤销一个局长的职务，在行文前必须依据什么文件？应当怎样行文处理？应该使用什么文种？

答：政府是同级人大的监督机关，依法，政府组成人员、各部门正职由人大机关决定任免。人民政府要撤销一个局长的职务，在行文前必须得到本级人大机关的决定任免通知，凭人大免职通知才能发出政府的免职通知。

（2）如果是这个政府里的某局，需要免去一个科长，其行文处理又是怎样？请说出依据。

答：先由局党组作出决定，报党委组织部批准，凭批文（通知）再发出免职通知。

（3）有一所学校开除一个学生使用公告行文，其处理方法错在哪里？其正确的行文程序是怎样的？该选用什么文种？怎样行文？

答：这是该学校误用了公告。学校开除一个学生，必须由学校作出决定，上报批准，然后依据批文发出通知或通告。

（4）有一所学校任命一个副科长，用决定行文，其处理方法错在哪里？其正确的行文程序应该怎样？该用什么文种？怎样行文？

提示：党管干部原则不变。党委决定，行政公布。谁管的干部谁任免。依法行政，依法办事。

第三节思考与练习参考答案

一、（略）

二、（略）

三、改错题

1. ××处关于×××同志的考察报告。

答：缺少介词"对"。"关于"是对整个事由的组成进行组合的结构，而对考察对象却未予组合，成了考察对象不明了。在×××之前加"对"字，可以起到组合作用。

2. 关于对×××进行欺骗伪造病假条的通报。

答：介词多余，词序颠倒。应将"对"字删去，理顺词序为："关于×××伪造病假条进行欺骗的通报"。

3. 关于组织青少年支援甘肃采集树种的通知。

答：动宾不配搭。动词"组织"的宾语应是"活动"。

4. ××市公安局关于严禁打架斗殴和收缴武器的通告。

答：动词谓语的双宾搭配不当。严禁的对象是"打架斗殴"和"私藏武器"而不是"收缴武器"。

5. ×××航运管理所航行通告。

答：缺少介词结构。可改为：×××航运管理所关于航行的通告。

四、训练题

1. 通报是下行文，其功能有三——表彰、批评、传达。但是，在公文的其他文种中具备这三种功能的尚有其他文种，在使用中如果不注意准确区分便会张冠李戴造成行文不当。用于表彰，有令、决定、通报；用于批评，一般用通报，也可以用决定；传达情况（是指上级机关向下级机关）用通报、简报（非公文）。下级向上级报告情况用报告。这些不同的情况、不同的用法，是怎样界定的呢？必须深入地研究相关例文，体会出这些文种的不用用法。

答：用于表彰，可分别使用令、决定、通报三个文种，但其表彰程度不同：事关全局意义、事迹符合法律法规规定者、颁发机关具有发令权，用令。事关全局、其事迹尚未达到法律规定，用决定。一般重要的先进用通报表扬。批评，不用令，只用决定、通报，情节特别严重给予较严重处分的用决定，情节较次的用通报。传达情况用通报。

2. 请依据通报、决定、命令（令）这三个文种在表彰功能方面的用法，通过阅读相关例文，分别指出，在什么情况下的表彰用令、什么情况下的表彰用决定、在什么情况下的表彰用通报。

答：令、决定、通报三个文种都可以用于表彰，但存在着程度和范围方面的差异：令所表彰的对象，其事迹意义范围广，对发令机关所辖范围有全局性普遍意义，符合法规规定的表彰条件；决定所表彰的对象，其事迹意义范围广，但未达到法规规定的表彰条件，因其意义具全局性普遍意义，故只能用决定行文；通报所表彰的对象，其事迹意义范围稍小，但影响较大，故以通报行文表彰。

3. （略）

第四章第一节思考与练习参考答案

一、（略）

二、（略）

三、填空题

（1）报告是上行文，只能报送给自己的上级机关，其功能是（汇报工作）、（反映情况）、（回复上级机关的询问）。

（2）向自己的上级机关请求事项不能在报告中提出，而应以（请示）文种行文；向平级机关和不相隶属机关请求批准应以（函）行文。

（3）向上级机关提出意见、建议不要用报告而应该用（意见）行文。

（4）试以自己所掌握的知识将党政机关公文的报告和其他应用文种的报告进行比较，然后指出这些报告之间的差异：

政府工作报告——这是法定的提请人民代表大会审议、批准的工作报告，是人大对政府进行监督的法律关系。

调查报告——是经调查研究之后写成的反映事实真相、提出对应举措的报告。

财务分析报告——就本单位财务活动情况进行分析提出预见的报告。

审查报告——对某人、事经审查后所写的审查结果的报告。

述职报告——述职人向组织报告自己德、能、勤、绩等方面履职情况的报告。

科技实验报告——是自己从事科学实验之后根据实验结果所写出的情况报告。

四、简答题

阅读下面这段话，然后回答问题。

要掌握报告模式，体现出报告的文体特点。就是说，下级机关向上级机关或主管部门汇报工作、反映情况，其目的是使上级机关了解和掌握情况，更好地对自己的工作作出决策或进行指导，所以，报告具有鲜明的汇报性。报告是对工作的回顾、分析和总结，反映工作的成绩、情况、做法及问题。所以，要反映出工作的过程性和实践性。没有实践，就没有报告。写工作报告决不能离开工作实际。报告一般都是直接地具体地陈述本机关的工作、情况、问题、做法及意见或建议等，因此报告的行文主要用陈述的表达方式。

1. 分析指出：为什么说"没有实践，就没有报告"？

答：这个认识十分重要。报告是自己经实践之后向上级写出的情况报告，如果自己没有去实践却写出了情况报告，编写出的情况就是谎报、欺骗组织、违反政治纪律。

2. 写作工作报告应怎样体现汇报性和实践性？

答：汇报性体现在摆情况做汇报，使用陈述性的语言，将报告内容陈述出来，不必议论。实践性要将自身的经历交代出来，说明自己是怎样做的。

第二节思考与练习参考答案

一、（略）

二、（略）

三、简答题

请示是上行文，是给自己的直接上级行文的公文文种，其功能是请求指示或请求批准（包括批转）。那么，对不相隶属机关，有请求批准的事项，行文时该用什么文种呢？

答：向不相隶属机关请求批准时该用函行文。但要注意使用信函格式。

四、训练题

1. 根据撰写请示的要求，请指出下面这份请示从主旨、立意、格式到文字表述方面均存在毛病。请运用法律、法规意识认识到其毛病所在。并加以改写。

兴建××镇××公路的用地请示

××县人民政府：

为发展我镇经济，落实《××镇"八五"计划措施》，接通×××至××的公路，加快商品流通，我镇与邻镇××镇经过充分研究讨论，决定共同兴建××公路。属我镇地方范围的路段由我镇建设。

在建造××公路的同时，我镇计划开发公路两旁各85米纵深的土地为工业、商业开发用地，工业、商业开发用地面积为691900平方米，其中占用水田面积211900平方米，山坡地面积为48万平方米。

根据测算，我镇兴建××公路总投资为壹仟贰佰万元，我们采取以地筑路、以地养路、引进外资等形式进行发展，望县人民政府和有关部门给我镇××公路及开发用地691900平方米请示批复为荷。

特呈报告。

一九九四年三月（印章）

提示：首先要这用相关法规评析这个请示存在什么问题。一个请示的出台，必须要用党的方针政策和国家法规去衡量，不能违法，也不能用手段蒙混过关。

答：这份请示实际上请示了两个问题：一是修路，二是借机申请"开发用地"。违反了一文一事的原则。更重要的是，借机申请开发用地，是带有耍手段蒙混的味道，是违反政治纪律的。

2. （略）

3. 认真阅读下面这则请示，按照提示内容思考问题，然后修改成更为完善的文稿。

关于建议单独组织机电、双电
专业班四、五级工等级考核的请示

市劳动局：

根据部、省、市劳动部门的部署，我校从1992年起试办机电一体化和电子、电工复合专业班，并自编教学大纲，进行理论教学和实习教学。现在两个班的课程都已基本结束。鉴于目前劳动部尚未颁布复合工种考核等级标准，因此我校这两个班拟不参加全市统一的单一工种的等级考核。建议由市劳动局所属技工考核办公室另行组织复合工种四、五级工等级考核。妥否，请批示。

××技工学校
××××年×月×日

提示：

（1）该请示省略了正本公文的哪些组成部分？请一一补上。

（2）原文标题应重新拟定，要准确概括事由，内文同标题中专业名称要一致。

（3）要吃透原请示精神，重新组织行文。要求准确、得当地表达请示缘由和请示事项。

（4）结尾语，是用"请批示"，抑或用"请批准"，应考虑同请示事项相一致。

答：这是两个不同机关之间的行文。应当从版式到正文各个部位进行检查，逐一指出其不规范之处：

（1）没有使用上行文文件格式。技工学校在业务上归劳动局指导，就业务方面的工作向劳动局请示是对的。但是，其行文应使用上行文件格式。可改为：

××技工学校文件
×技〔××××〕×号

签发人：×××

关于……的请示

（2）原标题的事由概括不当。①"建议"与"请示"重复；②称谓与内文不统一；③"建议单独组织考核"概括不当，宜在文中表述。宜改为：关于我校机电一体化和电子、电工复合专业班工种等级考核应如何进行的请示。

（3）请示缘由。

我校根据部、省、市劳动部门的部署，从1992年起试办机电一体化和电子、电工复合专业班。现在，这两个班均已依据《教学计划》和教学大纲完成了理论教学和实习教学的课程。鉴于目前劳动部尚未颁布复合工种考核等级标准，因此就我校这两个班的工种等级考核问题，请示如下：

一、不参加全市统一的单一工种的等级考核。

机关公文写作

二、建议由市劳动局所属技工考核办公室另行组织复合工种四、五级工等级考核。

（4）请示结语。可以改为："以上请示当否，请批示"。

4. 下面是两篇曾被推为例文的文稿，请你认真阅读，仔细推敲，从精益求精的角度去思考一下，回答提出来的问题，指出尚需改进的地方。

××化工厂关于贯彻按劳分配政策
两个具体问题的请示

省劳动厅：

按劳分配，是社会主义分配的基本原则，也是社会主义优越性之一。几年来，我厂由于认真贯彻了按劳分配政策，极大地激发了广大职工的社会主义劳动积极性，使得生产率成倍地增长，乃至几倍地增长。

为全面贯彻按劳分配原则，进一步调动职工的劳动积极性，现就两项劳资政策问题请示如下：

一、拟用1990年全厂超额利润的10%为全厂职工晋升工资。其中，1990年4月30日在册职工每人晋升一级，凡班（组）长和车间先进生产（工作）者及其以上领导和先进人物再依次晋升一级；全厂技术突击组成员每人浮动一级工资，组长每人浮动两级工资。

二、拟用1990年全厂超额利润的10%一次性为全厂职工每人增发奖金平均100元，具体金额按劳动出勤率和完成定额计算。

以上请示，妥否，请批示。

××化工厂
一九九〇年十一月十日

（原载《应用写作》2000年11期"例文看台"）

请回答下面的问题：

（1）×××化工厂是一个经济实体，而省劳动厅则是省人民政府的一个工作部门，它们之间存在着怎样的行文关系？该厂给省劳动厅行文，应选择什么文种？（报告、请示、意见、函之中的一种）

（2）就×××化工厂给省劳动厅的请示，找出其请示缘由是什么，其请示事项又是什么。

1) 其请示缘由是：

2) 其请示事项是：

请考虑：一间工厂，为本厂工人晋升工资、发奖金，该向什么机关请示？该请示事项属政策问题还是具体的行政问题？这种问题向省劳动厅请示，当不当？抑或是向自己的直接隶属领导机关请示才恰当？

3) 其原文正文开头第一句"按劳……"应该不应该写？为什么？其第二句"几年来……"有没有必要写？为什么？

4) 其领起语概括为"现就两项劳资政策问题请示如下"，其请示事项是否属劳资政策范畴？如果真的就此问题去请示劳动厅，劳动厅能批准吗？

5) 对请示事项的文字表述有什么不同看法，比如，是谁决定这么做，其依据是什

(3) 在解决了上述诸问题之后，请你为××化工厂重新起草一份行文方向正确、文种正确、请示缘由正确、请示事项正确、文字表述有据得体的新文稿。

提示：要正确处理好本习题，对一般学生来说，有一定的难度。宜分三步走：

第一步：依据命题提出的"请回答下面的问题"进行解答，从而初步摸清该请示的错处。（从略）

第二步：从依法行政的角度理解该请示为什么说是错误行文。省劳动厅是省人民政府的一个工作部门，主管劳动与社保的方针政策，但是并不管理具体某厂的某事。××化工厂所请示的两个问题，其实并非省劳动厅主管的方针政策问题，而是在方针政策内的具体行政问题。一家工厂给不给员工晋升工资，晋升多少，只要是在政策允许的范围内，具体的运作应由工厂自行决定或由工厂的上级机关决定。假定该请示由劳动厅批准了——实际上不可能获得批准，而该工厂的上级机关从其全局考虑不同意该厂的做法，会出现怎样的后果呢？这就制造了领导障碍。依法，该工厂是由其上级机构——如化工局或经委管辖的，该厂该向自己的上级机构请示，而不应该违反"不得越级请示"的行文规则。

第三步：找出正确行文的处理办法，即：向本工厂的上级机关请示；给省劳动厅发函询问相关政策。如果写作上述两个行文，原文的标题、主送、正文等必须重新调整、改写。

省经济研究中心关于嘉奖刘××的请示

省总工会：

我中心是省政府的事业机构，负责全省的经济研究工作。由于中心尚无工会组织，故未能及时参加工会的有关活动。近闻总工会在全省开展评奖活动，故将为我中心刘××同志立功一事请示如下：

刘××，男，52岁，1964年大学毕业，现为副研究员。该同志长期从事农业经济的研究工作，作出了许多卓著成绩，多次受到领导的好评，并为农业生产创造了显著效益。其中《××××××××》和《××××××××××》两篇论文分别荣获全国农学会一、二等奖，《××××××》一书被评为全国科普鼓励奖，其本人已被编入××中青年科学家辞典。

根据×总发〔19××〕××号文件精神，刘××同志符合立功条件，望予嘉奖。

以上，妥否，请批示。

省经济研究中心
一九九×年×月×日

（原载《应用写作》2000年11期"例文看台"）

请就省经济研究中心给省总工会的请示进行思考并动手修正：

（1）省经济研究中心是省政府的一个下属机构，同省总工会是隶属级关系、平级关系，还是不相隶属关系？该中心向省总工会行文，以它们这种关系，应该选用什么文种才正确？

提示：如果该中心成立了工会组织，又是以该中心的工会名义行文，省总工会同研究中心工会便是业务指导关系。但现在行文的不是工会而是中心。

（2）该请示的行文目的是什么？该中心依据什么向省总工会行文？

（3）依据该请示的行文目的，其行文内容的说服力够不够？还必须送上哪些不能缺漏的材料作为附件随文附上？

（4）依原文请示的写作，指出其请示缘由、请示事项、请求语有哪些不当之处。

（5）请将材料模拟备齐，然后代该中心拟写一份新的、文种正确、表述正确的文稿。文稿写成后两相比较，然后思考：公文的写作必须据法写作，也必须据理写作，其理其据必须充分体现。最后，结合×××化工厂的行文和××中心给省总工会的行文，总结出写这种公文必须记取怎样的经验教训。

提示：完成本练习能使学生开拓思维，提高动手能力，宜切实抓好。应分两步走：首先完成命题中的五个思考题，使学生能对问题产生深刻认识；然后再模拟该中心向省总工会写出正确的行文。

首先，指导学生弄清楚两个机关之间的行文关系（该研究中心与省总工会是不相隶属的关系）；依据行文关系确定使用哪种文种（当然是函）。

要依据原文弄清楚该中心为什么要给省总工会行文，即弄清楚行文目的（为该中心的工作人员刘××请求省总工会嘉奖表彰）；其行依据是省总工会×总发〔19××〕××号文。

报请省总工会嘉奖表彰刘××，是不是仅凭机关的一份公文便可以批准呢？当然不是。凭什么？应当凭省总工会×总发〔19××〕××号文的规定，将刘××的先进事迹写成典型材料，让人能从材料中看出刘××究竟有何先进性，该评定哪一级，因此，该中心的行文必须附上刘××的相关材料作为附件同时上报。其附件应有：①刘××先进事迹材料；②刘××荣获全国农学会一、二等奖的论文获奖证书复印件；③被评为全国科普鼓励奖的《×××××××》一书的获奖证书复印件。

原文的写作显得紊乱，主要是没有按照缘由、事项、请求、附件这样的顺序安排内容。按常理，应当首先提出依据（×总发〔19××〕××号文），表明行文依据；写明依据该文精神向省总工会推荐本中心刘××为嘉奖表彰对象（这是请示事项），陈述请求省总工会嘉奖表彰刘××的理由；最后写请求语。文后要附上附件（这是能不能将刘××评上嘉奖表彰的关键材料，比公文本身的文字更为重要）。然后依题意对该文进行改写（改用信函格式）：

× × 省 经 济 研 究 中 心
××〔××××〕×号
关于报送我所作出贡献请求嘉奖表彰刘××的函

省总工会：

根据×总发〔19××〕××号文件精神，我中心经过严肃认真的评选，谨向省总工会推荐刘××为嘉奖表彰对象。

刘××，男，52岁，1964年大学毕业，现为副研究员。该同志长期从事农业经济的研究工作，作出了许多卓著成绩，多次受到领导的好评，并为农业生产创造了显著效益。其中《×××××××》和《××××××××××》两篇论文分别荣获全国农学会一、二等奖，《××××××》一书被评为全国科普鼓励奖，其本人已被编入××中青年科学家辞典。

  当否，请酌。

  附件：

   1. 刘××的先进事迹材料一份。

   2. 刘××荣获全国农学会一、二等奖的论文"获奖证书复印件"。

   3. 刘××被评为全国科普鼓励奖的《×××××××》书的"获奖证书复印件"。

××省经济研究中心
××××年×月×日

5. 请阅读下面的这份请示，然后参加讨论。

××县工商行政管理局
关于统一制作烟花鞭炮摊床
收费问题的请示
×工商字〔2007〕24 号

县政府：

  为加强防火安全管理及消除人身伤害隐患，规范节日期间烟花鞭炮摊床的设置安放，我局拟从 2008 年新年起，统一制作烟花鞭炮销售摊床，编号发放相关业户，并要求常年使用。

  根据委托加工厂家的初步匡算，每个摊床制作成本为 500.00 元整，由我局安排技术人员代业户安装到位，并为业户开具正式收费凭证。

  以上妥否，请批复。

  附件：烟花鞭炮摊床设计、用料及加工价格明细表

二〇〇七年九月一日（盖印）

  这份公文反映了两个方面的事项：一是该工商局准备做一项工作即统一制作烟花鞭炮摊床。这项工作是该局职权范围内的事项，有权直接处理、也该处理。二是需要向业户收费，这可是无权直接处理的，所以向县府请示。问题是：该局该怎么办？

  依据案例，可以拟出以下三个方案：①向顶头上司请示（该工商局就这么做了）；②向县物价局发函联系（有人说物价局管物价，该同该局联系批准收费即可）；③该局只作管理不参与收费，委托好加工厂家后要业户直接同厂家打交道，价格由他们协商。

  （1）你选择哪一个方案？要求从依法行政的角度说出选取的理由、依据。

  （2）同理，请你从依法行政的角度说出那两个不选取方案的理由、依据。

  （3）作为训练自己的应用能力，你不妨对这三个方案都作取舍的考虑，都要从依法行政的角度去找理由、依据，然后通过比较，找到一个最具有说服力的方案。

  答：选择第一个方案的理由：县工商局必须把烟花鞭炮经营市场管理好。加强防火安全管理及消除人身伤害隐患，规范节日期间烟花鞭炮摊床的设置安放势在必行。需要收费，这是事实。依工作纪律规定必须向上级机关请示。

选择第二个方案，表面看可以，事实上不可取。向县物价局发函联系。不可取。国家物价局是负责国营物资价格、稳定市场的。建摊床非国家建设，是动员经营者出资建造，不必经物价局管，需县政府管。如果这类事不报政府，仅由两个部门就可以决定收取费用，便容易造成政府失控，破坏依法行政。

选择第三个方案。这是现今比较流行的做法。其实建造摊床，有利经营，有利经营户，所需费用摊主会愿意负担。工商局只作管理，不参与收费，让摊主们参与委托加工活动，摊主更拥护。

第三节思考与练习参考答案

一、（略）

二、（略）

三、简答题

1. 批复是上级机关针对自己下属机关的请示而写的答复，批准请求或不批准请求均须答复；对不是自己下属机关的请求则不能用批复行文。请问，该用什么文种行文？版头该用哪种版头？

答：对不是自己下属机关的请求应该用函复或答复行文，使用信函格式。

2. 根据例文，分析指出"批复"、"函复"、"答复"在行文上和文种用法上以及行文措辞各方面的区别。

答：批复，是上级机关对自己的下属机关的指示性行文，批准或不批准均可使指示性语言。函复或答复，是给不相隶属机关行文，应持潆和、礼貌态度，使用函的语言。

3. 试分析例文三，国务院办公厅为什么不用批复而用复函行文？

答：国家工商行政管理局是给自己的上级机关请示。国务院交办公厅处理。国务院办公厅与国家工商行政管理局是不相隶属，所以国务院办公厅不用批复而用复函行文。

四、讨论题

1. 认真阅读例文四，回答问题：

（1）有人说，如果山东省人民政府将关于成立齐鲁（股份）银行的行文直接主送给中国人民银行，事情或许更能说透。这样做好吗？请说出理由。

（2）国务院办公厅为什么要将山东省的来文转给中国人民银行处理？

（3）中国人民银行给山东省的复函十分得体，请认真体会。

（4）实际上，山东省人民政府的行文请示是正确的，请你说出理由。

提示：首先要读懂例文，然后思考：山东省人民政府给国务院的请示走的正道，坚持重大事项要请示的工作纪律。国务院办公厅为什么要将山东省人民政府的来文转给中国人民银行处理？那是中国人民银行的业务范畴应转中国人民银行处理。如果山东省人民政府"走直径"直接向中行联系，则成了"撇开上级机关搞私下活动"，是违纪行为。

2. 下面是一则针对下级请示而拟写的批复。请仔细研究该文，指出它错在哪里。

××县供销合作社：

你社××发〔1988〕005号《关于供销社简易建筑费开支管理若干问题的请示》收悉。根据供销合作总社、财政部制定的《县以上供销合作社简易建筑费开支管理试行办法》的规定，简易建筑费拨款渠道已经改变。

特此批复。

××市供销合作社

一九九×年×月×日

答：此批复没有把话说清楚，成了无用之文。文中应将"改变了的拨款渠道"交代清楚，以便下级机关正确处理公务。像此行文，违反了行文原则，也暴露了该机关的官僚主义作风。

第五章第一节思考与练习参考答案

一、（略）

二、（略）

三、辨析题

1. 议案办理的法定程序是怎样的？

答：议案办理的法定程序是：①提出议案；②经人大同意列入议题；③人大会议审议；④经表决，超半数票额为通过；⑤宣布，交办；⑥执行办理；⑦办理完成，报人大验收；⑧人大批准结案。

2. 请复习议案的文种辨析，再次思考议案、提案、建议的区别。

答：议案具法律行为，规定为人大专用，具法定性。提案是政协机关提案专用文书，是政协参政议政的工具。建议是人大代表个人提出的建议、批评和意见文书，可依法交人大机关转给有关部门处理。一般个人也可以提出建议，但与代表建议有法律上的差异。

3. 人大代表提出的称为议案，政协委员提出的称为提案，职工代表提出的称为建议（也可称职工代表提案）。然而，有些机关单位在召开职工代表大会时，也称职工代表提出的建议为议案，这种称谓对不对、有没有法律依据？请查找相关法律、法规以正视听。

答：议案是法律赋予人大机关的专用文书，只有法定的可以使用议案的机关和法定数额的人大代表可以依法向同级人大提出议事原案，其他单位和个人不得使用议案。

4. 分别从下列不同人员的角度去理解、领会对待议案应持的态度：①人民群众；②人民代表；③机关干部；④政府首脑；⑤经办议案的人员。

答：议案是实行人民民主的有效手段，人民群众拥护，人民代表履行责任，机关干部要努力践行人大交办的议案，政府首脑有责任担当议案的实施，经办人员要有法律的责任心办好相关处理工作。

5. （略）

四、（略）

第二节思考与练习参考答案

一、（略）

二、（略）

三、训练题

函，是书信的意思。但是，公文文种的函，并非一般书信，而是公文的一个文种，而且它的使用，必须与信函格式配套，其制发程序由法定程序限定。因此，每当公务需要使用函行文时，要十分注意不能将公文的函和便函相混淆。请你用所学知识对下列公文进行重新评判，指出其中尚有哪些地方必须给予改进，并说明理由。

××市统计局关于请求拨款的函

市财政局：

　　我局原有 132 平方米砖瓦结构车库（平房）一处，因年久失修于今年雨季突然倒塌，急需修复。经测算，共需资金 30 万元。因我局除财政拨款外无另外资金来源，故请能予临时拨款为盼，以便解决车辆越冬之急需。

　　以上，望关照。

　　附：维修图纸与预算

××市统计局
一九九七年八月八日

请再阅读例文三和评析文字，然后思考下面的几个问题。

1. 这是一份向平级机关请求拨款的函，按理应当使用信函格式，行文严肃认真，陈述理由充分、合理，措辞恰当，附件材料齐全，格式规范。有人说这件原文"理由充分"，请你归纳出其请求理由，然后仔细想一想，其理由充分吗？

2. 市统计局和市财政局同属市人民政府的工作部门，要求拨款 30 万元能这么草率了事吗？请你思考这事，真实办事的程序重当怎样？要不要事先请示分管领导？统计局需要做好哪些准备工作（研究好修复怎样的车库，面积、结构、质量以及施工图纸或用料清单等等）？在行文中是否需要提及这些内容？

3. 该函的结尾是否规范，应该怎样才规范？

4. 从原文的表现上看，它根本就没有使用信函格式发文，没有发文字号，不用规范的书写格式，好像是用单位信笺纸书写的便函。文稿没有经过公文的制发程序，不然，其那么多的欠妥之处，审核人、签发人会发现不了？该函作为公文，其版式必然要使用规范的信函格式，一定会排上发文字号（不使用信函格式、没有发文字号，对方如何处理、回复？）不用信函格式不就是一般书信了吗，能用一般书信申请 30 万元的拨款吗？请参阅相关例文，领会函的行文应如何做到叙事明白、说理透彻、措辞准确规范。

5. 该函的附件有什么问题？按规定，附件必须一件一件分列清楚，其图纸和预算是同一件吗？

6. 请阅读、参考例文三弄清楚以上各点后，代××市统计局重新拟写一份请求拨款的函。

　　答：代拟请求拨款函如下：

××市统计局关于请求拨款修复车库的函
×统〔19××〕×号

市财政局：

　　我局原有 132 平方米面积的砖瓦结构平房式车库一处，因年久失修，于今年雨季突然坍塌，以至我局大小车辆只好露天停放。

为使车辆不致风蚀日剥，方便车辆保养和维护，现急需修复车库。经局领导和一些同志商议，拟在原址修建一座同样大小面积的钢筋水泥平顶库房。据工程人员匡算，共需资金人民币 30 万元。

这是突发性计划外开支，望能批准临时性拨款，以解决我局车辆停放的燃眉之需。

请予批准为盼

附件：1. 车库修建工程图纸
　　　2. 车库修建材料预算

××市统计局
一九九七年八月八日

四、改错题

请指出下列公文标题错在哪里。

1. ××乡人民政府给县财政局的《关于解决修路所需经费的请示》。

答：有两个地方错：一是应主送给县政府，这是报告请示制度决定的。二是用错了文种，不相隶属使用函。

2. ××县电业局给县直各单位的《关于近期停电的通知》。

答：县直各单位不是电业局的下属，不能用通知行文，宜用通告。

3. ××市教育局给县政府《关于调整县职业教育结构的批复》。

答：市的教育局是市政府的工作部门，不能给县政府正式行文，应以函复或答复行文。

4. 关于对《××市房产开发管理暂行办法》修改意见的函。

答：用了两个文种，可改为：关于对《××市房产开发管理暂行办法》修改的意见。

5. 《××市水利局关于申请人员编制的请示》（主送市人事局）。

答：市水利局与市人事局是平级机关，申请编制宜用函行文。

6. 《××市财政局给省财政厅的询问函》。

答：下级机关向上级机关询问要用请示。

7. 《关于催报、贯彻全国方便食品科技会议精神的函》（省商业厅主送某市商业局）。

答：省厅发应用通知，可改为厅办公室发，则用函。

8. 湖北省人民政府就国徽悬挂问题给国务院的函。

答：湖北省人民政府就国徽悬挂问题给国务院宜用请示。

9. 民政部关于山东省撤销肥城县设立肥城市的批复。

答：应以函答复。

五、训练题

1. 请根据以下材料，代××市塑料二厂拟写一份公文。发文号自拟，发文日期酌定。

（1）××市塑料二厂购买了××市海威企业有限公司组装生产的"TK—89"型自动考勤打卡机，两年来，使用良好。但近来发现打印出现断痕，造成 3、6、8、9 等字难以分辨，估计是打印头断针。该厂在本市寻找多家电脑维修站（店），均说无此配套打印头。该厂在找不到该产品维修部又无生产厂电话号码的情况下，只好致函海威企业有限公司，询问在本市就近有无维修部，如何递交修理，维修费用多少，以什么方式付款。提示：

××市海威企业有限公司：

　　我厂向贵公司购买了由贵公司组装生产的"TK—89"型自动考勤打卡机，两年来，使用良好。但近来发现打印出现断痕，造成3、6、8、9等字难以分辨，估计是打印头断针。我厂人员在本市寻找多家电脑维修站（店），均说无此配套打印头。特函询问贵公司在何处设有该产品维修部，如何递交修理，维修费用多少，以什么方式付款等问题，特此函达。

××市塑料二厂
××××年×月××日（印）

　　（2）××市海威企业有限公司接到上题××市塑料二厂来函后，认为搞好售后服务是企业的命根子。该公司已有好几种类型的产品打进了××市市场，而在××市尚无维修网点，为了稳定市场、开拓市场，建立信誉，应尽快在××市建立维修部。于是作出决定：派出售后服务部经理，领一名技工前往××市上门维修，然后在该市找到适当的合作者，设立"××市海威企业有限公司产品售后服务部"。

　　请酌其内容，拟写一份复函给××市塑料二厂。发文号自拟，发文日期是收文的第三天。

　　答：

××市塑料二厂：

　　贵厂于××××年×月×日询问我公司是否设有"TK—89"型自动考勤打卡机维修部事，我公司没有在贵市设立维修部。

　　搞好售后服务是企业的命根子。我公司已有好几种类型的产品打进了贵市市场，而在贵市尚无维修网点，为了稳定市场、开拓市场，建立信誉，我公司拟应尽快在贵市建立维修部。现派出售后服务部经理，领一名技工前往贵厂上门维修，然后在贵市找到适当的合作者，设立"××市海威企业有限公司产品售后服务部"，望予接洽。

××市海威企业有限公司
××××年×月××日（印）

　　2. 认真阅读下面两份函件原稿，依据自己所学的知识指出其存在的问题，然后作修改。

　　（1）

××第一变压器厂
关于抓紧归还劳动服务公司借款的函

　　你厂于一九九五年一月，从我厂借去资金十三万元，作为你厂劳动服务公司开办费，当时双方讲好年内一定偿还。目前已经是九六年一月了，我厂正在编制九五年的财务决算，为使我们能及时搞好各类款项的清理结账，要求你厂务必将所借之款于1月20日前归还我厂，切不要一拖再拖，给我厂财务工作的顺利进行带来不应有的困难。

此致
敬礼

一九九六年一月十日（印）

答：

××第一变压器厂
关于催促返还劳动服务公司借款的函

××厂：

贵厂于一九九五年一月，从我厂借去资金十三万元，作为你厂劳动服务公司开办费。当时双方议定年内一定返还，现已逾期。我厂正在编制九五年度财务决算，为使我们能及时搞好各类款项的清理结账，请贵厂予大力支持，将该款于1月20日前返还我厂，以使财务工作顺利进行清账。

专此函达。

一九九六年一月十日（印）

（2）

关于商请历史教师的函

××市第×中学教导处：

为了迎接全市统考，我们开办了职工业余学习高中班，所有学科的教师均已配齐，只有历史教师无人担任，特商请贵校支援一名历史教师。开课时间临近，请速复函为盼。

××市第××中学
××××年×月×日

答：

关于商借历史教师的函

××市第×中学：

为了迎接全市统考，我校开办了职工业余学习高中班。各学科教师已配备，尚缺历史教师一名。现特商请贵校支援一名历史教师。开课在即，望大力支持并请函告。

××市第××中学
××××年×月×日（印）

3. 请阅读下面这份函，思考后，回答问题。

××县工商行政管理局关于新增合同制市场管理人员
着装经费问题的询问函
×工商〔2000〕39号

市工商行政管理局：

根据市局2000年8月25日通知精神，我局经考试招聘录用合同制市场管理人员共8名，目前正参加市局统一举办的培训班学习，预计年底结束培训，明年初正式上岗。但对这些人员着装经费问题，我局不知如何解决，特致函询问。

请予函复。

二〇〇〇年十一月二十日

（选自《应用写作》2005 年 6 月张冠英《正确认识函规范使用函》）

请回答：

（1）他们的行文关系是什么？××县工商局发文的目的是什么？依据上述两问，其公文文种应当选用什么文种？

答：有隶属关系的上下级关系。县局发文是询问。据此，应以请示行文。

（2）公文标题的事由，概括正确否，应怎样表述才好？

答：××县工商行政管理局关于新增合同制市场管理人员着装经费应如何处理的请示（×工商〔2000〕39 号）。

（3）检查行文中其他差错之处，并改正之。

提示：请从请示件用语改正。

（4）重新写出一份规范的公文来。

第三节思考与练习参考答案

一、（略）

二、（略）

三、判断题

1. 纪要的名称通常由会议名称和文种构成。（√）

2. 纪要与会议记录的作用相同。（×）

四、多项选择题

1. 会议记录是会议纪要的（B、C、D）。

　　A. 条件　　　　　B. 前提　　　　　C. 基础　　　　　D. 根据　　　　　E. 参考

2. 会议纪要的正文主要由（A、C、D）构成。

　　A. 会议基本情况　　B. 会议召开经过　　C. 会议主要发言
　　D. 会议主要精神　　E. 会议希望

3. 会议纪要的开头要交代的要素是（A、B、C、E）。

　　A. 时间　　　　　B. 地点　　　　　C. 主持人　　　　D. 来宾
　　E. 参加人　　　　F. 内容　　　　　G. 经过　　　　　H. 决议

4. 下列应用文属于公文的是（C、E）

　　A. 调查报告　　　B. 会议记录　　　C. 会议纪要　　　D. 简报　　　　E. 请示

五、简答题

1. 什么是纪要？试指出公文文种的纪要应当使用怎样的版头，作为机关内部使用的纪要应当使用怎样的版头。

答：会议纪要是公文文种之一，适用于记载、传达会议情况和议定事项。作为公文文种的纪要应当使用通知为载体、使用文件格式运载下发；用于平行或不相隶属机关的纪要则使用信函格式以函为载体印发；本机关内部使用的纪要应当使用本机关的固定版头。

2. 什么情况下用公文文种的纪要？什么情况下使用机关内部使用的纪要？

答：凡会议议定事项需要往下级机关传达，其纪要需发往下级机关，就需要使用文件格式载运纪要；凡会议议定事项需要送往平行或不相隶属机关，则应当使用信函格式制发会议纪要。本机关布置工作，为了使各部门能平衡、协调地开展，应使用本机关固定版头发会议纪要。

3. 会议纪要的六要素是什么？

答：一般包括主办单位（或召集单位）；举行的时间、地点；参加会议人员；会议动因、目的；会议的议题；成果及评价。

4. 会议纪要与会议记录有什么区别？

答：纪要是法定公文文种，会议记录则是记录性文书。会议记录是记录人员依照会议的实际情况记录下来的资料，仅起凭证作用，不具法定效力；纪要虽然是根据会议记录（有时是综合两个或两个以上的会议记录）撰写出来的公文，但它却高于会议记录。因为纪要除依据会议记录以外，还依据会议主持人意见、会议动态、会议记录以外的信息、多本会议记录内容的综合等，而且经过公文制发的程序成为正式公文。

六、训练题

1. 请据例文《××市城南开发区管委会办公会议记录》，将其改写成会议纪要。

提示：建议教者不必拘泥于一种标准式文稿，可让学生依自己学习所得写出文稿便可。要引导学生从做会议记录学起，因为在办公室的实际工作中，做会议记录、撰写会议纪要是经常性的，而样式则可以依时变化的。

2. 写学习总结。请就学习纪要专题写一篇总结，写出你对纪要文种的认识、理解、体会。

附录五 系列性组合题

请模拟当事人，思考有关事宜，开展合理的推论，完成以下练习题。

（一）

（1）南山县教育局根据本县中小学校的实际情况，决定利用今年暑假，召开全县中小学教师学习大会。主要内容是：①总结上学年度的工作；②表彰先进教师及优秀教育工作者；③交流和探讨教学改革经验和问题；④制订学校工作、教学工作、业务进修等计划。会议为期7天，拟于7月11日至7月17日举行，与会人员约1500人，需经费7万元，拟在教育基金中列支。为此，该局已拟定出《南山县中小学教师学习大会会务计划与日程安排》，现需向县人民政府发文请求批准。

请拟出相应公文，发文号、签发人自拟，发文日期为××××年2月28日。

（2）南山县人民政府办公室接县政府主管文教工作的副县长批示，同意县教育局召开全县中小学教师学习大会。希望认真做好筹备工作，扎扎实实，讲求实效，把学习大会开成一个团结的大会、向上的大会，将全县的教育工作全面推向新水平。

请以县府办名义拟发公文给县教育局。文号及日期依题意自拟。

（3）南山县教育局收到了南山县府办公文后，很快便成立了全县中小学教师学习大会筹备办公室，并在该办公室下设立了秘书组、会务组、总务组，开始大会的筹备工作。请你代该县教育局拟写出会议通知，发给全县各中小学校，要求立即动手，做好宣传发动工作，虚心向英模人物学习，勇攀各学科高峰，争创先进。在5月30日以前各校评选出本校的先进教师及优秀教育工作者，并附其先进事迹材料。凡校际公开课教案及优秀教案、公开发表的学术论文、总结材料、经验事迹材料等均应报送大会。要继续鼓励教师撰写学术论文和科研成果报告。为了鼓励教师积极从事教学研究和撰写学术论文，需发两份文件。一是"南山县教育局召开中小学教师学习大会的通知"，二是"南山县教育局关于鼓励中小学教师积极从事教学研究和撰写学术论文的决定"。

请你依会议有关事项参阅相关题意的内容撰写。发文字号自拟，发文日期为3月13日。

（4）南山县中小学教师学习大会，由于事前准备充分，所树典型很有代表性、启发性，会议开得十分成功。大会共收到先进教师事迹材料215份，优秀教育工作者事迹材料48份，优秀教案500份，学术论文323篇，科研成果报告87篇。各所中小学在先进典型的带动下，树雄心，立壮志，进一步解放思想，制订出了下一学年度的教学、科研计划；许多老教师主动承担对新教师的传、帮、带任务，有400多名年轻教师订出了自己的学科进修计划；大会气氛热烈，充满着对下一学年的信心和希望。县教育局须将会议收获情况向县人民政府报告，请代拟出文稿。

第二编 机关公文个论 （一）党政机关公文的撰写

内容可依（1）～（4）题所示合理组织表述。如内容需要，允许作适当的推理，作合理的添加。发文号自拟，发文日期为7月26日。

（二）

请认真阅读下面两篇报道，然后依据报道内容完成下面的模拟练习。

省政府督察队在新丰县查出一典型乱收费事件
派出所随便查车技监局肆意罚款

本报讯　广东新丰县质量技术监督局与该县小镇派出所同流合污，置国务院、省政府三令五申于不顾，多次在国道拦查外地货车，并以打假为由乱罚款，有关人员收受罚金却不开任何票据。前天，省政府督察队派员暗访，查出一件典型事例。

上月20日凌晨2时许，广州旺发货运公司一辆货车在105国道新丰县小镇路段被当地派出所民警拦查。查车者以车上运载的50多台彩电是假冒产品为理由，将货车扣押并称要移交技监部门处理。当天上午9时，新丰县技监局稽查队一名李姓股长将全车货物检查一番后表示，不仅50多台彩电是假货，而且还有160多台VCD机涉嫌有质量问题，要进行处罚。他还提醒：如果马上交钱，全部货物可以放行，否则，不仅要罚款，还要扣留部分货物，货车司机不敢擅自作主，这批"有问题"的货物随即被扣。

为了解来龙去脉，省政府督察队决定派员暗访。前天上午，两名督察队员随货主到新丰技监局找到这名李股长。李板着面孔说："经研究决定，你们公司运送的50多台假冒彩电罚款4.5万元，160多台涉嫌有质量问题的VCD机罚款1.5万元，合计共6万元，不交钱这批货不能放行——谁叫当初你们不早点处理。现在案件已上报领导了，无法改变了。"过了一会儿，他又暗示罚款金额可适当降低，要货主回去等他的电话。

中午12时，李股长打来电话，称现在准备去吃饭，被扣货物要等下午才能处理。货主趁势提出请他吃饭。饭间，货主提出彩电的罚款太高，宁可罚没，但希望交1万元罚金提回被扣的160多台VCD机。但李股长表示，货物是派出所查到的，他们要求罚款最少要5万元左右，否则就要全部没收。如果只交VCD的罚金，最少也要1.2万元。经过一番讨价还价，最后以1.1万元"成交"。

李股长再次批评了货主"不识时务"：货物还没交到局里的时候，只要交5000元，全部货物马上就可以放行——鉴别是否假货就凭他们一句话，派出所的人也弄不懂。

李股长和他的搭档钟某收了1.1万元"罚金"后，立即带货主到县技监局取回被扣的VCD机，给货主的仅是一张50多台彩电的罚没通知，而收至的1.1万元"罚金"则没给任何票据。

省政府督察队员已将此事向县政府反映，有关领导明确表示要严查此事。

（选自《羊城晚报》2000年3月2日）

新丰两技监人员被处理

本报讯　针对韶关市新丰县技监局个别人员违规执法的恶劣事件（详见3月2日本版报道），广东省质量技术监督局党组近日通报了初步处理决定。

新丰县技监局与当地派出所"合作"，以打假为由，乱查车、乱罚款。初步的处理决定是：取消新丰县技监局稽查队李××（李股长）和钟××两人的行政执法资格；

由省技监局和韶关市技监局组成联合调查组深入调查，并将进一步的处理结果通报全省技术监督系统。

省质量技术监督局还公布了违规执法举报电话84237416。

另悉，广东省政府治理公路"三乱"督察队已发出督察通知书，要求韶关市质量技术监督局、新丰县政府对新丰县技监局与派出所的"三乱"行为作出处理，并将处理情况在15天之内上报。（彭小军）

（选自《羊城晚报》2000年3月4日）

1. 请你以省政府督察队暗访当事人"粤北小组"的名义，向督察队报告"新丰县技监局与当地派出所'合作'以打假为由乱查车乱罚款事件"。发文日期拟为2月21日。

提示：可参考电报格式之二《内部传真电报》，写出情况报告（见《电报格式之二》及例文）。

2. 省督察队接到（题1）情况报告之后，须发出"督察通知书"（这是经省政府授权使用的专用文书名称，做练习时可以公文中的通知处理），主送给韶关市技监局、新丰县人民政府。除说明有关情况外，还要明确提出要求，即受文机关必须各自对新丰县技监局及小镇派出所的"三乱"行为作出处理，并要求在15天内将处理情况上报。请代拟出文稿，发文号为"粤府督〔2000〕×号"。发文日期为3月1日。

提示：①省政府督察队的建制为处级，但队长是厅级干部，经省府授权可以发"督察通知书"；②本文应抄送省技监局、韶关市人民政府、省公安厅、省监察厅。

3. 韶关市技监局接到（题2）通知后，立刻向省技监局汇报。省技监局同时也接到了（题2）抄送来的通知书。省技监局作出决定，组成省市两级的联合调查组，深入新丰调查。省局派×××副局长，×××、×××两位科长即奔新丰，同时通知韶关技监局派两名科长，速到新丰汇合，开展工作。请依上述情况，以省技监局名义，给韶关市技监局发出公文，文号自拟，发文日期为2000年2月25日。

4. 新丰县人民政府接到省督察队（题2）的通知后，立即批示县公安局，对该事件必须从严查处。请以新丰县人民政府名义给该县公安局发出通知，转述省督察队来文内容，并批示从严查处，立刻上报。发文号自拟，发文日期为2月25日。

5. 新丰县公安局接（题4）通知后，立即查明情况属实。于是作出决定：责令参与该事件的干警×××停职检查。请代县公安局拟出公文稿，发文号自拟，发文日期为2000年3月2日。

6. 省技监局和韶关市技监局组成的联合调查组，经过深入调查，证明情况属实，请代写一份调查报告。省技监局对此事件作出决定：取消新丰县技监局稽查队李××和钟××的行政执法资格，并向全省发出通报。请以省技监局名义写出通报。文号自拟，发文日期为3月5日。调查报告应抄送新丰县人民政府。